傅筑夫（1902 — 1985）

傅筑夫文集（第一辑）

中国封建社会经济史
西周、春秋战国卷

傅筑夫 ◎ 著

首都经济贸易大学出版社
Capital University of Economics and Business Press

·北京·

图书在版编目(CIP)数据

中国封建社会经济史.西周、春秋战国卷 / 傅筑夫著. -- 北京:
首都经济贸易大学出版社,2023.4

ISBN 978-7-5638-3412-9

Ⅰ.①中… Ⅱ.①傅… Ⅲ.①封建经济—经济史—中国—
西周时代②封建经济—经济史—中国—春秋战国时代
Ⅳ.①F129.3

中国版本图书馆 CIP 数据核字(2022)第 166720 号

中国封建社会经济史(西周、春秋战国卷)
ZHONGGUO FENGJIAN SHEHUI JINGJISHI (XIZHOU,CHUNQIU ZHANGUO JUAN)
傅筑夫 著

责任编辑	孟岩岭
封面设计	 砚祥志远·激光照排 TEL: 010-65976003
出版发行	首都经济贸易大学出版社
地　　址	北京市朝阳区红庙(邮编 100026)
电　　话	(010)65976483　65065761　65071505(传真)
网　　址	http://www.sjmcb.com
E - mail	publish@ cueb.edu.cn
经　　销	全国新华书店
照　　排	北京砚祥志远激光照排技术有限公司
印　　刷	唐山玺诚印务有限公司
成品尺寸	170 毫米×240 毫米　1/16
字　　数	357 千字
印　　张	20.5
版　　次	2023 年 4 月第 1 版　2023 年 4 月第 1 次印刷
书　　号	ISBN 978-7-5638-3412-9
定　　价	95.00 元

序　言

2020 年 6 月 20 日,笔者应首都经济贸易大学出版社之邀为"傅筑夫文集"申请国家出版基金所写的《推荐意见》略云:

傅筑夫先生是我国最负盛名的经济史学家之一,系中国经济史学科的重要奠基人与推动者,其论著深刻影响了四代学人,且今后还会深远影响国内外学术界尤其经济史学界。

傅筑夫先生的主要代表作包括五卷本《中国封建社会经济史》、三卷本《中国经济史论丛》(上、下、补编)、《中国古代经济史概论》等。此次整理出版,除上述著作外,还计划加入《傅筑夫论著补编》。主要内容有:傅筑夫自述;新中国成立前发表在《东方杂志》《中国经济》《文史杂志》《社会科学丛刊》《图书评论》等刊物上的文章,如《中国经济结构之历史的检讨》《由经济史考察中国封建制度生成与毁灭的时代问题》《中国经济衰落之历史的原因》《研究中国经济史的意义及方法》《由汉代的经济变动说明两汉的兴亡》;等等。另外还包括其未刊的笔记、书信等等。

傅筑夫先生全面探讨了从西周至宋代两千多年中国经济发展、经济制度演进变迁的历程,以及就中国经济史的分期、一些重大问题的性质和原因等提出了独具特色、自成体系的一系列见解。作者的核心观点包括:一是中国奴隶制发展与古代希腊、罗马相比,发展很不充分,但其在殷商末年崩溃之后,残存的时间却又很长,几乎与迄近代为止的全部历史相始终。二是长达两千余年的封建社会可分为前后两个不同阶段,即典型的封建制度和变态的封建制度。前者产生于西周初年,崩溃于东周前期,其基本特征是领主制经济;后者产生于东周前期,一直延续到鸦片战争前的清代,其核心内容以地主制经济为主。说其是变态的封建制,是因为其与原来纯粹的封建社会不同,当中夹杂着一些资本主义因素。三是中国在战国时期的社会经济结构中已经有了资本主义因素的萌芽,出现了产生资本主义的前提条件,并有了一定程度的发展。四是中国封建社会经济发展长期停滞,资本主义因素不能正常发展,小农经济是总的根源。五是不赞成以朝代标名中国经济史的分期,因为中国历史发展的一个非常明显的特点，就是社会经济的发展轨迹并不是一条直线，而是呈现为一种动荡不定的波浪状态，经济发展的周期有长有短，并不与朝代的兴衰完全同步。

上述观点自成体系，独树一帜。我们不得不折服于作者对汗牛充栋的史料的搜集、整理、甄别与解读之功力，对于中国历史发展演变的整体把握，对于中国世界地位的准确判断，对于理论体系的严谨构建，等等。傅筑夫先生的著作，系通古今之变、成一家之言的学术精品。

傅筑夫先生的论著，有些出版时间较早，学者已无法购买；有些系零散见于新中国成立前的杂志，查阅非常不便；有些论著还没有整理出版，学界深以为憾。"傅筑夫文集"的编辑出版，系功德无量之举，经济学界、历史学界尤其经济史学界将翘首以盼！

傅筑夫，1902年9月27日生于今河北省邯郸市永年区，名作楫，以字显。1911—1915年在家乡念私塾，1918年8月至1922年7月在当时直隶第十三中学读书，后报考北京高等师范学校理化预科，1924年进入改名的北京师范大学理化系。当时学术空气浓厚，思想活跃，学派林立，校方允许学生跨系听课，也允许学生自由更换专业，充分尊重学生的兴趣。傅筑夫当时旁听了梁启超、鲁迅、黄侃、钱玄同、马裕藻、杨树达等名师的课，对其影响非常大，使其学习兴趣发生了变化，便于第二学期转入国文系。在国文系，傅筑夫系统学习了文字学、音韵学、训诂学等，选修了古典文学、文艺理论和外国文学名著等。在此期间，他逐渐对艺术和宗教问题产生了兴趣。后来，在鲁迅先生的建议与指导下，傅筑夫从事中国古代神话的研究与资料搜集工作。众所周知，当时鲁迅先生正在撰写《中国小说史略》。这样的训练，无疑为傅筑夫从浩瀚古籍中搜集、整理与甄别资料，为后来主要从事中国经济史研究和教学奠定了坚实基础。

20世纪初，正是中国社会转型的重要时期。作为一个才华横溢且有远大理想的青年才俊，傅筑夫关注社会变革，将学业攻读方向转向社会科学尤其是经济史。早在20世纪20年代，傅筑夫便开始用马克思主义的经济理论来分析和研究中国的社会经济问题，并写成约23万字的专著《中国社会问题之理论与实际》，于1931年4月由天津百花书局出版，这是其计划中的"农民问题与中国革命"研究的一部分。可见傅筑夫的研究顺应当时中国的社会变革之大势，他的学术研究自觉参与了中国命运的大论战，应该说是非常接地气，具有理论高度的。

1937年1月至1939年5月，傅筑夫自费赴英国伦敦大学政治经济学院留学,先后在罗宾斯(L. Robins)教授和陶尼(H. Taweny)教授的指导下研究经济理论和经济史。在伦敦大学期间,胡寄窗先生也在这里留学,他们时常在一起探讨经济史方面的学术问题,二位最后均成为享誉海内外的经济史、经济思想史的学术大师。傅筑夫先生在英国留学期间,省吃俭用购买了约800本专业书籍,这些书籍辗转运到重庆沙坪坝时却遭到日本飞机轰炸,最后只留下一张书单,这是傅筑夫先生心头永远的痛①。

归国后的1939年7月至1945年7月六年间,傅筑夫在重庆国立编译馆任编纂并兼任四川教育学院教授。在傅筑夫教授发起并亲自主持下,大后方开展了规模庞大的中国古代经济史资料的搜集与整理工作。编译馆当时给傅筑夫先生配备了4名辅助人员以及10余位抄写员。与此同时,傅筑夫先生还邀请了著名农史学专家、时为国立复旦大学经济史教授的王毓瑚先生参加整理工作②。傅筑夫先生等充分利用当时优越的学术研究环境,系统收集整理了大量经济史史料,这在当时可谓蔚为壮观,至今仍然让人叹为观止!傅筑夫先生认为,中国经济史本是一门重要的基础学科,但长期以来研究者非常少,资料不易搜集是造成这种状况的主要原因之一。另外,当时国立编译馆具有从事中国经济史资料搜集整理得天独厚的条件。由于有傅筑夫先生和王毓瑚诸先生的领衔主持并不断商讨定夺,工作进行得非常顺利,到抗战胜利前夕,第一轮搜集经济史资料的工作告一段落。课题组用纵条格厚纸做卡片,用毛笔抄写的资料多达数大箱,这些卡片分纲列目,分类条编,每章均有简明扼要的说明与分析。尽管傅筑夫先生主持的工作成果在当时还只是资料卡片,却已经构成了中国经济史研究的雏形或初步框架。

1947年1月至7月,傅筑夫离开四川去东北大学,任商学院院长兼学校教务长,讲授中国经济史和经济学。鉴于当时沈阳地区社会秩序混乱,教学和科研工作及生活均受到严重影响,傅筑夫便举家前往天津。1947年8月,傅筑夫任南开大学教授,同时讲授中国经济史、外国经济史两门课,另外还承担了经济研究所研究生的课程授课任务。除此之外,傅筑夫先生还兼任经济研究所研究生指导委员会主任委员。1947年8月至1948年10月,傅筑夫先生还兼任天津《民国日报》副总主笔,读书、教书、撰写社论是他在这一阶段的主要工作,可谓处于连轴转状态。新中国成立后,傅筑夫先生在南开大学开设了《资本论》研

---

① 瞿宁武:《傅筑夫传》,原载《晋阳学刊》,收入《中国当代社会科学家》(传记丛书)第4辑,北京:书目文献出版社1983年版。

② 杨直民:《王毓瑚传略》,收入王广阳等编《王毓瑚论文集·附录》,北京:中国农业出版社2005年版。

究的课程,同时为在校大学生开设中国经济史和外国经济史两门课。值得一提的是,傅筑夫先生与讲授政治经济学的谷书堂先生兴趣相同,他们时常共同探讨学术问题,讨论的成果便是1957年由天津人民出版社出版的合著《中国原始资本积累问题》。1957年,傅筑夫被错划为右派,被迫离开了他心爱的讲台。在这种环境下,傅筑夫先生开始了第二轮的经济史资料的收集与整理工作,虽然这次的条件与第一次不可同日而语,但是在认真总结以前经验教训的基础上,这次经济史资料整理的搜集范围进一步扩展,使得内容更加完备与充实。令人痛心的是,"文革"中傅筑夫先生多年积累的关于明清时期中国经济史的资料被付之一炬,以至于先生计划撰写七卷本的《中国封建社会经济史》只完成了前五卷,因资料缺失而没有明、清两卷,这成为经济史学术界不可弥补的巨大损失。直到20世纪80年代末的40年左右的时间里,傅筑夫先生积累的经济史资料在数量上居全国之冠是没有疑义的,尽管"文革"中丢失了大量明清时期的资料。据张汉如教授1987年春天目睹傅筑夫先生尚存资料做出的保守估计,这些资料的总字数不会少于百万字。

1978年夏天,傅筑夫先生的学术研究环境得到了很大的改善,当然这与我国进入改革开放时代密不可分,同时对其来说还有一个机缘是,傅筑夫先生被借调到北京工作。这样,他离开工作生活了30年的南开大学,来到北京经济学院即今天的首都经济贸易大学,主要承担国家科学发展规划重点项目"中国经济通史"的研究工作。学术界认为,傅筑夫先生领衔完成这一重大课题在当时是不二人选。

从南开大学调动到北京之后的6年多时间里,傅筑夫先生虽然年逾古稀且体弱多病,但他为研究和撰写中国经济史论著殚精竭虑,甚至到了废寝忘食的程度。在此期间,傅筑夫先生先后完成并出版了312.8万字的9本专著,平均以每年撰写超过50万字的速度在与时间赛跑。据专家不完全统计,这些论著引证的史料和当代考古资料约10 319条[①],平均每万言引证史料约33条。这充分体现了傅筑夫先生学术根基之深,言必有据,文必有引,同时也足见先生养心治学的絮括功夫与老而弥坚的探索精神。在北京的岁月,傅筑夫先生几乎每天都要工作到午夜,工作时间超过12个小时。

傅筑夫先生著作等身,研究领域广泛,观点鲜明,见解深刻,文笔清新,其研

---

① 张汉如:《学贯中西 博通古今——傅筑夫的学术道路和思想研究》,天津:南开大学出版社2009年版。

究独树一帜,系蜚声海内外的著名经济史学家。傅筑夫先生构建了一个理解我国传统经济的系统性分析框架,其论著具有理论深度和历史厚重感,展现了一代学术大师成一家之言的宽广视野与学术创新能力。傅筑夫先生是研究中国经济史的大家,他兼蓄经济学眼界与历史胸襟。

傅筑夫先生一再强调,研究经济史不仅要系统地积累资料,而且要熟知经济理论、经济规律,才能辨别经济史料的真正价值,在甄别史料方面要有沙里淘金的功夫。从傅筑夫先生对经济史研究的理论和方法中我们可以清晰地体会到,研究经济史需要历史知识、经济知识,还需要有一定的自然科学知识,尤其要有坚实的古文修养。不仅如此,学习和研究经济史还需要学贯中西,要进行必要的中外比较。这是傅筑夫研究者通过对傅筑夫先生的学术成就和治学方法深入研究后得出的结论。

傅筑夫先生通过对英国历史的研究,提出问题:尽管中国早在战国时期就已经大量使用金银做货币,有大量商业资本,又有雇佣劳动,为什么资本主义萌芽没有发展为资本主义生产方式?他认为,中国自秦汉以来主要发展地主经济,商业资本没有转化为产业资本,而是用来兼并土地,这成为中国历代统治者面临的最大难题。阻碍中国经济发展的主要因素是封建统治者实行了抑商政策,用限制市场经济的办法限制商品经济的发展,连军队装备和供应宫廷需要的东西也要抛开市场,成立专门机构来供应。因此,他认为汉代桑弘羊的盐铁专卖政策扼杀了中国的商品经济,是使中国经济长期停滞的千古罪人。

傅筑夫先生的论著多有独到见解,如他认为,思想意识上的"谋生"与"谋利"是有根本区别的,"谋生"基本上属于自然经济的范畴,"谋利"则属于市场经济的范畴。傅筑夫先生的这些经济史结论,实为老一代学者学贵自得、成一家之言的心得记录。通读傅筑夫先生的论著,我们可以从中真切地体味到其尽管经历了难以想象的艰难曲折,但自始至终坚守严谨求实的学风,坚持追求真理的大无畏精神。面临中国传统社会浩如烟海的史料,他能够深入浅出,既坚持论从史出,又敢于提出质疑,不泥古,不拘陈说,不守藩篱,不望风阿世,通过自己艰辛的学术跋涉,刻志兢兢,形成独树一帜的学术思想。

傅筑夫先生作为著名教育家,对教学与研究者提出了独具特色的评价标准:熟悉本专业业务而无创见,充其量只能算个教书匠,要想成为大师,必须要有系统的创见,要想成为宗师,则必须形成学派,后继有人。傅筑夫先生无疑是学术宗师,而他对教学的高见无疑是在长期的教学第一线的实践与教学管理工作中得出的。1932年7月至1936年10月,傅筑夫在中央大学任校长秘书时兼任教授,教授中国经济史,由此开始了其全力研究经济史的学术生涯。傅筑夫是中国国内最早教授中国经济史的教授之一,同时也为教学相长提供了一个成功案例。傅筑夫在中国人民大学近代经济史研究生班的任教,为其教育生涯留下了浓墨重彩的一笔。1953年,中国人民大学在全国招收了16名中国近代经济史研究生,他们均是各大学德才兼备的在职人员,学制是3年。1954年9月,傅筑夫被聘为中国历史研究室国民经济史教授,系近代经济史研究生班的任课老师。傅筑夫到中国人民大学兼职伊始,就一边授课一边编写讲义,并指导研究生撰写论文。傅筑夫在中国人民大学研究生班的讲义最后形成80万字的《中国近代经济史》。当年中国人民大学的这16位研究生,后来均成为我国经济史研究与教学的领军人物。今天仍然活跃在学术界的经济史大师、新中国经济史奠基者之一赵德馨教授,就是其中一位。

在学习傅筑夫先生论著的过程中,我深深为先生治学精神的恢宏壮阔、学术造诣的博大精深、追求真理的顽强精神所折服,同时敬仰先生丰富多彩的社会阅历和贯通古今中外的学术视野以及传道授业解惑的名师风范。傅筑夫先生在近现代学术史尤其在经济史领域具有非常重要的地位。傅筑夫先生独树一帜的学术品格,彰显的追求真理的科学态度,在社会发生剧烈转型、不少地方学术风气浮躁的今天,更显得弥足珍贵!

以我学习经济史的肤浅经历,实在没有资格为经济史大师傅筑夫先生的文集作序,只是我就职的中国社会科学院经济所的老同事杨春学教授受出版社之托,一再邀我写序。春学教授清楚我是学习传统经济史的,也知道我读研究生时曾于1983年春天在北京访学时就购买了《中国封建社会经济史》《中国经济史论丛》等著作。我只好勉为其难,以上面的学习体会,表达对傅筑夫先生的敬意并聊以为序。

魏明孔

中国社会科学院"登峰战略"学科带头人

中国经济史学会会长

目　　录

绪言 ……………………………………………………………………………… 1

第一章　封建生产方式的产生 …………………………………… 12

第一节　什么是封建生产方式 ………………………………… 12

第二节　由奴隶到农奴 ………………………………………… 16

第三节　农奴制剥削产生在周初的原因 …………………… 20

第二章　井田制度与领主制经济 …………………………… 36

第一节　农奴制度的形成 ……………………………………… 36

第二节　实现农奴制剥削的土地制度 …………………… 43

第三节　井田制度的组织和经营 …………………………… 47

第四节　封建制度对经济生活的控制和干涉 …………… 55

第三章　西周时期一般社会经济的发展 …………………… 62

第一节　城市的兴起 …………………………………………… 62

第二节　西周的农业 …………………………………………… 75

第三节　西周的官私工业、交换经济与货币制度 ………… 105

第四章　井田制度的破坏与土地私有制度的代兴 ……… 118

第一节　井田制度的破坏及其原因 ……………………… 118

　第二节　土地私有制度的确立与地主制经济的形成 …………… 146

　第三节　地主制经济的特点及其对经济发展的影响 …………… 158

第五章　东周时期社会经济的变化和发展 ………………………… 171

　第一节　农业生产的发展 ……………………………………… 171

　第二节　铁器时代的开始与冶铁工业的发展 ………………… 189

　第三节　春秋战国时期的官私手工业 ………………………… 197

　第四节　春秋战国时期商品经济的发展 ……………………… 219

　第五节　东周的货币制度与货币经济 ………………………… 246

　第六节　由东周时开始形成的经济思想和经济政策 ………… 290

校勘记 ………………………………………………………………… 308

绪　言

本书原拟根据中国社会科学院所订八年经济科学研究规划所列项目命名为《中国古代经济史》，内容包括原始公社、奴隶制度、封建制度三种生产方式。全书分为八卷：原始公社和奴隶制生产方式合编为一卷，时间包括从远古到殷代末年。第二卷起自西周初年，到东周末年止。这是中国典型的封建制度由产生到消灭的一个历史阶段，亦即典型的领主制经济由产生到崩溃的全部历史时期。这在历史时期的划分上是一个起讫分明的天然段落，故自成一卷。战国以后，直到鸦片战争为止的两千多年，是以土地私有制度为基础的地主制经济时期。在这样一个漫长的历史时期，社会经济结构长期停滞在以地主制经济为基础的变态的封建制阶段上，没有发生过质的变化，因而没有一个新的生产方式起而代兴。所以战国以后，不宜根据不同的生产方式分卷。但是社会经济在其整个发展过程中经历过几次巨大的经济波动，从而形成了几个盛衰起伏的自然段落。这几个段落大体上可分为：秦汉到三国时期、两晋南北朝时期、隋唐五代时期、两宋时期、辽金元时期、明至鸦片战争时期。根据这几个段落，我们把从秦汉到鸦片战争时期，分作六卷。因此，全书共为八卷。

后来，对原定的八卷本写作计划略做修订。这是由于第一卷的资料来源主要是历年来考古方面所取得的成就，而近年来随着考古工作的迅速进展，所有旧石器时代、新石器时代和石铜器过渡期时代的文化层不断有所发现，各时代的文物也大量出土，以致原来推定的文明上限不断前移。例如，农业经济的开始时期即在不断向上延伸。因此，感到有必要将第一卷的写作计划推迟，以待有更多的地下发现。在一九七九年三月由中国社会科学院召开的全国经济科学规划会议上，参加讨论的同志们也认为暂不写远古部分是可取的，并认为研究全部封建时代的经济史，实有较大的重要性，应该首先完成这一部分工作；远古部分，可俟诸异日。上海社会科学院经济研究所丁日初同志并且建议把书名改为《中国封建社会经济史》。这个建议是非常恰当的，

1

于是把原定的八卷本改为七卷本，把第二卷改为第一卷。

第一卷的具体时间，包括整个周朝——西周和东周一代。这是中国历史上清清楚楚的一个历史时期，即典型的封建生产方式由产生到解体的整个发展阶段。但恰恰是这一段历史，却又存在着许多不应有的分歧意见。所谓不应有，是说任何一种社会经济制度或任何一个生产方式，都是在一定历史时期内的一种客观存在，它的产生或消灭，它的运行或变化，完全受其自身客观的经济规律所支配，而绝不以人的意志为转移。正如马克思所说："这些规律本身，以铁的必然性发生作用。"① 现在我们大家都在说，要按照经济规律管理经济事物。同样，我们对待历史上的经济问题或经济制度，也必须根据当时客观的经济规律来找出有关这个问题或制度的各种必然关系，特别要清楚地看出这些规律是怎样以"铁的必然性"在发生作用，否则就会对经济科学缺乏应有的理解，看不出支配那些经济制度或经济问题的客观经济规律，从而造成分歧[1]。不过，相信在客观经济规律被阐明之后，许多不应有的分歧是会自然消失的。

封建制度或封建生产方式，是人类社会发展史上共同经历过的一个发展阶段。这个阶段具体到不同国家或不同民族，可能会由于具体的历史条件不同，致使产生的时代有先后，存在的时间有长短，表现的方式有异同，但是本质上则又是相同的。换言之，制度的共性是主要的，个性是次要的。各国封建制度之所以基本相同，是因为支配封建生产方式的客观经济规律是相同的，都是在相同的运行轨道上以"铁的必然性"在发生作用的。一般说来，各个国家或各个民族的封建制度，都是由奴隶制度转变来的。奴隶制为什么要向封建制转变？这样的转变可能在什么样的条件下和在什么时期产生？转变以后，这种新的剥削关系必然是什么？需要一些什么样的物质条件（例如土地制度）才能实现这种剥削？这一切都是在以"铁的必然性"发生作用，其中没有一点是可以随意变更的，更不是任何人的主观意志可以使之或有、或无、或前、或后的。

马克思和恩格斯对于上述一系列问题，进行了深入的科学的分析，不仅全面阐述了封建生产方式的基本经济规律，而且明确指出了由奴隶制生产方式向封建制生产方式转变的具体过程。马克思告诉我们到底什么是封建制度或封建制生产方式。从本质上说，所谓封建制生产方式，就是封建主以劳动

---

① 《资本论》第一卷，人民出版社一九七五年版，第八页。

的自然形态（劳役地租）来剥削农奴的剩余劳动。或者换句话说，封建领主通过一定的土地制度来进行农奴制剥削，其剥削方式是使"直接生产者以每周的一部分，用实际上或法律上属于他所有的劳动工具，来耕种实际上属于他所有的土地，并以每周的其他几天，无代价地在地主的土地上为地主劳动"。在这里，直接生产者是"自给自足的农奴"，这时"财产关系必然同时表现为直接的统治和从属的关系，因而直接生产者是作为不自由的人出现的；这种不自由，可以从实行徭役劳动的农奴制减轻到单纯的代役租"。"所以这里必须有人身的依附关系，必须有不管什么程度的人身不自由和人身作为土地的附属物对土地的依附，必须有真正的依附农制度"①。

马克思的这段话概括了农奴制度的全部内容，也是封建制生产方式的基本核心。所有封建制度的经济规律就是围绕着这个基本核心来旋转运行的。上引马克思所谓"直接的统治和从属的关系"，所谓"人身的依附关系"，就是普通所说的封建关系。这种人身的依附关系不同于奴隶的人身依附关系。其根本点在于：农奴对领主的人身依附，是通过土地关系即"作为土地的附属物对土地的依附"而来的。所以封建制度又是以一定的土地制度为基础的，而这种土地制度又必然是以实现农奴制剥削为目的的。没有这样的土地制度，则上述一切关系均将无从建立。看不到或不了解这种封建的土地制度及其对各种封建关系所起的决定性作用，就不可能真正理解封建制度的本质，而许多不应有的分歧和混乱往往就肇源于此。例如对井田制度的忽而否定，忽而肯定，忽而上推，忽而下移，就属于这一类。

所谓封建的土地制度，简单说就是领主为了要迫使依附在他的领地上的农民无代价地耕种其土地，并要保证这种剥削关系永久化，就不得不把他所领有的土地分割出一部分，按照一定的办法，以份地形式分配给农民，使之依以建立其经济，以便能生生不已地得到他们的无偿劳役，而另外自留一部分土地，即所谓"公田"，借以实现农奴制剥削。农奴对领主的人身依附关系，就是通过这种土地制度而来的。这就是封建经济结构或封建生产方式的基本内容。这样的土地制度，在欧洲就是绵延约一千年的庄园制度，在中国就是延续约五百年的井田制度。不言而喻，当这种土地制度不存在时，则一切依以建立的封建关系也就不可能存在了。

总之，在封建的经济结构中，既有领主经济，又有农奴经济，这是一个

---

① 以上引文，均见《资本论》第三卷，人民出版社一九七五年版，第八八九至八九一页。

矛盾统一体。农奴是被剥削的，是"作为不自由的人出现的"，但又是"自给自足的"。他们因"有自己的经济"而与奴隶区别开来。"奴隶要用别人的生产条件来劳动，并且不是独立的"。奴隶不但没有自己的经济，而且连他们的人身还是别人生产条件的一部分，是别人的所有物。所以奴隶制生产方式，简单说就是：奴隶主完全占有生产条件和完全占有生产工作者。在这里，只有奴隶主经济，没有奴隶经济。农奴则完全不同，他"还占有自己的生产资料，即他实现自己的劳动和生产自己的生活资料所必需的物质的劳动条件；他独立地经营他的农业和与农业结合在一起的农村家庭工业"。不管农奴是怎样被剥削，怎样不自由，这些"直接劳动者仍然是他自己生活资料生产上必要的生产资料和劳动条件的'所有者'"，他们于被剥削之后，仍然能"得到一个超过必不可少的生活资料的余额，即超过资本主义生产方式下我们称之为工资的余额"①。所以，把这些关系概括起来，封建生产方式的基本特征是：封建主不完全占有生产条件，而只占有其中的一部分——最主要的一部分，即土地，也不完全占有生产工作者，但通过一种特殊的土地分配关系，即农奴对土地的依附关系，从而形成了由领主公田与农奴份地相结合的组织形式来用以实现对农奴的剩余劳动的剥削，或简称为农奴制剥削。

根据马克思所阐述的封建生产方式所具有的基本特征和由此而形成的各种封建关系的基本内容，具体到中国的历史来看，所有上述的一切变化，只能在西周初年开始产生。换言之，整个西周时期，正是这种典型的封建制度或封建的生产方式由产生到全面确立的时期。因为这个时期正是古代的奴隶制生产方式陷入无可挽救的危机之中，而不得不改变的时期；在殷周之际出现了与日耳曼人征服罗马帝国之后相似的情况，因而成为不得不改变统治制度和社会制度的时期；正是这时是具有充分条件以建立为实现农奴制剥削的新型土地制度的时期。于是在相同的经济规律支配之下，以相同的"铁的必然性"发生作用的结果，形成了与欧洲封建社会的庄园制度相同的井田制度，并以此为基础，建立了典型的封建制度，以及体系完整的全部封建的上层建筑，包括具有较高发展程度的封建文化。

历史上的任何一种社会经济制度，其产生、存在、发展、变化以至消灭，都是在其自身的经济规律支配下，在可能条件与必要条件完全具备的情况下发生的。因此，有相同的经济规律和相同的必备条件，会在不同国家的历史

---

① 以上引文，均见《资本论》第三卷，人民出版社一九七五年版，第八八九至八九一页。

上出现相同的历史现象。我们曾根据马克思和恩格斯对于欧洲封建制度所做的大量的和科学的分析，把欧洲历史与中国历史进行了比较研究，指出了周人于征服了殷人之后的历史情况，与日耳曼人征服了罗马帝国之后的历史情况，基本上是相同的，随之而发生的历史变化基本上也是相同的，都对于由奴隶制向封建制过渡起了直接的推动作用。但是这个相同却是偶然的，因为中西各自的历史变化，彼此之间并无直接关系。我们根据马克思和恩格斯的说明提出那一段的历史变化，是为了证明他们两人论证的科学性，而不是为了要与中国历史相比附。但是作为封建制度的基础的土地制度，我们拿欧洲的庄园制度来与中国的井田制度做对比，并用以说明井田制度的种种特点，则是由于两者几乎是完全相同的。而这种相同又是必然的，因为两者是受相同的经济规律所支配，并以相同的"铁的必然性"在发生作用。如果没有这样的土地制度，就不可能以劳役地租的形态来进行农奴制剥削，没有农奴制剥削，也就没有那种"把人身作为土地的附属物对土地的依附"，从而产生对领主的人身依附关系，即所谓封建关系。总而言之，当这些关系不存在时，封建制度也就不存在了。

这一切，正是在东周时期发生的变化。我们在《中国封建社会经济史》第一卷中，从各个方面阐述了这些变化产生的根源、它们之间的相互影响，以及这些变化所必然造成的结果，并着重指出了作为封建制度基础的井田制度是怎样随着它本身内在矛盾的发展，随着它的依以产生和存在的必备条件的变化和消失，而陷于动摇、分解和崩溃的；与此同时，又着重阐述了由春秋末年到战国时期商品经济和货币经济突出发展的具体情况，以及两者对社会经济必然产生的冲击作用和必然造成的严重后果。这一切发展变化的共同结果，是井田制度的崩溃、农奴制剥削的改变、农奴对土地的依附和对领主的人身依附关系的消失。把这一切关系综合起来，就是典型的封建制度的崩溃。所以东周时期，是中国典型封建制度的崩溃时期或消失时期，而不是它的产生时期。这说明中国的典型封建制度在历史上存在的时间远比欧洲为短，崩溃或消失的时间又远比欧洲为早，而且早得很多，这是中国历史的巨大特点之一。这个特点的一个方面是：它的崩溃时间比欧洲封建制度的产生时期几乎早了约一千年。这是我国的经济科学工作者和历史科学工作者必须清楚认识和深入理解的一个问题。

正是在东周时期，随着社会经济结构的变化，原来支配封建社会的客观经济规律彻底改变了，它以改变后的不同性质和不同方式，又在以"铁的必然性"发生作用。这表现在具体的历史上，就成为一种自上至下、从里到外的天翻地覆的大变化。从整个社会经济结构到包括意识形态在内的全部上层建筑，都陷入大动荡、大分化、大改组的全盘混乱之中。由于变化进行的时间很短促，来势很迅猛，在当时社会上有如狂风巨浪，所向披靡。仅仅从社会的表面现象来看，已使人目瞪口呆，因当时系由一个安定的、静止的、不变的、保守的、习惯传统成为金科玉律的自然经济占支配地位的社会，当一切都还是"上下序而民志定"的时候，突然变成"王制遂灭，僭差亡度。庶人之富者累巨万，而贫者食糟糠；有国强者兼州域，而弱者丧社稷"①。这样的剧烈变化，就是发生在由春秋末年到战国初期的短时期之内。其具体情况是："及周室衰，礼法堕……其流至乎士庶人，莫不离制而弃本，稼穑之民少，商旅之民多，谷不足而货有余。陵夷至乎桓、文之后，礼谊大坏，上下相冒，国异政，家殊俗，耆欲不制，僭差亡极。于是商通难得之货，工作亡用之器，士设反道之行，以追时好而取世资。伪民背实而要名，奸夫犯害而求利，篡弑取国者为王公，圉夺成家者为雄桀，礼谊不足以拘君子，刑戮不足以威小人，富者木土被文锦，犬马余肉粟，而贫者裋褐不完，啥菽饮水，其为编户齐民，同列而以财力相君，虽为仆虏，犹亡愠色。"② 其所以在当时社会上引起如此强烈的反应，造成如此巨大的创伤，是由于社会经济基础经过一阵强烈震撼之后，发生了根本性的变革。这主要有以下几个方面：

第一，土地制度的变革。东周时期，是井田制度的崩溃和私有土地制度的产生时期。土地制度的变革，就是社会经济结构的变革，也就是封建生产方式的变革，因为中国的封建制度是建立在井田制度的基础之上的，以这种土地制度为基础而形成的社会经济结构是领主制经济，如上文所指出，这是以劳动的自然形态来剥削农奴的剩余劳动为其基本内容的。为了实现这种剥削，领主就不得不从自己世袭的领地中分割出一部分，以份地形式授予农奴，使农奴用以建立其自己的经济，赖以保证他们的生存，并维持其本身的再生产。这些经济关系的表面现象，就成为"旧封建制度给予人们的生存保障"。正是通过这样一种土地授受关系，才建立起农奴对领主的人身依附关系，而所有其他一切封建关系便都是从这里派生出来的。所以，没有这样的土地制度，则上述一系列关系亦即整个封建制度是无从产生的。反之，当这种土地

---

① 《汉书》卷二十四上，《食货志》。
② 《汉书》卷九十一，《货殖传》。

制度发生了根本变革而失去存在时，则围绕着这种土地制度而来的一切关系，便都"皮之不存，毛将焉附"了。东周时期，正是发生这一急剧变革的时期，其震撼之强烈是可想而知的。

第二，剥削方式和剥削关系的改变。改变土地制度，是为了改变剥削方式。我们在《中国封建社会经济史·西周、春秋战国卷》中详细阐述了到东周时期所不得不改变的剥削方式的来自经济结构内部和外部的种种因素，即原来通过公田制度而以劳动的自然形态来剥削农奴的剩余劳动来获得那一点固定收入，这时已远不足以适应新的需要，于是不得不改变剥削方式。要改变剥削方式，就必须改变土地制度。改变了土地制度之后，原来的剥削方式不但已成为不必要，而且也成为不可能了。形式上，这样的变化既不巨大，也很平常，因为剥削来的剩余劳动以劳动的自然形态获得还是以劳动生产物的形态获得，本来关系不大，但是实质上这却是一个革命性的巨大变化，因为改变了剥削方式，就改变了剥削关系，事实上也就是改变了社会经济制度。所以这个看来不大的变化过程，实质上正是封建制度的消失过程。马克思对此做了如下的科学分析：

> 产品地租和前一形式（引者按：即劳役地租）的区别在于，剩余劳动已不再在它的自然形态上，从而也不再在地主或地主代表的直接监督和强制下进行。驱使直接生产者的，已经是各种关系的力量，而不是直接的强制，是法律的规定，而不是鞭子，他已经是自己负责来进行这种剩余劳动了。[①]

当剩余劳动的生产不是在地主的直接监督和强制下进行，不是在鞭子的驱使下进行，说明人身依附关系不存在了。原来的封建关系，变成一种简单的"法律的规定"。法律关系是契约关系，即除了根据成文法的固定规则，按照所缔结的契约条文履行规定义务——定额支付——外，不再有任何其他关系。特别是在东周时期，当地租形态发生上述的变化时，正是商品经济和货币经济突出发展的时期。货币在当时社会上正发挥着无坚不摧的作用，成为如马克思所说像一个社会大蒸馏器，要把一切都熔化为商品。土地是一种能生息的资本，地租是收入来源，是土地所有者用以积累价值的，即使地租

[①] 《资本论》第三卷，人民出版社一九七五年版，第八九五页。

以实物形态缴纳，也不是当作使用价值来收进，而是当作交换价值来收进的，所以实物地租，同时即具有货币地租的性质。本来，对土地所有者而言，地租是用产品缴纳还是用产品的价格缴纳，是没有多大区别的，但是实质上这里面却包含着一个社会经济结构的彻底变革，即封建关系的完全消灭，因为这个变化的实质就是马克思所说的：

> 在实行货币地租时，占有并耕种一部分土地的隶属农民和土地所有者之间的传统的合乎习惯法的关系，必然会转化为一种由契约规定的，即按照成文法的固定规则确定的纯粹的货币关系。①

契约关系只能是按照成文法的固定规则，以两造平等的地位来进行缔结。所谓两造的法律地位平等，是说不管地主和农民的社会地位或政治地位是如何悬殊，也不能把任何超经济的条款订入契约——这是成文法规的起码准则。这时地主与农民的关系，仅仅是一种由契约规定的纯粹的货币关系。这里再强调一次：这是一种由契约规定的纯粹的货币关系！那种"传统的合乎习惯法的关系"即封建关系，已经完全不存在了。可是有人说这是中国封建制度的产生时期。不知封建制度从这些关系中的什么地方产生出来？产生的具体过程是什么？它是在一种什么样的经济规律支配下产生的？或者它有没有自身的经济规律？它产生在这个时期的必然关系和必备条件是什么？如此产生出来的封建制度是一种什么样的封建制度？这样的封建制度还有没有作为它的基础的所谓封建的土地制度？诸如此类的问题，都是在争论产生时期以前必须先解释清楚的。

第三，新型的土地制度和新型的地主阶级。在东周以前，"田里不鬻"的封建礼法是神圣不可侵犯的，领地世袭的占有制度和井田编制的利用方式，一直是典型封建制度依以建立的基础，一切封建关系都是从这样的土地制度派生出来的。到东周时期，社会经济所发生的巨大变化，其中心环节就是这种土地制度的变化。我们在本书中详细阐述了造成变化的各种原因和变化后的必然结果。这个结果，简单说就是井田制度的破坏和以土地买卖为基础的私有土地制度的代兴，同时，社会经济结构也由领主制经济变为地主制经济。当这样一种变化发生在欧洲时，是封建制度的崩溃和资本主义生产方式产生

---

① 《资本论》第三卷，人民出版社一九七五年版，第八九九至九〇〇页。

的全部过程，并且这样的变化主要是资本主义因素发展的结果；在中国，促成这一变化的因素也主要是商品经济和货币经济发展的结果，亦即资本主义因素增长的结果。但是整个变化过程却只达到欧洲同一变化的前半段，并且到此就停滞不前，没有再前进一步，去完成变化的后半段——向资本主义转化的那个后半段。换言之，这个变化只破坏了封建制度，但没有发展到资本主义。这是中国历史的巨大特点之一。

必须明确理解，私有土地制度的形成，是封建领主制度解体的结果，不是封建制度产生的条件，不能把这种关系颠倒过来。

所谓土地私有，是说占有这块土地的人在法律上具有垄断性，有排斥他人再占有这块土地的权利，不管这种权利的获得是通过合法途径——如购买，还是通过不合法途径——如凭借特权非法侵夺和霸占等。占有了这块土地，就获得了这块土地的绝对所有权，在他之外，不再有或不再承认另外一个至高无上的名义所有者，原来那种"溥天之下，莫非王土"，一切土地、人民都属于最高统治者的那种封建统治原则，现在随着上述的变革已经不存在了，这也是封建制度解体的一个方面。这时所谓土地所有者，已不再是只在事实上有限地占有，而是在法律上无限地占有了，这就是马克思所说的："土地所有权的前提是，一些人垄断一定量的土地，把它作为排斥其他一切人的、只服从自己个人意志的领域。"① 这是在旧的封建土地制度和以此为基础的社会经济结构解体之后，由随之必然出现的两个前提条件共同形成的，马克思曾指出这两个前提条件是：

> 这种关于土地自由私有权的法律观念，在古代世界，只是在有机的社会秩序解体的时期才出现……这个生产方式的前提，一方面是直接生产者从土地的单纯附属物（在依附农、农奴、奴隶等形式上）的地位解放出来，另一方面是人民群众的土地被剥夺。②

关于这两方面的条件，是怎样在一系列的发展变化和一些来源不同的因素互相影响和互相促进下而逐步形成的[2]，我们在本书中进行了全面阐述，指出其中有些因素在西周末年即已开始萌芽，经过一定时间的发展，到了东

---

① 《资本论》第三卷，人民出版社一九七五年版，第六九五页。
② 《资本论》第三卷，人民出版社一九七五年版，第六九六页。

周、特别是到了战国年间，有如万壑汇流，合成一股不可抗拒的破坏力量，像洪水泛[3]滥一样，冲垮了封建领主制度的一切堤防，使一个"有机的社会秩序解体"，"使直接生产者从土地的单纯附属物的地位解放出来"。所谓"有机的社会秩序的解体"，具体说，就是典型封建社会秩序的解体，因为两个前提条件的共同结果，是使直接生产者不再是土地的单纯附属物，即不再是农奴了。

随着新型土地制度即私有土地制度的确立，同时出现了新型土地所有者，即新型地主阶级。这是从东周时期开始出现的一个新的经济范畴，也是一个新的历史现象，因为地主不同于原来的领主，它不是由过去的领主发展变化而来的，所以地主制经济也不同于领主制经济，它也不是由领主制经济发展变化而来的，两者之间有着本质的不同。从表面上看，虽然仅仅改变了一下剥削方式——由劳役地租变成实物地租，但是实际上则是改变了整个经济结构和与之相适应的客观经济规律。上文曾指出，领主制经济是领主经济与农奴经济结合在一起的一个矛盾统一体，领主经济的存在是以农奴经济的存在为条件的，因而领主对农奴的剥削，由客观经济规律给它确定了一个天然限度，一旦超过这个限度，从而破坏了农奴的再生产，接着就破坏了领主自己的再生产。因此，过度的剥削成为不可能。此外，在纯粹的自然经济占支配地位的时代，生产以使用价值为目的，还没有产生对剩余价值的无限贪欲，因此，过度的剥削成为不必要。地主与农民的关系完全不是这样，双方仅仅是一种租佃关系，即契约关系，也就是按照契约规定的一种定额的实物或货币支付关系，不再有任何其他关系，如对土地的附属关系和人身的依附关系，所以地主经济不是以农民经济的存在为条件的。因此，地主对农民的剥削可以残酷到领主制经济所不能达到的高度，即使剥削到超过了剩余劳动的限界，而侵入必要劳动部分，甚至完全破坏了佃农的再生产，地主经济仍可以照旧进行。因为在土地占有两极化的情况下，社会给地主阶级保证了充沛的劳动力来源，不管剥削怎样残酷，也有很多的无地农民争相承佃。并且，地主之收买土地，完全是为了收取地租，而地租又是地主用以积累财富的主要来源，租率能高一分，就是自己的收入多一分。这样一来，地主不仅具有加强剥削的可能条件，而且具有加强剥削的必要条件。这一切正说明，这样的一种剥削关系，仅仅是一种实物或货币的支付关系，即上文所说的契约关系或法律关系。这种关系，与领主和农奴的关系相比已经完全不同了。换言之，原来的那种封建关系，这时已经消灭了，怎么反而会成为封建制度的产生时期呢？

在上述的各种关系中，什么又是产生封建制度的土壤呢？

　　总之，从上述一系列的发展变化可知，在客观的经济规律支配之下，由封建制度自身所具有的经济规律以"铁的必然性"发生作用的结果，中国典型的封建制度到东周时期就完全解体了。东周以后，社会经济结构的性质已发生了根本变化，绝不能与原来的封建制度混为一谈。如果不顾客观经济规律的必然作用，不根据经济规律去观察和分析经济问题，而把这些正常的历史关系颠倒过来或混淆起来，那就完全错了。所以绝不可以误把地主阶级的产生看作封建制度的产生，因为两者各自有其不同的经济含义，各自有其本身不同的经济规律，因而也各属于两个不同的经济范畴。

第一章　封建生产方式的产生

第一节　什么是封建生产方式

在人类社会发展史上，继奴隶占有制而兴起的一个新的生产方式，是封建生产方式。这是人类历史上共同经历过的一个重要的发展阶段，在各个国家的历史上都经历了相当长的时间，在中国的历史上，这个生产方式不但存在的时间非常长——长达三千年左右，而且与其他国家的同一生产方式比较起来，又显示出许多特点。由于这一生产方式占有中国文字记载历史的绝大部分，所以弄清楚中国封建生产方式的全部历史，特别是它所具有的各种特点，实是全面了解中国历史问题的关键。

关于中国封建生产方式的产生和发展，以及它所具有的种种特点和这些特点所产生的影响，在中国的历史学界中还存在着不少的分歧[1]意见，所以在开始研究这一生产方式的全部历史时，须先把一些基本概念阐述清楚，以为进一步讨论的根据。

首先必须弄清楚的一个基本概念是：究竟什么是封建生产方式？或者用普通的话来说，究竟什么是封建制度？

封建生产方式或者说封建生产关系，简单说，就是封建领主占有主要的生产资料和不完全占有生产工作者。所谓不完全占有，是说生产工作者对于封建领主虽然有某种依附关系，但是这个生产工作者已经与奴隶不同，他不再是封建领主的所有物，不再是封建领主所有的生产条件的一个组成部分，而是自己占有必要的生产条件（土地、工具和牲畜等），并用自己所占有的生产条件来生产自己所需要的生活资料。只是由于最主要的生产条件——土地是由领主配给的，于是通过这种土地占有关系产生了对领主服劳役、纳贡赋这样一种剥削关系，并连带形成一种特殊形态的依附关系，即通过土地分配关系而形成的一种特殊的人身依附关系，简单说就是封建关系。这样的一种生产工作者就是农奴。领主对农奴的剥削关系，就是封建的基本剥削关系。

由于农业是封建社会的主要生产部门，所谓封建领主占有主要生产条件，也就是主要占有土地——领主实际上就是领有土地的意思。但是领主只是一个土地的所有者，而不是一个土地的经营者，更不是一个土地的耕作者，他必须使用农奴的劳动力和各种生产工具来经营他的土地。为了能剥削农奴的剩余劳动，遂不得不把他所占有的土地分割出一部分，按照一定的分配办法给予农奴，使他们能用以生产其所必需的生活资料，并维持其本身的再生产。这样，遂由一定的土地占有方式，形成了一定的剥削方式以及整个社会的阶级关系。可见作为一定历史发展阶段的封建生产方式，乃是由一定的土地制度决定的。这种土地制度就是所谓的封建土地制度，整个封建生产方式和与之相应的各种社会关系，都是建立在这种土地制度之上的，所有封建的经济规律，也都是围绕着封建土地制度这一基本核心来旋转运行的。

封建生产方式原是从奴隶制生产方式中孕育、成长并产生出来的，后者的解体，才有了前者的产生条件的形成。

由奴隶制生产方式转变为封建制生产方式，实际上就是由奴隶制剥削转变为农奴制剥削，两者的区别点主要是：如果剥削者所剥削来的剩余劳动（不论是以劳动的自然形态还是以劳动生产物的形态来获得），是由奴隶提供的，这种生产方式就是奴隶制生产方式；如果这种被剥削来的剩余劳动是由农奴提供的，则这种生产方式便是封建制生产方式。

所以，要说明奴隶制生产方式与封建制生产方式究竟是怎样区别，先要说明奴隶和农奴是怎样区别。对于这个问题，马克思做了如下的精辟分析：

> 地租的最简单的形式，即劳动地租——在这个场合，直接生产者以每周的一部分，用实际上或法律上属于他所有的劳动工具（犁、牲口，等等）来耕种实际上属于他所有的土地，并以每周的其他几天，无代价地在地主的土地上为地主劳动……在这里，地租和剩余价值是一致的。在这里，无酬剩余劳动所借以表现的形式就是地租，不是利润。在这里，劳动者（自给自足的农奴）在多大的程度上得到一个超过必不可少的生活资料的余额，即超过在资本主义生产方式下我们称之为工资的余额，在其他条件不变时，取决于他的劳动时间是按什么比例划分为为自己劳动的时间和为地主的徭役劳动的

时间。因此，超过必要生活资料的这个余额……完全是由地租的多少决定的。在这里，地租不仅直接是无酬剩余劳动，并且也表现为无酬剩余劳动；这是替各种生产条件的"所有者"而进行的无酬剩余劳动。……并且很清楚，在直接劳动者仍然是他自己生活资料生产上必要的生产资料和劳动条件的"所有者"的一切形式内，财产关系必然同时表现为直接的统治和从属的关系，因而直接生产者是作为不自由的人出现的；这种不自由，可以从实行徭役劳动的农奴制减轻到单纯的代役租。在这里，按照假定，直接生产者还占有自己的生产资料，即他实现自己的劳动和生产自己的生活资料所必需的物质的劳动条件；他独立地经营他的农业和与农业结合在一起的农村家庭工业。……它和奴隶经济或种植园经济的区别在于，奴隶要用别人的生产条件来劳动，并且不是独立的。所以这里必须有人身的依附关系，必须有不管什么程度的人身不自由和人身作为土地的附属物对土地的依附，必须有真正的依附农制度。①

这是区别奴隶与农奴、奴隶制经济与封建制经济的一个经典性说明。奴隶和农奴都是不自由的人，都是赤裸裸的被剥削者，所以生产者是否自由和是否被剥削，这两点是不能作为区别奴隶与农奴的标准的。但是，两者之间却有着本质的不同：奴隶不但自己没有生产条件，必须用别人的生产条件来劳动，而且连他们自己的人身还是别人生产条件的一部分，被称为"会说话的工具"，他们不是独立的，他们对于主人"有人身的依附关系"，即直接的隶属关系。这就是说，奴隶不但没有自己的生产条件，没有起码的人身自由，而且连他们的人身也属于别人所有。所以，奴隶制生产方式的特征是：奴隶主完全占有生产条件和完全占有生产工作者，在这里，只有奴隶主经济，没有奴隶经济。

封建制生产方式是农奴制剥削，是以劳动地租的形式剥削农奴的剩余劳动，其与奴隶制生产方式的根本区别点是：封建领主只占有主要的生产条件——土地，而不占有其他必要的生产条件（工具、牲畜等）；其他生产条件是由农奴占有的。尽管"直接生产者是作为不自由的人出现的"，但是他们毕竟没有被领主完全占有。尽管他们必须给领主服劳役，但却只是"以每

① 《资本论》第三卷，人民出版社一九七五年版，第八八九至八九一页。

周的一部分，用实际上或法律上属于他们所有的劳动工具（犁、牲口，等等），来耕种实际上属于他们所有的土地，并以每周的其他几天无代价地在地主的土地上为地主劳动"。所以，不管这些"自给自足的农奴"是怎样不自由，怎样被剥削，这些"直接生产者仍然是他自己生活资料生产上必要的生产资料和劳动条件的所有者"，所以他们于被剥削之后，仍然能"得到一个超过必不可少的生活资料的余额，即超过资本主义生产方式下我们称之为工资的余额"。正由于农奴占有必要的生产资料，并且除服徭役外还能自由支配一部分劳动时间，即他们仍然是自己的部分劳动力的所有者，所以他们能够"独立地经营他的农业和与农业结合在一起的农村家庭工业"。简单说，就是农奴能够独立地经营自己的经济。所以，在这里，不仅有封建领主的经济，而且有农奴自己的经济。

农奴对领主所服的徭役和所纳的贡赋，实际上是农奴以劳动的自然形态和劳动生产物的形态，缴纳给领主的地租。"在这里，地租不仅直接是无酬剩余劳动，并且也表现为无酬剩余劳动，这是替各种生产条件的'所有者'而进行的无酬剩余劳动。"这一切关系的形成，都是由一种特殊的土地制度——封建土地制度决定的。由于最主要的生产条件为封建领主所占有，农奴则完全没有土地，领主只是为了要剥削农奴的剩余劳动，才不得不从他领有的土地中分割出一部分，以份地形式分配给农奴——这是农奴获得土地的唯一来源，因而农奴也不得不以服徭役、纳贡赋等义务来作为获得土地使用权的报偿。结果，便根据这样一种特殊的土地占有方式，形成一种特殊的剥削方式和阶级关系，农奴对领主的一切依附关系，也都是随着土地制度而来的。

总之，区别一个不自由的或半自由的生产工作者，究竟是奴隶还是农奴，最根本的一点，就是看他们是不是有自己的经济。如果一个生产工作者，自己不但没有生产条件用以经营自己的经济，而且连自己的人身都是别人生产条件的一部分，他们的生活资料不是自己的直接生产物，而是由主人供给的，也就是完全由主人养活的；在主人方面，豢养奴隶与豢养牲畜是没有本质的区别的。这样的生产工作者，显然是奴隶。反之，如果一个生产工作者有自己的生产条件，既有在法律上或事实上属于自己的份地，也有完全属于自己的各种生产工具和牲畜等，并且除了以一部分时间为领主服无偿徭役外，还有一部分——或者大部分时间来耕种自己的土地，并用以进行与农业结合在一起的农村家庭工业的生产，一句话，即经营自己的经济。他们不是靠主人给予直接的生活资料，由主人来养活，而是靠自己所有的生产资料来生产自己所需要的生活资料，也就是由自己来养活自己。那么，这个有自己经济的生产工作者，已经不是奴隶，而变为农奴了。封建领主剥削农奴的剩余劳动，就是封建制度的基本剥削关系，也是封建生产方式不同于其他生产方式的主要内容。

第二节　由奴隶到农奴

由奴隶制生产方式转变为封建制生产方式，实质上就是由奴隶转变为农奴。那么，奴隶为什么要转变为农奴？它是怎样转变为农奴的？说明了这样一种转变过程，实际上就是说明了封建生产方式的产生过程。

作为一个生产方式，农奴制度是在奴隶制生产关系的机体内逐渐孕育发展起来的，所以农奴显然是由奴隶蜕变递嬗而逐渐形成的，但是它的萌芽却很早。马克思说：

> 现代家族在胚胎时期就不仅含有 servitus（奴隶制），而且也含有农奴制，因为它从最初起就和土地的赋役有关。①

不过农奴制大量地和普遍地出现，则是在罗马帝国的末年，那时奴隶制度已经衰落到陷入严重的危机之中，业已无法解脱。因为到罗马帝国末年时，随着帝国政治和军事力量的衰落，奴隶的来源遂日益枯竭，使原来用奴隶劳动经营的大种植园（latifundia），由于得不到充足的劳动力而日益陷于荒芜。

罗马时代的大量奴隶，大部分得自战争俘虏，小部分得自购买，在帝国力量衰微之后，遂因之失去奴隶的主要来源。奴隶的来源既少，价格必因之大涨，且不易获得，奴隶主便用加强剥削的办法来暂时解决矛盾。但加强了剥削，必然要引起奴隶的反抗，结果，旧的矛盾没有得到解决，却又增加了新的和更为尖锐的矛盾。在奴隶暴动频繁发生的情况下，这些含有强烈敌意的奴隶，不但生产效率很低，而且经常以毁坏工具、虐待牲畜、消极怠工等来发泄他们的怨愤，因而对奴隶的管理非常困难，奴隶主必须雇用众多的管理人员，以致耗费很大，常常是得不偿失。当时的人即在说，使奴隶去耕种土地，等于是叫刽子手去对土地行刑。

---

① 马克思：《摩尔根〈古代社会〉一书摘要》，人民出版社一九六五年版，第三八页。

此外，在一个奴隶制的社会中，既不可能超越历史发展的阶段，由奴隶制直接过渡到雇佣劳动制，即使用工资劳动者去经营土地；也不可能实行租佃制度，把土地租佃给自由民。因为罗马末年的自由民，早已流氓无产阶级化，他们完全丧失了劳动习惯，并且极端鄙视劳动。他们宁愿伸手向人乞讨，靠别人的赠予和施舍，来过游手好闲的寄生生活，而绝不肯自食其力。所以解决奴隶制经济危机的历史任务，也不可能由这种寄生的、没有劳动习惯的自由民来负担[2]。恩格斯对于这一重大的历史转变过程进行了全面阐述，他说：

> 奴隶制已不再有利，因而灭亡了。但是垂死的奴隶制却留下了它那有毒的刺，即鄙视自由人的生产劳动。于是罗马世界便陷入了绝境：奴隶制在经济上已经不可能了，而自由人的劳动却在道德上受鄙视。前者是已经不能成为社会生产的基本形式，后者是还不能成为这种形式。只有一次彻底革命才能摆脱这种绝境。①

打破这种绝境的彻底革命，在当时的客观形势迫切要求之下跟着便发生了。尽管从表面上看来，变化并不怎样剧烈，也并不突然，无论从奴隶主一方面来看，或是从奴隶一方面来看，变化都显得很平凡、很自然。这个变化的结果，先是由奴隶变为隶农，接着又由隶农变为农奴。

原来领有土地的大小土地所有者，都是最高统治者的武士或家臣。最初，他们都是直接由主子豢养的，后来慢慢改为被赐予采邑，使他们各自依靠被赐予的土地来自己养活自己。这些领有土地的人，就成为占有奴隶的大小奴隶主。当奴隶制度发生了上述的危机之后，他们从自己的切身利益中和实际的经验中，慢慢知道可以采用相同的办法，来解决当时生产中所存在的主要矛盾。这个办法就是把他们采邑中的土地分割出一部分，分配给原来由他们直接豢养的奴隶，使之依靠被分配给的一点土地来自己养活自己。采用这个办法时，虽然剥削方式稍稍有所改变，但是对于奴隶主而言却是一举数得：既照旧可以获得无偿劳役，又可以大大鼓励起奴隶们的生产积极性。奴隶们因为获得了可以归自己所有的生产资料而得以经营自己的经济，不再有毁坏工具、虐待牲畜等消极抵制行为了，同时奴隶主还节省了过去管理奴隶的一

---

① 恩格斯：《家庭、私有制和国家的起源》，《马克思恩格斯选集》第四卷，第一四六至一四七页。

大笔开支。于是就在这种看来并不巨大也并不激烈的变化中，奴隶就先转变成了隶农——科洛尼（Coloni）。

最初，分配给隶农的土地，名义上是租佃给隶农的，所以隶农的本来含义是隶属于土地的佃农，当时人称这种农民是一种"不带镣铐"的劳动者。他们虽然不再直接隶属于主人，但却隶属于主人的土地，他们没有离开土地的自由，如果主人出卖土地，他们即作为土地的附庸也连带被出卖。他们必须把土地收获物的六分之五缴纳给主人。隶农的出现，只是整个变化的一个过渡阶段，这种隶农的进一步发展，就是后来的农奴。恩格斯说：

> 以奴隶劳动为基础的大庄园经济，已不再有利可图……田庄一个一个地分成了小块土地……这种小块土地主要的是租给隶农，他们每年缴纳一定的款项，依附着土地，并且可以跟那块土地一起出售；这种隶农虽不是奴隶，但也不被认为是自由人……他们是中世纪农奴的前辈。[1]

科洛尼依然是一种不自由的人，他不过是由完全的奴隶向前发展了一步，变成一种半奴隶，即由直接的人身隶属关系，变为对土地的一种隶属关系。然而这个看来相当平凡也并不剧烈的变化，却是一个革命性的重大的质变，因为旧的生产关系从这里开始解体，一个新的生产方式从这里诞生了。

科洛尼主要是由奴隶转变来的，但也有原来的自由民因各种经济的或超经济的原因，而沦落为奴隶，后来也跟着转变为隶农。马克思说："在罗马帝国，大家都知道，饥荒逼迫自由民出卖儿女和出卖自身去给富人当奴隶的现象是经常发生的。"[2] 这些卖身为奴的人，后来也随着上述的变化，而转变为隶农。此外还有一些小土地所有者，在高利贷的重利盘剥之下，失掉土地，沦为隶农。有时农民为获得大领主的"庇护"，而将自己的土地献给领主，然后再以"恩赐地"的名义收回来，而以服劳役、纳贡赋，作为报偿；有时整个村庄交给一个大领主，用以获得他的"庇护"。结果，通过这种"庇护"制度，使很多自由农民变成属于领主土地的隶农。同时，领主阶级为了解决劳动力不足的困难，遂广泛利用了"庇护制"，从而大大促进了隶农的发展，

---

① 恩格斯：《家庭、私有制和国家的起源》，《马克思恩格斯选集》第四卷，第一四五至一四六页。
② 《资本论》第三卷，人民出版社一九七五年版，第六七七页。

为农奴制度的形成提供了条件。恩格斯说：

> 自由的法兰克农民陷入了与他们的前辈即罗马的隶农一样的处境。他们被战争和掠夺弄得破产，不得不去乞求新贵人或教会的保护……不过这种保护使他们不得不付出很高的代价。……他们必须将自己的土地所有权交给保护人，再以各种不同的和经常变化的租佃形式——不过总不外是力役和代役租——从他那里把这块土地作为租地而租回来。一经陷入这种依附形式，他们就逐渐地丧失了自己的人身自由；经过几代之后，他们大多数都变成了农奴。①

　　这些变化，大体上从公元二世纪开始。到了五世纪左右时，作为封建制度基本经济结构的庄园制度已经确立。随着土地制度这一点不大的变化，即将过去以租佃形式租佃给隶农的小块土地，现在以份地形式分配给原来的隶农和其他依附于领主的农民，这些农民都变成了农奴。农奴和隶农没有什么本质的不同，因为农奴仍然是隶属于土地的一个不自由的劳动者，即依然是"土地上的奴隶"（servi terrae），其与隶农不同的是：领主从农奴身上剥削来的剩余劳动，系以劳动的自然形态为主，而不再以劳动生产物为主，其以贡赋名义剥削来的剩余劳动生产物，只占全部剥削的一小部分。为了以劳动的自然形态（即徭役劳动）进行剥削，领主遂将其所领有的土地，除以一部分作为份地分配给农奴外，另保留一部分自留地称为公田，直接属于领主。公田就是实现农奴制剥削的主要手段——农奴必须无代价地耕种公田，也正是为了这一目的才形成了这样一种特殊的土地制度——封建土地制度，因为如果没有公田，就无法以劳役形态来剥削农奴的剩余劳动了，所以"同养公田"即在公田上服劳役，遂成为农奴的首要义务。

　　这样，由农奴"各私"（占有）若干亩份地以建立农奴自己的经济，又以无偿劳役"同养公田"（共同耕种公田）若干亩以建立领主经济。这个由农奴经济和领主经济两种对抗性的经济成分结合在一起的、一个矛盾的统一体，就是作为封建经济结构的基本形态的庄园制度。整个封建经济规律，就是围绕着这个中心而旋转运行的。

　　正是在这种客观的必然经济规律支配之下，直接生产者只能沿着历史发

---

① 恩格斯：《家庭、私有制和国家的起源》，《马克思恩格斯选集》第四卷，第一五〇页。

展的必经阶段，先由奴隶转变为隶农，即由直接的人身隶属关系转变为对土地的隶属关系，也就是其对原来的主人由直接隶属变为间接隶属，因为土地还是属于原来的主人。但是变化不能到此为止，所以不久又随着土地占有方式的改变，使剥削方式适应着这种改变而有所调整，从而使隶农又很自然地变为农奴。

第三节　农奴制剥削产生在周初的原因

殷周之际，是中国古代历史上一个巨大的变革时期。历时悠久的奴隶占有制生产方式，到了殷代末年即陷于崩溃，一个新的、更高的生产方式——封建生产方式，遂起而代兴。在中国的历史上绵延了三千年左右的封建制生产方式，即肇始于西周初年。现在，我们必须进一步分析，这样的转变为什么发生在西周初年？实际上也只能发生在西周初年。

封建制度在中国历史上的产生过程，与它在欧洲历史上的产生过程，基本上是相同的，至少也是相似的，因为二者都是在军事征服之后，在一些特殊的政治和经济等客观形势要求之下，根据具体的历史条件而形成了一种新的社会经济结构。

欧洲的封建制度产生在日耳曼人征服了罗马帝国之后。日耳曼人一向被称为"蛮人"。他们以一个文化和经济都十分落后的部族，征服了一个在文化上和经济上都远比自己为高的部族。征服胜利之后，征服者便面临着一系列政治的和经济的特殊情况，为了适应这些特殊情况和解决一些新的矛盾，于是便随着军事征服而产生了一系列新的政治和经济制度。马克思说：

> 蛮人占领了罗马帝国，这一事实通常被用来说明从古代世界向封建主义的过渡。……封建主义……它起源于蛮人在进行侵略时的军事组织中，而且这种组织只是在征服之后，由于被征服国家内遇到的生产力的影响才发展为现在的封建主义的。[①]

这就是说，在日耳曼军事组织的影响下，被征服国家内的奴隶制剥削改变为农奴制剥削，也就是封建主义的剥削。为什么在被征服的国家内，由于

---

① 马克思、恩格斯：《德意志意识形态》，《马克思恩格斯选集》第一卷，第八〇页。

生产力的影响，会随着军事组织而出现这样的变化呢？恩格斯从政治方面和经济方面做了进一步的说明：

> 我们知道，对被征服者的统治，是和氏族制度不相容的。在这里我们可以大规模地看到这一点。各德意志民族做了罗马各行省的主人，就必须把所征服的地区加以组织。但是，他们既不能把大量的罗马人吸收到氏族团体里来，又不能通过氏族团体去统治他们。必须设置一种代替物来代替罗马国家，以领导起初大部分还继续存在的罗马地方行政机关，而这只有另一种国家才能胜任。因此，氏族制度的机关便必须转化为国家机关，并且为时势所迫，这种转化还得非常迅速地进行。但是，征服者民族的最近的代表人是军事首长。被征服地区对内对外的安全，要求增大他的权力。于是军事首长的权力变为王权的时机便来到了，这一转变也终于实现了。①

这是在日耳曼人征服了罗马人之后出现的一种特殊情况：征服者不能把被征服者吸收到自己氏族内部来，又不能用自己落后的氏族团体去统治他们，必须有一个新型的统治机构来代替罗马国家，这个新型的统治机构，就是上引马克思所说的"封建主义"②的国家机构。为时势所迫，适应着客观形势的需要，特别是为了"被征服地区对内对外的安全"，遂把军事首长的权力增大到使他成为最高的统治者，同时也是最高的所有者。统治者用分封采邑的办法，"以领导起初大部分还继续存在的罗马地方行政机关"，并把当地居民都固定在土地上，迫使他们耕种土地。结果，这些居民都变成了农奴。恩格斯说：

> 毫无疑问，农奴制和依附关系并不是某种特有的中世纪封建形式，在征服者迫使当地居民为其耕种的地方，我们到处，或者说几乎到处都可以看得到——例如在特萨利亚很早就有了。③

中国在殷周之际，出现了与日耳曼人征服了罗马帝国以后大致相同的历

---

① 恩格斯：《家庭、私有制和国家的起源》，《马克思恩格斯选集》第四卷，第一四八页。
② 拉丁文 feodum（封建主义或封建制度）原意即有分封采邑、授予土地和财物之意。
③ 恩格斯：《一八八二年十二月二十二日致马克思的信》，《马克思恩格斯全集》第三十五卷，第一三一页。

史情况，即征服加速了封建主义或封建制度（即农奴制剥削关系）的来临。因为征服了殷商的周人，也与征服了罗马帝国的日耳曼人一样，同样是以一个文化落后的"蛮人"部族，征服了一个文化水平较高和社会经济也远为先进的大国，此外还有不少开化较早的部族即所谓"先王之后"。所以征服胜利之后，便面临着日耳曼人曾经面临过的性质相同的问题，因而周人也采取了与日耳曼人大致相同的解决办法。

周人与殷人原来不是一个部族。从殷商一代历次迁徙和先后聚居过的地方来看，他们"不常宁""不常厥邑"的迁播方向，显然是从山东滨海一带，逐步向西移殖于三河区域——河南、河内、河东。周人是兴自中国西北部黄土高原一带一个落后的游牧部族，其移殖的方向与殷人正好相向而行，是由西而东。王国维氏曾最先指出了这一点，他说：

中国政治与文化之变革，莫剧于殷周之际。……自上古以来，帝王之都皆在东方：太皞之虚在陈，大庭氏之库在鲁；黄帝邑于涿鹿之阿，少皞与颛顼之虚皆在鲁卫，帝喾居亳。……故自五帝以来，政治文物所自出之都邑，皆在东方，惟周独崛起西土。……以地理言之，则虞夏商皆居东土，周独起于西方，故夏商二代文化略同。……故夏殷间政治与文物之变革，不似殷周间之剧烈矣。殷周间之大变革，自其表言之，不过一姓一家之兴亡与都邑之移转，自其里言之，则旧制度废而新制度兴，旧文化废而新文化兴。[1]

周族聚居之豳，地近"薰育戎狄"（即鬼方），社会经济的发展还停滞在原始公社的阶段上，虽然较早即已有了农业，但在克殷之前并没有多大发展。传说中的后稷被周人推崇为农业的发明者，他不仅第一个"教民稼穑"，而且是天生的种植能手，在儿时即知种植各种粮食作物，《诗》称：

蓺之荏菽（即戎菽，大豆也；一说为今胡豆），荏菽旆旆。禾役穟穟，麻麦幪幪，瓜瓞唪唪（正义：旆旆、穟穟、幪幪，皆言生长茂盛之貌；唪唪，多实也）。……诞降嘉种，维秬维秠，维穈维芑

---

[1] 王国维：《殷周制度论》，《观堂集林》卷十。

（秬，黑黍也；秠，亦黑黍也；穈，赤粱粟也；芑，白粱粟也）。①

后来到公刘时，已经有了一定的土地分配办法，并有了封建制剥削的萌芽，所谓"度其隰原，彻田为粮"②。这是公刘于"逝彼百泉，瞻彼溥原"之后，把"京师之野"的土地，征用民力耕种，成为农奴制剥削的滥觞。但是总的说来，这时期的农业发展，还停滞在原始阶段，农业也没有成为主要生产部门，故周人仍然过着穴居野处的游牧生活，直到太王（古公亶父）迁于周原之后，才开始"贬戎狄之俗"——放弃游牧生活方式，全盘接受了华夏族的农耕文化。史称：

> 古公亶父复修后稷、公刘之业……薰育戎狄攻之……乃与私属遂去豳，度漆、沮，逾梁山，止于岐下，豳人举国扶老携弱，尽复归古公于岐下。及他旁国闻古公仁，亦多归之。于是古公乃贬戎狄之俗，而营筑城郭室屋，而邑别居之。作五官有司。民皆歌乐之，颂其德。③

这与周人歌颂其祖先兴起经过的诗是完全符合的：

> 绵绵瓜瓞，民之初生，自土沮漆。古公亶父，陶复陶穴，未有家室。
> 古公亶父，来朝走马，率西水浒，至于岐下。爰及姜女，聿来胥宇。
> 周原膴膴，堇荼如饴。爰始爰谋，爰契我龟。曰止曰时，筑室于兹。
> 乃慰乃止，乃左乃右，乃疆乃理，乃宣乃亩，自西徂东，周爰执事。
> 乃召司空，乃召司徒，俾立室家。④

---

① 《诗·大雅·生民》。
② 《诗·大雅·公刘》。
③ 《史记》卷四，《周本纪》。
④ 《诗·大雅·绵》。

可见周到太王时才刚刚改变生活方式，利用周原的肥沃土地和便于经营农业的自然条件，遂完全放弃游牧生活，开始经营农业，并建筑城郭室屋，开始营定居生活。这些情况说明周人开化发展的历史是不长的，发展农业的历史就更短了，所以到文王时，仍然处在原始公社的末期阶段，即仍然是一个氏族社会。由于经营农业的历史不长，农业的生产力不高，所以氏族首长都还得亲自耕田和放牧：

　　　太王王季，克自抑畏，文王卑服，即康功田功。……自朝至于日中昃，不遑暇食，用咸和万民。①
　　　伯昌号衰，秉鞭作牧。②

可见这时周人的农业生产还在发展的初期阶段，就是周王朝在"翦商"之后，仍感非大力发展农业不可，故周公一再告诫周人，要"先知稼穑之艰难……勤劳稼穑，厥子乃不知稼穑之艰难，乃逸，乃谚，既诞"③。又说："厥父菑，厥子乃弗肯播，矧肯获。"④ 由周公之谆谆告诫，可知当时农业发展的水平还是不高的。

总之，周在克殷之前，无论在文化上或经济上都远比殷人为落后，军事力量更远不能与殷王朝相匹敌。征服的胜利，不是由于周人的军事力量特别强大，而是由于殷人的内部矛盾特别尖锐。试看武王伐纣时的兵力，只"率戎车三百乘，虎贲三千人，甲士四万五千人，以东伐纣"。而"帝纣闻武王来，亦发兵七十万人距武王"⑤。可见双方的兵力是十分悬殊的。但是交战的结果则是："受（纣名）率其旅若林，会于牧野，罔有敌于我师，前徒倒戈攻于后，以北，血流漂杵。"⑥ 周人对殷王朝的征服虽若摧枯拉朽，一举而将其倾覆，但是殷在亡国之后，潜在势力仍然很大，其对旧部族的潜在影响或号召力量并没有被摧毁，所以武王于罢兵西归之后，对于这一严重威胁惴惴不安，以致焦心苦虑，夜不成寐：

---

① 《尚书·周书·无逸》。
② 《楚辞·天问》。
③ 《尚书·周书·无逸》。
④ 《尚书·周书·大诰》。
⑤ 《史记》卷四，《周本纪》。
⑥ 《尚书·周书·武成》。

> 武王至于周，自夜不寐。周公旦即王所，曰：曷为不寐？王曰：
> 告女！维天不飨殷，自发未生于今六十年，麋鹿在牧，蜚鸿满野。
> 天不享殷，乃今有成。维天建殷，其登名民三百六十夫，不显亦不
> 宾灭，以至今。我未定天保，何暇寐？①

这是说统率殷氏族的三百六十个氏族长仍然照旧存在，既不能把他们摈灭，又不能使他们光显。这些氏族团体力量的继续存在，对于周人的统治地位，实是一个致命威胁，武王对此当然不能高枕无忧。所以周人在灭殷之后的一个长时期内，仍然不敢以征服者自居，而称殷为"大国殷"或"天邑商"，而自称则曰"小国"或"小邦周"。例如：

> 皇天上帝，改厥元子，兹大国殷之命。……天既遐终大邦殷之命，兹殷多先哲王在天。②
> 肆尔多士，非我小国敢弋殷命。……肆予敢求尔于天邑商。③
> 天休于宁王，兴我小邦周。④

这显然是征服者迫于形势，不得不对被征服者采取这样的克制态度。所以在这样的客观形势要求之下，周人经过盱衡全局、精心策划之后，采取了与日耳曼人相似的政策，来解决当时新出现的危机和矛盾。这个政策，主要包括两点：

首先，周人既不能把人数比本族多、文化比本族高的殷人编入自己的氏族之内，又不能用自己落后的制度去统治文化高的殷人。并且，当时除了殷人之外，还有很多其他旧部族，他们也都具有远比周人为高的文化，周人既不能用武力消灭殷人，同样也不能用武力消灭这些"先王之后"。这时必须有一个新型的统治机构和一个新型的社会组织，来把这些被征服者安置在一个适当的地位上，既要给他们以生活出路，又要消弭他们的不安和反侧。完全如上引恩格斯所说，为了使"被征服地区对内对外的安全"，需要把氏族制度的机关转化为国家机关，并把征服者的军事首长的权力增大为王权。正

---

① 《史记》卷四，《周本纪》。
② 《尚书·周书·召诰》。
③ 《尚书·周书·多士》。
④ 《尚书·周书·大诰》。

是在这样的变化中，周天子不仅成为天下之"共主"，而且成为天下之"宗主"，所谓"作民父母，以为天下王"①。要使被征服者承认周天子既是一个最高的统治者，又是一个最高的所有者，全国的土地人民，都是周天子的所有物，所谓"溥天之下，莫非王土，率土之滨，莫非王臣"②。当处于"王臣"地位的被征服者于承认了周天子的宗主权之后，再把他们原来的土地人民，用一种分茅列土的封建仪式以分封采邑的名义，重新赐予他们，以求彼此相安，奠立一种和平共处的基础，这样，便建立起一种君臣隶属的封建关系，同时也是一种上下结合的宗法关系。简单说就是，在被征服者承认了征服者的宗主地位之后，新的征服者便就其固有的疆界而分封之，即承认其继续存在，而与之相安。这是由当时的客观形势所决定的不得不如此的一种政治格局，完全如许宗彦所说：

> 武王观兵孟津，诸侯会者八百，此皆二代之所建；至于纣时，其地之广狭，固未必悉仍其初封，文武抚而有之，要与之相安而已，岂得而尽易其疆界哉。③

正是在这样的一种客观形势之下，所以武王于诛纣之后，第一项举措，就是分封被征服的旧部族：

> 武王再拜稽首，曰：膺更大命，革殷，受天明命。……乃出。封商纣子禄父（即武庚）殷之余民。武王为殷初定未集，乃使其弟管叔鲜、蔡叔度相禄父治殷。……罢兵西归。……封诸侯，班赐宗彝，作分殷之器物。武王追思先圣王，乃褒封神农之后于焦，黄帝之后于祝，帝尧之后于蓟，帝舜之后于陈，大禹之后于杞。于是封功臣谋士，而师尚父为首封。封尚父于营丘，曰齐。封弟周公旦于曲阜，曰鲁。封召公奭于燕，封弟叔鲜于管，弟叔度于蔡，余各以次受封。④

① 《尚书·周书·洪范》。
② 《诗·小雅·北山》。
③ 许宗彦：《读〈周礼〉记》，《鉴止水斋集》卷一。
④ 《史记》卷四，《周本纪》。

　　这是武王迫于当时的时势，不得不先封纣之子禄父于殷，以治殷之余民，然又惧其复叛，乃设三监以监视之。三监除管叔、蔡叔外，又封弟霍叔于邶（在殷都之北），以形成三面包围。武王对于其他旧部族也是同样不放心，所以又分封周之子弟和功臣谋士，使他们的封地交错于旧部族之间，以收监视镇慑[3]之效："昔武王克商，光有天下。其兄弟之国者十有五人，姬姓之国者四十人，皆举亲也。"① 尽管做了这样的周密部署，武王仍然觉得不保险，以致忧愁焦虑，夜不成寐。为了消弭隐患，周人曾大力发动宣传攻势，反复对被征服者开导劝勉，要他们认清"天命"，"顺从王政"，毋心怀叵测，自蹈罪戾：

　　　　尔曷不夹介乂我周王享天之命？今尔尚宅尔宅，畋尔田，尔曷不惠王熙天之命？（注：今汝殷之诸侯，皆尚得居汝常居，臣民皆得畋汝故田，汝何不顺从王政，广天之命，而自怀疑乎？）②

　　果然不出武王所料，不久即爆发了周人最怕发生的事件，就是武王罢兵西归后，仅二年即死去，周公摄政，管叔、蔡叔联合武庚和东方诸国（旧部族）起而"叛周"。周公东征，经过三年血战，始勉强平定。这对周统治者来说，实是一个极其惨痛的教训，故诗人歌诵之云："既破我斧，又缺我斨，周公东征，四国是皇（四国，管、蔡、商、奄也；皇，匡也），哀我人斯，亦孔之将。"③ 周公在"克殷践奄，灭国五十"之后，鉴于东方旧部族之不可靠，更不得不做有计划的分封："昔周公吊二叔之不咸，故封建亲戚以藩屏周。"④ 除分鲁公以殷民六族、康叔以殷民七族外，又封殷之贤人微子启于宋，以治殷之余民，示无尽灭殷族之意；同时又营洛邑为东都，以东临诸侯[4]，置殷之"顽民"（坚决反周分子）于此，由天子亲自镇慑之。经过这样的布局，周人的统治力量便随着分封诸侯而渗透到全国各地，东达海滨，北至辽燕，南至江汉淮徐："武王克商，蒲姑、商、奄，吾东土也。巴、濮、楚、邓，吾南土也。肃慎、燕、亳，吾北土也。"⑤ 置殷宋于中央，而四面包

① 《左传》昭公二十八年。
② 《尚书·周书·多方》。
③ 《诗·豳风·破斧》。
④ 《左传》僖公二十四年。
⑤ 《左传》昭公九年。

围之，使他们无法反叛，这实是一个深谋远虑、精心策划的布局，确如清人严杰所评论：

> 武王既胜殷，有天下，大封功臣宗室。凡山川纠纷、形势禁格之地，悉周懿亲及亲子弟，以镇抚不靖，翼戴王室。自三监监殷而外，封东虢于荥阳，据虎牢之险；西虢于弘农陕县，阻崤函之固；太公于齐，召公于燕。成王又封叔虞于晋。四面环峙，而王畿则东西长，南北短，短长相覆方千里。无事则都洛阳，宅土中，以号令天下；有事则居关内，阻四塞以守，曷尝不据形胜以临制天下哉。[1]

其次，分封既是为了对全国进行政治渗透和变相征服，故这时分封出去的各级诸侯为数很多，据《荀子》载称："周公……兼制天下，立七十一国，姬姓独居五十三人焉，周之子孙，苟不狂惑者，莫不为天下之显诸侯。"[2] 分封包括承认旧部族和封建新诸侯，总计"周之所封四百余，服国八百余"[3]，故号称"执玉帛者万国"。增多了被分封者的数目，便缩小了被封者的疆域，同时也就分散了他们的力量。清人顾栋高曾指出这一点说："齐晋之初封，不过百里，今之下州小县，尚可当古之大国。盖古之疆域，不及今五分之一，而执玉帛者有万，非俭于制，其势不得不尔也。故其势亦弱，其力亦分，无能抗衡为患，方伯连帅，得以臂指相使。"[4] 可见这也是一种精心策划。因为大量分封的结果，使无数小国，比肩并立，犬牙交错，互相牵制，谁也没有反侧异动的足够力量。

总之，周初的大封建，实质上乃是一种变相的征服，是"克殷践奄"的继续。通过这样一种不流血的征服，使东方旧部族都能各守其固有之封疆，照旧"宅尔宅，畋尔田"，表面上是各得其所，实际上则是把他们置于军事包围之中和政治监视之下，从而建立起恩格斯所说的"另一种国家"——封建主义的国家，并把新的统治者的权力增大到天下"共主"和天下"宗主"的地位。

这样权力的取得和被承认，是用分茅列土、授予采邑换来的。既然"溥

① 严杰：《春秋列国疆域表后叙》，《经义丛钞》卷二。
② 《荀子·儒效》。
③ 《吕氏春秋·观世》。
④ 顾栋高：《春秋大事表七·春秋列国都邑表叙》。

天之下，莫非王土，率土之滨，莫非王臣"，即天下的土地人民都属于最高统治者——"王"——所有，那么，他就必须把他所领有的土地人民，以采邑形式，分赐予他的臣下。没有这样的土地授受关系，就不可能建立起君臣上下的隶属关系。所以分封诸侯，实际上就是授予采邑。

最高统治者和所有者——周天子，以采邑形式把一定范围和一定数目的土地、人民分赐给他的诸侯。受封的诸侯在采地建国之后，复以同样方式把自己采邑中的一部分土地分封给他的卿大夫，即所谓"天子有田以处其子孙，诸侯有国以处其子孙，大夫有采以处其子孙"[1]。诸侯和卿大夫在各自的封疆或采邑之内亦系宗主，故亦同样是这一封域之内的最高所有者，大宗以外的小宗及异姓姻亲或有功的士，便不能受封采邑，而只有禄田，故《国语》称："公食贡，大夫食邑，士食田，庶人食力。"[2] 总之，分封采邑，班赐土地人民，是各级统治者和被统治者建立封建关系的基础，其具体情况，可由下引文献看出：

> 昔武王克商，成王定之，选建明德，以藩屏周。……分鲁公以……殷民六族……使帅其宗氏，辑其分族，将其类丑……是使之职事于鲁，以昭周公之明德。分之土田陪敦……因商奄之民，命以伯禽，而封于少皞之虚。分康叔以……殷民七族……封畛土略，自武父以南，及圃田之北竟，取于有阎之土，以共王职。取于相土之东都，以会王之东蒐。聃季授土，陶叔授民，命以康诰，而封于殷虚，皆启以商政，疆以周索。[3]

这与《诗》所记述的情况是完全一致的：

> 王曰叔父：建尔元子，俾侯于鲁，大启尔宇，为周室辅。乃命鲁公，俾侯于东，锡之山川，土田附庸。[4]

由于各级的大小领主都在对臣下和所属班赐土地，故西周彝器铭文中关

---

[1] 《礼记·礼运》。
[2] 《国语·晋语四》。
[3] 《左传》定公四年。
[4] 《诗·鲁颂·閟宫》。

于锡田的记载很多，都是在举行“锡田”仪式即所谓“封诸侯、班赐宗彝”时，铭于彝器之上以昭信守的具体实录。这里仅酌引数例如下：

王若曰，克！昔余既命女出内朕命，今……锡女田于野，锡女田于渒，锡女井家㲺田于䛒，以厥臣妾（以，与也），锡女田于匽，锡女田于㝩，锡女田于博原，锡女田于寒山……克拜稽首……。①

唯王十有一月既生霸丁亥，艾季入右卯，立中廷，艾伯呼命卯曰：……锡女马十所，牛十，锡于乍一田，锡于宫一田，锡于陖一田，锡于裁一田。卯拜手稽手，敢对扬艾伯休。②

唯王十有一月，王格于成周大庙，武公入，右敔，告禽馘百……侸贝五十朋（原注：侸字不详，盖出贝之地名），锡田于畝五十田，于早五十田，敔敢对扬天子休，用作尊敦。③

唯九月初吉，戊申，伯氏曰：不嬰，驭方厰允（俨狁）。（驭方犹鬼方虎方之例）。广伐西俞（雁门）。王命我羞追于西（羞，进也），余来归献禽。……伯氏曰：不嬰，女小子，女肇敏于戎工，锡女弓一，矢束（五十矢为束），臣五家，田十田，用从乃事。④

终西周一代，这种分封采邑、班赐土地的事一直在继续进行，《诗经》中即有不少这方面的记载，例如《嵩高》《韩奕》《江汉》等诗，都是宣王在分封采地时所举行的封建仪式，在对受封者大加表扬、班赐宗彝之后，还要“实墉实壑、实亩实籍”，“锡山土田，于周受命”。这种情形，到了春秋年间还在继续，故东周文献中关于天子或诸侯对臣下赐田的记载也非常多，例如：

二年春，公以二军下，次于阳樊。右师取昭叔于温，杀之于隰城。左师迎王于郏。王入于成周，遂定之于郏。王飨醴，命公胙侑。公请隧，弗许。曰：“王章也，不可以二王，若无政何。”赐公南阳阳樊、温、原、州、陉、絺[5]、组、攒茅之田。⑤

---

① 吴闿生：《吉金文录》卷一，《克鼎》。

② 阮元：《积石斋钟鼎彝器款识》卷六，《卯敦》。

③ 吴闿生：《吉金文录》卷三，《敔敦》。

④ 吴闿生：《吉金文录》卷三，《不嬰敦》。

⑤ 《国语·晋语四》。

公赐季友汶阳之田，及费。①

〔晋侯〕执曹伯，分曹、卫之田以畀宋人。②

郑伯如晋，公孙段相，甚敬而卑，礼无违者。晋侯嘉焉，授之以策曰："子丰有劳于晋国，余闻而弗忘。锡女州田，以胙乃旧勋。"伯石再拜稽首，受策以出。③

将执戎子驹支，范宣子亲数诸朝，曰："来！姜戎氏……我先君惠公有不腆之田，与女剖分而食之。……"对曰："昔秦人负恃其众，贪于土地，逐我诸戎。惠公蠲其大德，谓我诸戎是四岳之裔胄也，毋是翦弃。赐我南鄙之田，狐狸所居，豺狼所嗥。我诸戎除翦其荆棘，驱其狐狸豺狼，以为先君不侵不叛之臣，至于今不贰（不内侵，亦不外叛）。"④

由于周初的大封建含有明显的政治目的，是有计划地把新封的采邑间错于旧部族之间，所以有不少封地是夺自旧部族，如上述周公封鲁，系"因商奄之民"，"而封于少皞之虚"；康叔封卫，系"取于有阎之土"，"取于相土之东都"；康叔系"封于夏虚"⑤；太公封齐，要与莱夷争营丘⑥。除了这样强制占领旧部族的原有土地外，还有不少是自启土宇，开辟荒原，在人烟稀少或渺无人烟的地方立国。例如郑初建国时是："庸次比耦，以艾杀此地，斩之蓬蒿藜藋，而共处之"⑦；楚初建国时是："筚路蓝缕，以处草莽"⑧；上述姜戎自称其所封之地，是"狐狸所居，豺狼所嗥"，可知都是无人之区。

诸侯的封地和卿大夫的食邑，不管是封在什么地方，其面积大小，是以被封者爵位等级的高低而异的。据孟子所说，诸侯的封地有五等：

天子一位，公一位，侯一位，伯一位，子男同一位，凡五等。……天子之制，地方千里，公侯皆方百里，伯七十里，子男五

---

① 《左传》僖公元年。
② 《左传》僖公二十八年。
③ 《左传》昭公三年。
④ 《左传》襄公十四年。
⑤ 均见《左传》定公四年。
⑥ 《史记》卷三十二，《齐太公世家》。
⑦ 《左传》昭公十六年。
⑧ 《左传》昭公十二年。

十里。凡四等。不能五十里，不达于天子，附于诸侯，曰附庸。天子之卿受地视侯，大夫受地视伯，元士受地视子男。①

《国语》称："昔我先王之有天下也，规方千里，以为甸服……其余以均分公侯伯子男使各有宁宇。"②《左传》记子产之言曰："昔天子之地一圻，列国一同。"③ 圻就是千里，同就是五百里，可见孟子所说的天子之地方千里是不错的。至于诸侯封地的大小，各家之说即颇有出入，《周礼》说："诸公之地，封疆方五百里，其食者半；诸侯之地，封疆方四百里，其食者三之一；诸伯之地，封疆方三百里，其食者三之一；诸子之地，封疆方二百里，其食者四之一；诸男之地，封疆方百里，其食者四之一。"④ 此外还有种种不同的说法，这里不一一列举。个别诸侯如有特殊功勋，封地有大到七百里的，例如："成王以周公为有勋劳于天下，是以封周公于曲阜，地方七百里，革车千乘。"⑤ 不过所有这些数字，大都是出于后人追述，多系得之传闻，孟子即明言："其详不可得而闻也，诸侯恶其害己也，而皆去其籍，然而轲也尝闻其略也。"⑥ 当时既无明文记载，中间又多所变更，由数百年以后的人来追述，当然只能言其大略。本来一般的制度规定与各国的具体情况之间，是常常有出入的，最初的封疆与变动后的情况，也是有很大差异的。

尽管具体数字众说纷纭，但是这些不尽相同的数字却指向了一个共同制度，即等级授田制度，这是与封建土地制度的基本原则完全符合的。因为土地既然都是由最高统治者授予的，则这种授予必然要根据封建制度和与之相伴生的宗法制度所确立的严格等级关系来进行，各人的等级不同，则一切爵禄奉养死生之制，宫室车服祭祀棺椁之用，即完全不同。《左传》中这一类的记载和言论很多，例如："师服曰：吾闻国家之立也，本大而末小，是以能固。故天子建国，诸侯立家，卿置侧室，大夫有贰宗，士有隶子弟，庶人工商各有分亲，皆有等衰，是以民服事其上，而下无觊觎。"⑦ 封疆采邑的大

---

① 《孟子·万章下》。
② 《国语·周语中》。
③ 《左传》襄公二十五年。
④ 《周礼·地官·司徒》。
⑤ 《礼记·明堂位》。
⑥ 《孟子·万章下》。
⑦ 《左传》桓公二年。

小，是诸侯和卿大夫爵位高低的主要标志，等级不同，则其受封的土地便不能相同。

这样，各级封建领主所有的土地，都是由上一级的封建领主分封赐予的。正是通过这样的土地授受关系，才建立起封建的上下隶属关系，"率土之滨"之所以是"莫非王臣"，是由于"溥天之下，莫非王土"。君臣上下关系，是建立在土地授受关系之上的。也只有在这种关系之上，才能形成如楚无宇所说："天子经略，诸侯正封，古之制也。封略之内，何非君土。食土之毛，谁非君臣。"① 可见土地的最后所有权在原则上还是属于周天子的，诸侯和卿大夫所受封的土地，只是被赋予一种使用权，这实际上是由天子给予臣下的一种俸禄。土地既然是由上一级赐予，在原则上当然可以由上一级收回，只有在下级对上级忠实履行其应尽义务的条件下，才能世守其被赐予的土地。正如《韩诗外传》所说："古者天子为诸侯受封，谓之采地。……其后世子孙虽有罪而绌，使子孙贤者守其地，世世以祠其始受封之君。"② "有罪而绌"，即没收其采地，而另以一部分赐予其子孙之贤者，使世守其地。这种采地授受办法，与欧洲封建时代的情况，基本上是相同的。

在上述的采地授受关系中，各级领主被封采地的大小虽其说不一，但其中重要的一点则是一致的，即在诸侯和卿大夫被赐予的采地中，他们只能保留其中的一部分归自己直接使用，如上引《周礼》所云："诸公之地……其食者半；诸侯之地……其食者三之一；诸伯之地……其食者三之一；诸子之地……其食者四之一；诸男之地……其食者四之一。"除自食者外，其余部分，则根据一定的办法分给直接生产者。因为被赐予采地的各级诸侯和卿大夫，都是养尊处优的封建贵族，他们只是土地的所有者，而不是土地的经营者，更不是土地的耕作者，所以必须使用被统治的人民所提供的无偿劳役和各种生产工具来经营其土地，这样土地之于他们才能成为一种生息手段。为了进行这种剥削，他们不得不把自己的采地分出一部分作为自食之田。这个自留部分多则占全采地的二分之一，少则占四分之一。这个自食之田，即下文所要论述的"公田"。除领主自留之田外，其余部分则按照一定的分配办法，分配给直接生产者。这一类土地，即下文所要论述的"我私"，相当于欧洲农奴的份地。《周礼》所说的具体数字是否确实，不是一个重要问题，

---

① 《左传》昭公七年。
② 《韩诗外传》卷八。

反正领主自食之田仅占全部封地的一部分或较小的一部分，则完全是事实。在欧洲的庄园制度中，领主自食之田（公田），即系多则占全庄园耕地的二分之一，少则只占九分之一。这是各级领主为了剥削农奴的无偿劳役，而不得不实行的一种分配办法。

上文曾指出，特殊的政治情况，使周人不能把被征服的殷人和其他旧部族编入周氏族内部，用自己落后的制度去统治殷人。同样，特殊的经济情况，又使周人不能沿用殷人的奴隶占有制的剥削方式。因为殷人的奴隶制度已在崩溃瓦解之中，周人已经清楚地看到了殷末时奴隶是怎样在怠工、逃亡和不断暴动，并已清楚地看到了这种情况达到了何等严重的程度。完全如殷亡后"殷之贤人"微子所评论："殷罔不小大，好草窃奸宄。……小民方兴，相为敌仇。"[1] 奴隶们都抱着与主人同归于尽的"偕亡"心理："今我民罔不欲丧，曰：天曷不降威？大命（曷）不挚？今王其如台。"[2] 这是造成牧野之战时殷士卒倒戈相向和殷王朝覆灭的重要原因。这一切都说明，奴隶制不但在政治上已不能继续，而且在经济上也不再是一个好的剥削方式了。

剥削方式的改变，随着当时正在进行中的军事征服而加快了速度。由于客观形势的需要，在征服胜利之后，特别是在第二次征服胜利之后，即克殷践奄、灭国五十之后，为时势所迫，周王朝[6]不得不以分封诸侯的办法，把周人的统治力量渗透到全国各地，使周人子弟功臣的封地星罗棋布地安置在旧部族之间，起到监视、包围旧部族和"藩屏"周室的作用。所以，封建诸侯，实际上就是把一个固定封疆之内的山川、土田和人民（附庸）赐予他们，使之在封地立国，也就是在那里建立一个小的统治据点。因此，他们在那里不仅要在政治上能够自立，而且要在经济上能够自给，即能够依靠自己的封地来养活自己。这样，获得封地的诸侯或卿大夫，必须迫使自己封疆之内的人民为他们耕种土地，否则封地对于他们就没有什么实际意义了。但是要使被统治的人民能够不断地给他们提供无偿劳动，并能使用人民自有的生产工具来进行耕作，就不得不把自己的封地分割成若干份，分配给土地的耕作者，使他们能用以建立其自己的经济，赖以养活他们自己，并维持其本身的再生产，以便能生生不已地提供无偿劳动，于是农奴制的剥削关系就这样

---

① 《尚书·商书·微子》。
② 《尚书·周书·西伯戡黎》。

建立起来了。这就是上引恩格斯所说，在征服者迫使当地居民为其耕种的地方，我们到处，或者几乎到处都可以看得到农奴制和依附关系。所以，早在萌芽之中的农奴制剥削关系，在西周初年，随着奴隶制度的崩溃，随着当时政治和经济的客观形势的要求，很快就发展起来了。

第二章 井田制度与领主制经济

第一节 农奴制度的形成

上文曾指出，殷周之际，是中国古代社会经济发生巨大变革的时期。这个变革的主要内容，就是奴隶制生产方式的崩溃和封建制生产方式的产生，剥削关系由奴隶制剥削变为农奴制剥削，即以劳动的自然形态来剥削农奴的剩余劳动。这样的一种剥削关系和剥削方式，乃是封建制度的基本内容。一切封建关系，都是在这个基础上建立起来的。在必然的经济规律支配之下，在具体的历史条件决定之下，这样一种巨大的社会经济变革，为什么产生在西周初年和必然产生在西周初年？我们曾根据马克思和恩格斯的科学论断，并结合中国当时的具体历史，进行了详细的阐述，并着重说明了这样的一种变化，事实上只能产生在西周初年。现在，我们必须进一步看一看西周时期农奴和农奴经济的具体情况。

西周时代的文献保存下来的虽然很少，但《诗经》中还是保留了一些西周时的农事诗。诗的语言虽然简单，并且为数不多，但是仍然可以看出西周时代的直接生产者——实际耕田的农夫，已经不是奴隶，而是典型的农奴，尽管还有大量的奴隶残存。其实不仅西周时期社会上仍然有奴隶，后世任何一代无不残存着大量奴隶，甚至有时还有所发展。但是，不管残存的奴隶数量有多大，它与原来的奴隶制生产方式还是有本质的不同，绝不能把两者混为一谈。

西周时耕田的农夫之所以是典型的农奴，而不是奴隶，是因为他们都有了自己的经济，即他们都有自己的生产条件，并能使自己的劳动力与自己的生产条件相结合。这主要包括以下几点：

第一，农夫有了实际上——如果不是法律上属于他的土地：

> 雨我公田，遂及我私。①
> 我疆我理，南东其亩。②
> 我田既臧，农夫之庆。③
> 率时农夫，播厥百谷。骏发尔私，终三十里。④

　　"我私"与"公田"对称，显然是当时正在实行着的一种土地分配制度，系两种不同的所有者分别占有的土地。这种土地分配制度，正是早期封建制度的一种共同的土地占有形式。因为这是实现农奴制剥削的唯一可能的形式。欧洲的庄园制度正是这样。"我私"是由封建领主分配给农奴的土地，相当于庄园中的"份地"（tenaneies）；"公田"就是属于领主的自食之田，在欧洲的庄园制度中也叫作"公田"（mansus indominicatus）。《大田》诗中的农夫，对"公田"而自称"我私"（我的私田，即自有之田），《甫田》诗中的农夫称自己的田曰"我田"。由领主或其管家（臣工）一方面而言，称农夫之田曰"尔私"（你们的田）。这都充分说明实际耕田的农夫有了最主要的生产资料——土地，不管这些土地只是事实上占有还是法律上占有。他们既有了必要的生产资料，从而也就有了自己的经济。正由于农夫耕种的土地是属于自己所有，土地的收获物也完全归自己所有，所以当农事完毕，获得丰收，他们便感到庆幸："我田既臧，农夫之庆。"如果土地是别人的，辛勤劳动的果实完全为别人夺去，那就不是"农夫之庆"，而是愤怒怨恨了。

　　第二，农夫有实际上或法律上属于他所有的生产工具：

> 命我众人，庤（备也）乃（你们的）钱镈，奄观铚[1]艾。⑤
> 以我覃耜，俶载南亩，播厥百谷。⑥
> 畟畟良耜，俶载南亩，播厥百谷，实函斯活。⑦
> 有略其耜，俶载南亩，播厥百谷，实函斯活。⑧

---

① 《诗·小雅·大田》。
② 《诗·小雅·信南山》。
③ 《诗·小雅·甫田》。
④ 《诗·周颂·噫嘻》。
⑤ 《诗·周颂·臣工》。
⑥ 《诗·小雅·大田》。
⑦ 《诗·周颂·良耜》。
⑧ 《诗·周颂·载芟》。

上文已指出，封建生产关系是建立在农奴制剥削这一基础之上的。公田制度就是实现这种剥削的主要方式，即由农奴用自己的生产工具和牲畜，无代价地为领主耕种公田。这样，以劳动的自然形态来剥削农奴的剩余劳动，便是封建制度的基本剥削关系。从上引的几节诗中可以看出，所有生产工具都是农夫自有的。《臣工》一诗，是在备耕时领主或其管家对农奴发布的备耕命令，要他们把各自的钱、镈、铚、艾预先检查一下，准备齐全。因为这四种是耒耜以外的重要农具，据王祯的解释：

> 钱、镈，古耘器……其锄耰铲荡等器，皆其属也。①
> 镈，耰别名也。……《尔雅》疏云：镈耰一器，或云鉬[2]，或云锄属。②
> 铚，获禾穗刃也。……据陆氏《释文》云：铚，获禾短镰也。③
> 艾，获器，今之刈镰也。……陆氏《释文》，音义，艾草亦作刈。④

可知这四种工具（详见后文），是耘草、间苗、收割禾稼的重要农具，所以领主命令农奴都要事先准备好，以免贻误农事。《大田》一诗是农夫自述，谓用自己的锐利耕具（以我覃耜）去耕垦播种。《良耜》《载芟》两诗，也是农夫自述，意谓用好的耕具去耕垦田地，播种百谷，生活就有了保障。这些诗都是直接从事生产者在表达自己的思想感情，也只有实际耕作的人才会有这样的感受，至于那些"雍容高枕""足不及田畴"的封建主，都是养尊处优、根本不过问"农田碎务"的人，用什么工具去耕种，他们更是漠不关心。农夫用自己工具从事耕作的情况，由下引一诗可以看得更清楚：

> 三之日于耜，四之日举趾。同我妇子，馌[3]彼南亩，田畯至喜。⑤

---

① 王祯：《农书》卷十三，《农器图谱四》。
② 王祯：《农书》卷十三，《农器图谱四》。
③ 王祯：《农书》卷十四，《农器图谱五》。
④ 王祯：《农书》卷十三，《农器图谱五》。
⑤ 《诗·豳风·七月》。

这是一个农奴在春耕开始之前，先把耕田的耒耜准备好，一到耕作开始，便全家出动，"举趾"而耕，并自备饭食，在田里用膳。这正是在农忙时农奴全体参加劳役，同耕公田的景象。在田间监视农奴劳动的领主家臣（臣工），看到农奴们勤奋劳动的情况，也十分高兴，故诗称"田畯至喜"。这与欧洲庄园中农奴在农忙时进行全体加工的情况完全相同。

第三，农夫耕种领主的公田时，不但要用自己的生产工具和牲口，而且还得自备饭食。一般都是由自己的妻子或儿女将饭食送到工作地点，农夫就在田里边耕边食：

> 或来瞻女，载筐及筥，其饷伊黍。①
> 有嗿其馌，思媚其妇（嗿，众食声。可知农夫们是聚在一起用饭的）。②
> 同我妇子，馌彼南亩，田畯至喜。③
> 以其妇子，馌彼南亩，田畯至喜。攘其左右，尝其旨否。④

奴隶是由主人养活的，主人给与奴隶的是直接生活资料，他们的饭食是由主人供给的。奴隶没有家庭，所以他们不可能"同我妇子，馌彼南亩"。农奴有自己的经济，是由自己养活的，领主给与他们的是生产资料，他们必须自己生产自己所需要的生活资料，亦即他们的生活完全是由自己负责的，所以在他们给领主服劳役时，也得吃自己的饭。

第四，欧洲庄园中的农奴，要用自己的运载工具，无代价地为领主搬运物品，这也是农奴应服劳役中的一个重要项目，井田中的农夫也有相同的情形，例如：

> 我任我辇，我车我牛，我行既集，盖云归哉。⑤

农奴除了服各种劳役外，还要服兵役，用自己的车马和武器为领主打仗：

---

① 《诗·周颂·良耜》。
② 《诗·周颂·载芟》。
③ 《诗·豳风·七月》。
④ 《诗·小雅·甫田》。
⑤ 《诗·小雅·黍苗》。

　　我出我车，于彼牧矣，自天子所。①

　　王于兴师，修我戈矛，与子同仇。……王于兴师，修我甲兵，与子偕行。②

　　第五，农夫耕种"我私"的收获物，除了一部分以贡赋形式献给领主外，其余都归自己所有。除农业收入外，其他林、牧、副、渔等副业收入，亦只以其中的一小部分献给领主，余则尽归己有。农夫对自己的各种收获物，有自由处分的全权。例如，用自己的多余粮食酿酒，供祭祀、庆祝或亲朋燕享之用。这一切，都是构成农奴经济的主要内容，其具体情况，可由下引诗句看出：

　　六月食郁及薁，七月亨（同烹）葵及菽，八月剥枣，十月获稻。为此春酒，以介眉寿。七月食瓜，八月断壶（瓠也），九月叔（拾也）苴（麻子也），采荼薪樗，食我农夫。③

　　自昔何为，我艺黍稷。我黍与与，我稷翼翼。我仓既盈，我庾维亿。以为酒食，以享以祀。以妥以侑，以介景福。④

　　倬彼甫田，岁取十千。我取其陈，食我农人，自古有年。今适南亩，或耘或耔，黍稷薿薿，攸介攸止，烝我髦士。⑤

　　嗟我农夫，我稼既同，上入执宫功。昼尔于茅，宵尔索绹，亟其乘屋，其始播百谷。⑥

　　一之日于貉，取彼狐狸，为公子裘。二之日其同，载缵武功，言私其豵，献豜于公。⑦

　　八月载绩，载玄载黄，我朱孔阳，为公子裳。⑧

　　二之日凿冰冲冲，三之日纳于凌阴。⑨

---

① 《诗·小雅·出车》。
② 《诗·秦风·无衣》。
③ 《诗·豳风·七月》。
④ 《诗·小雅·楚茨》。
⑤ 《诗·小雅·甫田》。
⑥ 《诗·豳风·七月》。
⑦ 《诗·豳风·七月》。
⑧ 《诗·豳风·七月》。
⑨ 《诗·豳风·七月》。

从上引的几首诗中可以看出，直接从事生产的农夫不仅要为领主服公田劳役，而且还要服公田以外的各种零星劳役，例如农夫在收获完毕之后，要到领主宅中去为领主修缮房屋。为了要在春耕播种之前把这项工作完成，需要日夜加工，白天去收集茅草，晚上编成绳索。此外，农奴在冬季农闲时，要替领主凿冰，并藏入冰窖。春天要为领主修树，"取彼斧斨，以伐远扬"①。农奴的妻女也要服劳役，例如采桑育蚕，"春日载阳，有鸣仓庚。女执懿筐，遵彼微行，爰求柔桑"②。农奴除了服各种劳役外，还必须要将自己从各种经济活动中所获得的成果，拿出其中的一部分[4]——并且是较好的一部分，献给领主，例如要把狩猎到的狐狸"为公子裘"，要从猎获的野猪中，把肥大的献给领主——"献豜于公"，自己留瘦小的——"言私其豵"。农奴的妻女要为领主育蚕织纴，要用自己的染料为领主染裳，等等。这一切，与欧洲庄园中的农奴情况基本上也是相同的，说明他们所受的剥削是不轻的。但是他们毕竟有了自己的经济，他们与奴隶相比，有了本质的不同。他们的各种劳动生产物——由黍稷稻粱到瓜果蔬菜，由狩猎渔捞的获得品到手工业制造品，除被领主剥削去一部分外，都成为生产者自己及其家属的直接生活资料，他们能够过着奴隶得不到的家庭生活和社会生活：

> 四之日其蚤，献羔祭韭。九月肃霜，十月涤场。朋酒斯飨，曰杀羔羊。跻彼公堂，称彼兕觥，万寿无疆。③
>
> 以我齐明，与我牺羊，以社以方。④
>
> 济济跄跄，絜尔牛羊，以往烝尝（注：冬祭曰烝，秋祭曰尝），或剥或亨（同烹），祝祭于祊。祝事孔明，先祖是皇，神保是飨。⑤

所有这些方面多样化和内容丰富化的生活，都是过去奴隶所不能想象的。

第六，正由于农奴有了自己的经济，是自己负担自己及其家属的生活责任，所以常常因生活困难而感到担忧，有时不禁感慨系之，甚至牢骚满腹。例如：

---

① 《诗·豳风·七月》。
② 《诗·豳风·七月》。
③ 《诗·豳风·七月》。
④ 《诗·小雅·甫田》。
⑤ 《诗·小雅·楚茨》。

一之日觱发，二之日栗烈，无衣无褐，何以卒岁！①

十月蟋蟀，入我床下。穹窒熏鼠，塞向墐户。嗟我妇子，曰为改岁，入此室处。②

诗中所描述的这种生活状况说明，这既不是富有的领主，也不是不自负生活责任和没有家室之累的奴隶，而正是一个典型的农奴和一个农奴的家庭状况。由于农奴是自负生活责任，因而才不得不终岁勤劳，夙夜匪懈，结果却依然是无衣无褐，难以卒岁。全家老小，居住的是破陋房屋，蟋蟀鸣于床下，鼠洞穴于墙角，冬令来临，只好泥封窗牖，稍避严寒。如果是奴隶，则一切最低限度的生活所需，自有主人供给，用不着自己担忧挂念了。

正因为农奴要靠自己的劳动力和不多的土地收获物来维持全家的生活，所以当徭役繁多，负担过重，影响到他们的经济再生产，使他们不能适当地维持生活时，就常常发出不平之鸣，以示抗议，有时甚至发展为对剥削阶级的一种强烈谴责。例如：

王事靡盬，不能艺稷黍，父母何怙？悠悠苍天，曷其有所！

王事靡盬，不能艺黍稷，父母何食？悠悠苍天，曷其有极！③

这样的问题在奴隶制度下是根本不存在的，因为奴隶自身是别人的所有物，他们没有家庭，没有仰事俯畜问题。只有在农奴制度下，才会因过度的剥削，使这种对抗性矛盾尖锐起来。

以上六点，都是《诗经》中的一些农事诗所反映出来的情况。根据这些情况看，西周时期的直接生产者即《诗》中屡见的农夫，是农奴，不是奴隶。

西周时期直接从事生产的农夫，不仅有了自己的经济，而且有了一定程度的人身自由，即除了对领主服劳役、纳贡赋的义务外，不再有直接的人身隶属关系，他们完全是自己生活的主人，能够娶妻生子，成家立业，维持其本身的再生产。例如在上引的几首诗中，即屡见"同我妇子""以其妇子"

---

① 《诗·豳风·七月》。
② 《诗·豳风·七月》。
③ 《诗·唐风·鸨羽》。

"思媚其妇""嗟我妇子"等诗句。此外，《诗经》中还有不少爱情诗歌，描写男女思恋爱慕之情，如《野有死麕[5]》《静女》《桑中》等诗，都充分说明男女的人身是自由的。这一点可不是奴隶所能做到的。农夫除了有自己的家庭生活外，由于他们是自己生活和自己经济的主人，所以能够自由参加各种社会活动，例如他们杀牛宰羊去参加庆祝或祭祀活动，还不断酒醴交欢，与亲朋燕享。诗中所讴歌的"朋酒斯飨，曰杀羔羊。跻彼公堂，称彼兕觥"和"济济跄跄，絜尔牛羊，以往烝尝"，像这样的欢欣热闹场面和多样化的社会生活，更是奴隶所不能想象的。

第二节　实现农奴制剥削的土地制度

在西周时期，直接生产者既然是农奴，则适应着农奴制度下的土地制度，这必然是类似于欧洲庄园制度的井田制。这样的土地制度，完全是由必然的经济规律所决定，而不是以人的意志为转移的。一定的剥削关系，是由一定的土地制度决定的。农奴制的剥削，只能由庄园型的土地制度来实现。没有这样的土地制度，基本剥削关系就不是农奴制的剥削关系。所以农奴制与井田制，实际上是一个事物的两个侧面[6]，两者是密切结合在一起的，是相互成为存在条件的：要进行农奴制剥削，就必须有由领主公田与农夫私田（份地）构成的井田制度；而形成井田制度的土地占有形式，正是为了要进行农奴制剥削。

上文曾根据马克思和恩格斯的说明，指出当欧洲的奴隶制度陷入无法克服的矛盾而不得不最后趋于崩溃之后，它不可能超越历史发展的阶段，由奴隶占有制和与其相应的土地制度，直接过渡到雇佣劳动或自由农民的租佃制度，而只能由奴隶制前进一步，把奴隶变为仍有部分隶属关系——即隶属于土地的隶农，即科洛尼（Coloni）佃农，接着又前进一步，随着土地占有方式的改变，即庄园制度的形成，隶农变成了农奴。庄园制度正是为实现农奴制剥削而形成的一种土地占有形式。这是因为在一定的历史条件限制之下，在必然的经济规律支配之下，对农奴的剩余劳动的剥削，只能以劳动的自然形态来实现，即剥削劳役地租。庄园制度就是适应这一需要而形成的一种土地制度。

为了便于和井田制度做比较，这里需要把庄园制度的基本结构，做一简单说明。

所谓庄园①，就是在领主采邑中，由领主将其领地的一部分，以"份地"形式分配给农奴和其他附属农民，而另外保留一部分，作为直接属于领主的自留地，称为"公田"。公田所占的比例，各国多寡不等，即在一国之内，各个地区也参差不齐，一般约占耕地总额的三分之一，但也有多到二分之一和少到九分之一的。在公田的适中地点，建立起领主的住宅和其他公用建筑，如教堂、磨房等。在这些建筑物的四周，围以农奴和其他附属农民的房舍，这样便形成一个小小的村落，即所谓庄园。可见庄园就是一个小村庄：靠近村庄房舍的是菜圃果园；村庄之外，四周都是耕地；耕地之外稍远的地方，是公用的草地牧场，庄园农民可以在其中放牧；草地牧场之外更远的地方，是荒地和森林，庄园农民可在其中采集、狩猎和砍柴。这就是庄园的基本结构。一个庄园，就是一个独立的同时也是孤立的经济单位，是封建领主进行农奴制剥削的中心。通过庄园制度而形成的这样一种方式的剥削关系，便是全部封建剥削的基础。欧洲的封建社会和领主制经济就建立在这一基础之上。

农奴的份地，是从领主领地中分割出来的一部分，是领主按照一定的办法分配给农奴的。农奴以份地形式获得的只是土地的使用权，而不是土地的所有权；所有权仍属于领主，原则上领主是可以随时收回的。但是事实上只要农奴是正常地履行义务，份地便可以长期使用，并可以世代相传。份地是划成狭长的条形，各人所得，并不连接成一片，而是纵横交错地分散各处。公田也是分割成条形，即散置在农奴的条地之间。

无偿地耕种公田，是农奴的首要义务，所以公田乃是领主剥削农奴的剩余劳动的主要手段。这是以无偿劳役的形式实现农奴制剥削的主要场所。所谓领主经济，就是建立在公田制度之上的。没有公田制度，也就无所谓领主经济。但是，要保证领主公田能够生生不已地获得农奴的无偿劳役，并力求使这种剥削关系永久化，领主就不得不先把土地的一部分，按照一定的办法分配给农奴，使之利用这点被配给的生产资料来建立他们自己的经济，以便能生生不息地保证他们本身起码的再生产[7]。可见领主以份地形式给予农奴的，实际上是他取得农奴劳役的一种必要开支，这与过去作为奴隶主为了豢养奴隶而有一些必不可少的开支，本质上是相同的，所不同的只是由直接生活资料变为生产资料罢了。但是这一点不同，或者说这个看来区别不大的变

---

① 庄园制度（Manor system），是欧洲封建经济结构的基本形态，各国的情况大同小异，其中以英国的情况比较典型。这里的说明，以英国为例。

化，却是一个包含着转变生产方式的革命性变化。在这个变化中，农奴由于有了自己的经济，他不再是奴隶了，从此，农奴制剥削代替了奴隶制剥削，奴隶制的生产方式变为封建制的生产方式了。

农奴平时只是以一部分时间——剩余劳动时间——在领主的公田上服无偿劳役，而以其余的时间——必要劳动时间——在自己的份地上工作。农奴除了主要服公田劳役外，所有领主在日常生活中和其他各种活动中所需要的一切劳动力，也完全由农奴来负担，诸如搬运物品（用农奴的车马）、饲养牲畜、割草、砍柴、修树、剪洗羊毛、修补篱笆、建筑房屋、酿酒、榨油、磨粉，以及领主或其管家所吩咐的一切零星工作，农奴的妻女也要替领主纺织、缝纫、洗衣、看顾小孩并做其他家务劳动。这一类劳役，都是男女农奴的平时工作，英国人叫作"周工"（week-work），即每周以二、三日或三、四日的时间来服这一类劳役。一到春耕、播种、夏耘、秋收等农忙季节，农奴要放下自己的农田工作，全体出动去从事领主的工作，直到全部完毕而后已。在领主的各种农田工作没有完毕以前，不许农奴从事自己的工作，有时眼看着自己的庄稼在田里遭受损失甚至烂掉，也无可如何。这种农忙季节的额外加工，叫作"precariae"（英国叫作 boon-work）。

农奴除了服各种劳役外，还要把自己在农、林、牧、副、渔各种经济活动中获得的物品，以及一切可供日用的手工业制造品，都拿出一部分献给领主。如要使用领主的磨石磨粉，用领主的榨床制酒，在领主的草地林地放牧砍柴等，也都必须向领主缴费。

这就是庄园制度的一个大概轮廓，在长达一千年的欧洲封建社会中，这样的一种土地制度和剥削方式，是贯彻始终的。

在相同的经济规律支配之下，必然会产生大体相同的经济制度。西周时期的土地制度与欧洲封建时代的庄园型的土地制度之所以基本相同，并不是一种偶然巧合，而是由共同的客观经济规律所决定的。具体说，两者都是为了进行农奴制剥削，因而便不得不有这样一种与之相应的土地制度；或者反过来说，只有这样一种土地制度，才能进行农奴制剥削。

周在灭殷之后，随着具体的历史条件的变化和客观形势的要求，不得不迅速地从氏族公社转变为一个新型的封建主义的国家，同时又随着农业的发展，原来氏族公有的土地制度也不得不跟着改变，这时已经不是如诗人追忆其始祖后稷时那种"贻我来牟，帝命率育，无此疆尔界"①，而是有了一定的土地制度："畇畇原隰，曾孙田之，我疆我理，南东其亩。"② 在这种"我疆我理"的占有方式中，显然有了"公田"和"私田"之分：

> 有渰萋萋，兴雨祁祁，雨我公田，遂及我私。③

通过这一首西周时期的农事诗，即由当时人的自述，而且是由一个直接生产者的自述，证明"公田"和"我私"是西周时正在实行着的一种土地分配制度。可惜在西周文献中只有这一条，而古诗文字又异常简略，不可能有更详细和更具体的说明。《诗经》之外，较古的文献中只有《夏小正》在记一年农功开始时提到公田：

> 正月（建寅之月），启蛰（虞、夏之历，正建于孟春，于时冰泮发蛰）。……农纬厥耒（纬，读若皮韦之韦，凡兽皮之韦，可以束枉戾相违背。耒，手耕曲木也。纬耒者修耒耜，诗曰：三之日于耜）……农率均田（月令，仲春，命田舍东郊，皆修封疆，审端径术，田事既饬，先定准直，农乃不惑）……农及雪泽，初服于公田（泽，读为释，古通用。《管子》曰：正月令农始作，服于公田农耕，及雪释，耕始焉，芸卒焉）。传：初服于公田，古有公田焉者，古言先服公田而后服其田也（孔氏广森曰：公田，藉田也，先服公田，谓庶人终于千亩）。④

《夏小正》是我国最古老的一部农历，文字简古，书中所记天象，多与周初以来的天象符合，其成书年代似不会晚于公元前五世纪。当时公田制度或仍残存，《夏小正》与《管子》所说"正月，令农始作，服于公田农耕"⑤的话，都可以作为旁证，并与《大田》一诗相印证。"公田"与"我私"对称，可知"公田"就是属于领主的土地，是领主采地于分配给农奴之后的自

---

① 《诗·周颂·思文》。
② 《诗·小雅·信南山》。
③ 《诗·小雅·大田》。
④ 《夏小正》，《大戴礼记》卷二。此处引文据顾凤藻：《夏小正经传集解》卷一。
⑤ 《管子·乘马》。

留部分，与庄园制度中的公田完全相同，因为这是领主用以剥削农奴剩余劳动的唯一可能的组织形式。西周的直接生产者既然是农奴，则与这种剥削关系相应的土地制度，就必然是公田制度。

"我私"是相对于"公田"而言的，是直接耕田的农夫自称其所有之田，显然这是从领主采地中分割出来的一部分，是根据一定的分配办法计口授予农奴的。所以农夫的"我私"，与庄园中的份地也是相同的。农夫被授予的这一点土地，当然只是土地的使用权，而不是所有权。土地的所有权则是属于各级封建领主的，而全国土地的最后所有权则又属于最高的统治者——周天子。各级领主，原则上也是只有使用权。不过，他们在分封之后，实际上就成了各级的土地所有者。他们为了进行剥削，即为了获得农奴的无偿劳动，不得不把他所受封的采地分割出一部分，按照一定的授田办法，分配给附属于他的农奴，并把他们编制在一个共耕若干亩公田的单位中。这样，农奴被授予的当然只是土地的使用权，而不可能是土地的所有权。不过由于这种土地可以长期使用，事实上便成了农奴的私田，故《大田》诗中的农夫把它称为"我私"，《噫嘻》诗中的领主则称之为"尔私"。

第三节 井田制度的组织和经营

适应着农奴制剥削的土地制度，既然是在相同的经济规律支配之下，而与庄园的土地制度相同，即同样分为领主的公田与农奴的私田，则其具体的组织和经营方式亦必基本相同。虽然缺乏西周时期的文献记载，但是根据东周时一些人的追述，亦可以看出井田制度与庄园制度在各个方面基本上都是相同的，所以我们可以说，井田制度是中国的庄园制度；以井田制度为基础的封建制度时代，就是中国的领主制经济时代。

东周人关于井田制度的追述，主要有以下几条：

> 夏后氏五十而贡，殷人七十而助，周人百亩而彻，其实皆什一也。彻者，彻也；助者，藉也。……诗云：雨我公田，遂及我私。惟助为有公田。由此观之，虽周亦助也。……使毕战问井地。孟子曰：……请野九一而助，国中什一使自赋。……死徙无出乡，乡里同井。出入相友，守望相助，疾病相扶持，则百姓亲睦。方里而井，井九百亩，其中为公田，八家皆私百亩，同养公田，公事毕，然后

敢治私事，所以别野人也。①

古者三百步为里，名曰井田。井田者，九百亩，公田居一。②

古者公田为居，井灶葱韭尽取焉（范注云：损其庐舍，家作一园，以种五菜，外种楸桑，以备养生送死。引者按：此谓井田之法于公田中、庐舍之旁，隙地为园，以种菜木）。③

东周时人对于井田制度的论述，寥寥可数，除上引文献外，其他大都是偶尔涉及，没有详述制度，例如《管子》曰："山泽各致其时，则民不苟，陵阜陆墐，井田畴均，则民不惑。"④ 不过到了汉朝人那里，关于井田制度的说明就较为详细，也较为具体了，当然其中难免加入一些理想成分，但仍然没有超出庄园制度的轮廓：

古者八家而井田，方里为一井，广三百步、长三百步为一里，其田九百亩。广一步、长百步，为一亩；广百步、长百步，为百亩。八家为邻，家得百亩，余夫各得二十五亩，家为公田十亩，余二十亩共为庐舍，各得二亩半。八家相保，出入更守，疾病相忧，患难相救，有无相贷，饮食相召，嫁娶相谋，渔猎分得，仁恩施行，是以其民和亲而相好。诗曰：中田有庐，疆埸有瓜。⑤

六尺为步，步百为亩，亩百为夫，夫三为屋，屋三为井。井方一里，是为九夫，八家共之，各受私田百亩，公田十亩，是为八百八十亩，余二十亩以为庐舍。出入相友，守望相助，疾病（则）〔相〕救，民是以和睦，而教化齐同，力役生产，可得而平也。民受田，上田夫百亩，中田夫二百亩，下田夫三百亩。岁耕种者为不易上田；休一岁者为一易中田；休二岁者为再易下田，三岁更耕之，自爰其处。农民户人已受田，其家众男为余夫，亦以口受田如比。⑥

这一类后人追述的记载，其中显然夹杂有或多或少的理想成分，至如

---

① 《孟子·滕文公上》。
② 《谷梁传》宣公十五年。
③ 《谷梁传》宣公十五年。
④ 《国语·齐语》，另参见《管子·小匡》。
⑤ 《韩诗外传》卷四。
⑥ 《汉书》卷二十四上，《食货志》。

《周礼》《王制》等书想象傅会的成分似乎更多，故皆从略。上引两段文献虽亦有一些藻饰之词，但其所记述的主要各点，基本上还是符合事实的。把上引文献所记述的各点综合起来看，西周的井田制度与欧洲的庄园制度，在性质上、作用上，乃至组织形式和经营方法等，都是大致相同的。这主要有以下各点：

第一，井田是实现农奴制剥削和封建阶级关系的一个基层单位，也是全部封建生产关系的基础。它与庄园制度一样，是由领主经济和农奴经济两种对抗性的经济成分结合在一起的，简单说，是"公田"和"我私"的一个矛盾统一体。两者本来是对抗性的矛盾，是赤裸裸的剥削和被剥削的关系；但是两者又是互相依存的，因为农夫的"我私"是领主授予的，农夫要靠领主给予土地才能建立自己的经济；领主则需要从农夫那里获得劳动力和生产工具，要靠八家"同养公田"，才能建立领主经济。就在这种既矛盾又统一的关系的基础上，建立了井田制度这样一种经济结构。这是一种封建的经济结构，每一个单位共有耕地九百亩，公田占总额的九分之一，其余以份地形式分配给农奴，每份也是总额的九分之一。获得份地的农奴，要以"同养公田"来服无偿劳役。这一切，都是与欧洲庄园制度相同的，其中唯一不同的一点是：在欧洲的庄园制度中，不论公田或份地，都是分割成狭长的条形，各人所有也不连在一处，而是互相交错分散，各人的条地散在各处，常常相距很远；中国的划分办法则比较整齐，公田和私田都划成方形，公田居中，私田围绕在四周，形如井字，所以叫作井田。这一点形式上的不同，对于它的性质和作用，没有任何影响。总之，孟子所说的"方里而井，井九百亩，其中为公田，八家皆私百亩，同养公田"，已经全部概括了井田制度的组织和经营方式以及基本的剥削关系。

第二，欧洲中世纪的庄园，是在公田的适中地点建立起来的一个小村庄，由于这个村庄是位于整个采邑或领地的中心地点，所以在英国就把庄园叫作"中心村"。中国的井田也是如此。"古者公田为居，井灶葱韭尽取焉。"这一记载的根据是：《诗》的"中田有庐，疆场有瓜"。《韩诗外传》又进一步做了具体解释："家为公田十亩，余二十亩为庐舍，各得二亩半。"每家庐舍的建筑面积是否都是二亩半，已无从考证，实际上也不是重要问题，但庐舍建于公田之中，则是无疑的。八家同养公田，每家所负担的公田劳役，不过十亩左右，这样的剥削率还不算太高，是完全符合早期封建社会客观经济规律的性质的。因为领主的公田是依靠农奴的劳动力和生产工具来经营的，也就是领主经济是以农奴经济的存在为条件的，因此，对农奴的剥削不能超过一定限度，不能打断农奴经济的正常再生产；此外，在自然经济和使用价值占支配地位的时代，对剩余劳动的剥削还不会成为无限贪欲。

第三，"死徙无出乡，乡里同井"。说明井田制和庄园制两者都是一种孤立的、自给自足的经济单位。因为在两者的经济结构中，占支配地位的都是纯粹的自然经济，各人的生活资料完全由各人自己生产而无须外求，因而就没有必要与外人交通，所以欧洲在中世纪早期，各个庄园之间连固定的道路都没有，庄园农民往往一生都不会走出庄园的范围之外，完全过着一种与外界隔绝的孤立生活。井田中的农夫也是这样。"乡里同井"，就是说人们是生活在一个独立的同时也是孤立的经济单位之中。"死徙无出乡"，是说一个人从生到死，往往不出这个小村庄的范围之外，其情况完全如老子所说："甘其食，美其服，安其居，乐其俗，邻国相望，鸡狗之声相闻，民至老死不相往来。"[①] 这虽然是老子的一个理想国，但是这个理想并不是来自幻想，而是根据过去存在过的实际情况概括出来的一个理想境界。

第四，井田制的反对论者，特别抓住孟子和韩婴的下述两段话加以攻击，认为都是凭空捏造，首先是孟子造谣，而《韩诗外传》加以引申，《汉书·食货志》又据以抄袭夸大。

> 《孟子》：死徙无出乡，乡里同井。出入相友，守望相助，疾病相扶持，则百姓亲睦。
>
> 《韩诗外传》：八家相保，出入更守，疾病相忧，患难相救，有无相贷，饮食相召，嫁娶相谋，渔猎分得，仁恩施行，是以其民和亲而相好。
>
> 《汉书·食货志》：出入相友，守望相助，疾病（则）〔相〕救，民是以和睦，而教化齐同。……冬，民既入，妇人同巷，相从夜绩，女工一月得四十五日，必相从者，所以省费燎火，同巧拙，而合习俗也。

上引三段文献虽详略不同，但基本内容则是相同的，三段文献的共同点是皆出于后人追述，而所追述的事实又早已不存在。记载既都是得之于传闻，

---

① 《老子·独立》。

而又夹杂一些藻饰性的评论，如果对于农奴的生活和工作的具体情况未做进一步了解，也很难不怀疑这几段文献的真实性，而一些井田制反对论者，对于孟子等人所下的凭空捏造的结论，也就无法改变。但是，实际上这却是一个非常简单的问题，也是一个容易解释的问题，只要把欧洲庄园中农奴的具体工作情况和具体生活情况一加考察，这个疑难问题便可以迎刃而解。尤其是近年在巴黎附近一个修道院中，发现了九世纪初年的一些庄园原始档案，其中有很多关于男女农奴工作和生活情况的详细叙述，有些还描述得相当生动①。从这些具体而生动的叙述中，可以看到农奴们是怎样地"出入相友、守望相助、疾病相扶持"的[8]。其实这种情形的出现是非常自然的，因为他们的阶级相同，遭遇相同，感受相同，生活方式相同，工作性质相同，而又在一个共同主人的剥削下，在同一个管家的鞭子驱使下，他们的阶级意识会油然而生，阶级感情会自然深厚。当他们在一起劳动、在一起休息、在一起用膳时，自然会说笑谈心，互倾情愫，有时会互鸣不平，互发牢骚。这样，他们在工作上和生活上能互相帮助，互相同情，表现为"疾病相忧，患难相救，有无相贷，饮食相召，嫁娶相谋"，是一点也不奇怪的。总之，这种由客观实际所决定的必然现象，不是任何人所能凭空捏造的。

第五，在西周的农事诗中，可以看到不论是春耕、夏耘，或是秋获、冬藏，常常都是大规模地进行，在同一时间内和在同一地区内参加劳动的人数很多，甚至有成千上万的巨大场面。

嗟嗟保介，维莫之春，亦又何求，如何新畬？于皇来牟，将受厥明。明昭上帝，迄用康年。命我众人：庤乃钱镈，奄观铚艾。②

载芟载柞，其耕泽泽。千耦其耘，徂隰徂畛。侯主侯伯，侯亚侯旅，侯强侯以。有嗿其饁，思媚其妇。有依其士，有略其耜。俶载南亩，播厥百谷，实函斯活。③

倬彼甫田，岁取十千。我取其陈，食我农人，自古有年。今适南亩，或耘或耔，黍稷薿薿。……曾孙之稼，如茨如梁；曾孙之庾，

---

① 参见爱伦·鲍威尔（Eileen Power）所著《中世纪人》（Medieval People），第一章，关于农夫波多（Bodo）的描述。

② 《诗·周颂·臣工》。

③ 《诗·周颂·载芟》。

如坻如京。乃求千斯仓，乃求万斯箱。①

大田多稼，既种既成，既备乃事。以我覃耜，俶载南亩，播厥百谷。既庭且硕，曾孙是若。②

噫嘻成王，既昭假尔，率时农夫，播厥百谷。骏发尔私，终三十里。亦服尔耕，十千维耦。③

以上几首诗描写的都是人数众多的大规模耕作，有时竟多到两万人在耦耕，所以有人认为在同时同地参加劳动的人数如此之多，只有奴隶制的大地产如罗马帝国时代的大种植园（latifundia[9]）才会有这样大的规模；农奴耕种的份地都为数不多，又都是一家一户的个体劳动，不可能有成千上万的人同时在一起工作的巨大场面。其实这种说法，乃是不了解农奴制度及其劳动方式的一种误解。要知奴隶是属于个人所有的，即使是罗马帝国时代的大种植园，也不可能在一个大地产上容纳如此众多的奴隶，反而在农奴制度中，这种人数众多的劳动场面，倒是一件普通例行的事。上文已经指出，农奴除了平时周工外，在农忙季节还有额外的临时加工，即英国人称之为"boon-work"的那种集体劳动。由于这类工作是在农忙时期的紧迫工作，时间性很强，所以不仅全庄园中的农奴和其他附属农民，不论男女老少，都必须参加；而且如果领主领有几个庄园，他还常常把几个庄园中的农奴调集在一起来劳动，这样一来，参加的人数就更多了，这绝不是任何个别的奴隶主所拥有的奴隶数能够与之相比拟的。

上引的几首诗，显然都是农忙季节的集体劳动，而不是平时工作，如果是天天从事的日常工作，就没有特别加以咏歌赞颂的必要了。《臣工》一诗所描写的，是在春耕之前的备耕工作，领主或其管家向全体农奴——"命我众人"发出了检查工具、准备出动的命令。《大田》《噫嘻》两诗是描写春耕播种，"十千维耦"，只是极言耦耕人数之多而已，领主放眼一观，见耦耕的人熙熙攘攘，简直是成千上万，若认为是确数两万，就失之穿凿了。《载芟》一诗描写的是夏耘，大小领主亲临田间监督。《甫田》《大田》两诗描写的是秋收和冬藏，这种农忙时的额外加工，要等到"既种既成，既备乃事"，直

---

① 《诗·小雅·甫田》。
② 《诗·小雅·大田》。
③ 《诗·周颂·噫嘻》。

到把"千斯仓"和"万斯箱"的黍稷稻粱送进领主的粮仓以后——即"公事毕",然后才告一段落,这一切,都不是少数人所能胜任的。

第六,在土地的利用方式和农业的生产方法上,井田制与庄园制基本上也是相同的。

有"中心村"别名的庄园村落,是建筑在公田的适中地点,在整个领地中也是居于中央的位置。这样的安排,并非偶然,而是经过有目的的选择而后确定的,为的是使村庄距四周的各种土地都有大致相等的距离。各种土地的利用方式是:在宅旁村边是各家的菜圃果园,以种植瓜果蔬菜。这与井田中的"中田有庐,疆场有瓜","古者公田为居,井灶葱韭尽取焉",以及"还庐种桑,菜茹有畦,瓜瓠果蓏[10],殖于疆场"等文献所记述的情况,是完全相同的。可见农夫聚居的"乡里同井"的乡里与农奴聚居的庄园一样,是一个独立的经济单位:靠近村庄的四周,都是耕地;位于耕地之外的是公用的草地和牧场;在草地和牧场之外的更远的地方,是森林和荒地。井田制的土地利用方式与此相同,各种土地的安排区划是:

> 邑外谓之郊,郊外谓之牧,牧外谓之野,野外谓之林,林外谓之坰(疏:鲁颂云:駉駉牧马,在坰之野。毛传云:坰,远野是也)。①

"邑"是聚居的村落,即"乡里同井"的乡里;"郊"是耕地,靠近村落;"牧"是草地和牧场,安排在耕地四周之外;"野"是荒地,在草地和牧场之外;更远的地方是森林和远野。可见井田和庄园是两幅画面相同的田园聚落图。

在土地的耕作方法上,井田制与庄园制也是基本相同的。在整个中世纪的庄园制度中,初期是实行"二田制"的轮耕方法,即将耕地分为两部分,每年轮换一次;不久,即普遍改行"三田制",即将耕地分为三部分,一部分种夏熟作物,一部分种秋熟作物,一部分休耕,这样轮流更换,三年轮遍。井田制的耕作方法,一直是实行"三田制",有所谓"菑""新""畬"三种名称,其具体情况当于下文详之。

以上从各个不同的角度,说明了西周的土地制度是井田制度,而井田制

---

① 《尔雅·释地》。

度在各个方面又与欧洲的庄园制度基本相同，故井田制度亦可以说是中国的庄园制度。两者之所以基本相同，是因为两者都是适应着农奴制的剥削而产生的，也就是在相同的经济规律支配之下而形成的。只要剥削关系是农奴制剥削，则与之相应的土地制度必然是包括领主公田与农奴份地的井田制度，两者之间的相互依存关系是不能分割开的。如果剥削关系不是农奴制剥削或者根本不是为了要进行农奴制剥削，则井田制度既没有产生的必要，也没有产生的可能了。

其实孟子在说明井田制度的时候，首先就指出了公田是以农奴提供无偿劳役即以劳动的自然形态来进行剥削的。他说："助者，藉也。……惟助为有公田，由此观之，虽周亦助也。""助"，用现在的话来说，就是劳役地租。所谓"助者，藉也"，就是"藉"用民力以耕公田之意，这与孔子对季康子论田赋所说的话是相同的：

> 季康子欲以田赋，使冉有访诸仲尼。仲尼不对，私于冉有曰：求来！汝不闻乎？先王制土，藉田以力……任力以夫，而议其老幼。……若子季孙欲其法也，则有周公之藉矣。①

这是说"藉田以力"，是从周公以来的传统制度。《左传》称鲁宣公"初税亩，非礼也。谷出不过藉"②。《杜注》云："周法：民耕百亩，公田十亩，借民力而治之。税不过此。"《谷梁传》称："初税亩。初者，始也。古者什一，藉而不税，初税亩，非正也。"③《集解》引徐邈曰："藉，借也，谓借民力治公田，不税民之私也。"这几条文献，都明确地说明了井田制的剥削关系就是农奴制剥削，其剥削方式就是剥削农奴的无偿劳役来耕种公田。可知这个制度到春秋中叶时，还在继续实行之中，足证前文所引《夏小正》和《管子》所说"初服于公田"和"服于公田农耕"的话是有根据的。鲁宣公"初税亩"，是井田制度破坏的开始，这个问题将在下一章中讨论。鲁宣公虽然只是改变了一下剥削方式，更具体地说，他只是改变了地租形态，但是实际上则是改变了土地制度，因为当剥削不再以劳动的自然形态为主，即不再是"藉田以力"时，公田制度就不存在了，没有公田，也就没有井田制度了。

---

① 《国语·鲁语下》。
② 《左传》宣公十五年。
③ 《谷梁传》宣公十五年。

第四节　封建制度对经济生活的控制和干涉

封建生产方式的基础，是个体主义的小农业，不论是欧洲中世纪的庄园制度或西周时期的井田制度，在这一方面是完全相同的。两者都是自然经济占支配地位，社会的再生产过程，是一种基础薄弱和生产力不大的简单再生产。为了保证再生产过程能够顺利进行和经济秩序的平衡不被扰乱，它要求安定，而不要求变化；要求保守，而不要求发展。经济秩序的不断变革，社会关系的不停动荡，都是与封建生产关系的根本要求相背谬的，因而也是与封建统治阶级的根本利益相抵触的。要求安定和保守，正反映了封建统治阶级的根本利益。马克思曾说："占统治地位的思想不过是占统治地位的物质关系在观念上的表现，不过是以思想的形式表现出来的占统治地位的物质关系。"① 在庄园制度或井田制度下，占支配地位的物质关系是：人们都生活在一种完全孤立的经济单位内，"死徙无出乡"，而与外界隔绝，社会的再生产过程，不过是一种简单的重复，谁也看不到任何新鲜事物，谁也受不到任何新的刺激，因而生产方法以至生活方式便天然是保守的，并且必然要把一切关系和一切制度都僵化为一成不变的传统，并使人们的一切行为都成为墨守成规。马克思说：

> 很清楚，在这种社会生产关系以及与之相适应的生产方式所借以建立的自然形成的不发达的状态中，传统必然起着非常重要的作用。其次，很清楚，在这里，并且到处都一样，社会上占统治地位的那部分人的利益，总是要把现状作为法律、加以神圣化，并且要把习惯和传统对现状造成的各种限制，用法律固定下来。……在生产过程以及与之相适应的社会关系的停滞状态中，一种生产方式所以能取得这个形式，只是由于它本身的反复的再生产。如果一种生产方式持续一个时期，那末，它就会作为习惯和传统固定下来，最后被作为明文的法律加以神圣化。②

---

① 马克思、恩格斯：《德意志意识形态》，《马克思恩格斯选集》第一卷，第五二页。
② 《资本论》第三卷，人民出版社一九七五年版，第八九三——八九四页。

当社会的再生产过程只是本身的简单重复，是同一生产方式长时间的持续，它就会成为一种不变的习惯和传统，进而又会把它当作法律，而成为神圣不可侵犯。在这种经济的孤立性、闭关性和保守性的束缚之下，整个社会必然是一种静止的或停滞的状态，生产也必然是因袭原有的方式方法而不加改变。庄园中的农民正是这样，他们的一举一动，都要根据传统的习惯，而不敢稍有违反，所以在英国就直接把农奴称为"遵守惯例的人"。

这样一种占统治地位的物质关系，用观念形态表现出来，就成为长期以来一直占统治地位的保守思想。这种思想的主旨，就是要求永远保持现状，反对任何变革。到了东周时期，所有这些长期以来占统治地位的物质关系，由各派思想家各从不同的角度大力加以宣扬，而尤以儒家为甚。例如孔丘，自称是："述而不作，信而好古。"① 他特别欣赏他的弟子闵子骞的一句话："仍旧惯如之何？何必改作！"② 他明确断定："殷因于夏礼，所损益可知也。周因于殷礼，所损益可知也。其或继周者，虽百世亦可知也。"③ 当保守主义作为反映占统治地位的物质关系而成为习惯和传统，同时也就成为生产方式和社会关系的一个基本指导原则，并一直为后世的封建统治阶级所拳拳服膺，历久不衰。例如到汉时，整个社会仍然是："于斯之时，都都相望，邑邑相属。国藉一世之基，家承百年之业，士食旧德之名士，农服先畴之畎亩，商循族世之所鬻，工用高曾之规矩，粲乎隐隐，各得其所。"④ 有时这种保守思想发展到顽固不化、荒谬可笑的程度，人们对于任何新鲜事物，不管多么合理，多么有利，都是深恶痛绝，避之唯恐不远。下引一段故事，可以充分反映这种情况。

> 卫有五丈夫俱负缶而入井灌韭，终日一区。邓析过，下车为教之曰：为机重其后，轻其前，命曰桥（按即桔槔），终日溉韭，百区不倦。五丈夫曰：吾师言曰，有机知之巧，必有机知之败，我非不知也，不欲为也。子其往矣，我一心溉之，不知改已。⑤

---

① 《论语·述而》。
② 《论语·先进》。
③ 《论语·为政》。
④ 班固：《西都赋》，《昭明文选》卷一。
⑤ 《说苑》卷二十，《反质》；《庄子·天地》有类似记载，文稍异。

此外，以领主制经济为基础的西周封建制度，在历史上存在的时期虽然不很长，但是发展的水平却很高，它很快即形成一套体系完整的、制度严密的和无所不包的封建规范，即所谓"王制"，作为实施封建统治的理论根据。它既有完备的国家机器，又有严密的社会制度。它对于人民的约束力量之所以特别强，是因为它糅合了经济的、政治的、法律的、宗教的、伦理的、宗法的等物质的和精神的权威力量，在这一切内容之上，又蒙上一件由礼法、政教、习惯、传统等力量交织的外衣，共同构成了所谓封建主义。这种封建主义有严格的等级制度。这是从封建制度一开始就严格确立起来的。因为既然"溥天之下，莫非王土"，这个拥有全国土地所有权的最高统治者，只有通过对土地的分封赐予，才能建立起"率土之滨，莫非王臣"的上下隶属关系。在分封采邑、赐予土地时，又不能不根据严格的等级制度来进行，即根据各人的亲疏关系和功勋大小来确定应赐采邑的大小和土地的多少。例如武王克殷之后，"一戎衣天下大定，乃反商政，政由旧。……列爵惟五（注，爵五等：公、侯、伯、子、男），分土惟三（注：列地封国，公侯方百里，伯七十里，子男五十里，为三品）"①。这是形成一切封建关系的基础，即所谓："天子经略，诸侯正封，古之制也。封略之内，何非君土？食土之毛，谁非君臣？……天有十日，人有十等，下所以事上，上所以共神也。"② 维持这样一种严格的等级制度和上下隶属关系，是维持封建统治的首要条件，一旦打破了这种尊卑上下的隶属关系，就从根本上动摇了封建统治乃至整个的封建制度。所以，封建统治阶级从其本身的利益出发，要求以全力维护这个制度。这由下引文献便可以看出古人特别重视这个问题的原因所在：

> 天子建国，诸侯立家，卿置侧室，大夫有贰宗，士有隶子弟，庶人工商各有分亲，皆有等衰。是以民服事其上而下无觊觎。③
> 天子有公，诸侯有卿，卿置侧室，大夫有贰宗，士有朋友，庶人、工、商、皂、隶、牧、圉皆有亲昵，以相辅佐也。④

这种严格的等级制度，就是封建制度的基本"法度"，也就是所谓"王

---

① 《尚书·周书·武成》。
② 《左传》昭公七年。
③ 《左传》桓公二年。
④ 《左传》襄公十四年。

制"——封建规范。这个法度或规范的中心内容是：尊卑有序，上下有别。打乱了这个秩序，封建制度就无法维持了。例如晋铸刑鼎，"仲尼曰：晋其亡乎？失其度矣。夫晋国将守唐叔之所受法度，以经纬其民，卿大夫以序守之。民是以能尊其贵，贵是以能守其业。贵贱不愆，所谓度也。……今弃是度也，而为刑鼎，民在鼎矣，何以尊贵？贵何业之守？贵贱无序，何以为国？"[1] 可见封建法度是丝毫不能逾越或背弃的，因此就必须严格要求：

> 饮食有量，衣服有制，宫室有度，六畜人徒有数，舟车陈器有禁。修生则有轩冕服位谷禄田宅之分，死则有棺椁绞衾圹垄之度。虽有贤身贵体，毋其爵不敢服其服；虽有富家多资，毋其禄不敢用其财。[2]

> 衣服有制，宫室有度，人徒有数，丧祭械用，皆有等宜（同仪）。声则凡非雅声者举废，色则凡非旧文者举息，械用则凡非旧器者举毁。[3]

《汉书》把这些关系概括起来做了一个简明解释：

> 自天子公侯卿大夫士至于皂隶抱关击柝者，其爵禄奉养宫室车服棺椁祭祀死生之制各有差品，小不得僭大，贱不得逾贵。夫然，故上下序而民志定。[4]

这就是全部封建关系的主要内容，也就是古人所说的"王制"，要保证这种上下隶属、尊卑有序的关系不受干扰，对一切都不能放任自流，即使是饮食衣服、养生送死等生活小节，也不能不严加控制，"若去其度制，使人人从其欲，快其意，以逐无穷，是大乱人伦，而靡斯财用也"[5]。很清楚，如果听任"人人从其欲，快其意，以逐无穷"，其结果必然会造成以小僭大，以贱逾贵。要从根本上防止这个现象的发生，首先就需要把每一个人都固定在

---

① 《左传》昭公二十九年。
② 《管子·立政》。
③ 《荀子·王制》。
④ 《汉书》卷九十一，《货殖传》。
⑤ 《春秋繁露·度制》。

其原来的阶级、门第、身份、职业等之上，使之一成不变，也就是把现状当作法律，使之神圣不可侵犯[11]。只有这样，才能把同一的生产方式和同一的社会关系，因袭不变地再生产下去，亦即原封不动地一代一代传下去。中国很早就把这一切形成制度：

> 在礼，家施不及国，民不迁，农不移，工贾不变……。①

> 晋君类能而使之，举不失选……其庶人力于农穑，商工皂隶，不知迁业。②

> 桓公曰：成民之事若何？管子对曰：四民者勿使杂处，杂处则其言哤，其事易。公曰：处士农工商若何？管子对曰：昔圣王之处士也，使就闲燕，处工就官府，处商就市井，处农就田野。③

把士、农、工、商各色人等都固定在他们原来的地位和职业上，就可以使他们"少而习焉，其心安焉，不见异物而迁焉。故其父兄之教，不肃而成；其子弟之学，不劳而能"。"夫是，故士之子恒为士"，"农之子恒为农"，"工之子恒为工"，"商之子恒为商"④。这样一来，不仅生产方式和社会关系都僵化了，连人也僵化了。在一切都僵化的情况下，社会经济成为停滞的和几乎不变的，每一个时代，都是前一个时代的简单重复，最多只有量的变化而无质的飞跃。

从上述一系列关系产生的一个必然结果是：对人们的经济生活必须加以控制和干涉，即要求把每一个人的经济行为都放在封建规范之内，而不能使之自由放任，不能"使人人从其欲，快其意，以逐无穷"，因为这样做是与封建经济规律相抵触的。但是，既然要把每一个人都僵化在一个固定的关系中，就必须使每一个人的生活都能保持稳定，而这一点，又正是领主制经济要求实现和必须实现的。因为，如上文所指出，领主制经济的存在是以农奴经济的存在为条件的，要保证领主经济的稳定，就必须保证农奴经济的稳定。本来是领主制经济的剥削有一个不能逾越的限度，于是在客观的经济规律支配之下，封建制度表现为其要对被统治者有保障生存的义务。西周的封建统

---

① 《左传》昭公二十六年。
② 《左传》襄公九年。
③ 《国语·齐语》；另见《管子·小匡》，文字稍有出入。
④ 《国语·齐语》；另见《管子·小匡》，文字稍有出入。

治者在这一方面表现得非常突出，由西周形成的"王制"一直成为后世实施封建统治的楷模，后人把这种占统治地位的物质关系，用观念形态概括为"文武周公之道"，也就是孟子所说的"保民而王"的意思。这要求做到："制民之产，必使仰足以事父母，俯足以畜妻子，乐岁终身饱，凶年免于死亡。"[①] 这就是封建制度给予人们生存保障的主要内容，其具体办法是："五亩之宅，树墙下以桑，匹妇蚕之，则老者足以衣帛矣。五母鸡、二母彘，无失其时，老者足以无失肉矣。百亩之田，匹夫耕之，八口之家足以无饥矣。"[②] 保障生存，是以领主制经济为基础的封建制度所共有的现象，马克思在分析由封建制度向资本主义的转化过程时，亦着重指出了这一点：

> 新被解放的人只有在他们被剥夺了一切生产资料和旧封建制度给予他们的一切生存保障之后，才能成为他们自身的出卖者。[③]

旧封建制度之所以要给人们以生存保障，是为了要保证各种封建关系的稳定和经济再生产过程不受干扰或破坏，这样就必须对人们的经济生活加以控制和干涉，以保证生产和消费之间的平衡和生产者与消费者之间的机会均等，于是下列的措施就成为必要：

> 修火宪，敬（同儆）山泽林薮积草，夫财之所出，以时禁发焉，使民〔足〕于宫室之用、薪蒸之所积，虞师之事也。决水潦，通沟渎，修障防，安水藏，使时水虽过度，无害于五谷，岁虽凶旱有所秽获，司空之事也。相高下，视肥硗，观地宜，明诏期（诏，同召，集也），前后农夫（农夫生产服役前后次序），以时均修焉，使五谷桑麻，皆安其处，申田之事也（申，本作由，申田，司田也）。行乡里，视宫室，观树艺，简六畜，以时均修焉，劝勉百姓，使力作毋偷，怀乐家室，重去乡里，乡师之事也。论百工，审时事，辨功苦，上完利，监壹五乡，以时均修焉，使刻镂文采毋敢造于乡，工师之事也。[④]

---

① 《孟子·梁惠王上》。
② 《孟子·尽心上》。
③ 《资本论》第一卷，人民出版社一九七五年版，第七八三页。
④ 《管子·立政》。

　　修堤梁，通沟浍，行水潦，安水臧，以时决塞，岁虽凶败水旱，使民有所耘艾（艾读为刈），司空之事也。相高下，视肥硗，序五种，省农功，谨蓄藏，以时顺修，使农夫朴力而寡能，治田之事也。修火宪，养山林薮泽草木鱼鳖百索（王引之曰：百索二字义不可通，索当为素字之误也。百素，即百蔬），以时禁发，使国家足用，而财物不屈，虞师之事也。顺州里，定廛宅，养六畜，间树艺，劝教化，趋孝弟，以时顺修，使百姓顾命，安乐处乡，乡师之事也。论百工，审时事，辨功苦，尚完利，便备用，使雕琢文采，不敢专造于家（专造，私造也），工师之事也。①

设官分职以管制人民的经济行为，是为了要达到下述目的：

　　养长时则六畜育，杀生时则草木殖。……草木荣华滋硕之时，则斧斤不入山林，不夭其生，不绝其长也。鼋鼍鱼鳖鳅[12]鳣孕别之时，网罟毒药不入泽，不夭其生，不绝其长也。春耕夏耘，秋收冬藏，四者不失时，故五谷不绝，而百姓有余食也。污池渊沼川泽谨其时禁，故鱼鳖优多，而百姓有余用也。斩伐养长不失其时，故山林不童，而百姓有余材也。②

　　从以上的说明可知，封建经济是统制经济，是在封建制度的礼法、政教、习惯、传统等各种力量的控制之下的，所以，不论是生产者还是消费者，都同样是一个"遵守惯例的人"。

---

①　《荀子·王制》。
②　《荀子·王制》。

第三章　西周时期一般社会经济的发展

第一节　城市的兴起

城市是随着阶级社会的产生而产生的，它是阶级社会的产物，是统治阶级——由较早的奴隶主到后来的封建主——用以压迫被统治阶级的一种工具。因为城的最初作用，只是为了防御和保护。防御谁？保护什么？什么人需要这种防御和保护？很显然，只有在社会分裂成阶级之后，只有在社会中出现了人剥削人的现象之后，这种防御和保护的需要才会跟着产生。

所以，防御和保护作用，本身就是阶级斗争的表现。因此可以说城市的产生和国家的产生是同一根源。国家和城市都不是自古就有的。人类在很长的时期内，曾经有过不需要国家和城市，而且根本就不知道国家和城市为何物这样的社会。当经济发展到一定阶段，而必然使社会分裂为对立的阶级时，国家和城市才因这种分裂而成为必要。恩格斯说，"国家是社会在一定发展阶段上的产物；国家是表示：这个社会陷入了不可解决的自我矛盾，分裂为不可调和的对立面而又无力摆脱这些对立面"①；这是在经济上占统治地位的阶级、并借助于国家的作用在政治上也占统治地位的阶级，"因而获得了镇压和剥削被压迫阶级的新手段"②。同样，城市是实现阶级压迫和剥削的工具之一，是剥削阶级用以防御被剥削阶级的反抗，并保护剥削者自身及其剥削成果的有效工具。所以城市的产生，完全是阶级斗争的结果。因此，阶级社会的产生时期，同时就是城市的产生时期。

所谓经济发展到一定阶段而必然使社会分裂为对立的阶级，具体说，就是当农业生产有了一定程度的发展，使生产有了除维持生产者自身生存以外

---

① 恩格斯：《家庭、私有制和国家的起源》。《马克思恩格斯选集》第四卷，第一六六页。
② 恩格斯：《家庭、私有制和国家的起源》。《马克思恩格斯选集》第四卷，第一六八页。

还有所剩余时，亦即使社会中一部分人剥削另一部分人的剩余劳动成为可能时，才给了城市的产生一个必要的物质基础。因为城市——即使是初期的城市，也是与农村分离了的一个特殊的居留地，其中的大部分居住者是不从事农业生产的，尽管城内还有耕地，还有农民，但是基本上城市是依赖外部剩余农产物的供给的。所以，没有剩余劳动的存在，就没有城市的存在。

剩余劳动的剥削者，不仅需要利用"权威"——国家机器——来镇压被剥削者，而且需要有物质的防御设备，来保护自己和剥削来的果实。所以，城市的最初建立者是奴隶主。欧洲的古代城市，都是在这个时期出现的。不过这些古城大都在罗马帝国崩溃以后，随着蛮族的入侵和破坏，随着社会经济的混乱和凋敝，不是自行衰亡，便是被夷为废墟。到了封建制度时期，城市又逐渐兴建起来，故中世纪初期，是欧洲城市的一个复兴时期。这时城市的建立者，是世俗的、宗教的封建主，他们由剥削农奴和附属农民的剩余劳动形成了大量财富，首先感到的一个迫切问题，是如何保障他们自己及其财富的安全。高城深池是有效的物质防御手段，于是他们便用强制劳动来筑城墙、建碉堡、挖沟濠，做种种防御设备。九世纪至十一世纪，是农业经济得到恢复和发展的时期，同时新兴的城市亦纷纷出现。

中国古代城市的起源，基本上是与西方城市相同的，即同样是保护剥削阶级利益的防御堡垒。

中国的阶级社会，早在新石器时代末期的夏代即已开始。那时生产力已经有了一定程度的发展，一夫一妻的家庭制度和传子制度已经确立。总之，在夏代，公有制已经破坏，私有制正在形成。这一切都说明，夏代是由原始公社向奴隶制社会转变的过渡时期，因而也是古代城市的开始产生时期。这样的变化过程，古人也看得很清楚，例如战国时期的学者即把由夏禹至周初的这一段历史时期，看作是"大同"以后的"小康"时代。这期间的社会状况是："大道既隐，天下为家，各亲其亲，各子其子，货力为己，大人世及以为礼，城郭沟池以为固。"① 这是明确指出了城郭沟池是为了保护私有财产及其占有者而特意建置的。因为这时社会已经分裂为对立的阶级，人剥削人的现象已经存在，私有制已经确立，公社制度下的"选贤与能"，已经变为争夺和把持国家权力的"大人世及"。在这些新的情况下，城郭沟池的防御保

① 《礼记·礼运》。

护作用已经成为必要了。所以，"夏鲧[1]作城"①，虽然是一种传说，但是揆诸当时社会经济的发展状况，这个传说不是没有根据的。《易·坎卦》云："王公设险以守其国"，设险就是建筑高城深池以资固守的意思。这都说明城池是"王公"——剥削者——为保护其经济利益和政治地位而兴建的。

由于社会生产力发展的限制，周以前的城市还是不多的。中国古代城市的大量兴起，主要是在西周时期封建制度确立以后。

从周初起，是中国古代农业开始发展的时期，同时剥削制度也有了很大的改变。这时封建领主由剥削农奴的剩余劳动积累了大量财富，私有制也早已确立，因而城郭沟池的防御保护作用，比过去更为必要，所以封建统治者把营建都邑——筑城——看作一项立国的根本大计。《吕氏春秋》曾总结这种情况说："古之王者，择天下之中而立国。"②"立国"，就是在自己的封域内选择适中的地点，来营建足资防守的城池。例如《诗》称："文王受命，有此武功。既伐于崇，作邑于丰。……筑城伊淢，作丰伊匹。疏：正义曰：上言作邑于丰，此述作丰之制，言文王兴筑丰邑之城，维如一成之淢，淢内之地，其方十里，文王作此丰邑，维与相匹，言大小正与成淢相配偶，是大于诸侯，小于天子之制。"③按"淢"就是沟，亦叫作"洫"。《周礼·匠人》云："方十里为成，成间广八尺，深八尺，谓之洫。""洫"就是《诗》中的所谓"淢"。这几句诗的意思是说，文王既已受命，当为天子，其意以纣尚存，故不得不按照传统礼法，筑此丰邑之城，使大小适与礼法[2]十里之成相匹偶，虽大于诸侯，仍小于天子。可见筑城是"受命""立国"的根本大计，是要严格遵守礼法制度的。"立国"之后，便要小心翼翼地保持自己的作为政权基础和统治中枢的城邑，丧失掉城，就丧失掉一切。《诗》："怀德维宁，宗子维城。无俾城坏，无独斯畏。疏：正义曰：王者天下之大宗，以礼有大宗小宗，为其族人所尊，故称宗子；天子则天下所尊，故谓之大宗也。……有天下者皆欲福及长世，恐子孙之不安……城可以御寇难，故以城喻焉。……若其不和汝德，遂行酷虐之政，则民不堪命，祸及宗子，是谓城坏；宗子之城既坏，则群臣乖离，而汝王独居而有所畏惧矣。以是欲王之亲辅弼之臣，使不乖离，固宗子之城，使不倾坏，则令已无独畏之忧也。"④ 这清楚

---

① 《吕氏春秋·君守》，按此说初见《世本》。
② 《吕氏春秋·慎势》。
③ 《诗·大雅·文王有声》。
④ 《诗·大雅·板》。

说明了城对统治阶级的作用。所以，城坏就是国破，古人把保城作为保国的代名词。《诗·瞻卬》刺幽王因宠褒姒而失国云："哲夫成城，哲妇倾城。疏：正义曰：哲，谓多谋虑也。国之所在，必筑城居之，作者以城表国。"①可见倾城就是倾国，这是直接以城之存亡来表示国之兴灭，于此可见城对于封建统治者是何等重要。

　　除了上述因社会经济的发展给城市的兴起提供了充分条件，从而促成它的产生外，周初的特殊历史条件也起了很大的促进作用。由于当时的具体历史条件和客观形势的需要，周统治者以分封诸侯的办法，对全国进行了一次大规模的变相征服和政治渗透，即通过分茅列土的分封制度，在全国各地建立起许多统治和防御据点，使周的统治力量四面八方地伸入各旧部族之间。如上文所指出，新封诸侯的采邑，或取之于被征服的部族，或自行开荒垦辟。例如周公封鲁，系"因商奄之民"，"而封于少皞之虚"；康叔封卫，系"取于有阎之土"，"取于相土之东都"；唐叔系"封于夏虚"②；太公封齐，与莱夷争营丘。③ 除这样强制占领旧部族的原有土地外，有不少是自启土宇，在荒野的地方立国。例如前文述及的郑初建国时是："庸次比耦，以艾杀此地，斩之蓬蒿藜藋，而共处之。"④楚初建国时是："筚路蓝缕，以处草莽。"⑤ 姜戎自称其封地是："狐狸所居，豺狼所嗥。"⑥ 但是，不论诸侯的封地是夺自旧部族还是一些新开辟的荒原，新来的统治者——特别是周人——姬姓诸侯，在新的封地中，不但人数很少，力量薄弱，而且是处在异族人民的包围之中，所以他们到达封地之后，首先必须建立城堡，用坚固的城郭和深阔的沟池来保障自己的安全。尽管被征服的土地已为他们所有，被征服的人民已承认其宗主权，但是对于那些怀有敌意的降民，仍不得不严加防范。一方面，使之"宅尔邑，继尔居"⑦，以求与之相安；另一方面，用高城深池把自己与他们分离开来，平日深居城中，绝不敢轻出城外。这样建立起来的封建都邑，当然都是以防御和保护为目的的军事堡垒。

　　城市的这种性质和作用，到了东周时才有了较多的文献记载，阐述得也

① 《诗·大雅·瞻卬》。
② 均见《左传》定公四年。
③ 《史记》卷三十二，《齐太公世家》。
④ 《左传》昭公十六年。
⑤ 《左传》昭公十二年。
⑥ 《左传》襄公十四年。
⑦ 《尚书·周书·多士》。

都非常明确。例如，《左传》载子服景伯曰："民保于城，城保于德。"① 《谷梁传》云："城为保民为之也。"② 《墨子》云："食者国之宝也，兵者国之爪也，城者所以自守也。此三者，国之具也。"③ 《管子》云："地之守在城，城之守在兵，兵之守在人，人之守在粟。故地不辟则城不固。"④ 又云："大城不可以不完，郭周不可以外通，里域不可以横通。……大城不完则乱贼之人谋，郭周外通则奸遁逾越者作，里域横通，则攘夺窃盗者不止……虽有良货不能守也。"⑤ 《荀子》云："兵不劲，城不固，而求敌之不至，不可得也；敌至，而求无危削，不灭亡，不可得也。"⑥ 诸如此类的言论，都明确指出城是国家机器的一个重要组成部分，是"权威"的一个有效工具，并指出统治阶级只有依靠高城深池，才能保护自身和剥削来的"良货"。如果城郭不固，沟池不深，轻则会招来"攘夺盗窃"，引起"贼乱之人"的觊觎，使剥削来的"良货"有丧失的危险；重则会因强敌来临，而陷于"危削"和"灭亡"。

城对统治阶级的作用既然如此重要，故在"立国"——建城之后，便要力求坚固，使之易守难攻，力求"无俾城坏"，以免有"倾城"之虞。因此，在建城之后就必须常常增补修缮，城外沟濠也要常常挖掘。所以，不仅建城是"立国"的头等大事，而且维缮增修也是国之存亡所系。《管子》云："天子有万诸侯也，其中有公侯伯子男焉。天子中而处，此谓因天之固，归地之利。内为之城，城外为之郭，郭外为之土阆（即隍）。……岁修增而毋已，时修增而毋已，福及子孙，此谓人命万世无穷之利，人君之葆守也。"⑦ 又说："若夫城郭之厚薄，沟壑之浅深，门闾之尊卑，宜修而不修者，上必几之。"⑧ 这都清楚说明，城是社会分裂为对立的阶级以后，随着阶级斗争的发展，剥削阶级为了保护自己的利益，而有计划、有目的地兴建起来的。在西周，城市的大量兴起，除了适应阶级斗争的需要外，还在适应着民族斗争的需要，故城的防御和保护作用表现得非常突出，它成为周统治者实施封建治的一个基本环节，成为自天子至诸侯各级统治者的一个发号施令的神经中枢。

---

① 《左传》哀公七年。
② 《谷梁传》隐公七年。
③ 《墨子·七患》。
④ 《管子·权修》。
⑤ 《管子·八观》。
⑥ 《荀子·君道》。
⑦ 《管子·度地》。
⑧ 《管子·问》。

这样性质的城市，当然始终是"人君之葆守"。所以从这时起，建立城邑便始终是人君的专有职权。

西周时期，是中国古代城市大量兴起的时期，同时也是城市的性质、作用等的定型时期，以及有关城市建置的各种制度的确立时期，后来在三千年左右的封建社会中，中国城市的发展，始终没有越出这时确立的轨道。

上文已指出，封建社会是一个有严格等级制度的社会。分封诸侯、授予采邑、班赐宗彝等，都是严格遵照各人的爵位等级来进行的，以便确保尊卑有序，而不致以小僭大、以贱逾贵。营建城邑，是国之大事，当然更要恪遵"王制"，即关于城的面积大小、城墙高低、城门数目、城内建筑物种类、市场位置、道路宽狭等，都有一定的制度，丝毫不能逾越。这里仅指出几个主要方面：

第一，选择位置。这是营建城邑的第一步。上引《吕氏春秋》所谓"古之王者，择天下之中而立国"，就是指此而言。选择位置的条件不外地点适中，形势冲要，周围地区出产丰富，水源不缺等。《管子》曾总结出建城的位置标准是："凡立国都，非于大山之下，必于广川之上。高勿近旱而水用足，下勿近水而沟防省，因天材，就地利。"[1] 因为早期的城市都是消费城市，要靠农村的剩余生产物来维持城内人口的生活，故城市的位置多选择在靠近河川的地方。这不只是因为靠近河川的地方交通便利和水源充足，而且是因为靠河的地方土地肥沃，农产物丰饶。试看周公在营建洛邑时说：

> 予惟乙卯，朝至于洛师。我卜河朔黎水，我乃卜涧水东，瀍水西，惟洛食；我又卜瀍水东，亦惟洛食。[2]

可见这是有意选择两河之间的地方来营建洛邑的。

第二，辨方正位。即于选定建城地点之后，还要经过一番精密的测量和规划，就山川沮泽的自然形势，来确定城郭的具体方位和城内的宗庙、宫室、民居、市场等的布局。古籍所谓"量地以制邑，度地以居民"[3]，以及"量地度居邑，有城郭，立朝市，地以度邑，以度民"[4]，都是指建城时辨方正位而

---

[1]　《管子·乘马》。
[2]　《尚书·周书·洛诰》。
[3]　《礼记·王制》。
[4]　《大戴礼记·千乘》。

言。这由最早古公亶父在迁于岐下之后，开始"贬戎狄之俗，而营筑城郭室屋"时，就可以看出这种辨方正位的具体情况：

乃慰乃止，乃左乃右，乃疆乃理，乃宣乃亩，自西徂东，周爰执事（正义曰：言或左或右，开地置邑，以居民也）。

乃召司空，乃召司徒，俾立室家。其绳则直，缩版以载，作庙翼翼（正义曰：司空之属有匠人，其职有营国广狭之度，庙社朝市之位，是司空掌营国邑也。司徒之属有小司徒，其职……掌徒役之事也。以此二卿各有所掌，故召之使立室家之位处也。位处者，即匠人所谓左祖右社，面朝后市之类是也）。①

量地制邑，须具有一定程度的专门技能，故早在太王初建城郭时即已设置专官以司其事，名司空和司徒，而司空的职责更重要，是测量地势、决定方位的专官，即《王制》所谓"司空执度度地……量地远近，兴力任事"②。其具体情况，可举《左传》中一段关于筑城的文字为证：

〔楚〕令尹蒍艾猎城沂，使封人虑事，以授司徒。量功命日，分财（同材）用，平板干[3]，称畚筑，程土物，议远迩，略基趾，具糇[4]粮，度有司，事三旬而成，不愆于素。③

这是关于建筑城邑的一次具体记载，负责测量、规划的封人亦称量人，是司空的属官，专掌营建城邑时量地设计之役，规划确定后，"以授司徒"，负责施工。

第三，确定城郭的等级大小。上文已指出，周在克殷之前，殷王朝既没有完成大一统而成为天下之共主，则殷周之间自然就没有严格的君臣隶属关系，其相互之间，略似于松散的氏族联盟，但是，文王在筑丰时，仍不得不遵守一定制度，故所筑之丰，"大小正与成减相匹偶，是大于诸侯，小于天子之制"。由周初建立起来的杂糅着宗法制度的封建制度，更要求保持严格的等级关系，营建城邑是立国大事，自必须恪遵"王制"来进行。既然自天子至

---

① 《诗·大雅·绵》。
② 《礼记·王制》。
③ 《左传》宣公十一年。

列国诸侯和卿大夫的爵级不同，则其受封所居之城，必有大小等级之分。西周时没有明确的文献记载，据后人追述，主要有三类：一为天子所居之王城，二为诸侯的都邑，三为卿大夫的食邑，而诸侯之中，公侯之城与子男之城，复有差别，故实际上城有四等。王城的面积最大，据《逸周书》云："作大邑成周于土中，城方千六百二十丈，郭方七十二里。"① 按周制一里为一百八十丈，千六百二十丈，适为九里，则天子之城为方九里。《尚书大传》云："古者百里之国，九里之城"；《考工记》亦云："匠人营国，方九里"，都是指王城而言。据孙诒让考证，郭方七十二里，系二十七里之讹，谓周制："宫三里，城九里，郭二十七里，皆以三乘递加。"② 差分比例这样整齐匀称，本身就说明营建都邑是根据一定制度来进行的。

诸侯的都邑，其等级系以封爵大小而异。据郑祭仲对郑伯说："都城过百雉，国之害也。先王之制，大都不过叁国之一，中五之一，小九之一。"《孔疏》云："王城方九里"，"长五百四十雉"；"公城方七里，长四百二十雉"；"侯伯城方五里，长三百雉"；"子男城比王之大都（方三里，长一百八十雉）"③。此外，又各有大中小三都，各依比例递减，至子男之小都，才方百步，长二十雉。如果都邑的大小与受封者的封爵等级不符，那就是僭越。"郑，伯男也"④，照规定：侯伯之城方五里，径三百雉，而大都则不得超过百雉。由于郑伯之弟共叔段的食邑超过百雉，应当予以制裁，故祭仲提出警告。《公羊传》称："孔子行乎季孙，三月不违。曰：家不藏甲，邑无百雉之城。于是帅师堕郈，帅师堕费。雉者何？五板而堵，五堵而雉，百雉而城。"⑤ 郈是叔孙氏食邑，费是季孙氏食邑，均违制，故孔子帅师堕之。祭仲所说的"先王之制"，就是西周文武周公之制，可见到春秋时代，封建"礼法"所确立的等级制度，仍然是不能任意逾越的。

这样的严格限制，不仅仅是为了守"礼"，而是由于在当时有现实的意义，并且是由具体的经验教训中总结出来的。例如范无宇就曾把这个道理告诉楚灵王说：

①　《逸周书·作洛》。
②　孙诒让：《周礼正义》卷八十三，《匠人疏》。
③　《左传》隐公元年。
④　《左传》昭公十三年。
⑤　《公羊传》定公十二年。

国为大城，未有利者。昔郑有京、栎，卫有蒲、戚，宋有萧、蒙，鲁有弁、费，齐有渠丘，晋有曲沃，秦有徵、衙。叔段以京患庄公，郑几不克，栎人实使郑子不得其位。卫蒲、戚实出献公，宋萧、蒙实弑昭公，鲁弁、费实弱襄公，齐渠丘实杀无知，晋曲沃实纳齐师，秦徵、衙实难桓、景，皆志于诸侯，此其不利者也。且夫制城邑若体性焉，有首领股肱，至于手拇毛脉，大能掉小，故变而不勤。……民有君臣，国有都鄙，古之制也。先王惧其不帅，故制之以义，旌之以服，行之以礼，辩之以名，书之以文，道之以言。既其失也，易物之由。①

这一段从各国经验中得出的教训，说明了古代封建统治者所以要严格控制城邑建置等级的原因所在。

各级城邑不仅有一定大小，而且对城墙的高度，城门的数目，皆有具体规定。例如："天子之城高九仞，公侯七仞，伯五仞，子男三仞"②，以及"匠人营国，方九里，旁三门"③ 等制度，都是恪遵着"先王之制"而历久相沿的。王城一面三门，诸侯都邑大都是一面二门，这里不一一叙述了。

第四，规定城市的内部建置。根据封建礼法——"王制"，城内的各种建置如宗庙、宫室、民居、市场、道路等，皆有具体规定。这里仅阐明市场的建置情况和管理制度，余皆从略。

尽管西周时期还是自然经济占支配地位的时期，交换经济并不发达，但是在初建城邑时，即已适应着长期以来"日中为市"的需要，在城内建置中特设了专供人们集合交换之需的市场，因为城内居民的生活资料是需要通过交换来获得的。根据封建主义的礼法，要把市场设在城内的一个固定地点，并使之成为城内的一个特殊区域。这样的一种官设市场制度，后来即成为历久相沿的传统。西周时虽因文献存世不多，缺乏记载，但到东周时有关记载则甚多，其性质和特点也都非常明确，种种情况显然不是到东周时期突然出现的，而是源远流长[5]，由来已久的。这里可举下引几例：

初，景公欲更晏子之宅，曰：子之宅近市，湫隘嚣尘，不可以

---

① 《国语·楚语上》。
② 《初学记·居处部》引《五经异义》。
③ 《周礼·冬官·考工记》。

居，请更诸爽垲者。辞曰：君之先臣容焉……且小人近市，朝夕得所求，小人之利也。敢烦里旅？公笑曰：子近市，识贵贱乎？对曰：既利之，敢不识乎?①

夫人姜氏归于齐，大归也。将行，哭而过市曰：天乎，仲为不道，杀适[6]立庶。市人皆哭，鲁人谓之哀姜。②

凡仕者近宫，不仕与耕者近门，工贾近市。③

侯生又谓公子曰：臣有客在市屠中，愿枉车骑过之。公子引车入市……市人皆观公子执辔。④

这虽然都是春秋战国时代的记载，但是制度则是沿袭古制，是随着封建礼法制度的确立而确立的，是"先王之制"的一个组成部分。

市既是城内的一个特殊区域，为了便于管理，故以垣墙圈围，与外部隔绝，四面设门，以供出入，这就是所谓的"阛阓"。崔豹注释云："阛者，市垣也；阓者，市门也。"⑤ 入市交易，必须从门出入。门有固定的启闭时间。这些情况，亦只能根据战国时的记载来间接推知：

商太宰使少庶子之市，顾反而问之曰：何见于市？……对曰：市南门之外甚众牛车，仅可以行耳⑥

君独不见夫（朝）趋市〔朝〕者乎？明旦，侧肩争门而入，日暮之后，过市朝者掉臂而不顾，非好朝而恶暮，所期物忘其中。⑦

这几条记载中所说的市门，当系全市的总门，为出入市场的必经之路。因四面各只一门，故明旦开市时皆侧肩争门而入。司马迁所说："用贫求富，农不如工，工不如商，刺绣文不如倚市门"⑧，亦系指市的总门而言。市内分设各肆，肆亦有门，肆长即守于肆门，以稽查一切。市内除有供囤货销售的

① 《左传》昭公三年。
② 《左传》文公十八年。
③ 《管子·大匡》。
④ 《史记》卷七十七，《信陵君列传》。
⑤ 崔豹：《古今注》。
⑥ 《韩非子·内储说上》。
⑦ 《史记》卷七十五，《孟尝君列传》。
⑧ 《史记》卷一百二十九，《货殖列传》。

场屋外，有市官行政的官舍，即《周礼》所谓"凡建国，佐后立市，设其次，置其叙，正其肆，陈其货贿"①。"设次""置叙"，就是建立市史官舍。因市政官舍常立旗于上，以为标志，汉时即叫作旗亭，如《史记》中说："臣为郎时，与方士考功会旗亭下。"《集解》：薛综曰："旗亭，市楼也。立旗于上，故取名焉。"②

以上是从西周开始的有关城市建置制度的几个主要方面，其具体情况虽然是根据稍后的记载来间接推知的，但建城立国是体现封建主义根本原则，或者说是体现封建"王制"的一个重要方面，所以它是严格恪遵文武周公所确立的"先王之制"而沿袭下来的，不仅东周时期的城市与西周时期的城市基本上是相同的，就是东周以后的历代城市也一直是大体相同的。西周时期，可以说是中国城市的一个定型时期和定性时期。西周以后，便一直是沿着这一轨道继续发展下来的。具体说，自西周以来，中国历代城市始终不是自由发展成的，而是根据封建制度的礼法，由封建统治阶级有目的、有计划地兴建起来的。他们建城，就是建立他们的统治中心，同时也是为了给他们自己建立一个足资保障的军事堡垒。可见城完全是为了适应统治阶级的政治和军事需要，而不是为了适应人民的经济生活需要而建立的。

在这里，遂与欧洲封建时代的城市开始出现了一个根本的分歧点，即欧洲城市从此便沿着一条与中国古代城市完全不同的轨道在发展。具体说，欧洲封建时代的城市大都是适应着人民经济生活的需要，随着工商业的发展而自然形成的，所以这些城市后来都摆脱掉封建制度的控制，而发展成为一种独立的、自治的和自由的城市。每一个城市都各自成为一个经济单位，各自有其自治的行政和司法机构，甚至各自有其自卫的武力，各自铸造自己的货币，各自规定自用的度量衡。它不仅与农村有着显著的社会分工，而且城市市民对领主没有任何依附关系，不受领主的控制和剥削。这样，便在封建社会中，产生了一种不受封建领主羁绊的特权市民。这种市民，马克思称之为"自由居民"。他们在争取城市自治和本身自由的斗争中，不得不自行组织和团结起来，以便共同对外，从而产生了一种兄弟会式的行会制度，把每一个城市居民都按照其所从事的行业，组织在一种行会之中。欧洲封建时代的城市所表现的种种特征，主要是行会制度所具有的特征。

---

① 《周礼·天官·内宰》。
② 《史记》卷十三，《三代世表》褚先生补述。

　　由于这样一种性质的城市的兴起和发展，遂使欧洲封建社会同时并存着两个经济中心：庄园和城市。两者虽同受整个封建经济规律的支配，但又各自有其不同的发展道路，并各自形成一种不同的经济体系。大体上，前者是自然经济的核心，后者是孕育商品经济的温床，两者是互相依存的，又是互相对立的。所以，城市的兴起，乃是欧洲封建经济结构分解的开始，是起自封建社会内部的一个最早的离心运动，在这里埋下了产生资本主义生产方式的种子。这就是马克思和恩格斯所说的："从中世纪的农奴中产生了初期城市的城关居民；从这个市民等级中发展出最初的资产阶级分子。"①

　　中国的城市则从西周年间一开始，就走着一条完全不同的道路，并且表现出一系列的特点：

　　（1）城既然只能由统治阶级来建置，并且是从政治和军事需要出发的，则古代城市便自然是一个政治中心，是整个封建统治体系中的一个基本环节。更具体地说，城市是一个实施统治的发号施令的中枢或首脑。城市的性质和作用既然是这样，当然就不能使之自由发展，不能使之随着工商业的发达和人口的聚集而自然形成，只能根据统治阶级的政治和军事需要，根据封建"礼法"的种种规范来有目的、有计划地进行兴建。等级不同的城市，驻扎着等级不同的统治者，即自天子公侯至卿大夫士及为其服务的大小臣工。《荀子》说："古者天子千官，诸侯百官"②，城市就是这些人的驻在地。这样的城市，只能紧密地结合在封建统治体系的结构之中，而不能脱离这个体系作离心的发展——向自治的、独立的和自由的方向发展。

　　（2）西周时代的城市，是在分封的不断扩展中相继出现的，其作用既然是在政治和军事方面，而不在经济方面，那么城市的兴起就不是工商业发展和人口聚集的结果，因而这些城市大都规模狭小，人口稀疏。如上文所述，王都不过方九里，公侯之城才方七里和方五里，子男之城仅方三里，其小都仅方百步，只是一个小小的堡垒而已。战国时赵奢曾说："且古者，四海之内，分为万国。城虽大，无过三百丈者；人虽众，无过三千家者。"③ 这里所谓"古者"，就是指西周而言。城的规模如此狭小，在经济上实不可能有多大的重要性，也不能与农村分离来经营所谓城市生活。这种情况到了东周时期仍无多大变化，所以在战国时代的文献中，有关城的记载，大都仍是"三

---

　　① 《共产党宣言》，《马克思恩格斯选集》第一卷，人民出版社一九七五年版，第二五二页。

　　② 《荀子·正论》。

　　③ 《战国策·赵策》。

里之城"。例如：《孟子》称，"三里之城，七里之郭"①；《墨子》称，"率万家而城方三里"②。城的面积不大，人口当然不多。《论语》中屡见"千室之邑"和"十室之邑"的话，"十室"虽极言其少，若如方百步的子男小都，亦不过容纳十数家而已。《左传》记载狄人灭卫，卫都城遗民才有七百三十人③，则卿大夫的小城中人口当然更少。可见春秋战国以前的城市，实际上还都是些有围墙的农村，其在荒远地区立国，剪除荆棘草莽而建立起来的城邑，当然更是如此。因此，城内居民还不能脱离农业生产，不能单纯靠交换来维持一种城市生活。城邑之内既然人口稀疏，土地空旷，故大都有不少农田，就是在天子王都和诸侯首都之内，也往往是黍离麦秀，呈现出一片田园景色。

（3）大小城邑虽然都设有市场，但这并不表示大小城邑都已发展为工商业中心。首先，市场是由官家设立的，并且是根据封建礼法照例设立的，而不是由于那个地方已经有了工商业的发展，从而使一个工商业荟萃[7]的所在自然发展为城市。它的建立是在工商业还没有发达之前，甚至在完全没有工商业的情况下，就已经随着城的建立而建立，特别是那些建立在荒僻地方的城更是如此。只是由于城内已经建有市，才令一切交易都必须在那个被指定的特殊区域来进行。总之，市的形成，不是经济发展的自然结果。其次，城内市场只是一个临时聚合的交易地点，并且是一种有时间限制的定期市——"日中为市"。交易的人不是定居在市内的，到了交易时间，人们才从四面八方聚来，罢市之后，又都各自散去。"市，朝则满，夕则虚，非朝爱市而夕憎之也，求存故往（注：所求者存，故往趋之），亡故去。"④ 所谓"明旦侧肩争门而入"，即因交易时间有限，故争先恐后，蜂拥而入；日暮罢市，人已散去，故"掉臂而不顾"。在非交易时间，要将市门关闭，逗留不去者还要处罚。可知交易时间一过，市内便空空如也，不再有任何营业活动。这种临时一聚的交易地，不可能成为一个独立发展的工商业中心。这样性质的城市，在西周以后延续的时间是很长的。

---

① 《孟子·公孙丑下》。据焦循《孟子正义》，七里之郭，应为五里之郭。
② 《墨子·杂守》。
③ 《左传》闵公二年。
④ 《战国策·齐策》。

第二节　西周的农业

（一）西周的农业区

中国的农耕文化发生很早，远在新石器时代即已有了农业。不过在西周以前，农业区域还是不大的。主要农业区一直范围在黄河中下游的黄土冲积平原上，大体上是沿着黄河两岸，在一个由西而东的狭长地带内，各从河岸向河的东西和河的南北延伸出去。这个范围不大的区域，便是中国古代文化——主要是农耕文化的摇篮。

这个农业区，原是过去在各个地质年代由黄河携带的泥沙长期冲积而成，其范围大体上就是我们现在所说的华北平原，过去泛称为中原。黄土淤泥，土质肥沃，结构疏松，很容易开垦。在这个区域内，除黄河水系外，北面有海河水系，南面有部分淮河水系，并有不少沼泽、湖泊和沮洳积水之地，这给古人很早即能种植水稻提供了条件[8]。全区年平均雨量虽不很丰沛，但却相当集中在作物生长季节，无霜期也相当长。这一切，对于生产工具还相当原始和生产力不高的古代人民，实是一个比较适宜的聚居地点。所以从远古直到有文字记载的历史时期，中国的古代文明主要就是产生在这个区域之内，是中国古代唯一的政治和经济中心。近代学者王国维曾指陈过这一点，他说：

> 自上古以来，帝王之都皆在东方：太皞之虚在陈，大庭氏之库在鲁，黄帝邑于涿鹿之阿，少皞与颛顼之虚皆在鲁、卫，帝喾居亳。惟史言尧都平阳，舜都蒲坂，禹都安邑。……然尧号陶唐氏，而家在定陶之成阳；舜号有虞氏，而子孙封于梁国之虞县。孟子称舜生卒之地皆在东夷。……禹时都邑虽无可考，然夏自太康以后，以迄后桀，其都邑及他地名之见于经典者，率在东土，与商人错处河济间盖数百岁。商有天下，不常厥邑，而前后五迁，不出邦畿千里之内，故自五帝以来，政治文物所自出之都邑，皆在东方。①

这里所说的古代"政治文物所自出之都邑，皆在东方"，系相对于周人

---

① 王国维：《殷周制度论》，《观堂集林》卷十。

兴自西方而言。东方就是自古以来所开辟的这个主要经济区。武王灭纣之后，除了"封商纣子禄父殷之余民"外，便是承认和安抚东方的旧部族，即所谓"追思先圣王"，所有被分封的旧部族都在这个主要经济区的范围之内，如《史记》载："褒封神农之后于焦"（《集解》引《地理志》："弘农陕县有焦城，故焦国也"）；"黄帝之后于祝"（《正义》曰：《左传》云："祝其，实夹谷。"杜预云："夹谷即祝其也。"服虔云："东海郡祝其县也"）；"帝尧之后于蓟"（《集解》引《地理志》："燕国有蓟县"）；"帝舜之后于陈"（《正义》曰："《括地志》云：陈州宛丘县在陈城中，即古陈国也"）；"大禹之后于杞"（《正义》曰："《括地志》云：汴州雍丘县，古杞国"）①。可见从远古到西周，中国古人的主要活动范围，不出黄河中下游的华北平原，其中心是司马迁所说的"三河"地带：

> 昔唐人都河东（徐广曰：尧都晋阳也），殷人都河内（《正义》曰：盘庚都殷虚，地属河内也），周人都河南（《正义》曰：周自平王以下都洛阳）。夫三河，在天下之中，若鼎足，王者所更居也，建国各数百千岁，土地小狭，民人众，都国诸侯所聚会……②

这是中国古人开发最早的一个主要经济区，并以这个地区的农业经济为基础，建立了辉煌灿烂的古代文化。

原来这个最早的农耕区范围并不很大，约略相当于战国时人的著作《禹贡》一文所区划的冀州、兖州、青州、豫州的各一部或大部，确如司马迁所说，经过数百千岁的生聚繁衍，使这个区域相对地成为"土地小狭，民人众"。入周以后，这个农耕区域便从这个"天下之中"向四面扩展。

上文曾经指出，周初的大封建，是周人有计划的政治渗透和领土扩张。武王于灭纣之后，不得不首先封商纣之子禄父于殷，并同时"褒封先王之后"，即承认旧部族的存在，这原是为当时的客观形势所迫而不得不采取的一种权宜之计。既然分封了旧部族，就不得不接着分封三监以监殷，再分封若干功臣谋士，把他们的封地棋置于旧部族之间，以收监视镇慑[9]之效。可见武王之分封诸侯，主要还是为了消极防范。迨管、蔡联合武庚和东方诸侯以

---

① 《史记》卷四，《周本纪》。
② 《史记》卷一百二十九，《货殖列传》。

叛周，周公东征，经过三年血战，于"克殷践奄，灭国五十"之后，便感到仅仅作消极防范是远远不够的，于是周公经过深思熟虑、精心策划之后，进行了有计划、有目的地大规模分封，其目的十分明显，是一种积极的领土开拓：

> 昔周公吊二叔之不咸，故封建亲戚以蕃屏周。管蔡郕霍，鲁卫毛聃，郜雍曹滕，毕原酆郇，文之昭也（十六国皆文王子）。邘晋应韩，武之穆也（四国皆武王子）。凡蒋邢茅胙祭，周公之胤也。①

经过这样向四面八方大规模扩展，结果造成[10]："蒲姑、商奄，吾东土也。巴、濮、楚、邓，吾南土也。肃慎、燕、亳，吾北土也。"② 特别是太公封齐，系"与莱夷争营丘"，于吞并了莱、蒲姑之地以后，使农耕区随着政治势力的扩张向东扩展到东海之滨；封召公于燕，是农耕区向北扩展包括了古冀州北部，伸展到农耕区的外缘；封虞叔于晋，使农耕区向西北延伸，包括了并州全境。

这种具有开拓疆域性质的分封诸侯，终西周一代一直在进行，例如到西周末叶时，宣王命召虎"平淮夷"，胜利后封召公于江汉；其封申伯于谢，也是有计划地向南开拓。这由下引两诗可以看出：

> 江汉之浒，王命召虎。式辟四方，彻我疆土。匪疚匪棘，王国来极。于疆于理，至于南海。……锡山土田，于周受命③。
> 亹亹申伯，王缵之事。于邑于谢，南国是式。王命召伯，定申伯之宅，登是南邦，世执其功。王命申伯，式是南邦，因是谢人，以作尔庸（城也）。王命召伯，彻申伯土田。王命傅御，迁其私人。……王遣申伯，路车乘马。我图尔居，莫如南土④。

终西周一代，经过前后三百多年的开疆拓土，使自古以来的主要农耕区，从黄河中游的所谓"三河"地区，向四面扩展，最后发展到淮河流域的北部

---

① 《左传》僖公二十四年。
② 《左传》昭公九年。
③ 《诗·大雅·江汉》。
④ 《诗·大雅·崧高》。

和江汉地区。当时的全国地理区划，分为九州，各州的农业概况，有如下述：

周既克殷，监于二代而损益之，定官分职，改禹徐、梁二州合之于雍、青（师古曰：省徐州以入青州，并梁州以合雍州），分冀州之地，以为幽、并。故《周官》有职方氏，掌天下之地，辩九州之国。东南曰扬州：……谷宜稻。正南曰荆州：……畜及谷宜，与扬州同。河南曰豫州：……其利林、漆、丝枲；……畜宜六扰（师古曰：马、牛、羊、豕、犬、鸡也。谓之扰者，言人所驯养也），其谷宜五种（师古曰：黍、稷、菽、麦、稻）。正东曰青州：……其畜宜鸡、狗，谷宜稻、麦。河东曰兖州：……其畜宜六扰，谷宜四种（师古曰：黍、稷、稻、麦也）。正西曰雍州：……畜宜牛、马，谷宜黍、稷。东北曰幽州：……畜宜四扰，谷宜三种（师古曰：黍、稷、稻）。河内曰冀州：……畜宜牛、羊，谷宜黍、稷。正北曰并州：其利布帛，畜宜五扰（师古曰：马、牛、羊、犬、豕），谷宜五种。①

这是根据《禹贡》和《周礼·职方氏》等战国时的著述而概括出来的。但战国时人所概述的，乃是数百千岁以来长期存在的客观情况，是由各地区的土壤、气候等自然条件决定的。这些情况，《史记》中亦有一些零星记载，例如齐鲁一带是："泰山之阳则鲁，其阴则齐。齐带山海，膏壤千里，宜桑麻……而邹、鲁滨洙、泗……颇有桑麻之业"②；"夫自鸿沟以东（徐广曰：在荥阳），芒、砀[11]以北（徐广曰：今为临淮），属巨野，此梁、宋也……其俗犹有先王遗风……好稼穑"③；"沂、泗水以北，宜五谷桑麻六畜……故秦、夏、梁、鲁好农而重民。三河、宛、陈亦然……燕、代田畜而事蚕。"④ 这几条记载，已概括了旧农耕区的各处情况。

周是兴自农业的一个部族，它们的发祥地是中国的西北部黄土高原，在现今陕西省中西部，周在灭殷之前和灭殷之后，一直以这一地区为根据地。在上引王国维的《殷周制度论》一文中亦曾着重指出这一点，他说：

① 《汉书》卷二十八上，《地理志》。
② 《史记》卷一百二十九，《货殖列传》。
③ 《史记》卷一百二十九，《货殖列传》。
④ 《史记》卷一百二十九，《货殖列传》。

　　自五帝以来，政治文物所自出之都邑，皆在东方，惟周独崛起西土。武王克纣之后，立武庚，置三监而去，未能抚有东土也。逮武庚之乱，始以兵力平定东方。克商践奄，灭国五十，乃建康叔于卫，伯禽于鲁，太公望于齐，召公之子于燕，其余蔡、郕、郜、雍、曹、滕、凡、蒋、邢、茅诸国，棋置于殷之畿内及其侯甸。而齐、鲁、卫三国，以王室懿亲，并有勋伐，居蒲姑、商、奄故地，为诸侯长。又作雒邑为东都，以临东诸侯，而天子仍居丰镐者凡十一世。自五帝以来，都邑之自东方而移于西方，盖自周始。①

　　这是说周是在旧经济区之外兴起的，并且从周开始，又开辟了一个新的政治和经济中心。这一点过去也有人注意到，尽管所注意的仅仅是表面现象。例如《诗·小雅·毛传序·注》引《正义》曰：“《文王有声》云：作邑于丰，是文王居丰也。又曰：考卜维王宅，是镐京维龟正之，武王成之，是武王居镐也。太史公曰：成王卜居洛邑，定九鼎焉，而周复都丰镐。外传曰：杜伯射宣王于镐。鱼藻序云：王居镐京，是幽王以上，皆居镐也。”② 其实这不是一个简单的都邑位置问题，而是在政治上和经济上的战略布局问题。在政治上，“关中左崤函，右陇蜀，沃野千里……阻三面而守，独以一面东制诸侯。……此所谓金城千里，天府之国也”③。在经济上，关中是周人新开辟的一个重要的农耕区，全区沃野千里，有大量发展农业的广阔前景，定都关中，则拥有雄厚的经济基础。所以在西周时期，除了原来开发已“数百千岁”的那个旧的农耕区外，又增加了一个新的农耕区。

　　周人自称其始祖后稷是一个天生的种植能手，其情况已见上文。由于他“教民稼穑”“树艺五谷”有功，尧封之于邰（今陕西武功县附近）。至后稷子不窋末年，“夏后氏政衰，去稷不务（《集解》：韦昭曰：夏太康失国，废稷之官，不复务农），不窋以失其官而奔戎狄之间。不窋卒，子鞠立。鞠卒，子公刘立。公刘虽在戎狄之间，复修后稷之业，务耕种，行地宜，自漆、沮渡渭，取材用（《括地志》云：豳州新平县即汉漆县也。漆水出岐州普润县东南岐山漆溪，东入渭），行者有资，居者有畜积，民赖其庆。……周道之兴

　　① 王国维：《殷周制度论》，《观堂集林》卷十。
　　② 《诗·小雅·毛传序·注》。
　　③ 借用张良语，引自《史记》卷五十五，《留侯世家》。

自此始。"① 在"诗人歌乐其德"的诗中，更详细地描述了公刘迁豳之后，其开辟耕地、经营种植的具体情况：

> 笃公刘，于胥斯原。既庶既繁，既顺乃宣，而无永叹（郑笺云：广平曰原。厚乎公刘之于相此原也以居民，民既众矣、既多矣、既顺其事矣，又复使之时耕，民皆安今之居，而无长叹思其旧时也）。陟则在巘，复降在原。……逝彼百泉，瞻彼溥原，乃陟南冈，乃觏于京（笺云：厚乎公刘之相此原地也，往之彼百泉之间，视其广原可居之处，乃外其南山之脊，乃见其可居者于京，谓可营立都邑之处）。……度其隰原，彻田为粮。②

太王迁岐之后，是看到"周原膴膴，堇荼如饴"，才决定在那里定居，"曰止曰时，筑室于兹"③。在岐下定居之后，就改变了原来的生产和生活方式，全盘接受了农耕文化："于是古公乃贬戎狄之俗，而营筑城郭室屋，而邑别居之（徐广曰：分别而为邑落也）。"④ 实际上，这才是周人正式进入农业社会的开始。

西周农业的大量发展，是在灭殷建国之后，各地区的农业虽然都在发展，但却以关中新农业区的发展为最突出，试看《诗》中那些描写农业繁荣兴旺景象的农事诗，几乎都是王畿之内即关中地区的情况。例如："黍稷重穋，禾麻菽麦"，见于《豳风·七月》；"今适南亩，或耘或耔，黍稷薿薿，攸介攸止。……曾孙之稼，如茨如梁，曾孙之庾，如坻如京，乃求千斯仓，乃求万斯箱，黍稷稻粱，农夫之庆"，见于《小雅·甫田》；"疆场翼翼，黍稷彧彧"，见于《小雅·信南山》；"我艺黍稷，我黍与与，我稷翼翼，我仓既盈，我庾维亿"，见于《小雅·楚茨》；"黍稷茂止，获之挃挃（获禾声也），积之栗栗（积之密也），其崇如墉，其比如栉，以开百室，百室盈止"，见于《周颂·良耜》；"播厥百谷，实函斯活，驿驿（苗生貌）其达（出土也），有厌其杰（苗壮生长貌），绵绵[12]其麃（耘也），载获济济，有实其积，万亿及秭"，见于《周颂·载芟》；"丰年多黍多稌（稻也），亦有高廪，万亿及秭"，见于《周颂·丰年》。这一切，都说明关中地区的农业是十分兴旺的。至如

---

① 《史记》卷四，《周本纪》。
② 《诗·大雅·公刘》。
③ 《诗·大雅·绵》。
④ 《史记》卷四，《周本纪》。

"噫嘻成王，既昭假尔，率时农夫，播厥百谷，骏发尔私，终三十里，亦服尔耕，十千维耦"，见于《周颂·噫嘻》，这是农奴农忙季节所进行的集体加工劳动，更完全是西周时期所特有的现象。

关中土地肥沃，有泾、渭、漆、沮诸水流灌其间，对于发展农业实具有优越的自然条件。《禹贡》称："泾属渭汭，漆沮既从，沣水攸同……厥土惟黄壤，厥田惟上上。"① 在这样一个新开辟的土质肥沃的处女地上，使用着刚刚建立起来的、比奴隶有更大生产积极性的农奴劳动，取得上述那样繁荣兴旺的结果是很自然的。所以尽管关中地区是一个后起的农业区，面积不足一州——雍州——之地，但若与旧的农业区相比较，却有后来居上之势。正如司马迁所说："关中自汧、雍以东，至河、华，膏壤沃野千里，自虞夏之贡以为上田，而公刘适邠，大王、王季在岐，文王作丰，武王治镐，故其民犹有先王之遗风，好稼穑，殖五谷，地重（索隐曰：言重于耕稼也），重为邪。"② 又说："关中之地，于天下三分之一，而人众不过什三；然量其富，什居其六。"③ 司马迁在这里所说的，是长期以来的情况，而这些情况显然都是在西周时期才逐渐形成的。

这样，"自汧、雍以东，至河、华"，便连接上以"三河"为中心的旧农业区，由西而东形成一个条形地带，东西长而南北短。在西周时期，虽然随着开疆拓土的分封制度不断向这个区域的外围扩展，但是精耕区却始终是在几条大小河流的沿岸附近一带，距离越远，粗放的程度也就越大了。

（二）西周的土地利用和耕作方法

西周的土地制度，是井田制度。欧洲封建时代的庄园制度之所以与西周井田制度在各个方面都基本相同，就是因为两者系受着相同的客观经济规律的支配。正由于两者的性质相同、作用相同、经济结构和生产方式相同，所以在土地的利用上和耕作的方法上也无不相同。

井田制度包含着领主经济和农奴经济两种既矛盾又统一的经济成分。这种经济结构由特殊的土地制度表现出来，就是土地的占有分为领主的"公田"和农奴的"我私"（份地）。通过这样一种土地分配关系，建立起农奴对

---

① 《尚书·夏书·禹贡》。
② 《史记》卷一百二十九，《货殖列传》。
③ 《史记》卷一百二十九，《货殖列传》。

领主的封建依附关系，从而使领主得以征用农奴的无偿劳役。这样，由生产的性质决定了必须把农奴编制在一种"乡里同井"和"同养公田"的生产组织中。编制包含着两个方面：一是编制劳动力，使农奴"八家同井"，"公田为居"，把他们编组成一个生产和生活单位；二是编制土地，根据生产和生活需要，按照土地的性质和位置，划分为耕地、草地、牧场、森林、原野等，并做合理的搭配，以供种种不同的用途。前引《尔雅》所谓："邑外谓之郊，郊外谓之牧，牧外谓之野，野外谓之林，林外谓之坰"，确是反映了在井田制度下土地利用的具体情况。邑外为郊，即耕地必须配置在村庄附近，系被具体的生产条件和交通条件所限制，耕地分散远离，对于生产和生活都是不利的。保留一部分质量较差的土地，作为公用的草地、牧场、森林、原野等，也是生产和生活所必需的。

井田制度与庄园制度，不但土地的利用方式相同，土地的耕作方法也基本相同，因为两者都是在实行早期农业民族所共同实行的轮耕方法。这是在不知施肥的时期，鉴于土地的自然力有一定的限制，年年连续耕种，必然造成收获递减，于是从生产实践中总结出耕地的轮流更换，可以恢复地力，保持产量，这就是曾被长期实行的轮耕方法。这种耕作方法主要有两种：一是将耕地分成两部分，一部分种植，一部分休耕，逐年轮换，称为"二田制"；二是将耕地分为三部分，第一部分用以种植夏熟作物，第二部分用以种植大秋作物，第三部分休耕，这样轮流更换，三年各轮一次，各获得一次休耕机会，这种轮耕方法称为"三田制"。在欧洲封建时代的早期系实行"二田制"，由于每年要休耕一半的耕地，浪费土地太多，后来即改行"三田制"。西周井田制度的耕作方法，一直是实行"三田制"，休耕之田叫作"菑"，初耕之田叫作"新"，再耕之田叫作"畲"：

> 嗟嗟保介，维莫之春。亦又何求，如何新、畲。[1]
> 薄言采芑，于彼新田，于此菑亩。[2]
> 不耕获，不菑畲，则利有攸往。[3]

按《说文》云："菑，不耕田也。注，徐曰：从艸、从巛、从田。巛，

[1] 《诗·周颂·臣工》。
[2] 《诗·小雅·采芑》。
[3] 《易·无妄·爻辞》。

川雍也，田不耕，则艸雍塞之。"《尔雅》云："田一岁曰菑，二岁曰新田，三岁曰畬。"① 据清人考释云："《诗》疏引孙炎云：菑，始灾杀其草木也；新田，新成柔田也；畬，和也，田舒缓也。……大司徒云：不易之地家百亩，一易之地家二百亩，再易之地家三百亩。先郑云：不易之地，岁种之，美，故家百亩；一易之地，休一岁乃复种，地薄，故家二百亩；再易之地，休二岁乃复种，故家三百亩。《说文》云：菑，不耕田也，一易再易之田久不垦治，草莱芜塞，必以利耜炽菑，发所耕之地也。《诗》云：俶载南亩，郑笺读俶载为炽菑，是也。耕二岁，则土之强檠者渐成柔田，耕三岁则地肥土缓。《说文》云：畬，三岁治田也，所谓不易之田也。"②

从上引记载可以看出，所谓菑、新、畬，就是"三田制"的轮耕方法，即把耕地分为三部分，第一部分第一年休耕，任其荒芜，因被杂草雍塞，故名"菑"。第二部分去年已休耕过一次，今年开始耕垦，故名"新田"。《诗经》的农事诗中屡见"俶载南亩"，就是说要到去年休耕的田中开始"炽菑"除草，重新垦治的意思。第三部分是去年已经耕种过的土地，今年又继续耕种，因系连耕熟田，故"地肥土缓"，称之为"畬"，谓有柔和舒缓之意。《诗》言采芑要"于彼新田，于此菑亩"，意谓采芑必须到多草的菑田或新田中去采；《易》言不耕而获，不休养地力，而连年耕种，是不利的。这充分说明"三田制"的轮耕方法，在西周时期是普遍实行的一种耕作方法。《周礼》对"三田制"的耕作方法，又进一步做了较为详细的说明：

> 辨其野之土，上地、中地、下地，以颁田里：上地，夫一廛，田百亩，莱五十亩，余夫亦如之；中地，夫一廛，田百亩，莱百亩，余夫亦如之；下地，夫一廛，田百亩，莱二百亩，余夫亦如之。③

这是说上地每年耕百亩，休五十亩；中地每年耕百亩，休百亩；下地每年耕百亩，休二百亩。这样的轮耕方法，已与"三田制"不尽相同，系根据土地的优劣，而伸缩休耕的数目。不过《周礼》一书是战国时人的著作，其所述各种古制，可靠性不无问题。就上引记载而言，在那样早的时代，把耕地都准确地区分为上中下三等，然后又整齐划一地搭配起来，再分配给农夫，

---

① 《尔雅·释地》。
② 邵晋涵：《尔雅正义》十，《释地注》。
③ 《周礼·地官·遂人》。

还要保持严格的平均主义，其中显然夹杂有战国时儒家的理想成分。但是这些理想成分却又不是幻想，而是根据过去存在过的事实，做了一些渲染或夸张。剥掉这些彩饰，把它作为旁证，证明西周时期土地的耕作方法是实行"三田制"的轮流方法，还是与上引的其他文献一致的。

（三）西周的农具

中国农业的历史是非常悠久的，早在新石器时代的前期，即已有了农业生产。一九七七年，考古发掘队在河南新郑县新村公社裴李岗，发现了一处新石器时代早期文化遗址，在所发现的许多石器、陶器、骨器中，有石斧、石铲、石镰等生产工具，并有石磨盘、磨棒等谷物加工工具，经过测定，器物的年代八千年左右[13]，发掘简报称：

> 裴李岗遗址出土数量较多、种类比较齐全的农业生产劳动工具，说明我国黄河流域早在八千年左右就开创了农业生产；数量众多的收割工具石镰和谷物加工工具石磨盘，说明当时农业生产已有一定的水平。出土不少的猪、羊骨骼，以及发现的陶塑猪、羊原始艺术品，说明当时在农业生产发展的基础上，家畜的饲养也出现了。①

这个新发现的新石器时代早期文化遗址，比仰韶期文化层又早了很多，证明仰韶期还不是中国农业史的上限，这个历史又大大地向前延伸了——延伸到八千年前的新石器时代的早期。

在中国的古史传说中，农业生产的最早发明者是神农氏，这个神话式人物的有无和存在时间虽不易确定，但据古史所云，神农在黄帝之前不久，比起上述的考古发现则是为时很晚的。事实上，这种传说不过是把远古农业的发展人格化，把一个具体的人推崇为农作物栽培的始祖罢了。"三代"之夏，据传也是兴起于农业的一个远古部族，因其始祖禹是抑制洪水、开发土地的英雄：

> 信彼南山，维禹甸之。畇畇原隰，曾孙田之。②

---

① 《河南省发现一处新石器时代早期文化遗址》，一九七九年一月十日《光明日报》。
② 《诗·小雅·信南山》。

奕奕梁山，维禹甸之（奕奕，大也；甸，治也。笺云：梁山之
野，尧时俱遭洪水，禹甸之者，决除其灾，使成平田，定贡赋
于天子）。①

有稷有黍，有稻有秬，奄有下土，缵禹之绪（笺云：时洪水为
灾，民不粒食……禹平水土，乃教民播种之）。②

洪水芒芒，禹敷下土方。③

禹稷躬稼，而有天下。④

禹的功绩虽主要在治水，但抑制了洪水，同时就开辟了土地。正由于夏的兴起与农业有关，所以《世本》关于"鲧作耒耜"的传说，并不是完全没有根据的。

殷代的农业发展显然又超过夏代，以前日本学者小岛祐马曾根据罗振玉所辑《殷虚书契考释》一书，统计甲骨文中关于农事的记载，计有卜年岁丰歉的二十二次，卜风雨（有关农事和狩猎）七十七次，并列举了许多与农事有关的字，用以说明殷代农业之盛⑤。其实罗氏所辑还仅仅是初步，近年来殷墟[14]的多次发掘和甲骨的大量发现及考释，使人们[15]对于殷代的农业发展又有了进一步了解。除了甲骨文字直接记载的殷代农业概况外，殷代酿酒业的发达和殷人普遍的饮酒之风，丝织业的发达，制陶工艺的进步等，也都是殷代农业发达的有力旁证。

继殷商而起的周，更完全是兴起于农业的一个部族，上文曾指出，周人把他们的始祖稷神化为一个天生的种植能手：

后稷播时百谷。⑥

弃为儿时，屹如巨人之志。其游戏，好种树麻、菽，麻、菽美。
及为成人，遂好耕农，相地之宜，宜谷者稼穑焉，民皆法则之。帝
尧闻之，举弃为农师，天下得其利……⑦

---

① 《诗·大雅·韩奕》。
② 《诗·鲁颂·閟宫》。
③ 《诗·商颂·长发》。
④ 《论语·宪问》。
⑤ 小岛祐马：《殷代之产业》，《支那[16]学》三卷，十号。
⑥ 《尚书·尧典》。
⑦ 《史记》卷四，《周本纪》。

薿[17]之茬菽，茬菽旆旆；禾役穟穟，麻麦幪幪，瓜瓞唪唪。诞后稷之穑，有相之道。弗厥丰草，种之黄（嘉谷也）茂。实方实苞，实种实褎[18]，实发实秀，实坚实好，实颖实栗，即有邰家室。①

从以上所述可以看出，中国早在新石器时代即已有了农业，如把"三代"的农业状况互相对比起来，显然是一代超过一代。但是总起来看，在漫长的时期中，农业生产力的发展是不大的，发展的速度也是非常缓慢的。造成这种状况的主要原因，是生产工具的原始和拙笨。古代农民长期以来所使用的耕田工具，主要是耒耜：

神农氏作，斫木为耜，揉木为耒，耒耜之利，以教天下。②
古者垂作耒耜，以振民也。③
垂作耒耜（宋注：垂，神农之臣也。澍按：高诱注《淮南子》、郭璞注《山海经》并云，垂，尧巧工也）。垂作耨（澍按《古史考》：神农作耨。《说文》云：耨，曲耕木也)。④
咎繇作耒耜（《太平御览》引，澍按《御览》又引云：鲧作耒耜)。⑤

不管这些传说中的人物有没有足资征信的价值，但用以说明耒耜的使用系与农业生产同时开始，则是无疑的。甲骨文中有耒字和偏旁从耒的字很多，都是耒的象形字，作：少 ⼷ ⼒ ⼤ ⼤ ⼣ ⼧ ⽊等形，其他由耒字孳乳出来的字也很多，形状大都类此。由这些字的字形上可以看出古代耒的形制，都是上部稍曲，下部两歧，确系揉木而成。

周代的农业比殷代又有所发展，但这主要表现在农业区域的扩大和农作物种类的增多上，在生产工具上并没有什么重大变化，特别是在西周前期，耕田的主要工具仍然是木制的耒耜。《诗经》中只见耜而没有耒，但金文中却屡见耒字，皆象形字，有的则是描绘耒的原形⑥，如：

---

① 《诗·大雅·生民》。
② 《易·系辞下》。
③ 《说文解字》，《耒部》。
④ 张澍粹集补注：《世本》卷一。
⑤ 张澍粹集补注：《世本》卷一。
⑥ 参见徐中舒：《耒耜考》。

（耒彝） （耒作父巳彝） （耒敦）

可知耒耜确系西周时期的主要农具。当时的铜器铸造工业已远比殷代为进步，但仍然没有发展到以铜来铸造农具的阶段。这由地下的考古发掘可以进一步得到证明。据一九五五至一九五七年中国科学院考古研究所沣西发掘队在陕西沣河旁张家坡居住遗址的发掘报告中称：

　　石制生产工具有砍伐用的斧、锛[19]，挖土用的铲，收割用的刀、镰，磨制骨器或工具的磨石以及"锤头"等。……

　　骨角的生产工具有铲、凿、锥、针和镞。西周的骨铲器形很固定，所采用的骨料主要是牛、马等大家畜的肩胛骨和下颚骨。用肩胛骨做的骨铲是把骨臼锯掉把骨脊削平而成。用下颚骨做的骨铲有两种：一种是用下颚骨后部带关节的部分做成的，这一式骨铲张家坡尚未发现，只见于客省庄的西周地层中。另一种是用下颚骨长臼齿的部分，顺着齿槽劈开，做成长方形的铲形。这一式骨铲在背面带有齿槽的痕迹。用下颚骨做骨铲是西周时期的特点，其他时代很少发现。……

　　蚌制的生产工具很多，种类有刀、镰和铲，形状和石刀等相似。铜工具有斧、锛、锥、刀、镞等。……①

　　按出土上述器物的沣西发掘遗址，系西周都城丰镐所在地，器物中除斧、锛、凿、锥、针等手工工具和刀、镞等兵器外，其余都是农具。农具则主要是石铲、骨铲、蚌铲和镰刀，绝无铜制的农具。以骨器、蚌器为农具，证明《淮南子》所说"古者剡耒而耕，摩蜃而耨"②的话是有根据的。

　　使用石铲、骨铲或蚌铲来耕田，必须把这些笨重的石器、骨器或蚌器捆缚在木柄上才便于使用。从这里就可以了解《夏小正》所说"正月，农纬厥

---

　　① 考古研究所沣西发掘队：《一九五五—五七年陕西长安沣西发掘简报》，《考古》一九五九年第十期。

　　② 《淮南子·氾论训》。

耒"，注："纬，束也"，意思就是说正月在备耕时，农民先要把一种扁平的木板嵌在耒端，用绳索束牢。这种为翻土用的扁平状木板，《考工记》叫作"庛"。

> 车人为耒，庛长尺有一寸，中直者三尺有三寸，上句者二尺有二寸，自其庛缘其外，以至于首，以弦其内，六尺有六寸，与步相中也。①

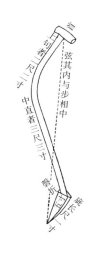

孙诒让综合诸家注疏，认为庛就是耜："凡庛[20]耜经典多通言。……《易·系辞》亦云：神农氏作，斫木为耜，揉木为耒，《易·释文》引京房云：耜，耒下耓[21]也；耒，耜上句木也。此即先郑所本，后郑以耜金、庛木，二者异材，故不从。盖庛为木刺，耜为金刃，枘凿相函，故庛亦可通称耜。"② 其实这是西周时期，把耒耜两种农具结合在一起的一种新的发展。这种合成的农具，形状如右③。

从以上的说明，可知耒耜不但起源很古，而且使用的时间也非常长，西周虽然是铜器时代的鼎盛时期，但木制的耒耜仍然是主要农具。据徐中舒先生的考证说：

> 商周之间虽已进入铜器时代，但以铜铸农器，则为后来之事。今传世古钱币最早者，只能视为春秋时物。《齐语》："美金以铸剑戟，试诸狗马；恶金以铸锄[22]夷斤斸[23]，试诸壤土。" 此以美恶相对言，可见农具之用金属制，必在兵器之后。盖古代社会与禽兽斗，与异族争，日在兵事状态之下，故兵器为其最需要之物。甲骨铜器上耒形诸字，皆似木制的农具。《周礼·地官·山虞》及《易·系辞》说耜亦用木制，知古代确有木制之耒耜。《盐铁论·水旱》篇说："盐铁价贵，百姓不便，贫民或木耕手耨土耰。" 西汉时铁冶与耕农都已发展到很高的程度了，而民间还有木耕的风气，则"古者

---

① 《周礼·冬官·考工记》。
② 孙诒让：《周礼正义》卷八十五，《车人》。
③ 戴震：《考工记图》。

刬耜而耕，摩蜃而耨"，大概也不至于就是捏造的事实。《考工记·车人》下又云："坚地欲直庛，柔地欲句庛；直庛则利推，句庛则利发，句倨磬折，谓之中地。"是即用木制之庛为推发，不必再有接于庛上的耜了。且耕稼初兴，除天然树枝或木棒外，更有何物可供人类利用？甘肃新店期有牛马胛骨制的鹤嘴锄（见《甘肃考古记》第十四页），南澳洲土人亦有利用石斧、石锷、鹿角等物以为耕作者，但此均须掘地，较木耕尤为劳苦，故木制歧头之耒，乃是最自然、最适宜的农具，后来金属制的两刃锹耑，就是模仿这种树枝式木制歧头耒的形式。[①]

　　从上述引文来看，徐中舒先生认为耒耜是由天然的树枝和木棒演化而来，后来耒又发展为金属制的两刃锹耑，是正确的。但有一点他弄错了，木制之庛就是接在耒端的耜，不是再于庛上接耜。《考工记》所说的庛，如前图所示，实际上是一个木头橛子，坚地用直庛以利推，柔地用句庛——形稍扁平——以利发，所以孙诒让所谓"庛亦可称耜"的话是不错的。徐中舒先生考释云："耒与耜为两种不同的农具，耒下歧头，耜下一刃，耒为仿效树枝式的农具，耜为仿效木棒式的农具。《说文》：弋，橜也，象折木邪锐者形。《尔雅·释宫》：杙[24]谓之杙，注：橜也，盖一段之木也。用今语释之，则为木棒，其下端邪锐，可用以刺地，耜大概即由此形蜕变。铜器有从弋之妷与必……弋目古音同在之部。《左传》定姒，《公羊传》《谷梁传》作定弋。《桑中》美孟弋矣，即孟姒。弋目通用，亦可见弋与目的关系。《说文》：必，从弋声。《广雅·释器》：柲，柄也。《方言》：柲，刺也。柄与刺皆由弋得意。弋为最初农具，利于刺地，而不利于发土，所以后来就在弋下增一圆首平叶木板。《易·系辞》云：斫木为耜，此种木板，即斫木为之，与耒之为揉木者不同。"[②] 最初的耜，大概就是斫木而成的扁圆楔形木橛，扁平利其发土多，楔形圆锐利其刺地深。

　　耜最初就是木棒式或木橛式的庛，斫木而成。但耜的作用不仅要刺地，而且要发土，所以必取圆、锐、扁、平之状才便于使用，这由耜的象形字字形，即可以看出这些性能：甲骨文作"ㄥ"（《殷虚书契前编》卷六，第

① 徐中舒：《耒耜考》。
② 徐中舒：《耒耜考》。

六十一叶）。金文作：ᐟ（毛公鼎）ᐟ（不嬰敦）ᐟ（散盘）〜（大鼎）ᐟ（应公鼎）皆为图形扁平之状。但是西周的耕田工具，曾广泛使用石铲、骨铲和蚌铲，这由上引沣西遗址的出土器物即可以证明。使用这类铲形工具，正是为了既便于刺地，又便于发土。但使用这种铲也必须束缚在柄上即附在耒端，耕者才能手足并用，"跖耒而耕"。最初"农纬厥耒"，所纬束的就是木制之庛，即斫木而成的耜，后来慢慢就会改用刺地发土效能较高的石铲、骨铲和蚌铲，西周正值这种蜕化转变的时期，即逐渐在以石、骨或蚌制的铲代替原来的木制之庛来作为耕田的主要工具，这是西周的农事诗中屡见耜而不言耒的原因所在。如果说殷代的农具主要是耒，西周则是以这种新品种的耜为主要农具了，耜的名称未变，而耜的制作材料已经改变，因而耜的性能也不同了。所以《诗经》中凡是提到耜，前面特别加上锐利的形容词，如"覃耜""有略其耜""畟畟良耜"。《毛传》云，"覃，剡也"，"略，利也"，"畟畟犹测测也"。这一类描述锋利的形容词，加在木器前面显然都是不适用的。正因为有了这种"覃耜"或"良耜"，使农业生产力比之过去有了一定程度的提高，土地的单位面积产量自然亦有了较大的增长，因而能获得"如茨如梁"、"如坻如京"、"千斯仓"和"万斯箱"的大量收获。

当木棒形状的庛由石器、骨器或蚌器代替后，虽然仍叫作耜，但却为耒耜向耕犁发展开辟了道路，于是一个犁耕和与之相联系的牛耕时代的来临已经隐约在望了。因为当限于客观条件还不能使用"美金"（铜）来铸造锄夷斤劚时，自然不能不广泛使用石、骨、蚌器来代替木耜，一旦"恶金"（铁）出现，当石铲、骨铲、蚌铲能够用铁铸造时，耜就变成犁了。

此外，到东周时期开始大量流通的金属货币，虽有刀、布、钱等不同种类，但以布货的流通区域为最广，流通数量也最大，刀货的流通区域仅限于齐国和燕、赵的部分地区，钱的流通区域更小，有关情况，均于下文详之。总之，东周时期的铜铸币，实以布货为主。布货——不论是空首布、方足布、尖足布、圆足布，都是由摹仿农具而成，最初是直接把实际应用的农具（如空首布）拿来作交换媒介，由于体积笨重，不便行使，后来才有了各种形状的仿制品。很显然，这些都是铲的仿制品，而不是庛——即木棒或木橛的仿制品。布货的铸造地点虽以三晋各郡为最多，但其流通范围则遍达于当时的主要农业区。其所以能在各地畅行无阻，为广大人民所乐于接受，就是由于这种货币是仿自大家所习见常用的农具。总之，由东周时期各种铲形布货的广泛流通，可推知西周时期铲形农具的广泛应用。

耒耜在没有被犁代替以前，特别是在没有使用牛力耕田以前，一直是耕田的主要工具，是一种简单的手工工具。用耒耜耕田，由于没有动力牵引，不能连续大面积翻土，只是就地掘穴，故需要手足并用：用手，是为了推，推是配合着足力，把耒耜推扶刺入土中，前引《考工记》所谓"直庇则利推，句庇则利发"，就是指这种推的动作，推实是耕田动作的起始，故有时即以推代表耕，例如：

天子亲载耒耜，措之于参保介之御间，帅三公九卿诸侯大夫躬耕帝藉，天子三推，三公五推，卿诸侯九推。①

用足，是为了配合手推之力，以足踏之，使入土能深。实际上，刺地非用足力不可，故耒之下端接耜的地方皆有横木，连耒的象形字也有一横画，即为踏足之处，用足踏，实际上是使用全身力量，将庇端或耜刃刺入土中。足力在这里除了配合手的动作外，还起着动力的作用。因必须入土深，才能发土多，《考工记》所谓"句庇则利发"，就是指此而言。按发乃坺[25]的假借字，是将土松动翻起之意，这是耕的主要目的，故古人言耕，就是指"举足而耕"，都是特别突出足的作用，例如：

三之日于耜，四之日举趾。②

《毛传》云："于耜，始修耒耜也。四之日，周四月也，民无不举足而耕矣。""举足而耕"，指出了耕田的主要方面。

甲骨文中屡见"小耤臣"③"耤受年"④。周金文中亦屡见"耤"字，如《令鼎》云，"王大耤农于諆田"⑤；《散敦》云，"命女作嗣土（司徒），官嗣藉田"⑥。耤字从耒从昔，像足趾蹈耒刺地之形，正表明使用耒耜耕田，其动

① 《礼记·月令·孟春》。
② 《诗·豳风·七月》。
③ 《殷虚书契前编》卷六、第十七叶[26]。
④ 《殷虚书契前编》，卷七，第十五叶。
⑤ 吴闿生：《吉金文录》卷一，《藉田鼎》。
⑥ 薛尚功：《历代钟鼎彝器款识·散敦》，又见吴闿生《吉金文录》卷三，《散敦》。

作就是手推足蹈，故耤字本义就是蹈，蹈，汉人多用跖，例如：

> 一人跖耒而耕，不过十亩。①
> 民跖耒而耕，负担而行，劳罢而寡功，是以百姓贫苦而衣食不足。②
> 从容房闱之间，垂拱持案食者，不知跖耒躬耕者之勤也。③

合全身和手足之力来不停地刺地发土，劳动强度是很大的，再加上工具本身的沉重笨拙，确是"跖耒而耕，劳罢而寡功"。这样，由生产工具的性质，决定了耕作的方法，即必须合两人之力来共同耕作。所以使用耒耜的时代，同时就是耦耕的时代。在犁耕出现之前，这种耕作方法没有变，也不可能变，所以战国以前的古籍中，凡言耕，都是指耦耕而言：

> 骏发尔私，终三十里，亦服尔耕，十千维耦。④
> 载芟载柞，其耕泽泽，千耦其耘，徂隰徂畛。⑤
> 庸次比耦，以艾杀此地（杜注：庸，用也，用次更相从耦耕）。⑥
> 譬如农夫作耦，以刈杀四方之蓬蒿（注：二耜为耦，耕者之有耦，以成其事）……⑦
> 长沮、桀溺耦而耕，孔子过之，使子路问津焉。⑧

既然耕都是由二人并力共作的耦耕，则在人力配合上自然会根据需要形成一定的办法，并逐渐成为相沿不变的传统，特别是在井田制度下，农民耕种公田是在服强制性的无偿劳役，领主的家臣自然会把应役的农奴根据各人的具体情况搭配起来，这是备耕时的一项重要工作，也是农官——司农或农

---

① 《淮南子·主术训》。
② 《盐铁论·未通》。
③ 《盐铁论·取下》。
④ 《诗·周颂·噫嘻》。
⑤ 《诗·周颂·载芟》。
⑥ 《左传》昭公十六年。
⑦ 《国语·吴语》。
⑧ 《论语·微子》。

师的一项重要任务。比耦工作必须在春耕开始以前安排就绪，一般都是于年终行之，例如：

> 命司农计耦耕事，修耒耜，具田器。①

这是列入季冬十二月份的工作日程。《周礼》对于如何安排耦耕，做了更明确的说明：

> 以岁时合耦于锄，以治稼穑，趋其耕耨，行其秩叙，以待有司之政令。②

孙诒让综合诸家注疏，解释了古人实行耦耕的原因：

> 注云：《考工记》曰：耜广五寸，二耜为耦，此言两人相助耦而耕也。……程瑶田云：耜之长自本至末，尺有一寸，其本广五寸，本有銎以受耒者也。用以耕，一人之力能任一耜，而不能以一人胜一耜之耕，何也？无佐助之者，力不得出也。故必二人并二耜而耦耕之，合力同奋，刺土得势，土乃逆发，以终长亩不难也。……里宰以岁时合耦于锄，言农事最重，必于先年季冬之月合耦于里宰治处。合耦者，察其体材，齐其年力，比而选之，使能彼此佐助以耦耕也。《周颂》曰：亦服尔耕，十千维耦。又曰：其耕泽泽，千耦其耘。言耕者必言耦，以非耦不能善其耕也。耦之为言并也，共事并行，不可相无之谓耦。……〔郑〕玄谓锄者里宰治处也者，即里宰之官府治事处也。③

这段注疏充分说明了古人实行耦耕的原因，由于生产工具的性质，使"一人之力能任一耜，而不能以一人胜一耜之耕"，必须由两人"并二耜而耦耕之，合力同奋"，才能把地耕好。适应着这种客观需要，形成了"合耦于锄"的制度，即在农官的统一领导下，根据各人的体材、年龄加以适当搭配。

---

① 《吕氏春秋·十二月纪》。
② 《周礼·地官·里宰》。
③ 孙诒让：《周礼正义》卷三十，《里宰》。

耕种公田是这样合耦，耕种私田也是这样合耦，因为生活在井田制度下的"农夫"，本来就是"出入相友，守望相助，疾病相扶持"的，合耦是互利的，更不会不实行，任何耕者如果没有佐助之者，一人之力是不能把田耕好的。所以"合耦于锄"，是不分公田和私田都适用的。

总之，耒耜的使用时间非常长，故耦耕的实行时间也非常长，从战国一直可以上溯到没有文字记载的远古。这种耕作方法完全是由生产工具的性质决定的，因为在犁耕和牛耕没有出现以前，耕田的人为了"刺土得势"，实不得不"并二耜而耦耕之"①。

在前文第二章第一节中曾指出，耒耜之外，还有几种重要的辅助农具：

> 命我众人，庤乃钱、镈，奄观铚[27]、艾。②

这是在春耕开始以前，领主或其管家（臣工）向农奴发出的备耕命令，要他们把各自的工具加以检查，早做准备。这四种农具，据王祯《农书》的解释和绘图，有如下述：

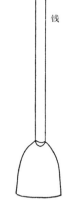

> 钱镈，古耘器……然制分大小，而用有等差，揆而求之，其锄耰铲盪[28]等器皆其属也。如耧锄镋耘爪之类，其变也，至于蓧鼓，又其辅也。
>
> 钱，《臣工》诗曰：庤乃钱镈。注：钱，铫也。《世本》：垂作铫，《唐韵》作剧。今锹与锸同此钱与镈为类，蓧器也，非锹属也。兹度其制，似锹非锹，殆与铲同。《纂文》曰：养苗之道，锄不如耰，耰不如铲，铲柄长二尺，刃广二寸，以划地除草，此铲之体用，即与钱同，钱特铲之别名耳。③

---

① 有人认为耦耕（两人并耕）不是受生产工具的影响，而是与现今仍在少数民族地区实行的换工制度相同，即甲帮助了乙几个工，乙必须以同等的工还甲。这种说法，完全是一种不符合客观经济规律的穿凿附会。两者性质不同，混为一谈是错误的。"十千维耦""千耦其耘"，是全体农奴为领主服公田劳役，他们之间，谁和谁换工？犁耕和牛耕出现后，耦耕即行消灭，何以一用犁和牛，就不再换工？汉赵过推行代田法，他发明的耧犁用二牛，称为"牛耦"，难道牛和牛也在换工？

② 《诗·周颂·臣工》。

③ 王祯：《农书》卷十三，《农器图谱四》。

镈，耨别名也。《良耜》诗曰：其镈斯赵，以薅茶蓼。《释名》
曰：镈，迫也，迫地去草也。　《尔雅·疏》云：镈耨一器，或云
鉏[29]，或云锄属。尝质诸《考工记》：凡器皆有国工，粤独无镈何
也？粤之无镈，非无镈也，夫人而能为镈也。……窃谓镈，锄属，
农所通用，故人多匠之，不必国工，今举世皆然，非独粤也。①

　　　　铚，获禾穗刃也。　《臣工》诗曰：奄观铚艾。
《书·禹贡》曰：二百里纳铚。《小尔雅》云：截颖谓
之铚，截颖即获也。据陆氏《释文》云：铚，获禾短
镰也。……《管子》曰：一农之事，必有一椎一铚，
然后成为农。此铚之见于经传者如此，诚古今必用之
器也。②

　　　　艾，获器，今之刈镰也。……《诗》：奄观铚艾，
陆氏《释文》音义，芟草亦作刈。《贾策》：若艾草菅。
注：艾读曰刈，古艾从草，今刈从刀，字宜通用。③

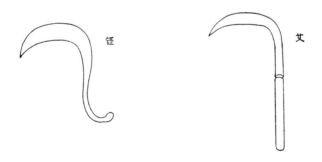

　　可见钱、镈、铚、艾等四种农具，是用于除草、间苗、收获禾稼的必用
工具，其重要性不在耒耜以下。耒耜用于农事之始——耕田，钱、镈用于农
事之中——耘耨，铚、艾用于农事之末——收获。至于这四种农具是用什么
材料制作，史无明文，不过在春秋以前，既然"美金"只能用以铸造剑戟，
则这些农具显然还都是石器、骨器和蚌器，前文所述沣西西周遗址中出土的
石铲、骨铲、蚌铲、石刀、蚌镰等器，实际上就是钱、镈、铚、艾等农具。

---

① 　王祯：《农书》卷十三，《农器图谱四》。
② 　王祯：《农书》卷十四，《农器图谱五》。
③ 　王祯：《农书》卷十四，《农器图谱五》。

（四）西周的主要农作物

1. 主要粮食作物

上文已经指出，中国的农业发生很早，也就是说中国古人很早就脱离了狩猎和游牧生活。经历了若干个"数百千岁"而逐渐开发的主要经济区——包括在西周时期新开发的关中农业区，都是以农业生产占支配地位的经济区。生活在这里的古代人民赖以生存的衣食之需，主要都是来源于植物。虽然古人很早即在栽桑育蚕、织作绢帛，很早即在豢养鸡豚狗彘之畜，但是衣帛食肉，却只限于极少数的统治阶级，广大人民只能褐衣葛履、粒食藜羹，所以粮食作物和纤维作物的种植，遂成为自古以来农业经营的主要对象。

粮食作物一向以五谷为总名。但五谷种类其说不一。据《诗·周颂·臣工》注《郑笺》云："五谷者，五行之谷。《月令》：春食麦，夏食菽，季夏食稷，秋食麻，冬食黍。"是五谷为麦、菽、稷、麻、黍等五种。又同诗注引《正义》曰："《天官》：疾，医以五谷，养其病。注云：五谷麻、黍、稷、麦、豆是也。……《夏官·职方氏》：豫州其谷宜五种。注云：五种黍、稷、菽、麦、稻。……《职方氏》辨九州土地生殖之所宜，每州不同，非五行当谷。豫州之界，东接青州，宜稻麦；西接雍州，宜黍稷，明豫州宜黍稷稻麦也。菽则土地多生，人所常种，明通寂为五也。《职方》又云：幽州宜三种。注云：黍稷稻。兖州宜四种。注云：黍稷稻麦，皆准约所与连接者言之也。"[①] 说法的不一致，是因各地所产不尽相同造成的，把几说合并起来亦才六谷：麦、菽、稷、麻、黍、稻。《吕氏春秋》是现存典籍中系统记述粮食作物的最早文献，它虽然距西周已远，但所记述的却是长期以来久已存在的情况，与《诗经》所记述的情况是完全吻合的。它认为："夫稼，为之者人也，生之者地也，养之者天也。"因此，必须严格按照农时，来种植"得时之禾"、"得时之黍"、"得时之稻"、"得时之麻"、"得时之菽"和"得时之麦"[②]。此外，又要在"孟夏之昔……而获大麦。注：昔，终也……。是月之季……大麦熟而可获。大麦，旋麦也"[③]。这里把麻列入粮食作物，系指雌麻而言，其子可食，即《诗》中之苴，例如："九月叔苴"，《毛传》："叔，拾

---

① 《诗·周颂·臣工·注》。
② 《吕氏春秋·审时》。
③ 《吕氏春秋·任地》。

也；苴，麻子也。"① 这样，主要粮食作物共有七种：禾、黍、稻、麻、菽、麦、大麦。七种主要粮食作物中没有稷，显然是被并在"禾"之内了，所以把稷分出后一共八种。尽管这八种粮食作物都不是从西周才开始种植的，但在西周发达的农业中，各地无不根据其本地区的水土气候等自然条件，而大量种植其中的几种或全部。《诗经》中涉及此类农作物的诗句很多，例如：

> 黍稷重穋，稙稚菽麦（《毛传》：先种曰稙，后种曰稚。笺云：穋，音六，本又作稑……；稚，音雉，《韩诗》云：幼稚也）。……有稷有黍，有稻有秬（笺云：秬，黑黍也）。②
>
> 七月亨葵及菽……十月获稻……九月叔苴……食我农夫……。黍稷重穋，禾麻菽麦（《毛传》：后熟曰重，先熟曰穋。《正义》曰：穋，音六，本又作稑，音同。《说文》云：稑，或从翏，后种先熟曰稑）。③
>
> 黍稷茂止，获之挃挃，积之栗栗。④
>
> 黍稷稻粱，农夫之庆。⑤
>
> 我行其野，芃芃其麦。⑥
>
> 贻我来牟，帝命率育（《正义》曰：《孟子》云：麰麦播种而耰之。赵岐注云：麰麦，大麦也。《说文》云：麰，周受来牟也，一麦二夆，象其芒刺之形，天所来也）。⑦
>
> 于皇来牟，将受厥明。⑧
>
> 丰年多黍多稌，亦有高廪，万亿及秭。⑨
>
> 艺之荏菽，荏菽旆旆，禾役穟穟，麻麦幪幪，瓜瓞唪唪（《毛传》：荏菽，戎也，旆旆然长也。役，列也。穟穟，苗好美也。幪幪，茂盛也。笺云：戎菽大豆也）。⑩

---

① 《诗·豳风·七月》。
② 《诗·鲁颂·閟宫》。
③ 《诗·豳风·七月》。
④ 《诗·周颂·良耜》。
⑤ 《诗·小雅·甫田》。
⑥ 《诗·鄘风·载驰》。
⑦ 《诗·周颂·思文》。
⑧ 《诗·周颂·臣工》。
⑨ 《诗·周颂·丰年》。
⑩ 《诗·大雅·生民》。

从上引诗句中可以看出，所有这些农作物，都是古代人民包括西周人民的主要食粮，所以各地都是大量种植。为了进一步了解各种农作物的生产和消费的具体情况，这里需要分别加以简单的说明。

禾就是粟，亦泛称为谷，至今北方仍叫作"谷子"，俗名小米，在《诗经》中一直是与黍、稷、菽、麦等并列，可知是北方人民食用最多的一种谷物。粒似黍而不粘，比稷粒差小，而味胜于稷，故为广大人民所喜爱。

《诗经》中歌咏最多的是黍和稷。黍性粘味美，是广大劳动人民最珍视和最喜爱的一种谷物，是献神祭祖的重要祭品和有时一用的美味食品，如《诗》云："或来瞻女，载筐及筥，其饷伊黍（笺云：瞻，视也，有来视女，谓妇子来馌[30]者也。筐、筥所以盛黍也。丰年之时，虽贱者犹食黍）。"① 此外，黍除了直接用作祭品，因而受到人们重视外，又是酿酒的主要原料。中国古人很早即知饮酒，而尤以殷人为甚。关于殷人群饮成风、举国酗酒之状及由此造成的严重后果，古籍中多所论及。造酒多则需黍多，故殷人对黍的种植极为重视，甲骨文中黍字很多，其原因即在此。周人吸取了殷人覆亡的教训，以酗酒为戒，周公特作《酒诰》以训诫其子弟，并以严刑峻法随其后，但这只是对周之子弟而言，而不是普遍禁酒，酒仍然是祭祀神祇、烝尝祖妣、聘问燕享、迎神赛社、节日喜庆等活动所必不可少的。例如《诗》云："万亿及秭，为酒为醴，烝畀祖妣，以洽百礼，降福孔皆"②；"朋酒斯飨，曰杀羔羊。跻彼公堂，称彼兕觥，万寿无疆"③；"我仓既盈，我庾维亿，以为酒食，以享以祀，以妥以侑，以介景福"④。至于贵族们更经常是"嘉宾"满座，杯酒不空："我有旨酒，嘉宾式燕以敖（游也）……我有旨酒，以燕乐嘉宾之心"⑤；"君子有酒，嘉宾式燕绥之……君子有酒，嘉宾式燕又思"⑥。到西周末叶时，贵族们酗酒之风已经不下于殷人，故诗人"刺时"之作，着重描写了他们饮酒无度，上下沉湎的醉后丑态："宾之初筵，温温其恭，其未醉止，威仪反反（重慎也）。曰既醉止，威仪幡幡（失威仪也），舍其坐迁，屡舞仙仙。……宾既醉止，载号载呶，乱我笾豆，屡舞僛僛（僛僛，

---

① 《诗·周颂·良耜》。
② 《诗·周颂·丰年》、《载芟》。
③ 《诗·豳风·七月》。
④ 《诗·小雅·楚茨》。
⑤ 《诗·小雅·鹿鸣》。
⑥ 《诗·小雅·南有嘉鱼》。

舞不能自正也）。"① 这些情况都充分说明周人对酒的需要量是很大的。酿酒业的发达，一方面是农业发展的结果，另一方面又是进一步促进农业发展特别是黍的种植的一个有力刺激，所以在《诗经》时代，随处可以看到"彼黍离离，彼稷之苗"②；"芃芃黍苗，阴雨膏之"③。说明黍的种植，是得到优先保证的。

以上所述，系就一般情况而言，实际上西周时各地所种之黍已有不同品种和不同名称，确如明人宋应星所言："凡粮食米而不粉者，种类甚多，相去数百里，则色味形质，随方而变，大同小异，千百其名。"④ 黍是总名，《诗经》中已提到黍的不同品种，例如《生民》一诗即称"诞降嘉种，维秬维秠，维穈维芑"。《毛传》："秬音巨……黑黍也；秠，亦黑黍也。穈，音门，赤粱粟也；芑，音起，白粱粟也。"⑤按《尔雅》云："穈，赤苗（注：今之赤粱粟）；芑，白苗（注：今之白粱粟，皆好谷）；秬，黑黍（注：《诗》曰维秬维秠）；秠，一稃二米（注：此亦黑黍，但中米异耳。汉和帝时，任城生黑黍，或三四实，实二米，得黍三斛八斗是）。"⑥ 穈，就是穈，"《说文》穈，赤苗嘉谷；芑，白苗嘉谷，谷即粟，今以粟为谷子是也。郭〔璞〕言粱者，粱即粟之米，故三苍云：粱，好粟也，此皆言苗，郭以粟言者，粟即谷通名耳。"⑦ 可见《诗》已提到黍的四个不同品种，即：秬、秠、穈、芑。秬、秠皆黑黍，但又不同，秠一实有二米；穈为赤苗，故称赤粱粟，芑为白苗，故称白粱粟，两者不同系以苗的颜色而分，粱指粟而言，不是高粱。

稷与黍在《诗经》中常常并列，可知稷也是种植最多的作物之一，但是后世注疏家对稷的解释却又众说纷纭，莫衷一是。或认为稷就是禾，也就是北方的谷子，这是把稷与小米视为一物了；或认为稷也叫作穄，又称为穈，不是上述的赤粱粟（即黍之一种），而是俗名"穈子"的那种作物。《尔雅》有"粢稷、众秫"，《义疏》释之云："《说文》云：稷，穧也，五谷之长；粢，稷也，或作穧。《楚辞·招魂》注：粢，稷也，并用《尔雅》，稷名首种。《月令》：孟春行冬令，则首种不入。郑注：旧说首种谓稷，《淮南·时

① 《诗·小雅·宾之初筵》。
② 《诗·国风·黍离》。
③ 《诗·小雅·黍苗》。
④ 宋应星：《天工开物》卷上，《乃粒第一》。
⑤ 《诗·大雅·生民》。
⑥ 《尔雅·释草》。
⑦ 郝懿行：《尔雅义疏》卷十四，《释草第十三》。

则》篇作首稼不入，盖百谷惟稷先种，故曰首也。……又，《说文》云：秫，稷之粘者，或者禾作尤。《齐民要术》引孙炎曰：秫，粘粟也。孙、郭曰粘粟，许君曰粘稷，实一物耳。"① 可见注疏家对稷的解释是很混乱的。实际上禾、黍、稷三者并不难区别，因为稷至今仍是北方人民经常食用的一种食粮，粒比小米和黍都略大，味不及小米，色不同黍，黍色黄，故俗名黄米。而稷色微白，煮熟后更不像小米饭那样黄。稷不粘，秫，恐系黍之一种。稷的色、香、味不及禾，更不及黍，但却比禾和黍为耐旱，对土地、气候等自然条件适应性较强，特别是黄土高原地带适于种植。周人正是兴起于这一地区，故特称他们的始祖为后稷，说明稷是关中地区种植最多和人民食用最普遍的一种食粮。

菽是大豆，《生民》诗中所谓"蓺之荏菽"，《毛传》称："荏菽，戎也。"《尔雅》："戎菽谓之荏菽。注：即胡豆也。"据郝懿行考证："菽，《说文》作尗，释文：尗，本亦作菽，《诗·生民》传用《尔雅》笺云：戎菽，大豆也。《正义》引孙炎与笺同。又引……郭璞皆云：今以为胡豆。续又云：春秋齐侯来献戎捷，《谷梁传》曰：戎，菽也。《管子》亦云：北伐山戎，出冬葱及戎菽，布之天下，今之胡豆是也。此盖引郭音义之文，然胡豆或说即豌豆。……后稷所种，垂之万世，齐桓所布，出自衰周，必非同物。《尔雅》戎菽，本释诗文，孙炎从郑，以为大豆，确不可易，郭及诸家并云胡豆，其义非也。"② 按郝说甚是，《诗》中所谓菽或荏菽，是大豆而非胡豆或豌豆，因为古代完全以谷物为食品的广大人民，动物蛋白是非常缺乏的，不得不以大豆来补充一点植物性的低蛋白，并且大豆又是唯一的油料作物，它被列入主要粮食作物的行列，不是偶然的。

在《诗经》时代，小麦和大麦也是种植很普遍的两种粮食作物，所以《诗》中屡见"贻我来牟""于皇来牟"等一类的诗句，而小麦的种植更多，故原野、丘中到处可以看到"芃芃其麦"。北方的气候土壤本适于种麦，而小麦又是越冬作物，至夏初而熟，不与黍稷等大秋作物争土地，又可以在秋收之前的青黄不接之际，起到接济民食的作用。此外，小麦属于细粮，蒸煮麦饭，既可用以调换口味，又可用以款待嘉宾，故小麦是一种极受欢迎的作物。大麦可以制饴，在没有糖以前，饴是唯一的甜食。太王迁岐后，正是由

① 郝懿行：《尔雅义疏》卷十四，《释草第十三》。
② 郝懿行：《尔雅义疏》卷十四，《释草第十三》。

于发现周原"堇荼如饴",才决定在那里定居的。可知周人远在克殷之前,就已经知道用大麦制造饴饧了。

在《诗经》时代,不但普遍种稻,故一直是"黍稷稻粱"并称,而且已在选种稻的不同品种,例如:"丰年多黍多稌。"《尔雅》:"稌,稻。"郝氏《义疏》云:"《说文》稻稌互训,义本《尔雅》。郑众注:食医以稌为粳[31]。又注:膳夫以稌为六谷之一,是皆以稌为稻名也。《说文》:秔或作粳,云:稻属。又云:沛国呼稻曰稬[32],是稬秔亦稻之通名。《释文》引《字林》云:稬(俗稬字)粘稻也,秔,稻不粘者。……是皆以秔、稬为粘、不粘之异名。……氾胜之书,三月种秔稻,四月种秫稻是也。"① 可见稌是稻的不同品种。根据后人的解释,可能就是现在的糯米。宋应星说:"凡稻种最多,不粘者,禾曰秔,米曰粳;粘者,禾曰稌,米曰糯。"② 不过种植稻稌,需要水田,西北的黄土高原,华北的黄土平原,都不是种植水稻的区域,只能在靠近湖泊、沼泽、河湾、港汊等积水之地才能种植,所以尽管种植的地方不少,甚至《豳风》之诗,亦有"十月获稻"之句,但由于种植的面积不广,产量有限,稻米自然就成了高贵食品,只能供少数封建贵族们享用。

麻有两种,其一曰枲,或称雄麻,是以生产纤维为主的,有关情况将于下文论述纤维作物的种植时详之;其二曰苴,或称雌麻,其子可食,是当作粮食作物来种植的,《七月》之诗云:"九月叔(拾也)苴,食我农夫",就是指这一种麻而言。苴虽然被列入粮食作物,但它的重要性却远在黍、稷、禾、菽、稻、麦等主要粮食作物之下,一般亦只是作辅助性的粮食来生产,不是人们的主要食粮,可知其产量不会很多,种植也是不会很广的。

2. 纤维植物的种植和采集

中国古人的衣着材料,最高贵的是丝织品。中国的蚕丝历史非常悠久,西周时更是在普遍发展。由西周时种桑地区的普遍和种植数量的增多,可知西周的蚕丝业比前代发达。《诗经》中关于种桑和采桑的记载很多,可见当时桑的种植已不限于宅边墙下,像《孟子》所说的"五亩之宅,树墙下以桑",而是进入了大田,即有了成片的桑园或桑田,所以《诗经》中屡见"桑中""桑田"等一类诗句。例如:"期我乎桑中,要我乎上宫,送我乎淇

---

① 郝懿行:《尔雅义疏》卷十四,《释草第十三》。
② 宋应星:《天工开物》卷上,《乃粒第一》。

之上矣"①，是咏歌男女在桑林中约会；"十亩之间兮，桑者泄泄兮"②，是形容桑园内采桑人数之多。显然这都是成片的桑林，而不是零星几棵。由桑树种植之多，可知育蚕织丝之盛，这是直接联系农业并直接为供应领主阶级需要的一种家庭手工业，它受到特别重视，是理所当然的。因此，在农奴——特别是农奴的妻女（即女农奴）为领主应服的劳役中，对桑树的管理、修剪，蚕月时采桑、育蚕、缫丝等就成为重要项目。《诗》云：

> 春日载阳，有鸣仓庚。女执懿筐，遵彼微行，爰求柔桑（笺云：阳，温也，温而仓庚又鸣，可蚕之候也。柔桑，稚桑也。蚕始生，宜稚桑）。……七月流火，八月萑苇。蚕月条桑，取彼斧斨，以伐远扬，猗彼女桑（《正义》曰：言七月流下者，火星也，民知将寒之候。八月，萑苇既成，豫畜之，以拟蚕用。于养蚕之月，条其桑而采之，谓斩条于地，就地采之也。猗束彼女桑而采之，谓柔稚之桑不枝落者，以绳猗束而采之也）。③

这说明一般农夫家家都在种桑育蚕，缫丝织帛。但是丝织品是高贵的衣料，产量有限，又在传统的封建礼法严格限制下，是"衣服有制"，"虽有贤身贵体，毋其爵不敢服其服"，结果丝织品遂完全为贵族所专享。对此《七月》一诗也说得很清楚："八月载绩，载玄载黄，我朱孔扬，为公子裳。注，《正义》曰：蚕事既毕，又须绩麻……八月之中，民始绩麻，民又染缯，则染为玄，则染为黄，云我朱之色甚明好矣，以此朱为公子之裳也。绩麻为布，民自衣之。"④可见一般人只能穿麻布衣服，所以麻是古代广大人民衣着原料的主要来源，长期以来，一直是粮食作物以外种植最多的一种大田作物。

上文已指出，麻有雌雄两种，雌麻曰苴，其子可食，上文已列入粮食作物中。雌麻中亦有不同品种，《尔雅》有名"黂"的一种，孙炎注曰："黂，麻子，苧豆麻盛子者。崔寔曰：苴麻，麻之有蕴者……一名黂。"⑤《齐民要术》曰："止取实者，种斑黑麻子。注：斑黑者饶实。崔寔曰：苴麻子黑又

---

① 《诗·鄘风·桑中》。
② 《诗·魏风·十亩之间》。
③ 《诗·豳风·七月》。
④ 《诗·豳风·七月》。
⑤ 《尔雅·释草》。

实而重，捣[33]治作烛，不作麻。"① 雄麻又名枲，是生产纤维的主要作物。《诗》云："丘中有麻，彼留子嗟。孔疏：郑以为……言丘中烧堁之处，今日所以有麻者，彼留氏之子嗟往治之耳"②；又："蓺麻如之何，衡从其亩。《毛传》：蓺，树也。　《笺》云：树麻者必先治其田，然后树之。……衡，音横，……即训为横。《韩诗》云：东西种曰横。"③《诗经》中所称之麻，都是指生产纤维的雄麻而言。《齐民要术》曰："凡种麻，用白麻子（注：白麻子为雄麻，颜色雄白）……崔寔曰：夏至先后各五日，可种牡麻（注：牡麻有花无实）。"④《诗经》时代大田种植的麻，主要就是这一种。麻收获后须渍于水中，名曰沤麻，俟皮浸透，与秸脱离时，始可剥取。《齐民要术》释之云："夏至后二十日沤枲，枲和如丝。"⑤《诗》云："东门之池，可以沤麻。（《毛传》：沤，柔也。《郑笺》云：于池中柔麻，使可绩绩作衣服）……东门之池，可以沤纻[34]。（《正义》曰：陆机疏云：纻亦麻也，科生数十茎，宿根在地中，至春自生，不岁种也。荆扬之间，一岁三收，今官园种之，岁再刈，刈便生剥之，以铁若竹，挟之表，厚皮自脱，但得里[35]韧如筋者，谓之徽纻，今南越纻布，皆用此麻）。"⑥据此，则《诗经》时代生产纤维的麻已有枲、纻两种。不过纻是生长在温暖地区的作物，在《诗经》中亦仅见于《陈风》之诗，"陈在楚夏之交"⑦，位于淮河流域，大概是种植纻麻的北界。黄河流域，特别是它的北部和西部，所种植的麻都是枲。

　麻以外的纤维作物主要是葛。葛是一种野生植物，古人用这种野生纤维织作绤[36]、绤，以为夏服。葛蔓生，喜潮湿，多生在河边和沼泽低湿之处。《诗》云：绵绵葛藟，在河之浒（《毛传》：绵绵，长不绝之貌；水厓曰浒）。⑧ 葛与麻的剥取方法不同，麻用水沤，葛用镬煮："葛之覃兮，施于中谷，维叶莫莫，是刈是濩，为绤为绤，服之无斁。《毛传》：濩，煮之也。精曰绤，粗曰绤；斁，厌也。《正义》：孙炎曰：煮葛以为绤绤，以煮之于濩，

---

① 贾思勰：《齐民要术》卷二。
② 《诗·王风·丘中有麻》。
③ 《诗·齐风·南山》。
④ 贾思勰：《齐民要术》卷二。
⑤ 贾思勰：《齐民要术》卷二。
⑥ 《诗·陈风·东门之池》。
⑦ 《史记》卷一百二十九，《货殖列传》。
⑧ 《诗·王风·葛藟》。

故曰濩煮，非训濩为煮。"① 葛也是广大人民日常服用的一种粗布，故每到野葛成熟季节，到田野间采葛的人很多。《诗》中有"彼采葛兮，一日不见，如三月兮"② 等一类的诗句。葛除织作绤绤用为衣料外，穷苦人民多用以制屦，故《诗》中屡见"纠纠葛屦，可以履霜"之句。《毛传》云："纠纠，犹缭缭也。夏葛屦，冬皮屦，葛屦非所以履霜。《笺》云：葛屦贱，皮屦贵，魏俗至冬犹谓葛屦可以履霜，利其贱也。《正义》曰：纠纠为葛屦之状，当为稀疏之貌，故云犹缭缭也。"③ 葛不能御寒，故《毛传》云："葛屦非所以履霜。"但到了履霜季节而仍着"纠纠"之葛屦，反映了农民生活的困苦，正与上引《七月》之诗完全一致："无衣无褐，何以卒岁！"

（五）西周的畜牧业

西周是中国古代农业经济有了一定程度的发展的时期，农业是社会的主要生产部门，畜牧只是附属在农业中，成为农民的一种家庭副业。牲畜虽然不像农作物那样，直接受着土壤、气候、雨量、日照等自然条件的限制，但也受客观自然环境的一定影响，所以在西周的各经济区域内，各地方的"畜宜"便不尽相同。如上文所指出，豫州、兖州等地都是"畜宜六扰"，即马、牛、羊、猪、狗、鸡，六畜皆备；青州只畜宜二扰，即鸡与狗；幽州则畜宜四扰；雍州畜宜只有牛、马；冀州畜宜只有牛、羊；并州则畜宜五扰，有马、牛、羊、狗、猪，而无鸡。其实这只是一种概略估计，不过表明各地方的家畜种类不尽相同而已。

但是在西周后期，也出现了大规模经营的畜牧业，例如《诗经》中即保留了这样一首诗：

> 谁谓尔无羊？三百维群；谁谓尔无牛？九十其犉（《毛传》：黄牛黑唇曰犉）。尔羊来思，其角濈濈；尔牛来思，其耳湿湿（《毛传》：呞而动。《郑笺》：呞本又作齝[37]，亦作齝，丑之反。郭注《尔雅》云：食已复出嚼之也。《正义》曰：羊三百头为群，故一群有三百，不知其群之有多少也。犉者九十头，直知犉者有九十，亦

---

① 《诗·周南·葛覃》。
② 《诗·王风·采葛》。
③ 《诗·魏风·葛屦》。

不知其不犉者之数也）。或降于阿，或饮于池，或寝或讹（讹，动也）。尔牧来思，何蓑何笠，或负其糇（何，揭也）。三十维物，尔牲则具（《正义》曰：经言三十维物，则每色之物，皆有三十，谓青、赤、黄、白、黑，毛色别异者各三十也。祭祀之牲，当用五方之色，故《笺》云：汝之祭祀，索则有之）。……尔羊来思，矜矜兢兢，不骞不崩（《毛传》：矜矜兢兢，以言坚强也。骞，亏也；崩，群疾也）。麾之以肱，毕来既升（《毛传》：肱，臂也。升，升入牢也。《笺云》，此言扰驯从人意也）。①

这是对于放牧牲畜的一个最生动细腻的描述，《郑笺》说这是周宣王"复古之牧法，汲汲于其数，故歌此诗以解之也"②。此说不知何据，也不知周宣王为什么要"复古之牧法"，古之牧法又指何时。不过像这样大规模地进行放牧，而牲畜数目又为数众多，确非每家各私百亩的农夫所能办到的，只有大的领主才能有此力量。

第三节　西周的官私工业、交换经济与货币制度

（一）西周时期的官私工业[38]

在文献缺乏的西周时代，有关工业生产的记载就更为缺乏了。尽管如此，仍有种种迹象可以表明，在东周时期完全确立起来并且还有了一定程度发展的各种官私工业，都是在西周时期就已经存在了。《周礼》一书虽然是战国时人的伪托，但其中所述及的各种制度，却并不是出于虚构，而系根据西周的建置和一直在实行中的制度，加以系统化或者不同程度地加以藻饰罢了。因为西周时期，是各种封建礼法制度的创立时期，官工业制度是封建政治机构的一个重要组成部分，是政府组织的"六职"之一，是用以保证最高统治者——周天子获得工业品供应的一个重要途径。于此可知，下述记载是有根据的：

---

① 《诗·小雅·无羊》。
② 《诗·小雅·无羊》，注引《郑笺》。

> 国有六职，百工与居一焉。……或审曲面势，以饬五材，以辨民器……或治丝麻以成之。……审曲面势，以饬五材，以辨民器，谓之百工。……治丝麻以成之，谓之妇功。①
>
> 天子之六工，曰：土工、金工、石工、木工、兽工、草工，典制六材。②

由于这些"在官之工"种类繁多，故统称之为"百工"。《诗经》中保留了不少西周时期的诗歌，却没有关于工业生产活动的描述，但周代彝器的铭文中却有一些涉及"百工"的记载，例如：

> 宄敦：王若曰：宄，昔先王既命女作宰……嗣（治）王家外内，毋敢有不阐（原注：阐，古闻字，外内事毋敢有不告汝者），嗣百工出入姜氏命（原注：百工，王室之百工；伊敦：司康宫王臣妾百工是也。出入，出纳也，姜氏，王后也）。③
>
> 伊敦：唯王廿有七年，正月既望丁亥，王在周康宫。旦，王格穆大室即位。……王乎命尹邦册命伊，骏官嗣康宫王臣妾百工。……伊拜手稽首，对扬天子休。④
>
> 师兽敦：唯王元年正月初吉丁亥，伯龢父若曰：师兽，乃祖考有劳于我家，女右唯小子，余命女死（尸）我家，骏嗣（治）我东偏西偏，仆驭百工，牧臣妾，东栽内外（孙云：东栽，董栽之借），毋敢否（不）善。⑤

金文中都把"百工"与臣妾并列，并设置专官，以"仆驭百工"。"东偏西偏"，当系为百工设置的作坊，一般都设在王宫之内的一个偏僻的角落。《国语》所谓"处工就官府"⑥ 和"工商食官"⑦，就是指把从民间征调来的有技术专长的各种工匠，安置在如"东偏西偏"一类的官设作坊之内，使之

---

① 《周礼·冬官·考工记》。
② 《礼记·曲礼》。
③ 吴闿生：《吉金文录》卷三。
④ 吴闿生：《吉金文录》卷三。
⑤ 吴闿生：《吉金文录》卷三。
⑥ 《国语·齐语》。
⑦ 《国语·晋语四》。

服无偿劳役。百工与臣妾并称，可知都是奴隶或具有奴隶性质的不自由的人，到春秋时期官府还经常把工匠当作物品一样用于贿赂赠遗，显然也是在延续西周时早已实行过的官奴婢制度。

西周官工业的具体组织和活动情况，不见记载。《周礼·考工记》虽然晚出，但其中所记载的都是整个周代的制度，特别是各种工业的生产技术，都是长期以来的经验总结，不是到东周时期突然出现的或是在东周时期创始的，事实上，都是自西周以来固有制度的进一步完善或发展。据《周礼·考工记》所述，官工业共有三十种："凡攻木之工七，攻金之工六，攻皮之工五，设色之工五，刮摩之工五，抟[39]埴之工二。"攻木之工是：轮、舆、弓、庐、匠、车、梓；攻金之工是：筑、冶、凫、栗、段、桃；攻皮之工是：函、鲍、韗[40]、韦、裘；设色之工是：画、缋、锺、筐、幌；刮摩之工是：玉、楖、雕、矢、磬；抟埴之工是：陶、瓬。这三十种工业包括了工业生产的各个方面。西周时期商品经济还没有发展，工业生产的种类也不可能比东周时期为多，所以西周的官工业不会超出《周礼·考工记》所述的范围之外。前后的情况既大体相同，故各种工业的具体情况，均于下文论述东周时期的官工业时合并讨论。

西周时期的大型工业，当首推炼铜和铜器铸造工业。西周是中国铸造青铜器的高峰时代，从旧存的和近年来新出土的西周铜器来看，其数量之大、种类之多和铸造技术之精，都表现了很高的成就。青铜是铜和锡的合金，故对青铜的冶炼和铸造在技术上必须掌握两点：其一是由于铜和锡的熔点不同，因此，在冶炼时必须准确地掌握火候，才能使两种熔点不同的金属充分化合。对此，工匠由长期的工作实践中积累了丰富经验："凡铸金之状，金与锡黑浊之气竭，黄白次之；黄白之气竭，青白次之；青白之气竭，青气次之，然后可铸也（郑注：消涑金锡精粗之候）。"[①] 其二是掌握铜与锡的配合比例，铜锡比例不同，则炼出的青铜便具有不同的硬度。西周铜器，种类繁多，大别之，计有钟、鼎、尊、爵等彝器，有刀、剑、戈、矛等兵器，有斧、斤、锥、凿等工具，此外，还有乐器、量器、镜鉴等。兵器必须有最大的硬度才能锋利，工具亦必须坚硬才能凿削，彝器要垂诸久远，亦要适当硬度，等而下之，对硬度的要求即递差，铜镜则不需要硬度。工匠从长期的生产实践中，总结出六种配合标准："金有六齐：六分其金，而锡居一，谓之钟[41]鼎之齐；五

---

① 《周礼·冬官·考工记》。

分其金，而锡居一，谓之斧斤之齐；四分其金，而锡居一，谓之戈戟之齐；三分其金，而锡居一，谓之大刃之齐；五分其金，而锡居二，谓之削杀矢之齐；金锡半，谓之鉴燧之齐。"①

另一种大型工业，是陶瓷工业。不论是官营的"抟埴之工"，还是民用的陶瓷工业，都必须以较大的规模来进行。陶瓷工业远在西周以前即已有了长期的发展，由陶发展到瓷的历史也非常悠久，到西周时，瓷器的生产技术又有了新的发展，例如从近年在洛阳庞家沟西周墓出土的瓷器来看，没有长期的发展，是不可能达到那样高的水平的。据发掘报告称：出土瓷器以高岭土作胎，胎骨为灰白色，釉为灰绿色，无吸水性，扣之其音清越。从其瓷胎较薄，土质细致来看，烧造火候较高，硬度也较大，其烧造温度千度左右②。

丝织业是历史悠久的传统的家庭手工业，远在西周以前，即已有了一定程度的发展。到西周时期，随着农业的发展，丝织业又有了很大的进步。如上文所指出，在西周时期，桑已不仅是零星地种植在宅边墙下，如《孟子》所说的"五亩之宅，树墙下以桑"，而是进入了大田，即有了成片的桑园或桑田。由桑的种植之多，可知育蚕织丝之盛。既然家家都在种桑育蚕，当然是家家都在缫丝织帛。除了这样的普遍发展外，有些地方还以盛产丝织品著名，据《禹贡》所记，兖州"厥贡漆丝，厥篚织文（注：地宜漆林，又宜桑蚕，织文锦绮之属，盛之筐篚而贡焉）"；青州"厥篚檿丝"；徐州"厥篚玄纤缟（玄，黑缯；缟，白缯；纤，细也，纤在中，明二物皆当细）"。贡品都是各该地方的特殊物产或著名物产，以丝织品上贡，标志着丝织品的产量之大或织造之精。齐是周代丝织业最发达的地区，史称"齐带山海，膏壤千里，宜桑麻，人民多文彩布帛鱼盐"③。齐国的丝织业在西周初年即已开始发展起来，当太公初封营丘时，由于"地潟卤，人民寡，于是太公劝其女功，极技巧"，故齐能"冠带衣履天下"④。可知齐国的丝织业，是在政府的大力提倡和扶持之下而普遍发展起来的。

齐国不但善织，而且善染，具有地方特色的技术传统，到东周时仍以善染著称。"管子对曰：昔莱人善染，练茈之于莱，纯缁；绵绶之于莱，亦纯缁

---

① 《周礼·冬官·考工记》。
② 参见洛阳博物馆：《洛阳庞家沟五座西周墓的清理》，《文物》一九七二年第十期，第二十五页。
③ 《史记》卷一百二十九，《货殖列传》。
④ 《史记》卷一百二十九，《货殖列传》。

也。"① 可知"昔莱人善染",是与齐人"多文彩布帛"密切配合的,都是"太公劝其女功,极技巧"的结果,恰如《周礼·考工记》所述:凡染布帛者,染人掌之,"淳而渍之,三入为𫄸,五入为緅,七入为缁"。这种染色技术,显然也是由长期的经验积累而成的。

这种精湛的织丝染色技术,从出土的西周丝织品和刺绣品的印痕可以进一步得到证明。例如近年在陕西宝鸡西周墓中出土的器物上,发现有残存的丝织品印痕:"一部分在一件铜叶制成的囊状物(已残)内","一部分附着于一件铜车马器的零件之上",还有"附着于尸骨之下的淤积泥土上"。"刺绣的印痕……有很鲜艳的朱红和石黄两种颜色";从刺绣"可以观察到,采用的是辫子股绣的针法";有的地方还用了双线条,"线条舒卷自如,针脚也相当均匀齐整,说明刺绣技术是很熟练的"。丝织物的颜色用的是朱砂,并且运用得很成功,掌握了朱砂颜料的制作。"现代科学证实,朱砂是不能用于染色的。石黄是铬化物,在现代化工中虽然可做染料,但工艺过程相当复杂,在古代是不易做到的。附着于出土刺绣地帛上的朱黄二色……很有可能是画(平涂)上去的。""大概西周统治者法定的'章服',甚至一般丝绣,是染画并用的。……至于为什么不全用染色而兼用画色,很可能与当时盛行的五行学说有关。五行学说以赤青黄黑白为正色。周代染色采用多次浸染法,稍微掌握不准,便得不到理想的正色。朱红和石黄符合当时规定的正色的要求,以之为涂料,是最为适宜的。"② 把地下的发现,与《诗经》所咏"萋兮斐兮,成是贝锦(《毛传》:萋斐,文章相错也。贝锦,锦文也)"③ 的诗句互相印证,可知贝锦也是一种经过画繢刺绣的高级丝织品,这一切都说明织丝技术在西周是有高度发展的。

(二)西周的交换经济和货币制度

西周是中国封建制度的产生和确立时期,是以实现农奴制剥削而形成的井田制度作为整个封建社会的经济基础的。在整个西周一代,自然经济一直占绝对支配地位,直接生产者被编制在"八家同井"的经济单位中,而过着"死徙无出乡"的一种独立的——实际上是孤立的和自给自足的生活,基本

① 《管子·轻重丁》。
② 北京市丝绸厂李也贞等:《有关西周丝织和刺绣的重要发现》,《文物》一九七六年第四期。
③ 《诗·小雅·巷伯》。

上都是"凿井而饮，耕田而食"，主要的生活资料，都是由生产者各自使用所掌握的一点不多的但却是足够的生产资料（土地、牲畜、农具等），来进行生产。在一切都无待外求而能适当地维持生存的情况下，各个经济单位之间各自保持一种孤立状态，每一个经济单位都是在与自然的交往中，而不是在与社会的交往中，来完成各自的全部经济活动，因而成为"甘其食，美其服，乐其俗，鸡狗之声相闻，民至老死不相往来"这样一种状态，并不是不可能的。

但是，不论多么简单和多么纯粹的自然经济，不但不能完全排斥交换，而且还把交换作为自然经济赖以保持平衡的一种必不可少的经济行为。因为：

第一，自然经济是使用价值的生产，而使用价值是以需要的满足为其发挥效用的最高限度，超过这个限度，生产物的效用即随着产量的不断增多而不断递减，达到一定限度时，生产物对于生产者就失去了使用价值的作用；只有通过交换，才能使"农有余粟，女有余布"，即对生产者失去了效用的那一部分使用价值——"余粟"和"余布"，在互换了所有者之后，而重新发挥使用价值的固有效用。所以交换实是充分发挥使用价值的效用，并保证简单再生产过程得以正常运行的一种平衡力量。而且交换又是随着生产力的不断发展而日益增多的，所以社会经济的发展，不但使交换成为必要，而且使交换日益频繁，日益扩大。

第二，不论自然经济的结构多么简单，也不能完全没有某种形式的社会分工。因为一个人不能生产所有的生活必需品，借用《孟子》的话来说，就是梓、匠、轮、舆、陶、冶等"百工之事，固不可耕且为也"，若"一人之身，而百工之所为备，如必自为而后用之，是率天下而路也"①。这是简单的社会分工很早即行出现的原因所在。除了一人之身不能遍为百工之事，而不得不实行社会分工，各生产自己便于生产者外，还有因自然条件的差异而造成的地域之间的分工，即某些生活必需品，不但不是人人所能生产，而且不是处处都能生产，必须通过交换才能获得，并且这种交换已不再是"农有余粟，女有余布"，然后"以羡补不足"那种剩余生产物的偶然交换，换句话说，这种交换不再是可有可无了。

正是在这样一种客观需要的前提之下，所以长期以来——并且远在西周以前，尽管社会经济结构的基本形态还是自然经济，但是交换却已经有了一

---

① 《孟子·滕文公上》。

定程度的发展，并且已经超过剩余生产物偶然交换的阶段，即脱离了直接的物物交换阶段，而扩大了交换范围，并使用了交换媒介，使交换开始向商业转化。例如《易》称：

> 神农氏作……日中为市，致天下之民，聚天下之货，交易而退，各得其所。①

古籍根据传说所述及的人物和时代，是否确实可靠，不是重要问题，可姑置不论，但是在古代的社会中出现这样的交换形式，却是符合经济发展的实际情况的。因为既然不能不有交换，则每个生产者为了保证自己的生产物能随时换到自己所需要的物品，自然会从交换的实践中找到一种可以与任何物品相交换的一般等价物，生产者先把产品与一般等价物相交换，然后再用以交换其他任何物品。于是交换就必然会很快地越过直接的、剩余生产物的偶然交换阶段，而扩大交换范围，成为"致天下之民，聚天下之货"，使交换由直接的物物交换发展成为商业。商业虽仍然是交换，但已经不是由两个直接生产者互相交换其生产物，而是由生产者先把自己的生产物换成一般等价物——货币，然后再用这个一般等价物去交换自己所需要的物品。这样的交换，不是在生产物的所有者之间直接地进行，而是经过一个第三者——即货币所有者的参与，把交换过程分解为物品与货币交换（卖）和货币与物品交换（买）两个过程，在完成了这两个过程之后，全部的交换过程才能完结，才能成为"交易而退，各得其所"。

这样的一种交换经济，远在西周以前就已经形成了，并且早已有了各种原始形态的货币。到了《诗经》时代，关于交换行为的记载虽然很少，但是从仅有的记载已经可以清楚地看出，那时的交换，已经不是在两个剩余生产物的所有者之间进行直接的物物交换，而是以货币作媒介的买卖过程，例如：

> 氓之蚩蚩，抱布贸丝（《毛传》：布，币也。《笺》云：币者，所以贸买物也。季春始蚕，孟春卖丝）。匪来贸丝，来即我谋。②

---

① 《易·系辞下》。
② 《诗·卫风·氓》。

很显然，这不是在布的所有者与丝的所有者之间来进行直接的物物交换，而是用布来买丝，布是西周时期的实物货币之一，是布帛之布，不是东周时期广泛流通的铲形布币，如空首布，方、尖、圆足布等。又如：

> 哀我填寡，宜岸宜狱。握粟出卜，自何能谷（《毛传》：填，尽；岸，讼也。《笺》云：谷，生也。……我穷尽寡财之人，仍有狱讼之事，无可以自救，但持粟行卜，求其胜负，从何能得生）。[1]

谷粟和布帛一样，也是西周时期实物货币的一种，所谓"握粟出卜"，是用谷粟来支付卜的劳役，粟是当作货币来使用的，它在这里发挥的是货币的支付手段的功能。

总之，货币的出现是很早的，它几乎是与交换行为同时出现的，事实上，远在没有文字记载的历史以前，就已经有了货币。史称：

> 农工商交易之路通，而龟贝金钱刀布之币兴焉。……虞夏之币，金为三品，或黄，或白，或赤；或钱，或布，或刀，或龟贝。[2]

太史公在这里所说的古代货币，其根据是历久相沿的传说，只是笼统地指出从远古到先秦，曾先后存在过各种各样的实物货币和金属货币而已。虞、夏是新石器时代晚期，还没有进入铜器时代，中国的铜器时代是到商代才开始的，所以"虞夏之币，金为三品"之说是不可信的。但是那时没有金属货币，不等于说没有货币，新石器时代特别是它的晚期虞夏时代，早已脱离了狩猎游牧阶段，而进入农业社会，已经随着交换的发达有了各种实物货币，"龟贝金钱刀布之币兴焉"是完全可能的。因为渔民的龟贝，猎民的猎器，牧民的兽皮，农民的农具，或为装饰品，或为生产工具，或为生活必需品，古代人民拿这些深受大家喜爱和可供实用的物品作为交换媒介，是非常自然的。"海贝为渔民所常获，食其肉而贮其壳，贝壳轻小，以之为交易媒介，便于行使，且贝壳亦为装饰物，故为一般人民所乐用。若猎民之猎器，牧民之兽皮，农民之农具，虽有正功用，而限于专用之民，且体质笨重，行使不便，

---

① 《诗·小雅·小宛》。
② 《史记》卷三十，《平准书》。

其为交易之媒介，亦不过为同业之民互相需要，其范围不及海贝之广，故海贝为非金属时期主要之货币，若猎器、兽皮、农具，乃次要之交换物也。"[①]

把猎民的猎器作为货币就是刀币，在新石器时代，刀为石制，即磨石为刀形，作猎兽和剥皮之用。到了农业时代，石刀的用途仍然很广：或以剥物，或以防身，或以战争，故为人人所必备，用之为交换媒介，也是很自然的。最初的刀币，就是实际应用的石刀，到进入铜器时代后，刀改用铜制，因而刀币也就是实际应用的铜刀，故古刀币都是有刃的真刀。后因真刀体积笨重，不便行使，才改为象征刀形的刀币，即仅仅摹仿其形制，而缩小其体积，从此，作为货币的刀遂与真刀有别。

进入农业时代之后，农具为主要的生产工具，系每一个参加生产的农民所必用之物，故为农业社会所重视，农民在交易时很自然地会把这种有用之物作为交换媒介。最初使用的就是实际应用的农具，而铲形的钱镈又是农具中的主要农具，故用作交换媒介的亦主要是这一种。后来用铜仿制的空首布，就是这种铲形的钱镈，以其形似铲，故俗呼为铲币。铲在耕地时要加柄，故空首布上有空孔，当系安柄之处。

商代是由石器时代向铜器时代转变的过渡时期，因而也是石、铜器的并用时期。这时虽然有了铜器，但还受着技术条件的限制，铜的产量不大，故比较贵重难得，只能用以铸造钟鼎彝器和其他贵重物品，而不能用作大量使用的货币材料，所以商代的货币几乎完全用贝，刀布的使用是很少见的。卜辞中虽缺乏关于交换或商业活动的记载，但所记使用贝币之繁与历次殷墟出土的贝币之多，可知商代——至少在卜辞时代必已有了相当发达的交易或商业。卜辞中贝字和从贝之字非常多，并且所有从贝之字都含有财富、珍宝、贮蓄、所得等义，说明贝就是货币形态的财富或珍宝，这与盘庚在迁居时嘱咐人们要"具乃贝玉"之意是一致的。《说文》云"古者货贝而宝龟"，说明贝的流通时间是很长的。

西周的货币制度是商代货币制度的继续。西周本来已发展到青铜时代的鼎盛时期，但是货币却仍然是以贝币为主，所以周金文中锡贝的记载非常多，而且贝的价值也很高。这里择要选录一些如下：

单觯：王后取（原注：未详）克商在成师，周公锡小臣单贝十

---

① 丁福保：《古钱大辞典·总论》，引郑家相：《古化沿革及变迁》。

朋，用作宝尊彝。①

周公东征鼎：唯周公于征伐东夷，丰伯敷古（原注：丰，国名。敷古者，敷陈古义以佐公也）咸（原注：谓事毕也）……戊辰，禽秦禽，公赏觉贝百朋，用作尊鼎。②

太保鼎：唯公太保来伐反夷年，在十有二月庚申，公在盩师，公锡旅贝十朋，旅用作父□尊彝（原注：文称公太保者，谓召公也）。③

趠卣：唯十有三月辛卯，王在斥，锡趠采，曰：趠，锡贝五朋，趠对王休，用作姞宝彝（原注：吾尝以过毚鼎互证，知此趠当为召公爽……又疑召公之燕，即姞姓周）。④

静彝：唯十有三月……小臣静即事，王锡贝五十朋，扬天子休，用作父□宝尊彝。⑤

遽伯睘彝：遽伯睘作宝尊彝，用贝十朋又四朋。⑥

小臣继彝：唯十有三月，王宅旁舟，小臣继即事，王锡贝五朋，扬天子休，用作父□宝尊彝。⑦

师遽敦：辛酉，王在周家新宫。王延正师氏，王呼师，朕锡师遽贝十朋。遽拜稽首敢对扬天子不显休。⑧

近年来新出土的大量西周铜器，铭文中有很多锡贝朋及用贝购买土地的记载，为研究西周货币制度和土地制度的珍贵资料。例如一九七五年二月在陕西岐山县董家村出土的卫盉，铭文记载用贝八十朋买田一千亩，另用贝二十朋，买田三百亩。其他锡贝记载，亦酌引数例如下：

卫盉：隹（惟）三年三月既生霸（魄）壬寅，王再旂于丰。矩白（伯）庶人取堇（瑾）章（璋）于裘卫，才（财）八十朋，毕

① 吴闿生：《吉金文录》卷四。
② 吴闿生：《吉金文录》卷一。
③ 吴闿生：《吉金文录》卷一。
④ 吴闿生：《吉金文录》卷四。
⑤ 吴闿生：《吉金文录》卷二。
⑥ 吴闿生：《吉金文录》卷二。
⑦ 阮元：《积石斋钟鼎彝器款识》卷五。
⑧ 阮元：《积石斋钟鼎彝器款识》卷六。

（厥）宾（贾），其舍田十田；矩或（又）取赤虎（琥）两，麀羍
（韐）两，羍（贲）帢一，才（财）廿朋，其舍田三田。①

　　史臣簋：乙亥，王宴毕公，乃锡史臣贝十朋，臣诘占于彝……。②

　　丕啎方鼎：隹八月既望戊辰，王才（在）上有厌尼（居），羍儴
（祼）。丕啎易（锡）贝十朋。丕啎拜頶首，敢扬王休，用乍（作）宝
尊彝。③

　　德方鼎：隹（唯）三月，王才（在）成周……王易（锡）值
（德）贝廿朋（合文），用乍（作）宝障（障）彝。④

　　旅鼎：公易（锡）旅贝十朋，旅用作父障彝。⑤

　　这些铭文与《诗》所谓"既见君子，锡我百朋"⑥之文是完全一致的，
都在说明贝是西周的主要货币。不过西周时期所流通的贝，已经不完全是天
然贝，很多是用骨或铜仿制的。因为西周时期的社会经济比殷商时期有了大
量的发展，随着工商业的发达，交易自日益频繁，所需要的货币数量自亦日
益增加，天然贝来源有限，不敷应用，遂不得不以仿制品代用。初用骨制，
殷末时已有骨贝，因为不受欢迎，故流通不广，为数不多。到西周时，铜器
铸造工业已有了很大发展，于是贝改用铜仿制，这种铜铸贝近年来出土很多，
例如解放前[42]在河南辉县琉璃阁一周墓中，曾出土一千多件鎏金铜贝。又如
一九三二——一九三三年，在河南浚县西周卫墓群中，出土天然贝和铜铸贝共
三千四百七十二件，这些贝系与其他殉葬品放在一起，显然是作为财货来殉
葬的⑦。

　　贝币的使用方法，不是逐个以枚计数，而是将贝币穿孔，以索系之，五
贝为一系，两系为一朋，即以朋为单位。据王国维的考证说："殷时玉与贝皆
货币也。……盖商时玉之用与贝同也。……其用为货币及服御者，皆小玉小
贝，而有物焉以系之，所系之贝玉，于玉则谓之珏，于贝则谓之朋。……古
系贝之法与系玉同，故谓之朋，其字卜辞作拜、作⿰，金文作珏、作拜、作

---

①　庞怀清等：《陕西省岐山县董家村西周铜器窖穴发掘简报》，《文物》一九七六年第五期。
②　长水：《岐山贺家村出土的西周铜器》，《文物》一九七二年第六期。
③　周文：《新出土的几件西周铜器》，《文物》一九七二年第七期。
④　马承源：《德方鼎铭文管见》，《文物》一九六三年第十一期。
⑤　朱活：《试论我国古代货币的起源》，《文物参考资料》一九五八年第八期。
⑥　《诗·小雅·菁菁者莪》。
⑦　参见朱活：《试论我国古代货币的起源》，《文物参考资料》一九五八年第八期。

拜。又公中彝之贝五朋作彝，抚叔敦盖之贝十朋作彝，戊午爵乃作彝，甚似
珏字，而朋友之朋，卜辞作甹，金文作甹或作甹，或从拜，或从珏，知珏朋
本一字，可由字形证之也。……又旧说，二玉为珏，五贝为朋（《诗·小
雅·菁菁者莪·笺》）。然以珏、拜诸字形观之，则一珏之玉，一朋之贝，至
少当有六枚，余意古制贝玉皆五枚为一系，合二系为一珏，若一朋。……贝
制虽不可考，然古文朋字确象二系。康成云：五贝为朋，五贝不能分为二系，
盖缘古者五贝一系，二系一朋，后失其传，遂误谓五贝一朋耳。……余目验
古贝，其长不过寸许，必如余说，五贝一系，二系一朋，乃成制度。"[1] 据
此，则一朋系由十枚贝所组成，也就是十枚贝作为一个计算单位。

西周虽然已经有刀、布，但很少见于记载，刀、布的流通主要是到东周
时期才普遍起来的。西周的金属货币，除了铜贝系与天然贝杂用外，便是以
称量计数的铜，故周金文中锡金的记载也很多，例如：

公违鼎：公违相自东，在新邑，臣卿锡金，用作父乙宝彝。[2]

非余鼎：内史命戬事锡金一勾（钧），非余曰：内史龚朕天君，
其万年，用为考宝尊。[3]

麦鼎：唯十有一月，井（邢）侯延嘱于麦，麦锡赤金，用
作鼎。[4]

敫卣：敫从师雝父戍于古师（原注：古地名，师之所在），蔑
厉，锡贝卅爰（原注：据此，贝亦以爰计，盖变贝用金之始），敫拜
稽首，对扬师雝父休。[5]

員敫敦：戎献金于子牙父百车，而锡盠（鲁）員敫金十钧。[6]

金的称量单位名寽，亦作锊[43]。例如："禽敦"有"王易（锡）金百
寽，禽作宝彝"；"师旅鼎"有"罚得蒙古三百寽"；其他如"趞鼎""扬敦"
"番生敦""毛公鼎"等都有"遗"若干寽的记载，"遗"字意义不详，但

① 王国维：《说珏朋》，《观堂集林》卷三。
② 吴闿生：《吉金文录》卷一。
③ 吴闿生：《吉金文录》卷一。
④ 吴闿生：《吉金文录》卷一。
⑤ 吴闿生：《吉金文录》卷四。
⑥ 吴闿生：《吉金文录》卷三。

"寽"则是铜币的称量单位。《说文》:"锊,锾也。"《考工记》冶氏曰:"重三锊,注:郑司农云:锊,量名也,读为刷。"据后人考证:"《尚书·吕刑》其罚百锾之锾,即泉也。案夏侯欧阳说,墨罚疑赦,其罚百率,古以六两为率(率,锊之假借宇,集韵:锊,古作锊。)古《尚书》说:锾者率也。一率一十铢二十五分铢之十三也,百锾为三斤。……合参众说,率也、锊也、锾也,实一字也。"[1] 上引"稣卣"有"锡贝卅爰",可知贝为铜铸,故亦可用重量计数。

根据以上的说明,可知西周主要是贝和铜并用时代,贝最初是承袭殷代的币制,以天然贝为主,后以不敷流通之用,而以铜仿制,所以西周的贝币——特别是到中叶以后,实际上是以铜铸贝为主,此外则使用以重量计算的铜块,其他铜铸币都是到东周时期才发展起来的。

---

① 丁福保:《古钱大辞典·总论》。

第四章　井田制度的破坏与土地私有制度的代兴

第一节　井田制度的破坏及其原因

（一）领主制经济的基本矛盾

作为封建经济基础的井田制度，是适应着农奴制剥削而形成的一种土地制度。到东周前期，井田制度仍在继续实行，所以在东周的文献中，我们可以找到有关井田的明确记载，除前引《夏小正》有"初服于公田"一语外，其他如《国语》有："管子曰：山泽各致其时，则民不苟，陵阜陆墐，井田畴均，则民不憾（《管子·小匡》篇文同，憾作惑）。"① 又如《管子》有："断方井田之数，乘马田之众（注：谓分人之地，每断定其方，而立之田数，屋三为井也。每一甸之众数赋长毂一乘，马四匹，谓之乘马。十六井曰丘，四丘为甸）。"②这都是直接记述了井田制度。至于间接记载与井田制度有关的"彻""藉"等税制的文字就更多了，这与《敔敦》铭文所记："王曰：敔，命女嗣（治）土，官嗣藉田"③ 之文是一致的，"藉田"就是"藉田以力"之田，是命家臣管理公田之意。这些都说明在东周中叶以前，井田制度还没有被破坏。

如前文所指出，以井田制度为基础的封建经济结构是领主制经济。领主制经济乃是由领主经济和农奴经济两种经济成分结合在一起的一个矛盾统一体：两者是矛盾的，因为领主与农奴的关系，是一种赤裸裸的剥削关系；两者又是统一的，因为农奴必须由领主授与最主要的生产资料——授与土地，

---

① 《国语·齐语》。
② 《管子·侈靡》。
③ 吴闿生：《吉金文录》卷三。

即所谓"一夫授田百亩"，才能建立农奴的经济，而领主则必须由农奴提供无偿劳动，才能建立领主的经济。由这样一种对抗性的矛盾统一起来的封建领主制经济结构，只有在一些必要的前提条件完全具备的情况下，才能使这种既对立又统一的矛盾保持平衡，才能使整个社会经济的再生产过程正常进行。但是平衡是相对的，一旦那些必要的前提条件发生变化，就会立刻把平衡打破，使固有的矛盾尖锐起来。到东周时期，所有形成井田制度的那些必要条件，不但都在随着客观情况的改变而发生变化，而且这些变化还在产生着强烈的连锁反应，促使井田制度的内在矛盾，日益以迅猛之势向崩溃的顶点发展。

先是领主制经济固有的内在矛盾，到了东周时期日益陷进一种无可克服的绝境。这主要是：一方面，直接生产者是以不自由的身份出现的，他们的必要劳动和剩余劳动，在时间上和空间上都是截然分开的，他们的被剥削是表现得一清二楚的。因此，直接生产者在给领主服劳役时，他们的生产积极性是很低的。他们虽然已经不像奴隶那样，以毁坏工具和虐待牲畜等报复行为来发泄怨愤，但也是尽可能地采取各种形式的消极怠工，来减轻他们的劳动负担。这一点，中国古人也早已看出：

> 今以众地者，公作则迟，有所匿其力也（注：迟，徐也；迟用其力而不勤也），分地则速，无所匿迟也（注：分地，独也。……获稼穑，则入己，分而有之，各自欲得，疾成，无藏匿，无舒迟也）。[①]

由此可知领主使用农奴的无偿劳动来经营公田，由于农奴"有所匿其力"，劳动生产率是非常低的。另一方面，领主经济又是依靠农奴来经营的，领主经济的存在是以农奴经济的存在为条件的，要保证领主自己经济的再生产过程能够顺利进行，就不能把农奴经济的再生产过程打断，因为不仅领主的公田要用农奴的劳动力、牲畜、工具等来经营，而且领主在其他经济活动中或日常生活中所需要的一切劳役，无一不是由农奴来负担。因此，要使农奴能够继续不断地提供无偿劳役，就必须保证农奴经济的相对稳定，因而就不能不把自己对农奴的剥削限制在一定的限度之内，超过这个限度，不仅破

---

① 《吕氏春秋·审分》。

坏了农奴经济，而且也就破坏了自己的经济。

领主经济主要是建立在公田制度之上的，使用农奴的无偿劳役而获得的公田收获物，是领主收入的主要来源。在公田的劳动生产率不高和领主对农奴的剥削又受有一定限制的情况下，领主阶级的情况则正在向相反的方面发展，即他们的开支愈来愈庞大，因而增强剥削的欲望也愈来愈强烈。这是由于：

第一，随着领主阶级本身的繁衍增殖，人数愈来愈多，因而他们的采地也就愈分愈小，因为根据封建礼法，要求"天子有田以处其子孙，诸侯有国以处其子孙，大夫有采以处其子孙，是谓制度"①。在领主阶级本身不断膨胀的同时，为他们服务的扈从、家臣等寄生阶级也跟着增长，造成"古者天子千官，诸侯百官②"的结果。豢养如此众多的大小官吏，领主阶级必须付出一笔巨大的开销。

第二，西周的封建社会，还处于自然经济占支配地位的时代，人们所生产的主要是供自己消费的使用价值，而不是用以积累财富的交换价值，在以生产使用价值为目的时，人们为其自身或大或小的需要所限制，还不会对剩余价值产生无限的贪欲。特别是在商品经济没有发达以前的纯自然经济的结构中，人们的消费欲望也受着生产条件的限制，在"不见可欲，使心不乱"的简单经济生活中，没有扩大消费欲望的外来刺激。没有发达的商品经济，也就不可能有发达的货币经济，从而也就没有以货币形态无限制积累财富的物质条件。这样，在以上述种种为前提的情况下，过多的剥削既是不可能的，也是不必要的。进入东周以后，这些情况便都彻底地和迅速地改变了，因为东周是中国古代商品经济开始发展的时期（详见下章），所有商品生产和发展了的商品流通——商业，都在大量地和迅速地发展着。这时专业化的手工业在为封建贵族们制造着华美的服饰、昂贵的甲胄、犀利的武器、精致的什物等，这就是古人所概括的"雕文刻镂、锦绣纂组"。特别是由于有了"负任担荷，服牛轺马，以周四方[1]"③的专业化商业，能够使"羽旄不求而至，竹箭有余于国，奇怪时来，珍异物聚"④，过去闻所未闻、见所未见的"陇蜀之丹漆旄羽（应作丹砂毛羽），荆扬之皮革骨象，江南之楠[2]梓竹箭，燕齐

---

① 《礼记·礼运》。
② 《荀子·正论》。
③ 《国语·齐语》。
④ 《管子·小匡》。

之鱼盐旃裘，兖豫之漆丝绨[3]纻"[4]①，以及玉、石、丹沙、犀、玳瑁、珠玑、齿革等②，这时都纷华靡丽地呈现在眼前，使富有的人们既可以提高物质生活的享受，也可以提高精神生活的享受。更具体地说，通过商业，既可以获得精美的物质供应，又可以炫耀阔绰的排场和煊赫的声势，这就是司马迁所说："耳目欲极声色之好，口欲穷刍豢之味，身安逸乐，而心夸矜势能之荣使。"③ 在日益增多的奢侈品、便利品的强烈刺激下，领主阶级的消费欲望是大大地增长了，但是他们的购买力却没有随着欲望的增长相应地增长起来。在商品交换中，不可能有不出卖的购买，现在的购买是由先行的出卖构成的。在市场上只有具有购买力的需要才是有效需要。领主阶级的购买力主要来自公田的收入，而这种固定收入，是远不足以适应这种新的要求的，并且商品经济愈发展，这种收支之间的矛盾也就愈尖锐。事实已经很清楚，不改变剥削方式，这个矛盾是无法解决的。但是要改变剥削方式，就必须先改变土地制度，因为井田制度正是为了实现那种剥削方式而形成的一种土地制度。

第三，战争的频繁和军费的浩大，是促成剥削方式和土地制度发生变化的一个重要因素。进入东周以后，从一开始就为后来的长期战乱埋伏下火种："平王之时，周室衰微，诸侯强并弱，齐、楚、秦、晋始大，政由方伯。"④ 从此便开始了一个干戈扰攘、争战不休的时代，所有列国诸侯之间和不同部族之间的互相吞并，各国内部的宗族内哄和卿大夫的篡夺等大大小小的战争，连绵不断，愈演愈烈。这样的大混乱局面实际上是从春秋开始的，司马迁曾总结其情况说："春秋之中，弑君三十六，亡国五十二，诸侯奔走不得保其社稷者不可胜数。"⑤ 所以《孟子》说："春秋无义战"⑥；又说："五霸者，搂诸侯以伐诸侯者也。"⑦ "搂诸侯以伐诸侯"的目的，就是灭人宗社，夺人土地，把别人的封地并入自己的采邑，以壮大自己的政治和经济力量。到了战国年间，更是进入了一个弱肉强食、以大并小的时代，成为"有国强者或并群小以臣诸侯，而弱国或绝祀而灭世"⑧。所以在战国年间，到处是"争地以

---

① 《盐铁论·本议》。
② 参见《史记》卷一百二十九，《货殖列传》。
③ 《史记》卷一百二十九，《货殖列传》。
④ 《史记》卷四，《周本纪》。
⑤ 《史记》卷一百三十，《太史公自序》。
⑥ 《孟子·尽心下》。
⑦ 《孟子·告子下》。
⑧ 《史记》卷三十，《平准书》。

战，杀人盈野；争城以战，杀人盈城"①，战祸十分酷烈。经过长时期的互相吞并，列国诸侯能够幸存下来的已为数不多，《墨子》说："古者天子之始封诸侯也，万有余，今以并国之故，万国有余皆灭。"② 专以周代而论，在西周初年，所有残存的旧部族和新封的诸侯，据后人考证共有一千八百多国，到东周初年时，尚余一百七十余国，其名称犹屡见于《春秋》经传；但到了东周中叶时，就只剩下十几个大国了，据《史记》所载，当时仍能独立称雄的强大诸侯为鲁、齐、晋、秦、楚、宋、卫、陈、蔡、曹、郑、燕、吴③。到了战国，继续在纵横捭阖、日以兵戎相见的仅余七国，最后又尽被秦一国所吞并，正如《吕氏春秋》所云："周之所封四百余，服国八百余，今无存者矣。"④ 可见终东周一代，在列国诸侯之间和各个不同部族之间，一直在进行着生死搏斗和国力较量，迫使各国的封建领主，无论是为了进攻别人，还是为了保卫自己，都不得不奉行富国强兵之策，也就是不得不用尽[5]自己的一切力量来加强国防，做到"足食足兵"，于是"军旅之费"遂成为诸侯列国的一笔最大的开销，也是领主阶级收支之间的一个最大的矛盾，而这个矛盾更非公田的固定收入所能解决，可见这时井田制度和农奴制剥削已经完全不能适应新的客观形势的需要了。这一情况，遂成为促使剥削方式和土地制度不得不变革的一个更为直接的因素。

（二）农业生产力的发展与人口的增殖

井田制度系产生在农业生产力不高、人口相对稀少和土地相对过剩的时代。因为井田制度是一种计口授田的土地制度，所以只有具备了这三方面的条件时，才有实行的可能。制度本身要求领主必须把自己所领有的土地，以份地形式分配给附属于自己的每一个成年劳动者（农奴），并把他们编制在一个集体的耕作单位——井田——中。其编制办法是：井方一里，"八家共之，各受私田百亩，公田十亩，是为八百八十亩，余二十亩以为庐舍"⑤。但既然是计口授田，而土地的肥瘠又不可能相同，所以在具体分配土地时，便不得不根据土地肥瘠程度的不同而分为上、中、下三等，使各人所得，皆截

---

① 《孟子·离娄上》。
② 《墨子·非攻下》。
③ 参见《史记》卷十四，《十二诸侯年表》。
④ 《吕氏春秋·观世》。
⑤ 《汉书》卷二十四上，《食货志》。

长补短，互相搭配，而不致厚此薄彼。"不患寡，而患不均"，保持"均等"是封建礼法的基本原则，从制度上应该要求"力役生产，可得而平"①。这与欧洲庄园制度的土地分配办法是同一道理：它把耕地划为长条，各人所得又纵横交错，就是根据均等原则，使各人的份地在肥瘠程度上和远近距离上，都大致相等。井田制度的分配办法是："民受田，上田夫百亩，中田夫二百亩，下田夫三百亩"；"农民户人已受田，其家众男为余夫，亦以口受田如比（师古曰：比，例也）"②。区分土地上、中、下等级的标准是："岁耕种者为不易上田；休一岁者为一易中田；休二岁者为再易下田。"③ 这些记载虽然是出于后人的追述，但是与封建土地制度的基本情况和客观经济规律所要求的情况，都是完全符合的。封建领主在获得领地——采邑之后，既不得不迫使原来的居民为其耕种，就不得不实行与其剥削方式相适应的一种土地分配制度，好使每一个实际生产者都能在均等的机会下来"力役生产"。

计口授田的土地制度之所以能够实行，是因为在西周时期人口还是相当稀少的，不用说分封在僻远地方的诸侯封地是"斩之蓬蒿藜藿而共处之"，"筚路蓝缕，以处草莽"，甚至是"狐狸所居，豺狼所嗥"，几乎还都是无人之区；就是在中原地区立国的旧部族和新诸侯，其采邑之内也是土旷民稀。这就是为什么在西周初年进行大封建时，除了赐以采地外，还要把原来土地上的居民作为附庸，连带赐予。《诗》称周公封鲁是："锡之山川，土田附庸。"④ 附庸中除包括"殷民六族"外，系"因商奄之民，而封于少皞之虚"⑤。终西周一代，一直在贯彻这个政策，例如到西周末年宣王封申伯于谢时，即仍在实行传统的办法：

　　王命申伯，式是南邦。因是谢人，以作尔庸。王命召伯，彻申伯土田。王命傅御，迁其私人。⑥

可见在分封诸侯时，"授民"与"授土"同等重要，甚至比"授土"更重要，所以在周初封周公于鲁和康叔于卫时，都在举行庄严的封建仪式时，

① 《汉书》卷二十四上，《食货志》。
② 《汉书》卷二十四上，《食货志》。
③ 《汉书》卷二十四上，《食货志》。
④ 《诗·鲁颂·閟宫》。
⑤ 《左传》定公四年。
⑥ 《诗·大雅·嵩高》。

由"聃季授土，陶叔授民"①。可见民也和土一样，是由最高所有者分封赐予的，被分封的领主为了保证自己的采邑内有足够的劳动力，遂不得不一方面授予原来的居民一定数量的土地，使之借以建立其自己的经济；另一方面，又必须把他们固着在土地上，据以建立一种特殊的依附关系，亦即使原来的居民农奴化。这正是农奴制度的产生根源。没有足够的土地来实行计口授田，农奴制度是无从建立的。换言之，土地的相对过剩，大量空闲土地的存在，是农奴制度赖以形成的历史条件。

有大片的土地而不加开垦，不用于耕种，使之保留着原始的自然状态，这本身就是农业生产力不发达的表现。在生产工具还相当原始时，征服自然的力量是有限的，又由于人口不多，获得生活资料的压力不是很大，因而开辟过多的耕地，既是不可能的，也是不必要的。所以不论在井田制度中还是在庄园制度中，都保留有大片的不加利用的草地、牧场、森林、荒野等。这种状况，并不是消极地在听任自然摆布，而实是根据生产和生活的需要，配合着一定数量的耕地而进行的一种合理安排。

在土地的耕作方法上也表现了相同的情况。西周的井田制度也像欧洲的庄园制度一样，都是实行三田制的轮耕方法。这是在农业发展史上一个不可逾越的必经阶段，各个国家或民族差不多都或先或后地经历过这样的一段历史。实行轮耕的前提条件，其一是有充足的土地，即有足够多的土地可资轮换；其二是人口不多，当每年有一半或超过一半的耕地休闲不耕而仍然能生产出所需的生活资料。所以，实行二田制或三田制的轮耕方法，只有在土旷人稀的情况下才是可能的，也只有在生产力不高的情况下才是必要的。

到了东周时期，所有上述的两个前提条件都彻底改变了。先是人口有了大量的增加。不但在开发较早的经济区如"三河"地带，由于一直是历代"主者所更居也，建国各数百千岁"，是"都国诸侯所聚会"，以致成为"土地小狭，民人众"②；就是在僻远地方建国的诸侯列国，这时也不再需要"除翦其荆棘，驱其狐狸豺狼"③了，也都成为人烟稠密的所在，相对于土地而言，也同样成为"土地小狭，民人众"了。

造成人口大量增加的原因，不外：

---

① 《左传》定公四年。
② 《史记》卷一百二十九，《货殖列传》。
③ 《左传》襄公十四年。

　　第一，自然繁殖。在西周三百多年的封建社会中，没有特别严重的和频繁发生的天灾人祸，广大人民基本上是在过着平静的农村生活，尽管农民都在受着领主阶级的剥削，但是由于领主制经济有其本身的特点，在客观的经济规律支配之下，使领主对农奴的剥削不能超过一定的限度。换句话说，客观的经济规律要求领主阶级在保证自己经济的再生产过程不被打乱时，还必须保证农奴经济的再生产过程能顺利进行。把这两方面的关系总括起来，就是马克思所说的"旧封建制度给予人们一切生存保障"①。这种"生存保障"借用《孟子》的话来说，就是"制民之产，必使仰足以事父母，俯足以畜妻子，乐岁终身饱，凶年免于死亡"②。这完全是客观的经济规律所要求的，而不是由任何人的主观意图所决定的。人们生活在一个相当安定并有一定"生存保障"的生活环境中，人口的自然繁殖是相当迅速的，甚至是成倍地在增长，而由此造成的人、地关系的矛盾，也一天一天地尖锐起来。到了战国年间，矛盾的尖锐性已经表面化，逐渐发展成为一个严重的社会问题，所以早在战国年间便产生了与马尔萨斯学说颇相类似的人口理论：

　　　　古者丈夫不耕，草木之实足食也；妇人不织，禽兽之皮足衣也。不事力而养足，人民少而财有余，故民不争。……今人有五子不为多，子又有五子，大父未死而有二十五孙，是以人民众而货财寡，事力劳而供养薄，故民争……③

　　这种情况，到了东周的中期和后期，已经不是个别地区的特有现象，而是当时全国各地的普遍现象了。例如：

　　　　子适卫，冉有仆。子曰：庶矣哉！冉有曰：既庶矣，又何加焉？曰：富之。④
　　　　夏后殷周之盛，地未有过千里者也，而齐有其地矣；鸡鸣狗吠相闻，而达乎四境，而齐有其民矣。⑤

① 《资本论》第一卷，人民出版社一九七五年版，第七八三页。
② 《孟子·梁惠王上》。
③ 《韩非子·五蠹》。
④ 《论语·子路》。
⑤ 《孟子·公孙丑上》。

〔苏秦〕又说魏襄王曰：大王之地……地方千里。地名虽小，然而田舍庐庑之数，曾无所刍牧。人民之众，车马之多，日夜行不绝，輷輷殷殷，若有三军之众。[①]

纵横家之言虽难免有所夸张，但是与魏王面谈魏国的当前情况，实不能与事实相左，更不能凭空杜撰。果如所言，则魏国人烟稠密之状竟已达到"田舍庐庑之数"相连，致"无所刍牧"，境内道路上也是"人民之众，车马之多"，熙来攘往，有如行军。齐国也是闾阎栉比，衡宇相望，千里之内到处是"鸡鸣狗吠相闻，而达乎四境"。这些情况，都可以作为"土地小狭，民人众"的一个具体写照。人口的自然繁殖，出现如韩非所指出的那样以倍数增长的趋势，是完全可能的。

第二，实施奖励政策。如上文所指出，东周——特别在其后期处于一个战争频繁、互相吞并、弱肉强食的时代，列国诸侯不论是为了进攻还是为了防御，都必须加强国防力量，而人口的多寡与一国兵力的强弱又直接相关。关于两者的必然关系，战国时诸子曾多所论述，例如，《墨子》说："备者国之重也，食者国之宝也，兵者国之爪也，城者所以自守也，此三者国之具也。"[②]《管子》说："地之守在城，城之守在兵，兵之守在人，人之守在粟，故地不辟则城不固。"[③] 可见要增强兵力，就必须增加人口，人不多，则兵就不可能强；如兵源缺乏，员额有限，则覆灭可计日而待。因此，列国诸侯无不锐意奖励人口。

奖励人口增殖的办法之一，是奖励生育。这是一种长期的战略措施，也是从根本上解决人口稀少问题的办法。这个政策在春秋时期列国即在推行，而尤以越国贯彻最力，采取的办法也比较有效：

〔句践〕曰：寡人闻古之贤君，四方之民归之，若水之归下也。今寡人不能，将帅二三子夫妇以蕃。令壮者无取老妇，令老者无取壮妻。女子十七不嫁，其父母有罪；丈夫二十不娶，其父母有罪（韦注：礼，三十而娶，二十而嫁。今不待礼者，务育民也）。将免者以告，公令医守之。生丈夫，二壶酒，一犬；生女子，二壶酒，

---

① 《史记》卷六十九，《苏秦列传》。
② 《墨子·七患》。
③ 《管子·权修》。

一豚。生三人，公与之母（韦注：乳母也）；生二人，公与之饩。①

句践的办法，实际上列国都在采用，所以《墨子》说："孰为难倍？唯人为难倍，然人有可倍也。昔圣王为法曰：丈夫年二十，不敢毋处家；女子年十五，毋敢不事人，此圣王之法也。"② 打破传统的封建礼法，提早男女的结婚年龄，是增加人口的一个根本办法。

奖励增加人口的办法之二，是招徕移民。奖励生育虽是增加人口的一个根本的战略措施，但是收效缓慢。在战争纷繁的时代，列国诸侯既急需扩充兵源，以求"足兵"，又急需增加劳力，去"力役生产"，以求"足食"。大家从实际斗争中都已明确知道"城之守在兵，兵之守在人，人之守在粟"的相互关系，所以通过奖励生育的办法来等待人口的自然增长，实有远水不救近火之嫌，于是列国诸侯便都不约而同地采取了招徕移民的办法，即都在以各种的优待办法把别国的现成人口招引到本国来。例如：

> 梁惠王曰：寡人之于国也，尽心焉耳矣。河内凶，则移其民于河东，移其粟于河内；河东凶亦然。察邻国之政，无如寡人之用心者，邻国之民不加少，寡人之民不加多，何也？③

秦国采用的办法更具体、更有效：

> 今王发明惠，诸侯之士来归义者，今使复之三世，无知军事；秦四竟（境）之内，陵阪丘隰，不起十年征（赋也），者（同著）于律也。足以造作夫百万。曩者臣言曰：意民之情，其所欲者田宅也，晋之无有也信，秦之有余也必。若此而民不西者，秦士戚而民苦也。今利其田宅，而复之三世，此必与其所欲，而不行其所恶也。然则山东之民无不西矣。④

《徕民》篇虽然不是商鞅的著作，是在他死后由他的追随者拟作的，但

---

① 《国语·越语上》。
② 《墨子·节用上》。
③ 《孟子·梁惠王上》。
④ 《商君书·徕民》。

是文中所涉及的问题，却是东周列国所一致奉行的政策。这段文献，正是向秦王建议，应优待移民，给予田宅，免除三世徭役和赋税，不服兵役，用以招徕三晋移民，到秦国来作耕种土地的"作夫"，然后把秦人替换下来，使之专门从军打仗。这样，既补充了农业中的劳动力，又扩充了兵源。

总之，随着人口的自然繁殖，随着列国诸侯的有计划地奖励生育和招徕移民，东周时期遂成为古代人口的大量增加时期。人口增多之后，就改变了人、地关系，使土地相对地变为狭小，在"土地小狭，民人众"的情况下，计口授田的土地制度，事实上已经无法实行，井田制度不得不废止了。所以人口的增长，实是破坏井田制度的直接因素之一。特别是移民的出现，更标志着农奴制度的消灭，因为如果农奴制度还继续存在，农民还都被固着在土地上，并有一定形式的依附关系，他们是没有离开土地的自由的。

人口的增加，一方面是农业生产力发展的结果，另一方面，又是促使农业进一步发展的动力。东周时期，农业生产力的大量发展，另有其本身的各种原因，其具体情况当于下章论述。单从人口一方面来看，增加了人口，就必须相应地增加粮食供应，没有相辅而行的农业发展，大量增加人口是不可能的。同时，增加了人口，也就增加了劳动力；而增加了农业的直接生产者，乃是促使农业发展的一个直接因素，这在当时也是一个重要的战略措施，因为"足兵"必须伴随着"足食"，两者是不可分的，即所谓"兵之守在人，人之守在粟"。为了"足食"，必须把旧的土地制度打破，尽量把耕地面积扩大，把过去闲置不耕的土地利用起来。

这样，在生产力发展之后，旧的生产关系必然要被打破，也终于被打破了。

（三）领地的争夺与剥削的加强

随着上述一系列情况的发展，领主阶级增加消费的欲望愈来愈强烈，军费的开销愈来愈浩大，足食足兵的要求愈来愈急迫，这时领主阶级所面临的收入与支出之间的矛盾，遂愈来愈尖锐。在还没有找到适当途径以彻底改变农奴制剥削和与之相应的井田制度以前，领主阶级只能在原来的经济结构之内，就现行的经济制度实行一些弥缝补救之策，以救燃眉之急，使尖锐的矛盾暂时缓和一下；其中有的简直无异于饮鸩止渴，不但没有解决问题，反而使固有的矛盾更加尖锐。

当时领主阶级所面临的主要矛盾，是在农奴制剥削和与之相应的井田制度下，以剥削劳役地租为主的和数量固定的公田收入，实远远不足以应付领主阶级日益庞大的开支，特别是井田制度的土地利用和耕作方法，严重阻碍着农业的发展，不能适应由足食足兵以达到富国强兵的紧迫需要。领主阶级在迫切的需要面前，先会认识到，粮食的供应不足，是由于产量有限；产量不多，是由于能耕的土地太少。很显然，在现有的制度下，要想增多粮食产量，提高粮食供应，除了扩大领地以增加耕地面积外，实别无有效办法，这是他们从当时的客观形势中，能够得出的唯一合乎逻辑的结论。

列国诸侯和卿大夫都各有自己的世袭采邑，都各守着自己固有的封疆。此疆尔界，地各有主，哪里也没有荒闲无主之田，可供贪婪的领主再一次去筚路蓝缕，以启山林，来重新开拓领地。所以，除了抢夺别人的领地外，谁也没有扩大领地的可能。然而客观的经济形势和上述一系列的迫切需要，又促使领主阶级不顾一切地去进行领地争夺。这是造成春秋战国时代长期社会动乱的重要原因之一。

领主相互间进行土地争夺，在东周初年即已开始。最初还通过协商办法，在两利的条件下，根据对等原则，互相交换领地。例如鲁隐公八年（即周桓王五年，公元前七一五年），"郑伯请释泰山之祀而祀周公，以泰山之祊易许田"[1]。《史记》载称："许田，天子之用事太山田也。"《正义》引杜预曰："成王营王城，有迁都之志，故赐周公许田，以为鲁国朝宿之邑，后世因而立周公别庙焉。郑桓公友，周宣王之母弟，封郑，有助祭泰山汤沐邑在祊。郑以天子不能复巡狩，故欲以祊易许田，各从本国所近之宜也。"[2] 但是，采取这种和平协商的办法来互换领地，还是春秋初年时的情况，而且类似的事件也不多，一般都是强行夺取，多数还是使用武力或以武力相威胁。由于这是当时政治上和社会上的大事，所以在东周的文献中有关这一类的记载非常多，这里特选录一些，作为例证，并按时间顺序加以排列，可以看出列国之间的土地争夺一直是有增无减：

> 王取邬、刘、芴、邘之田于郑，而与郑人苏忿生之田：温、原、絺、樊、隰郕、欑[6]茅、向、盟、州、陉、隤、怀。[3]

---

① 《左传》隐公八年。
② 《史记》卷四，《周本纪》。
③ 《左传》隐公十一年。

初，公傅夺卜齮[7]田，公不禁。①

〔晋侯〕执曹伯，分曹、卫之田以畀宋人。②

八年（公元前六一九年）春，晋侯使解扬归匡、戚之田于卫，且复致公婿池之封，自申至于虎牢之境。③

六月，齐人取济西之田，为立公故，以赂齐也。④

冬十一月，郑公孙申帅师疆许田，许人败诸展陂。郑伯伐许，取鉏[8]任泠敦之田。⑤

楚围宋之役，师还。子重请取于申、吕以为赏田，王许之。⑥

八年（公元前五八三年）春，晋侯使韩穿来言汶阳之田，归之于齐。⑦

六月，晋讨赵同、赵括。〔赵〕武从姬氏畜于公宫。以其田与祁奚。⑧

晋郤至与周争鄇田（注：鄇，温别邑），王命刘康公、单襄公讼诸晋。郤至曰：温，吾故也，故不敢失。⑨

十六年（公元前五七五年）春，楚子自武城使公子成，以汝阴之田求成于郑。⑩

初，子驷为田洫，司氏、堵氏、侯氏、子师氏皆丧田焉（注：洫，田畔沟也。子驷为田洫以正封疆，而侵四族田），故五族聚群不逞之人，因公子之徒以作乱。⑪

六月，公会晋赵武、宋向戌、郑良霄、曹人于澶渊以讨卫，疆戚田。取卫西鄙懿氏六十以与孙氏（注：取田六十井也）。⑫

二月庚申，楚公子弃疾迁许于夷，实城父，取州来淮北之田以

---

① 《左传》闵公二年。
② 《左传》僖公二十八年。
③ 《左传》文公八年。
④ 《左传》宣公元年。
⑤ 《左传》成公四年。
⑥ 《左传》成公七年。
⑦ 《左传》成公八年。
⑧ 《左传》成公八年。
⑨ 《左传》成公十一年。
⑩ 《左传》成公十六年。
⑪ 《左传》襄公十年。
⑫ 《左传》襄公二十六年。

益之。伍举授许男田。然丹迁城父人于陈，以夷濮西田益之。迁方城外人于许。①

晋韩宣子卒，魏献子为政。分祁氏之田以为七县，分羊舌氏之田以为三县。②

士景伯如楚，叔鱼为赞理。邢侯与雍子争田，雍子纳其女于叔鱼以求直。及断狱之日，叔鱼抑邢侯，邢侯杀叔鱼与雍子于朝。③

范宣子与和大夫争田，久而无成。宣子欲攻之……④

二年（公元前四九三年）春，王二月，季孙斯、叔孙州仇、仲孙何忌帅师伐邾，取漷东田，及沂西田。⑤

齐将攻鲁，鲁使子贡说之，齐人曰：子言非不辩也，吾所欲者土地也，非斯言所谓也。遂举兵伐鲁，去门十里以为界。⑥

从上引文献可以看出，在整个春秋时期的二百四十多年当中，领主阶级对土地的争夺一直在激烈地进行着，这样，旧的土地制度事实上已经无法维持了。到了战国年间，更是进入一个"篡弑取国者为王公，圉夺成家者为雄桀"⑦的时代，列国诸侯更是天天在进行着争地争城的杀人战争，把对土地的争夺发展到狂热程度。事实上在春秋后期，土地制度已经发生了变化，所以战国年间列国诸侯之间的土地争夺，政治目的已经远远超过了经济目的，即主要是为了开疆拓土，兼并诸侯，而不再是为了扩大耕地面积了。这种情况，孟子曾一针见血地指出：

[齐宣王曰：]将以求吾所大欲也。曰：王之所大欲可得闻与？王笑而不言。曰：为肥甘不足于口与？轻暖不足于体与？抑为采色不足视于目与？声音不足听于耳与？便嬖不足使令于前与？王之诸臣皆足以供之，而王岂为是哉？曰：否！吾不为是也。曰：然则王之所大欲

---

① 《左传》昭公九年。
② 《左传》昭公二十八年。
③ 《国语·晋语九》。
④ 《国语·晋语八》。
⑤ 《春秋》哀公二年。
⑥ 《韩非子·五蠹》。
⑦ 《汉书》卷九十一，《货殖传序》。

可知已（矣），欲辟土地，朝秦楚，莅中国，而抚四夷也。①

    领主阶级对土地的争夺，虽曾由于扩大了领地，增加了耕地面积，使当时日益尖锐的矛盾暂时有所缓和，但是不旋踵就又使矛盾变得更加尖锐，因为无休止的领地争夺，关系着各国的生死存亡，促使列国诸侯必须拿出更大的力量来加强进攻和防御，结果使收支之间的矛盾又进一步尖锐起来。

    领主阶级除了采取上述的办法来暂时解决收支之间日益尖锐的矛盾外，其可能采取的另一办法，也是很自然地会采取的一种办法，就是在现行剥削方式的基础上尽可能地把剥削率提高，从农民身上榨取更多的东西。特别是由于这时期商品经济又有了进一步的发展，领主阶级的奢侈欲望比过去大大提高了。领主阶级为了满足不断增多的奢侈需要，在别无财源可以开辟时，亦只有用加强剥削的办法来得到满足，完全如《墨子》所说：

    当今之主，其为宫室……必厚作敛于百姓，暴夺民衣食之财，以为宫室台榭曲直之望，青黄刻镂之饰。为宫室若此，故左右皆法象之，是以其财不足以待凶饥赈孤寡，故国贫而民难治也。……当今之王，其为衣服……必厚作敛于百姓，暴夺民衣食之财，以为锦绣文采靡曼衣之，铸金以为钩，珠玉以为珮，女工作文采，男工作刻镂。……厚作敛于百姓，以为美食刍豢蒸炙鱼鳖，大国累百器，小国累十器，美食方丈，目不能遍视，手不能遍操，口不能遍味。……必厚作科敛于百姓，以饰舟车，饰车以文采，饰舟以刻镂。女子废其纺织而修文采，故民寒；男子离其耕稼而修刻镂，故民饥。②

    商品经济愈发展，这种情况也就愈严重。我们在上文曾经屡屡指出，在领主制经济的结构中，领主对农奴的剥削必须保持在一定的限度之内。超过这个限度，不仅要破坏农奴经济，而且也连带要破坏领主自己的经济，这是由客观的经济规律所决定的。但是原则上的必要性并不保证一定会成为现实，领主阶级的王公贵族们在迫急的需要面前，往往不顾自己的长远利益，而不惜杀鸡取卵，得过且过。这样做的结果，必会引起农民的不平和反抗。这种

---

① 《孟子·梁惠王上》。
② 《墨子·辞过》。

情况在西周末年时即已开始，所以在《诗经》中还保留了一些被剥削者的不平之鸣和对领主阶级的强烈谴责。例如：

> 肃肃鸨翼，集于苞棘。王事靡盬，不能蓺黍稷，父母何食？悠悠苍天，曷其有极。①

这只是由于服徭役过多，妨碍了农民的正常生产，使农民不能仰事俯畜，以适当地维持生存。这显然是把旧封建制度所给予人们的生存保障开始破坏了，所以引起了农民的不平之鸣。下引两诗，则是对领主阶级的残酷剥削所进行的强烈谴责：

> 彼有旨酒，又有嘉肴。洽比其邻，昏姻孔云。念我独兮，忧心殷殷[9]。佌佌彼有屋，蔌蔌方有穀，民今之无禄，天夭是椓。哿矣富人，哀此惸独。②
> 不稼不穑，胡取禾三百廛兮？不狩不猎，胡瞻尔庭有县貆兮？彼君子兮，不素餐兮！③

领主阶级的残酷剥削，在春秋时期已经是"民参其力，二入于公，而衣食其一。公聚朽蠹，而三老冻馁。……民人痛疾"④。社会的贫富两极化已十分鲜明：剥削者是旨酒嘉肴，被剥削者是三老冻馁。故《伐檀》一诗所提出的质问是非常尖锐的：你们不稼不穑凭什么取禾三百廛？你们不狩不猎为什么庭有悬貆？这是抗议，也是斗争。当农奴被剥削到不能正常地进行再生产时，只有放弃土地经营，离开所属的采邑，远走高飞，去另觅生活之道：

> 硕鼠硕鼠，无食我黍。三岁贯女，莫我肯顾。逝将去女，适彼乐土。乐土乐土，爰得我所。
> 硕鼠硕鼠，无食我麦。三岁贯女，莫我肯德。逝将去女，适彼乐国。乐国乐国，爰得我直。

---

① 《诗·唐风·鸨羽》。
② 《诗·小雅·正月》。
③ 《诗·魏风·伐檀》。
④ 《左传》昭公三年。

碩鼠碩鼠，无食我苗。三岁贯女，莫我肯劳。逝将去女，适彼乐郊。乐郊乐郊，谁之永号。[①]

剥削的残酷程度已达到了完全打破农奴经济的再生产的程度，并迫使他们不得不放弃土地，离开农村，这说明领主制经济和作为它的基础的井田制度，已经濒临崩溃了。到了战国年间，从表面上看来，剥削的残酷程度还依然如故，即一方面是"庖有肥肉，厩有肥马"，另一方面是"民有饥色，野有饿莩"[②]。但是实质上，这种剥削不仅仅是增加了剥削强度，而是改变了剥削的性质。当时社会经济的基本情况之所以普遍成为"今也制民之产，仰不足以事父母，俯不足以畜妻子，乐岁终身苦，凶年不免于死亡，此惟救死而恐不赡"[③]，是因为"旧封建制度给予人们的一切生存保障"，这时已经不存在了，社会变成了"此率兽而食人也，为民父母行政，不免于率兽而食人，恶在其为民父母也"[④]。"生存保障"之所以消失，是因为旧封建制度赖以建立的基础即井田制度，这时已经消失了。从战国年间开始的以土地买卖为基础而建立起来的土地私有制度，和与之相适应的地主制经济（详见下文），使剥削关系和剥削方式都彻底改变了。经济结构和剥削方式既已改变，经济规律的性质和发生作用的方式也就完全不同了。过去在领主制经济中，由客观经济规律所限制的剥削强度，这时不但完全消失，而且变成了它的反对物，即地主制经济的客观经济规律，要求尽可能地加强剥削。

残酷的剥削必然引起农民的反抗和斗争。《墨子》说："富贵者奢侈，孤寡者冻馁，欲无乱，不可得也。"[⑤] 又说："僻淫邪行之民，出则无衣也，入则无食也。……是以盗贼众而治者寡。"[⑥]《荀子》说："王公则病不足于上，庶人则冻馁羸瘠于下，于是焉桀纣群居，而盗贼击夺以危上矣。"[⑦] 被剥削的农民最初还都抱着幻想，以为逃出自己所属的采邑，离开剥削自己的领主，远走高飞，到外地总可以找到"乐土"或"乐国"；及至走出樊笼，才知道天下乌鸦一般黑，到处都面临着饥饿和死亡的威胁，哪里也不是乐园或净土。

---

① 《诗·魏风·硕鼠》。
② 《孟子·梁惠王上》。
③ 《孟子·梁惠王上》。
④ 《孟子·梁惠王上》。
⑤ 《墨子·辞过》。
⑥ 《墨子·节葬下》。
⑦ 《荀子·正论》。

特别是在战国年间，农民除了遭受残酷的剥削外，又遭受到一种新的更为强大的冲击，就是随着土地买卖和土地私有制度的确立而俱来的土地兼并，在"富者田连阡陌，贫者无立锥之地"的两极分化的情况下，失去土地的农民，除了一部分变为佃农，继续忍受着更为残酷的剥削外，有的便"亡逃山林，转为盗贼"①，进行分散的反抗和斗争，即上引《荀子》所谓"盗贼击夺以危上"。他们的斗争方法当然还是十分原始的，也不可能不是原始的：

> 天下之百姓，皆以水火、毒药相亏害。②
> 又与（如）今之贱人，执其兵刃、毒药、水火以交相亏贼。③
> 民之为淫暴寇乱盗贼，以兵刃、毒药、水火退无罪人乎道路率径，夺人车马衣裘以自利者并作。④

另一种斗争方法是偷坟掘墓，以劫取统治阶级埋葬的财宝。因为当时厚葬之风极盛，《吕氏春秋》说："国弥大、家弥富、葬弥厚，含珠鳞施（注：含珠，口实也；鳞施，施玉于死者之体，如鱼鳞也）。夫玩好货宝，钟鼎壶滥（注：以冰置水浆于其中为滥，取其冷也），舆马衣被戈剑不可胜其数，诸养生之具无不从者，题凑之室，棺椁数袭，积石积炭，以环其外，奸人闻之，传以相告，上虽以严威重罪禁之，犹不可止。"⑤"于是乎聚群多之徒，以深山广泽林薮扑击遏夺，又视名丘大墓葬之厚者，求舍便居，以微掘之，日夜不休，必得所利，相与分之。"⑥ 他们之所以如此[10]，绝不是由于"惮耕稼采薪之劳，不肯官人事（不肯居官循治人事也），而祈美衣侈食之乐，智巧穷屈，无以为之"⑦，而完全是由于在残酷的剥削下，生存没有保障，"使不得耕耨以养其父母，父母冻饿，兄弟妻子离散"⑧，特别是在丧失了土地，成为贫无立锥之地的无产者，以致不得不"亡逃山林"后，而很自然地会采取的一种斗争方式。

----

① 《汉书》卷二十四，《食货志上》引董仲舒语。
② 《墨子·尚同上》。
③ 《墨子·兼爱下》。
④ 《墨子·明鬼下》。
⑤ 《吕氏春秋·节丧》。
⑥ 《吕氏春秋·安死》。
⑦ 《吕氏春秋·安死》。
⑧ 《孟子·梁惠王上》。

（四）地租形态和剥削方式的改变

上文已经指出，井田制度的剥削关系是农奴制剥削，并且也正是为了要进行农奴制剥削，才形成了以"公田"和"我私"（份地）相结合的井田制度。所以井田制度和农奴制剥削，乃是一件事物的两个侧面，是由两者结合在一起的一个不可分离的整体，存则共存，亡则并亡。具体说，当土地制度不再是井田制度时，农奴制剥削就不存在了；反之，当剥削关系不再是农奴制剥削时，土地制度也就不再是井田制度了。

井田制度残存到春秋中期，所以在春秋时期的文献中，还有一些关于井田或公田制度的记载，其情况已见上文。土地制度既然未变，则剥削关系和剥削方式当然也不会变，所以劳役地租仍然是剥削的主要形式，即到春秋后期时仍然是"小人农力以事其上"[①]。这种剥削的具体办法，就是前引马克思所说的，直接生产者以每一周的一部分时间，用实际上或法律上属于他所有的生产工具，来耕种实际上属于他所有的土地，另以每周的其他几天，无代价地在领主的土地上为领主劳动，这是以劳动的自然形态来剥削农奴剩余劳动的唯一可能的形态。这样的一种剥削关系和剥削方式，正是井田制度依以建立的基础，改变了这种剥削，井田制度就不再有存在的必要，也不再有存在的可能了。

如上文所指出，以劳役地租为主要剥削形式的农奴制剥削和与之相应的井田制度，到了东周时期，所有依以建立的一些前提条件，有的正在发生变化，有的则已经完全改变了。特别是随着领主阶级消费欲望的增长，军旅费用的浩大，从而日益加剧地扩大了的领主阶级的收入与支出之间的矛盾，随着时间的推移，日益陷入无可克服的绝境。这主要是由于劳役地租完全是从公田来实现的，而公田在每一个耕作单位（井田）中，仅占全部耕地的九分之一。所占比例本来不大，又由于"公田为居"，必须拨出一部分土地来营建井邑，即"余二十亩，共为庐舍"，使公田所占的比例又进一步缩小。这样，同井的八家，每家只负担公田十亩的劳动，即所谓"什一而藉"，这样的剥削率显然是不高的，姑不论农奴在服公田劳役时其生产积极性一般是较低的，即仅就代耕的土地数量而言，也是很少的。井邑中虽还有九分之八的农奴份地和大片公用土地——草地、牧场、森林、荒野等，但在井田制度下，

---

① 《左传》襄公十三年。

这些都不是课税对象。所以，领主收入的来源，主要是使用农奴的无偿劳役而获得的公田收获。

在上文所阐述的一系列发展变化的情况下，特别是在商品经济有了大量发展和战争日益频繁的东周时期，仅仅靠通过劳役地租而获得的一点公田收入，既不能用以满足日益增长的消费需要，更不能用以满足日益紧迫的军事需要。领主阶级在还没有找到摆脱绝境的彻底变革以前，曾试图在现行制度的基础上，以抢夺领地、增强剥削等权宜之计，来暂时缓和一下矛盾，但是，这样做的结果，反而使固有的矛盾更加尖锐。至此，以劳役地租为主要形态的旧的剥削方式，事实上已经不能不改变了。

经济上的任何发展变化，都是在客观的经济规律支配之下，沿着由具体的客观条件所规定的发展方向，从原来的基础上，向一种新的或更高的发展阶段前进，绝不可能超越历史发展的必经阶段而飞跃或跳越。即使变化是一种具有革命性的巨大变化，也只是就其产生的影响而言，变化本身仍然是前后衔接的和循序渐进的。因此，在新确立的制度中常常保留着许多旧制度的残余。地租形态的变化正是这样。劳役地租是封建剥削关系的主要形式，也是一切封建关系——从社会经济结构到意识形态——依以派生的根源。它的进一步发展，只能在这样的基础上并在尚未变更的经济规律所能许可的范围内，由劳役地租前进一步，变为实物地租（也叫作产品地租或生产物地租）。这个变化在形式上，既不是巨大的或激烈的，也不是本质的。因为地租仍然是被土地所有者剥夺去的一部分剩余劳动，发生变化的仅仅是：原来是以劳动的自然形态来支付，现在改为用劳动生产物来缴纳了。这个看来相当平凡的变化，实质上则是一个巨大的革命性变化，因为改变了地租形态，也就改变了剥削方式和与之相应的土地制度。

实物地租在性质上与劳役地租有什么不同？地租形态改变以后，产生了一些什么影响？马克思做了如下分析：

> 劳动地租转化为产品地租，从经济学的观点来说，并没有改变地租本质。……产品地租和前一形式的区别在于，剩余劳动已不再在它的自然形态上，从而也不再在地主或地主代表的直接监督和强制下进行。驱使直接生产者的，已经是各种关系的力量，而不是直接的强制，是法律的规定，而不是鞭子，他已经是自己负责来进行这种剩余劳动了。剩余生产，是指直接生产者超过本人必不可少的

需要而在实际上属于他自己的生产场所之内即他自己耕种的土地之内进行的生产，而不是像以前那样在自己耕种的土地之旁和之外的领主庄园中进行的生产，这种剩余生产，在这里已经成为一个不言而喻的常规。在这种关系中，直接生产者或多或少可以支配自己的全部劳动时间，虽然这个劳动时间的一部分（原来几乎是它的全部剩余部分）仍然是无偿地属于土地所有者；只是后者现在已经不是直接在劳动时间的自然形式上得到它，而是在它借以实现的产品的自然形式上得到它。为土地所有者的劳动所造成的非常麻烦的、根据徭役劳动的不同管理方式而程度不同地起着扰乱作用的中断……在产品地租以纯粹形式出现的地方不再发生了……生产者为自己的劳动和他为土地所有者的劳动，在时间上和空间上已不再明显分开。①

从上引马克思的分析，可以看出由劳役地租变为实物地租，虽然并没有改变地租的本质，但是这个变化所造成的影响却是极为深远的，这里先提出以下两点：

第一，地租形态改变以后，农奴对领主的封建隶属关系松弛了。在实行以劳役地租为主的农奴制剥削时，农奴是土地的附庸，是通过对土地的隶属从而产生了对领主的人身依附关系，即前引马克思所说的领主与农奴之间"必然表现为直接的统治和从属关系，因而直接生产者是作为不自由的人出现的"。这种不自由的人就是农奴。他们给领主服无偿劳役，是在领主或其管家的直接监督和强制下进行的，也就是在鞭子的驱使下进行的，这一切，正是封建关系的一种具体表现。地租形态改变以后，这些关系都不存在了。这时驱使直接生产者去劳动的，"已经是各种关系的力量，而不是直接强制，是法律的规定，而不是鞭子，他已经是自己负责来进行这种剩余劳动了"。把这一切关系总括起来说，就是农奴制度开始消灭了。

第二，直接生产者之所以能由自己负责来进行剩余劳动的生产，是因为直接生产者这时已经不再是以不自由的身份出现了，他已经成为一个独立的生产者，他自己负责提供的剩余劳动，是根据"法律的规定"，即根据契约（租约）的规定，而对地主缴纳一定数额的剩余劳动生产物。契约关系，就

---

① 《资本论》第三卷，人民出版社一九七五年版，第八九五至八九六页。

是一种法律关系，是根据法律的规定，由地主与租佃其土地的农民，依法缔结租约，然后根据租约的规定，由农民对地主支付一个固定额数的收获物，其他任何不合法的条款如超经济的剥夺和强制等，都不能规定在租约之内。所以在地租形态改变之后，农民与地主之间的关系，只是一种租佃关系，或者更具体地说，是由租约规定的一种定额支付关系。所以，实物地租的出现，就是地主制经济的开始。

在中国历史上，这个变化是从春秋中叶开始的，明确地见于记载，是公元前五九四年即鲁宣公十五年（公元前五九四年）的"初税亩"。由于这是春秋年间引起社会经济巨大变化的一个重大事件，故《春秋》经、传皆有记载：

> 初税亩（注：公田之法，十取其一，今又履其余亩，复十收其一。故哀公曰：二，吾犹不足。遂以为常，故曰初）。[1]
>
> 初税亩，非礼也。谷出不过藉（注：周法：民耕百亩，公田十亩，借民力而治之，税不过此）……[2]
>
> 初税亩，初者何？始也。税亩者何？履亩而税也。初税亩何以书？讥。何讥尔？讥始履亩而税也。何讥乎始履亩而税？古者什一而藉。古者曷为什一而藉？什一者，天下之中正也。多乎什一，大桀小桀；寡乎什一，大貉小貉（注：奢泰多取于民，比于桀也。蛮貉无社稷宗庙百官制度之费，税薄）。什一者，天下之中正也，什一行而颂声作矣。[3]
>
> 初税亩。初者，始也。古者什一，藉而不税（藉此公田而收其入，言不税民）。初税亩，非正也。古者三百步为里，名曰井田，井田者，九百亩，公田居一（井田之法，八家共一井，八百亩，余二十亩，家各二亩半，为庐舍）。……初税亩者，非公之去公田而履亩，十取一也。[4]

上述三传的文字虽略有不同，但所说明的问题则是一致的，都认为原来的井田制度，其地租形态是劳役地租，《左传》所谓"谷出不过藉"，《公羊

---

① 《春秋》宣公十五年。
② 《左传》宣公十五年。
③ 《公羊传》宣公十五年。
④ 《谷梁传》宣公十五年。

传》所谓"古者什一而藉"，以及《谷梁传》所谓"古者什一，藉而不税"，意思是完全相同的，"藉"就是"借民力耕田"，也就是以劳动的自然形态来剥削直接生产者的剩余劳动。这是在进入阶级社会以后而生产力还不发达的时代，是人剥削人的一种最简单的和唯一可能的剥削形式，所谓"古者什一而藉"和"古者什一，藉而不税"，这里的"古者"，并不是专指西周封建时代而言，在封建社会以前的奴隶制时代，也是以劳动的自然形态来进行剥削的。在不同的时代或不同的地区，其具体的组织和管理办法可能略有不同，名称也不尽一律，但是实质则是相同的。《孟子》说："夏后氏五十而贡，殷人七十而助，周人百亩而彻，其实皆什一也。彻者，彻也；助者，藉也。"赵岐注云："民耕五十亩，贡上五亩；耕七十亩，以七亩助公家；耕百亩者，彻取十亩以为赋；虽异名而多少同，故曰皆什一也。"[1] 这个说法是正确的，所谓"贡""助""彻"，只是名称不同，本质都是相同的，因为都是在实行劳役地租。不过西周的制度更为完整，它是通过井田制度的公田制度来实现的，所以《孟子》接着上文又说："《诗》云：雨我公田，遂及我私。惟助为有公田，由此观之，虽周亦助也。"[2] 这又从赋税制度（即剥削方式）说明了公田制度（即井田制度）是到西周时才出现的。

但是以公田制度为基础而实行的劳役地租，领主所获得的是只限于公田的收获物，公田以外的农奴份地和井邑所属大片的公用土地，包括草地、牧场、森林、荒地等，都是无税的，即所谓"藉此公田而收其入"，"而不税民之私也"。这样一来，领主的税收来源，仅限于全部领地的极小一部分，对其余的绝大部分土地及其使用者都不能课税。这种情况，在封建社会的早期，由于占支配地位的经济结构基本上是纯粹的自然经济，商品经济特别是其中的商品流通——商业还没有发展，人们的生活都相当简单，领主阶级的消费欲望特别是奢侈欲望还没有增长，故不多的收入还足以抵偿不多的支出。因此，整个社会是静止的，因袭不变的，习惯和传统成为社会的支配力量，进而还把这种习惯和传统僵化起来，使之神圣不可侵犯。这样的上层建筑和意识形态，对于农奴制剥削和伴生的井田制度的长期延续，实起了相当大的作用。

本来到西周末年时，所有形成井田制度及与之相伴而生的剥削关系和剥

[1] 《孟子·滕文公上》。
[2] 《孟子·滕文公上》。

削方式的各种前提条件，都已在开始发生变化。到了东周时期特别是到了东周中叶以后，随着上文所阐述的各种情况的发展，迫使原来的剥削方式，已不得不彻底改变。正是在上述一系列的客观形势要求下，鲁宣公毅然打破传统的束缚，实行了"履亩而税"，即对公田以外原来不征税的农民私田和可供农民使用的公用土地也交由农民开辟耕种，而一律计亩征税，《左传》注所谓"今又履其余亩，复十收其一"，和《谷梁传》所谓"非（责也）公之去公田而履亩"，都是指此而言。可见鲁宣公的"初税亩"，只是把公田之外原来不征税的土地开始征税，而公田制度并未改变，即仍然是"藉而不税"，仍然是以劳役地租的形态来获得农民的剩余劳动，换句话说，就是于原来的徭役剥削之外，又新增加了一份实物剥削，这也就是鲁哀公所谓"二吾犹不足"的"二"的含义。

如果说公田还可以照旧征收劳役地租，公田以外的农民私田和新交由农民开辟耕种的土地就无法以劳役地租的形态来征收，而只能以劳动生产物的形态即实物地租的形态来征收。这显然是在变革初期不可避免地会出现的一种过渡状态。马克思曾指出："在产品地租是地租的占统治地位的和最发达的形式的时候，它又总是或多或少伴随前一种形式的残余，即直接用劳动即徭役劳动来交付地租的形式的残余。"[1] 可见鲁宣公的"初税亩"，只把原来的剥削方式变革了一半，公田仍然是"藉而不税"。公田本身虽然还没有变，但是公田制度和与之相连的井田制度的丧钟，已经开始敲响了。

尽管"初税亩"还只是剥削方式变革的开始，而且又仅仅变革了一半，公田制度还没有触动，然而这个变革无论对当时还是对后世，都是一个影响深远的巨大变革。因为既然要对公田以外的土地征税，而又不能沿用公田制度的传统办法，从而不得不改变剥削方式，而剥削方式又直接联系着土地制度。只要一改变剥削方式，更具体地说，只要一改变农奴制剥削，井田制度就没有存在的可能了。变革虽然还不是全面的，但在当时仍然是一个具有革命性的重大变革。不言而喻，这是与几百年来历久相沿的习惯和传统完全抵触的，遭到一般人的反对和抨击也是必然的。《春秋》讥其"始履亩而税"，《左传》释之曰"非礼也"，《谷梁传》释之曰"非正也"，都是在谴责鲁宣公破坏了"藉"法。古人深切了解这是履霜坚冰至，破坏了"藉"法，必然紧接着就要破坏井田制度。

---

[1] 《资本论》第三卷，人民出版社一九七五年版，第八九五页。

对原来不征税的农民土地现在都计亩征税，实行了这个新的办法以后，在领主一方面，税源扩大了，收入增多了，不但对农民现耕的土地要一律征税，而且可以把过去不耕的土地即供公用的土地也交由农民开辟耕种，借以扩充税源；在农民一方面，这时则在原来固定的份地之外，又可以用缴纳一定数量的实物地租为条件，把过去不归农民个人占用的草地、牧场等公用土地，现在用实质上是租佃的办法，于获得领主的许可之后而开辟为耕地，因而农民的耕地面积能够扩大了，收入也随之增多了。所以这个变革，是符合当时正在发展中的农业生产力的要求的。

土地既然是领主赖以获得赋税收入的唯一来源，则可税的土地愈多，收入亦愈多。于是领主阶级为了尽可能地开辟税源，尽可能地获得比较可靠的固定收入，自然是先把过去分配给农奴的份地和留供井邑公用的不耕土地，在原则上收回所有权（因所有权本来是属于领主的）之后，再以出租或出卖的方式交由农民使用。当领主发现新的剥削方式——实物地租，能够获得更多和更简便可靠的固定收入时，接着就会很自然地放弃公田经营，因为由公田获得的无偿劳役，其劳动生产率既低，又必须豢养一大批管理人员，从而又费去领主的一大笔开支。结果，把公田的劳役地租也改为实物地租，便成了这一变革的必然归宿。这样一来，公田制度不存在了，公田也和其他土地一样，交由农民耕种了，自然先是以租佃方式来征收定额的实物地租，如有特殊的或紧急的需要，也很自然地会把土地卖给农民或其他有支付能力的人。所以剥削方式——或者说地租形态变革的开始，也就是土地租佃制度和土地买卖制度的开始。

过去的农奴——现在成为缴纳实物地租的农民，其所以具有购买土地的能力，是因为随着地租形态由劳役地租转变为实物地租之后，便开始了农民的分化。马克思指出：

　　在这个地租形式（引者按，即实物地租）上，体现剩余劳动的产品地租，根本不需要把农民家庭的全部剩余劳动吮吸殆尽。相反，和劳动地租相比，生产者已经有了较大的活动余地，去获得时间来从事剩余劳动，这种劳动的产品，同满足他的最必不可少的需要的劳动产品一样，归他自己所有。这个形式也会使各个直接生产者的经济状况出现更大的差别。至少，这样的可能性已经存在，并且，这些直接生产者获得再去直接剥削别人劳动的手段的可能性也已经存在。①

这样的深刻变化，从改变了的地租形态的表面上是看不出来的。所以鲁宣公的"初税亩"，表面上只是一种地租形态和征税方法的变化，而实质上乃是划分历史时代的社会经济的重大变化。

在"初税亩"施行的五年之后[11]，即鲁成公元年（公元前五九〇年），"为齐难故，作丘甲"。注云："前年鲁乞师于楚，欲以伐齐，楚师不出，故惧而作丘甲。"② 按《春秋》："三月，作丘甲。"注云："周礼：九夫为井，四井为邑，四邑为丘。丘十六井，出戎马一匹，牛三头。四丘为甸，甸六十四井，出长毂一乘，戎马四匹，牛十二头，甲士三人，步卒七十二人。此甸所赋，今鲁使丘出之，讥重敛，故书。"③《公羊传》称："三月，作丘甲。何以书？讥。何讥尔？讥始丘使也。"注云："四井为邑，四邑为丘。甲，铠也。讥始使丘民作铠也。古者有四民：一曰德能居位曰士，二曰辟土殖谷曰农，三曰巧心劳手以成器物曰工，四曰通财鬻货[12]曰商。四民不相兼，然后财用足。"④《谷梁传》称："三月，作丘甲。作，为也，丘为甲也。丘甲，国之事也。丘作甲，非正也。丘作甲之为非正何也？古者立国家，百官具，农工皆有职以事上。古者有四民：有士民、有商民、有农民、有工民。夫甲非人人所能为也，作丘甲，非正也。"⑤ 可见这是由于军事上的紧急需要，以丘为单位，使丘民作铠甲。铠甲非人人所能为，强使丘民来作，当然是对人民的一种额外科敛，也是对人民的一种骚扰，但却并不是改变税制，而且是一种临时性措施，事过即罢。不过后来变为"丘赋"，情况就不同了。公元前五三八年即鲁昭公四年，"郑子产作丘赋，国人谤之"。注云："丘，十六井，当出马一匹，牛三头。今子产别赋其田，如鲁之田赋。"⑥ 这是吸收了"丘甲"的经验，于"履亩而税"之外，又以"丘"为单位，重复征税一次。可见子产所改变的只是剥削率，而不是地租本质，也不是地租形态，因为人民所缴纳的仍然是实物地租。所以子产的"丘赋"，乃是于正租之外的一种额

① 《资本论》第三卷，人民出版社一九七五年版，第八九六页。
② 《左传》成公元年。
③ 《春秋》成公元年。
④ 《公羊传》成公元年。
⑤ 《谷梁传》成公元年。
⑥ 《左传》昭公四年。

外诛求，自然要招致"国人谤之"。

地租形态的改变，到了春秋末年时已基本完成，不但所有公田以外的农民私田和各种公用土地，这时都已由农民开辟耕种，而计亩缴纳实物地租，而且公田经营这时已被领主放弃，同样由劳役地租变为实物地租。所以到了春秋末年时，井田制度事实上已经不存在了。但是人们的思想意识常常落后于形势，一般保守主义者仍然在缅怀过去，恋恋于消失不久的井田制度，认为那是保持封建秩序和封建礼法的前提和基础，要把当时那种"君不君、臣不臣、父不父、子不子"[①] 和 "篡弑取国者为王公，圉夺成家者为雄桀。礼谊不足以拘君子，刑戮不足以威小人"[②] 的混乱局面扭转过来，使社会再恢复到原来的安定和平静状态，就必须恢复井田制度；要恢复井田制度，又必须先恢复原来的剥削方式——"藉"法。这由下引文献可以清楚地看出：

> 哀公问于有若曰：年饥，用不足，如之何？有若对曰：盍彻乎（郑曰：周法什一而税，谓之彻。彻，通也，为天下之通法）？曰：二，吾犹不足，如之何其彻也？对曰：百姓足，君孰与不足？百姓不足，君孰与足？[③]
>
> 季孙欲以田赋，使冉有访诸仲尼。仲尼曰：丘不识也。三发，卒曰：子为国老，待子而行，若之何子之不言也？仲尼不对，而私于冉有曰：君子之行也，度于礼。施取其厚，事举其中，敛从其薄，如是则以丘亦足矣（注：丘，十六井，出戎马一匹，牛三头，是赋之常法）。若不度于礼，而贪冒无厌，则虽以田赋，将又不足。且子季孙若欲行而法，则周公之典在；若欲苟而行，又何访焉？弗听。[④]
>
> 季康子欲以田赋，使冉有访诸仲尼。仲尼不对，私于冉有曰：求来！女不闻乎？先王制土，藉田以力，而砥其远迩（砥，平也，平远迩所差也）；赋里以入，而量其有无（里，壤也，谓商贾所居之区域也。以入，计其利入多少，而量其财业有无以为差也）；任力以夫，而议其老幼（力，谓徭役。以夫，以夫家为数。议其老幼，老幼则有复，□□除也）。于是乎有鳏、寡、孤、疾，有军旅之出则

---

① 《论语·颜渊》。
② 《汉书》卷九十一，《货殖传序》。
③ 《论语·颜渊》。
④ 《左传》哀公十一年。

征^[13]之，无则已。其岁，收田一井，出稷禾、秉刍、缶米，不是过也（聘礼曰：十六斗曰庾，十庾曰秉。秉，一百六十斗。四秉曰筥，十筥曰稷。稷，六百四十斛也）。先王以为足。若子季孙欲其法也，则有周公之藉矣（藉田之法，周公所制也）；若欲犯法，则苟而赋，又何访焉！①

　　"周公之典"，就是"周公之藉"，也就是劳役地租，在实物地租已经实行了一百一十年之后，又主张扭转历史前进的车轮，再退回到原来的劳役地租，去"藉田以力"即"任力以夫"。这种不符合客观情况和逆潮流而动的建议，当然不会被采纳，所以在冉有访问孔子之后的第二年，便实行"用田赋"②。据《汉书》师古注云："田赋者，别计田亩及家财，各为一赋。言不依古制，役烦敛重也。"③ 说明鲁哀公的"用田赋"，也不是改变税制，而只是加强剥削，是于计亩征税之外，又别计家财，再据以征税。换句话说，是除了对不动产土地征税外，又对动产和浮财征税。这显然是一种繁重的科敛，其受到谴责是势所必然的。如《公羊传》载称："十有二年，春，用田赋。何以书？讥。何讥尔？讥始用田赋也。"何休注曰："礼，税民，公田不过什一，军赋，十井不过一乘。哀公外慕强吴，空尽国储，故复用田赋，过什一。"④《谷梁传》称："十有二年，春，用田赋。古者公田什一，用田赋，非正也。"⑤ 儒家反对和谴责"役烦敛重"是无可非议的，但主张以劳役地租的剥削形式来代替实物地租，就完全不符合时代要求了。

　　到了战国时期，土地制度已经完全改变（详见下节），以土地买卖为基础的土地私有制度已经完全确立，井田制度和与之相结合的农奴制剥削也早已被彻底消灭了。社会经济结构已由领主制经济变为地主制经济，地主与农民的关系已不再是封建的依附关系，而变为一种简单的租佃关系，亦即契约关系。这时的地租形态，只能是实物地租，而不可能是劳役地租。因为农奴制和实现农奴制剥削的公田制度都早已不存在了，所以到东周后期的战国时期，乃是地主制经济的正式开始时期。但是这个变化具体到当时并立的各

① 《国语·鲁语下》。
② 《左传》哀公十二年。
③ 《汉书》卷二十三，《刑法志注》。
④ 《公羊传》哀公十二年。
⑤ 《谷梁传》哀公十二年。

国，其发展是很不平衡的。例如秦国，因阻塞在关中，在当时各大国中实比较落后，到了秦简公七年（公元前四○八年），才"初租禾"①，即开始改变地租形态，废止劳役地租而改征实物——禾，这比鲁宣公的"初税亩"落后了一百八十多年；迟到秦孝公十四年（公元前三四八年），才"初为赋"②，至此，始完全确立了以实物地租为主的赋税制度。总之，到战国时，劳役地租的形态就完全消灭了。《墨子》说："以其常正（征）收其租税，则民费而不病"③；又说："今农夫入其税于大人，大人为酒醴粢盛以祭上帝鬼神"④，足证农民所缴纳的租税完全都是农产品。

第二节　土地私有制度的确立与地主制经济的形成

在上文第一节中，我们从各个不同的方面，阐述了井田制度遭到破坏的原因，指出了所有这些原因，都是井田制度本身的内在矛盾发展变化的结果。井田制度崩溃之后，私有土地制度之所以能继之而起，则又另有其本身的各种促成因素，在这些因素中起着支配作用的，是商品经济和货币经济的发展（其具体情况均于下章论述），而尤以货币经济的发展，更是一个直接的、关键性的因素。因为私有土地制度，其基础是建立在土地买卖这一前提条件之上的，只有在货币经济有了一定程度的发展，并能以货币形态积累财富时，才能在一方面使财富所有者拥有足够的力量来购买土地；在另一方面，原来的土地所有者由于特殊的或急迫的需要，而一时又别无有效办法来获得急需的货币时，只有把土地卖掉以换取货币。所以，在地权的转移中，货币实起着主导作用。本来买卖过程就是由买和卖两方面的条件相结合的结果，前节所阐述的种种情况，使地权转移具备了卖的方面的条件；货币经济的发展，又使地权转移具备了买的方面的条件；当两方面的条件向一起汇合时，土地商品化的过程，便日益加快乃至迅速发展了。

土地本来是土地所有者获得收入的主要来源，甚至是唯一来源。对小土地所有者的农民来说，更是他们全家赖以生存的依据。卖掉了土地，就丧失掉了这一切。所以，不论是富有的领主贵族，还是土地不多的小农民，非到

---

① 《史记》卷十五，《六国表》。
② 《史记》卷十五，《六国表》。
③ 《墨子·辞过》。
④ 《墨子·贵义》。

万不得已的时候，是不肯轻易把土地卖掉的。但是在上节所论述的一系列的情况下，特别是领主阶级的奢侈欲望的增长和军费开支的浩大，在他们的收支之间的矛盾日益尖锐化的情况下，领主们为了应付紧急需要，而渴望能获得一笔现成的、数目较大的收入，特别是具有一般购买手段职能和支付手段职能的货币财富的收入。在地租形态刚刚由劳役地租转变为实物地租，而土地所有者的收入还主要为实物时，货币的购买手段职能和支付手段职能，就表现得非常突出了。马克思说："产品的商品性质越是不发达，交换价值越是没有占领生产的全部广度和深度，货币就越是表现为真正的财富本身，表现为一般财富，而和财富在使用价值上的有限表现相对立。货币贮藏就是建立在这个基础上的。"① 人们需要货币，并不是要把货币当作某种特殊的（即有限的表现）使用价值来使用，而是把它当作单纯的购买手段和支付手段来使用。马克思说："穷奢极欲的富者所要的，是作为货币的货币，是作为购买一切东西的手段的货币（也是作为偿还债务的手段）。而小生产者需要货币，却首先是为了支付。……在这两个场合，货币都是作为货币使用的。"②

但是在商品经济和货币经济刚刚开始发展的时候，由于生产物的商品性质还不发达，因而为商品流通服务并与之相结合的货币流通，也就不可能发达。这时流通中的货币和贮藏中的货币，都还不够充沛。因此，人们越是迫切需要货币，而货币反而越发不容易获得。马克思曾指出这一点说："商品形式越没有成为产品的一般形式，货币就越难获得。"③ 在这样的情况下，遂给高利贷资本的生长，提供了肥沃的土壤。关于高利贷资本与货币资本的关系当于下章第五节中讨论，这里仅指出需要以高利举债的不外两种人：一是穷奢极欲的富者，二是小生产者。当富有的领主贵族由地租形式获得的固定收入不足以应付他们的浩大开支，特别是各种紧急的需要时，便饥不择食地以高利举债。他们本来早已是入不敷出，现在又增加了辗转翻滚而迅速胀大着的债务，到头来只有把一部分地产卖掉，来偿还本息。小生产者以高利举债，是由于不幸。马克思说："小生产者需要货币，却首先是为了支付。……在小农民和小市民的生产中，货币作为购买手段来使用，主要是在劳动者由于偶然的事故或意外的变化丧失了生产条件的时候……或者至少是在劳动条件不能由通常的再生产过程得到补偿的时候。…… 小生产者是保持还是丧失生产

---

① 《资本论》第三卷，人民出版社一九七五年版，第六七六页。
② 《资本论》第三卷，人民出版社一九七五年版，第六七六至六七七页。
③ 《资本论》第三卷，人民出版社一九七五年版，第六七七页。

条件，则取决于无数偶然的事故，而每一次这样的事故或丧失，都意味着贫困化，使高利贷寄生虫得以乘虚而入。……这样，他就坠入高利贷者的摆布之中，而一旦落到这种地步，他就永远不能翻身。"① 他们之所以永远不能翻身，是因为他们必须把仅有的一点土地卖掉来偿还债务，这就是汉初人晁错所说："朝令而暮当具，有者半贾（价）而卖，亡者取倍称之息[14]，于是有卖田宅鬻子孙以偿责者矣。"② 所以不论是富有的领主贵族还是小生产者，只要一堕入高利贷者的罗网中去，就没有一个不是落得"卖田宅"的结局。马克思曾深刻地分析了这种必然性，他说：

> 货币财产作为一种特殊的财产发展这一事实，就高利贷资本来说，意味着它以货币索取权的形式拥有它的一切索取权。一个国家生产的大部分越是限于实物等等，也就是，越是限于使用价值，该国的高利贷资本就越是发展。③

中国在周以前早已有了货币，到了西周时期，货币又有了进一步的发展。西周时期的货币虽然还没有发展到与商品经济相辅而行的货币经济阶段，但是货币在人们的经济生活中，正在起着越来越大的作用，并突出地表现了上文所述在发展初期时的特征：货币经济越是不发达，就一方面越是需要，另一方面又越是难得。因此，在西周时期即出现了以土地为抵押或为代价，向别人借贷或换取货币。进行这种交易时，一般都订立契约，以典或租的形式进行土地转让。这实际上已是土地买卖的前奏，所以在东周中叶以后所形成的土地买卖制度，乃是源远流长[15]，而不是突然出现的。

西周时期的历史文献遗留下来的寥寥无几，有关这个问题的记载，只能在旧存的和新出土的西周钟鼎彝器铭文中找到。周金文中除了有许多"锡田"——赐予封地、采邑的记载外，还有一些关于井田、井邑、采邑、藉田、土地争夺和土地转让等涉及当时土地制度的记载，都是研究西周社会经济问题的珍贵资料。尽管有些铭文还不能被尽识或不能被完全了解，但由片语只字所反映的事实，实比任何古籍的记载都更加具体、更加可靠。例如：曶鼎、鬲比鼎、格伯敦、召伯二敦，新出土的卫盉、卫鼎甲、卫鼎乙等所记，都是

① 《资本论》第三卷，人民出版社一九七五年版，第六七六至六七八页。
② 《汉书》卷二十四上，《食货志》引晁错语。
③ 《资本论》第三卷，人民出版社一九七五年版，第六八九页。

有关土地转让和田亩契约之事。如：

> 智鼎：木枝用债徒卖丝五夫，用百爰，非之五夫□□（周官司市贾师，并以卖为买，以债为鬻。……百爰之爰，即锾字，锾者，锊[16]也，古以二十两为三锊，故《考工记》戈重三锊，郑注引《说文解字》云：锊，锾也。……案《书·吕刑》：其罚百锾，伪《孔传》云：六两曰锾）。……在尚卑处乃邑田□，田质则卑复命曰若……乃稽首于智，用五田……舟用即智田十日及五……①

文义不甚可解，但可以看出这是以土地为质换取了百锾货币，亦即通过货币的中介而进行了土地的转让。既言"质[17]"，可能是典，而不是卖。

> 格伯敦：唯正月初吉癸子，王在成周，格伯取良马乘于朋生（原注：乘者，马四匹也）。厥贮卅田则析（原注：取良马四于朋生，厥贮三十田则析分之），格伯还，殹妊、彶仉（原注：殹妊、彶仉，二人名。……下云安彶甸，则彶乃邑族名，考盉比簋亦有其邑），厥从格伯安彶甸（原注：安者，按视之也），殷厥约（原注：殷谓坚明约束），雯谷、杜木、禺谷、游采（原注：皆格伯按行之地），涉东门，厥书史识武立（原注：孙云：立莅同字，史识其券，武莅而成之），盟成，成墅（原注：盟或读为衅，书券既具，衅以成之。墅，《说文》：邻道也，胡绛切）。铸保（同宝）敦，用典格伯田，其万年子子孙孙永宝用。②

这是关于出典土地的一件既明确而又详细的记载。格伯取良马四匹于朋生，而由自己所有三十田中析出一部分，以典的方式让与朋生。交割时先由人按视田亩四至，然后书立契券，并有鉴证人莅临作证，再由订约双方在契券上签字画押，铭文末有一"凰"字，即系所画之押。

在新出土的西周铜器中，记载土地转让（出租或出典）比较明确和比较具体的，以一九七五年二月在陕西岐山县董家村所出土的铜器为最重要。当

---

① 阮元：《积古斋钟鼎彝器款识》卷四。
② 吴闿生：《吉金文录》卷三。

年，社员在平整土地时发现了青铜器窖藏，共出土鼎、簋、盘、匜、盂、鬲、豆等三十七件，其中三十件有铭文，字数最多的达二〇七字，记载西周中叶恭王时期的征伐、租田、诉讼、赏赐等事。记载地权转移的有三器：

> 卫盉：佳（惟）三年三月既生霸（魄）壬寅，王爯旂于丰。矩白（伯）庶人取堇（瑾）章（璋）于裘卫，才（财）八十朋，氒（厥）寅（贾），其舍田十田；矩或（又）取赤虎（琥）两、麀韦（韍）两，奉（贲）𩊓一，才（财）廿朋，其舍田三田。裘卫乃彘（矢）告于白（伯）邑父、荧（荣）白（伯）、定白（伯）、琼白（伯）、单白（伯）。白（伯）邑父、荧（荣）白（伯）、定白（伯）、琼白（伯）、单白（伯）乃令参（三）有嗣（司）：嗣（司）土（徒）散（微）邑、嗣（司）马单旗（旗）、嗣（司）工（空）邑人服，罕（逮）受田：燹、趞、卫小子𧽏，逆者其乡（飨）。卫用乍（作）朕文考惠孟宝般（盘），卫其万年永宝用。①

　　铭文的大意是说：裘卫两次共用贝一百朋（即一百串贝）和一些贵重的服饰品，从一个领主贵族矩伯所占有的土地中租到（实际上是买到）十三田（即一千三百亩），并得到伯邑父、荣伯、定伯、琼（音凉）伯、单伯等领主的同意，然后由司徒、司马、司空等三司监督交割，订立田契，并铭于彝器，以昭信守。本来土地的所有权在原则上是属于周天子的，即《诗》所谓"溥天之下，莫非王土"，最高的土地所有者以采地分封诸侯，诸侯被授予的只是使用权，故《王制》有"田里不鬻"之文，这正是井田制度依以建立的基本原则。从卫盉的铭文中，我们看到了井田制度乃至整个封建制度的基础，正在开始被打破。在裘卫和矩伯之间的土地转让，是通过正式的买卖程序进行的：裘卫以一百朋贝和几件贵重服饰为代价，从矩伯手里买到一千三百亩田。成交后，裘卫向伯邑父等执政大臣报告，大臣们不但不加禁止，反而派三司参与其事，莅临监督。可知这件事绝不是第一次发生，而是屡见不鲜，可能是早已司空见惯了。卫盉作于周恭王三年，说明至少在公元前十世纪的西周中叶，领主贵族出卖土地的现象就已经开始出现了。

---

①　庞怀清等：《陕西省岐山县董家村西周铜器窖穴发掘简报》，《文物》一九七六年第五期。

卫鼎（甲）：隹（惟）正月初吉庚戌，卫吕（以）邦君厉告于井（邢）白（伯）、白（伯）邑父、定白（伯）、琼白（伯）、白（伯）俗父，曰厉曰："余执聾（恭）王卹（恤）工（功），于邵（昭）大（太）室东逆袋（营）二川。"曰："余舍女（汝）田五田。"正迺（乃）噬（讯）厉曰："女（汝）賨（贾）田不（否）？"厉迺（乃）许，曰："余睿（审）賨（贾）田五田。"井（邢）白（伯）、白（伯）邑父、定白（伯）、琼白（伯）、白（伯）俗父迺（乃）颛（讲）。吏（使）厉誓。迺（乃）令参（三）有嗣（司）：嗣（司）土（徒）邑人趄、嗣（司）马颋人邦、嗣工（空）隆（附）矩、内史友寺刍，帅颙（履）裘卫厉田三（四）田。迺（乃）舍寓（宇）于朵（厥）邑：朵（厥）逆（朔）疆罕（逮）厉田，朵（厥）东疆罕（逮）散田，朵（厥）南疆罕（逮）散田罕（暨）政父田，朵（厥）西疆罕（逮）厉田。邦君厉罕（逮）付裘付裘卫田：厉弔（叔）子炽（夙）、厉有嗣（司）骦季、庆癸、燹襄（表）、荆人叡（敢）、井（邢）人倡屄。卫小子者其（乡）缩匐（赣）。卫用乍（作）朕文考宝鼎。卫其万年永宝用。隹（惟）王五祀。[①]

铭文内容与卫盉相似，大意是说邦君厉在获得邢伯、伯邑父等执政大臣的许可后，将其所有的五百亩田转让于裘卫。铭文中没有载明田亩价值和付给的货币或实物的数目，但是既然经过执政大臣的批准，并派遣有司亲到现场踏勘，确定田亩四界，然后订立契券，郑重交割，似乎不是一种临时性的典或租，而是将产权永久卖出了。

土地买卖现象虽然早在西周中叶即已发生，但是一般说来，那时还是为数不多的，只是在领主贵族之间，即在土地所有者之间，个别地、偶然地出现。到了东周年间，特别是到了春秋后期，随着商品经济和货币经济的长足发展[18]，土地商品化的程度亦在跟着发展，于是土地买卖便大量地和经常地出现了。这个时期，正式揭开了井田制度的崩溃和私有土地制度的建立这一巨大社会经济变革的帷幕。私有土地制度和以此为基础的地主制经济，主要都是在这个时期诞生的。

在上文第一节中，我们阐述了领主阶级为了解救他们所面临的收支之间

---

① 庞怀清等：《陕西省岐山县董家村西周铜器窖穴发掘简报》，《文物》一九七六年，第五期。

的日益尖锐的矛盾，曾试图以扩大领地、增加耕地面积的办法来增多收入，从而展开了长期争夺土地的斗争。在这个斗争中，领主们除了使用暴力，直接从别国或别族夺取外，也经常采用购买的办法，从别国或别族买进土地。例如：

〔晋悼公〕五年（公元前五六八年），无终子嘉父使孟乐因魏庄子纳虎豹之皮以和诸戎（注：无终，山戎之国，今为县，在北平。子，爵也。嘉父，名也。孟乐，嘉父之臣。庄子，魏绛。和诸戎，诸戎欲服从于晋）。公曰：戎狄无亲而好得，不若伐之（注：无亲，无恩亲。好得，贪货财）。魏绛曰：劳师于戎，而失诸华，虽有功，犹得兽而失人也，安用之？且夫戎狄荐处（注：按内传《正义》引服虔曰：荐，草也。言狄人逐水草而居，徙无常也），贵货而易土（注：贵，重也。易，轻也），予之货而获其土，其利一也；边鄙农耕不儆，其利二也；戎狄事晋，四邻莫不震动，其利三也。君其图之！公说，故使魏绛抚诸戎，于是乎遂伯。①

尽管早在西周中叶即已出现私有土地的萌芽[19]，并且已经在领主阶级内部，不断通过典或买的方式进行着地权转移，但是土地买卖成为一种明确的制度，以及以此为基础而形成土地私有制度，则是到战国年间才完全确立起来的。所以这个制度从最初萌芽到完全确立，经历的时间是很长的，发展的进程也是非常缓慢的。过去人们常常把这个变化以及这个变化在当时所造成的严重后果和对后世的深远影响，都归罪于商鞅变法，好像商鞅以一手破坏了井田制度，同时又以另一手促成了土地买卖，因而成为这一变革的罪魁祸首。例如班固认为："秦孝公用商君，坏井田，开阡陌"②；董仲舒说："（秦）用商鞅之法，改帝王之制，除井田，民得卖买，富者田连阡陌，贫者亡立锥之地。"③ 其实这完全是误解，是没有认识到土地制度变化的悠久历史。这样的变化早在商鞅很久以前就已经开始了，商鞅变法只是把早已变化了的事实用法令肯定下来，使之成为一个明确的和合法的制度。这就是：

---

① 《国语·晋语七》。按魏绛语《左传》襄公四年作："贵货易土，土可贾焉。"
② 《汉书》卷二十四上，《食货志》。
③ 《汉书》卷二十四上，《食货志》。

　　〔秦孝公十二年（公元前三五〇年）〕为田开阡陌。①

　　为田开阡陌封疆，而赋税平。②

　　商鞅的法令只能行之于秦国，而秦在当时的诸侯列国中，无论在经济上或文化上都是比较落后的。当秦国开始进行这种改革时，山东诸国的土地制度早已改变了。不言而喻，这些变化都是与商鞅无关的。

　　在土地私有制度完全确立之后，土地变成了商品，它和其他普通商品一样，买与卖都是完全自由的，并且也只有在商品所有者对该商品具有完全的所有权时，其才能成为一个商品出卖者。过去"田里不鬻"之所以成为封建制度的根本原则，并作为封建礼法的一个不容逾越的规范，乃是由客观的经济规律决定的。因为在以井田制度为基础而建立起来的封建制度中，无论是被赐予采邑的封建领主还是直接生产者农奴，他们都是土地的占有者，而不是土地的所有者，在"溥天之下，莫非王土"和"食土之毛，谁非君臣"的原则支配之下，土地的最高所有者是国家的最高统治者——周天子。周天子以"锡之山川，土田附庸"来分封诸侯，诸侯又以采地形式分封他的卿大夫，直到最后以份地形式分配给农奴。这样，层层分封赐予的都是土地的使用权，而不是所有权。只有在被分封赐予的诸侯、卿大夫直到农奴对上一级赐予者能忠实履行效忠的义务，并能驯服地服徭役和纳贡赋的前提下，才能占有被赐予的土地。一切封建关系包括人身依附关系，一切封建的上层建筑包括意识形态，都是从这里派生演化出来的。所以，只要破坏了井田制度，破坏了"田里不鬻"的基本原则，使土地可以自由买卖，从而完全变成个人的私有财产，则原来以井田制度为基础，在其上建立起来的辉煌宏大的封建大厦，就立刻倾圮了。

　　土地既然是自由买卖，当然谁有钱谁就可以无限制地购买，所以土地买卖制度一开始，同时便出现了上引董仲舒所说"富者田连阡陌，贫者亡立锥之地"的土地集中现象。当然购买土地的人，不限于原来的领主贵族和新兴的富商大贾（他们都是大的土地兼并者），等而下之，一般中小的财富所有者，亦可以各根据自己的财力，占有一定数量的土地，所以从春秋后期到战国年间，社会上出现了大量的中小地主和小自耕农。例如：

---

　　① 《史记》卷十五，《六国表》。
　　② 《史记》卷六十八，《商君列传》。

> 孔子谓颜回曰：回，来！家贫居卑，胡不仕乎？颜回对曰：不
> 愿仕。回有郭外之田五十亩，足以给飦[20]粥；郭内之田十亩，足以
> 为丝麻……①

《庄子》之文多寓言，不能作为信史，颜回是否有近郭之田六十亩，可
以不加追问，但文中所反映的个人私有土地的现象，则是当时社会上的普遍
现象，并且是早已存在的现象，所以在战国时期的文献中，这类的记载是很
多的。例如：

> 问：理园圃而食者几何家？人之开田而耕者几何家？士之身耕
> 者几何家？……士之有田而不使者几何人？……士之有田而不耕者
> 几何人？身何事？君（引者按：当为群）臣有位而未有田者几何
> 人？外人之来从，而未有田宅者几何家？
> 问：死事之孤，其未田宅者（死事之孤，谓死王事之子孙），
> 有乎？②
> 苏秦喟然叹曰：……且使我有洛阳负郭田二顷，吾岂能佩六国
> 相印乎？③

一般人所占有的土地，基本上都是通过买卖程序获得的，即使偶有个别
特殊人物能利用封建特权，使用各种不合法的手段去霸占侵夺别人的田产，
但在整个土地私有制度中所占的比例是微乎其微的。在一般的情况下，个人
的田产都是用货币购买的，不用说民间的一般富商大贾或其他财富所有者，
他们所占有的田连阡陌的大地产，都必须由购买而来，就是统治阶级中的达
官权贵，要想获得土地，也必须用现钱购买。下引一段故事，可以充分说明
这种情况：

> 〔赵〕孝成王立。七年（公元前二五九年），秦与赵兵相距长
> 平……赵王因以〔赵〕括为将，代廉颇。……及括将行，其母上书
> 言于王曰：括不可使将。王曰：何以？对曰：始妾事其父……大王

---

① 《庄子·让王》。
② 《管子·问》。
③ 《史记》卷六十九，《苏秦列传》。

及宗室所赏赐者尽以予军吏士大夫，受命之日，不问家事。今括一旦为将……王所赐金帛，归藏于家，而又视便利田宅可买者买之。王以为何如其父？父子异心，愿王勿遣。①

大量出卖土地的人，首先当然是富有地产的封建贵族，他们或者是由于紧急需要，或者是为债务所逼，而不得不把自己占有的地产卖出一部或全部，以换取他所急需的货币。其次则是一般土地不多的小生产者，他们常常因各种偶然事故或意外不幸，而陷入高利贷网中，从而招致了"卖田宅，鬻子孙，以偿债"的悲惨结局，这一点上文已经论述过了。他们每人所有的土地虽然是很少的，能够卖出的数量也是不大的，但是他们的人数是很多的，把他们手里的这些地加在一起就是一个不小的数目，故成为土地买卖中的一个重要[21]方面。此外，还有一些小的土地所有者，他们由于各种原因，或者不能耕，或者不愿耕，而将所占有的一点土地卖出，如上引《管子·问》篇所要调查的"士之有田而不耕者几何人？"就是属于这一类。下引一段故事，就是这一情况的具体表现：

王登为中牟令……王登一日而见二中大夫，予之田宅。中牟之人弃其田耘、卖宅圃，而随文学者邑之半。②

如上文所指出，从井田制度被破坏到土地私有制度的确立，其间经历的时间很长，具体的发展过程也进行得相当缓慢，由西周中叶即已萌芽，到春秋末年方才接近完成，前后历时五百多年之久，所以从形式上来看，这个变化并不是暴风雨式的突然变化。但是就变化的本质来看，却是一次巨大的革命性变化，对当时社会经济的冲击十分强烈，特别是在春秋战国之交，由于变化开展得十分迅猛，在当时实称得上是天翻地覆的[22]。因为随着井田制度的破坏和私有土地制度的确立，彻底打乱了全部的封建秩序，所有维系封建社会的所谓"礼法"和保证封建制度正常运行的各种基本原则，都被破坏得荡然无存，特别是那些长期形成的作为人们行为指导原则的习惯和传统，也都完全失效了，致使人们惶惶然莫知所措。后世的历史学家曾概括地论述了

---

① 《史记》卷八十一，《廉颇蔺相如列传》。
② 《韩非子·外储说左上》。

这种深刻变化及其严重后果：

> 及秦孝公用商君，坏井田，开阡陌，急耕战之赏……然王制遂灭，僭差亡度。庶人之富者累巨[23]万，而贫者食糟糠，有国强者兼州域，而弱者丧社稷。①

> 及周室衰，礼法堕，诸侯刻桷丹楹，大夫山节藻棁，八佾舞于庭，雍彻于堂。其流至乎士庶人，莫不离制而弃本，稼穑之民少，商旅之民多，谷不足而货有余。陵夷至乎桓、文之后，礼谊大坏，上下相冒，国异政，家殊俗，嗜欲不制，僭差亡极。于是商通难得之货，工作亡用之器，士设反道之行，以追时好而取世资。伪民背实而要名，奸夫犯害而求利，篡弑取国者为王公，圉夺成家者为雄桀。礼谊不足以拘君子，刑戮不足以威小人。富者木土被文锦，犬马余肉粟，而贫者裋褐不完，啥菽饮水。其为编户齐民，同列而以财力相君，虽为仆虏，犹亡愠色。故夫饰变诈为奸轨者，自足乎一世之间；守道循理者，不免于饥寒之患。其教自上兴，繇法度之无限也。②

变化之所以如此深刻，对当时社会经济的冲击之所以如此强烈，是因为这个变化并不仅仅是一种土地制度的变化，而是随着土地制度的变化，改变了剥削关系和剥削方式，从而改变了社会经济结构。尽管生产方式并没有迈进到一个新的、更高的发展阶段，而依然是原来的封建生产方式。

以土地买卖为基础的私有土地制度代替了井田制度之后，所有井田制度时期的剥削关系和剥削方式都彻底改变了，剥削关系已经不再是由领主以劳役地租的形态来剥削农奴，而改变为由地主以实物地租的形态来剥削佃农。过去农奴之所以要对领主服无偿劳役，并对领主有人身依附关系，是由于农奴赖以建立其自己经济的主要生产资料——土地，是由领主授予的。正由于有这种土地授受关系，才由此产生了种种的封建关系，也正是在这些关系束缚之下，使农奴成为不自由的人，并迫使他们在领主或其代表的监督下，甚至在鞭子的驱使下，来服无偿劳役。

---

① 《汉书》卷二十四上，《食货志》。
② 《汉书》卷九十一，《货殖传序》。

私有土地制度代替了井田制度之后，土地是地主支付了代价之后买来的，而不再是由高一级的领主赐予的。这时土地成为个人拥有所有权的财产，是用以获取地租收入的主要源泉。换言之，土地对于土地所有者而言是一种生息资本。生息的多少，是直接以土地的多少为转移的，所以土地制度改变以后，剥削关系和剥削方式必然要跟着改变。由于新的地主没有再把自己的私产分配给农民的义务，因而他就不再有获得农奴无偿劳役的权利。这样一来，农奴对领主的人身依附关系也就自然消失了。换句话说，农奴制度不存在了，农奴变成了普通农民。没有农奴制度，地主当然就不能再以劳动的自然形态来剥削剩余劳动，而只能以实物形态来进行剥削。所以，由劳役地租向实物地租的转变，实标志着由领主制经济向地主制经济的转变。

地主制经济，简单说就是以土地自由买卖为基础，绝大部分的土地为地主阶级所占有，而直接生产者农民则少有土地，或者完全没有土地，形成土地占有的两极化，即上引董仲舒所谓"富者田连阡陌，贫者亡立锥之地"。原来没有土地或新失去土地的农民，要生活，便只有向地主佃租土地；而地主大量购买土地，也正是为了出租，于是形成了租佃制度，即董仲舒所谓"或耕豪民之田，见（现）税什五"。这时地主和农民的关系，只是一种单纯的租佃关系，即契约关系，这里不再有原来的那种领主与农奴的封建关系，佃租土地的农民与出租土地的地主，双方都是以自由人的身份并作为法律地位平等的两造来缔结租约，不管地主阶级多么富有、社会地位和政治地位多么优越，却不能把任何旧的封建关系或超经济条款订入租约。农民只是一个租地人，只要按照租约的规定缴纳了地租，对地主即不再有任何义务。尽管农民仍然是受剥削，而且地主对农民的剥削，其残酷程度还远远超过领主对农奴的剥削（详见下节），但是剥削方式却完全变了，这就是前引马克思所说："剩余劳动已不再在它的自然形态上，从而也不再在地主或地主代表的直接监督和强制下进行。驱使直接生产者的，已经是各种关系的力量，而不是直接的强制，是法律的规定，而不是鞭子，他已经是自己负责来进行这种剩余劳动了。"[1]

这样一种关系的形成，说明早期典型的封建制度已经彻底崩溃了，正由于这时是早期封建制度的崩溃时期，所以在当时社会上才造成了如上引《汉书》所概括的那样震撼强烈的大混乱。有人却把这个时期说成是封建制度的

---

[1] 《资本论》第三卷，人民出版社一九七五年版，第八九五页。

产生时期，显然是十分错误的。农奴制剥削已经不存在，土地制度变成了自由买卖和土地私有，原来存在于领主与农奴之间的人身依附关系，现在变成了地主与农民之间的一种简单租佃关系即契约关系，这种情况下，封建制度从哪里产生，又怎样产生呢？

第三节　地主制经济的特点及其对经济发展的影响

（一）变态封建制度的形成

中国从西周初年开始建立起来的封建制度，其社会经济结构是领主制经济，这与欧洲封建制度的社会经济结构基本上是相同的。在欧洲，自从罗马帝国末年由奴隶制生产方式转变为封建制生产方式以后，在长达一千年左右的封建社会中，社会经济结构始终是领主制经济。直到十四、十五世纪，当资本主义经济开始产生时，庄园型的土地制度和依以建立的领主制经济方才发生变化。所以，在欧洲，由领主制经济转变为地主制经济，乃是资本主义的产生因素发展壮大的结果。因此，领主制经济的转变过程，同时就是资本主义的产生过程。中国在东周时期发生这样的变化时，虽然同样是由于正在发展中的商业资本和货币经济所促成，但是由于当时为具体的历史条件所限制，使已经在发展中的商品经济和货币经济不能正常地和更充分地发展，从而不能使生产方式迈向一个新的、更高的发展阶段，即资本主义阶段。结果，使大量积累起来的商业资本和货币财富，不能与商品生产相结合而转化为产业资本，即转化为促进产业发展的机能资本，进一步去促使资本主义产生，而只能以货币形态滞留在流通领域。流通中的货币（通常称为游资），其作用只是流通，它像洪水泛滥一样，流到哪里，便将那里的堤防溃决。所以，它所发挥的作用，都是消极破坏作用，例如，井田制度的破坏、农奴制剥削的改变和整个封建秩序的混乱等，便是这种消极破坏作用的直接后果之一。

所以，尽管旧的经济结构已经破坏无遗了，而新的生产方式却没有产生出来。社会经济既不能向前迈进到一个新的发展阶段，就只有向后退到原来旧的发展阶段，即退回到旧的封建生产方式，而旧生产方式又已经名存实亡、面目全非了。因为这时重建起来的社会经济结构，虽然仍属于封建生产方式的范畴，但是原来的作为封建制度基础的土地制度已经不存在了，原来的剥削关系和剥削方式已经彻底改变了，原来的作为封建制度指导原则的客观经济规律也完全不同了。如果把西周时期以井田制度和领主制经济为基础的早期封建制度作为典型，则由战国时期开始的、以地主制经济为基础的那种社会经济结构，可以称之为变态的封建制度。这种变态的封建制度，支配了战国以后的全部历史。在两千多年的漫长岁月中，私有土地制度和以此为基础的地主制经济，并在这种社会经济结构上还披着一件破烂不堪而又离奇怪状的旧封建服装，直到最近代，竟始终没有发生过任何质的变化。它的长时间地延续和顽强地存在，不但不是由于它适合生产力发展的性质，具有促进社会经济发展的积极作用，正相反，由于它的残酷剥削所造成的农民的极端贫穷和落后，成为社会经济不能正常发展特别是商品经济不能正常发展和资本主义迟迟不能产生，以及整个社会经济长期停滞不前的主要原因。

我们之所以把这样一种结构形式的封建制度称为变态的封建制度，是因为在地主制经济所进行的剥削中，含有资本主义剥削的性质，例如货币地租就是其中之一。货币地租本质上是资本主义性质的地租，因为"货币地租在其进一步的发展中……必然或者使土地变为自由的农民财产，或者导致资本主义生产方式的形式，导致资本主义租地农场主（按，即农业资本家）所支付的地租"①。所以货币地租的出现，一方面标志着封建制度的解体，另一方面标志着资本主义的产生，它是由旧封建制度向资本主义转化的一个指示器。当欧洲由领主制经济向地主制经济转变时，是发生在十四、十五世纪[24]由封建制度向资本主义制度转变的过渡时期，这种半封建、半资本主义的过渡形态，很快就转变到资本主义阶段，不到一百年，资本主义的帷幕就正式揭开了。在中国，从战国以来的两千多年，一直停滞在这种过渡的形态上，其情况是旧封建制度的经济基础已经不存在了，但是却遗留下一些残余，特别是上层建筑的残余；商品经济和货币经济都已有相当程度的发展，并孕育着一些资本主义的经济成分，但是这种变态的封建制度却又发挥了它独有的消极破坏作用，从各个方面把萌芽状态的商品经济和资本主义经济成分进一步发展的渠道都堵塞了。这样，就成了一种变态：一方面，旧封建制度已经崩溃，而新的生产方式却没有产生，也不可能产生；另一方面，商品经济和资本主义成分一度有所发展，但很快即被抑制下去，结果，既不完全属于前者，又不完全属于后者。具体地说，社会经济结构虽然属于封建制度的范畴，但又

---

① 《资本论》第三卷，人民出版社一九七五年版，第八百九页。

不是纯粹的封建制度；资本主义的成分已被扼杀，但又遗留下一些残余。所以，如果与欧洲的封建制度比较起来，这种变态情况，实是中国封建制度的一个最大特点。

（二）剥削的残酷性

社会经济的结构不同，则反映这种经济结构的基本要求和指导它正常运行的客观经济规律亦必然不同。地主制经济的剥削关系和剥削方式，既然不同于领主制经济，则客观的经济规律的性质及其发生作用的方式，亦必然不同。上文已指出，地主阶级之所以要大量购买和集中土地，并不是自己要去经营这些土地，而是为了把这些土地租佃给农民，用以剥削农民的地租，获致"亡农夫之苦，有阡陌之得"①。可见获得土地的所有权，不过是为了获得榨取地租的一种手段而已。既然是为收取地租而出租土地，则租率高一分，便是自己的收入多一分。因此，地主们必然要尽可能地提高剥削率。

在战国年间，当发生上述一系列的重大变革时，正是古代的商品经济和货币经济大发展的时期，特别是货币的作用已经渗透到社会生活和经济生活的各个方面，所以这时的实物地租，同时即具有货币地租的性质；地主们虽然一般还是以实物形态收进地租，但是他们的着眼点却不在实物本身，而是在实物的价格，因为地主们征收来的大量农产品，决不会都被当作直接消费品，他们是要把大部分收获物卖出，转变为货币来用以积累价值——货币形态的财富。所以当地租形态由劳役地租转变为实物地租时，接着便会由实物地租转变为货币地租，"在这里，直接生产者不是把产品，而是把产品的价格付给他的土地所有者（不管是国家还是私人）。因此，一个实物形式的产品余额已经不够；它必须由这个实物形式转化为货币形式"②。这个变化表面上看来是一个不大的变化，而且是一个很自然的变化，但是实际上则是一个重大的变化，因为货币地租的出现，乃是商品经济发展的结果。马克思说："从产品地租到货币地租的转化，要以商业、城市工业、一般商品生产、从而货币流通有了比较显著的发展为前提。这种转化还要以产品有一个市场价格，并或多或少接近自己的价值出售为前提。"③ 所以，货币地租的产生过程，就

---

① 《汉书》卷二十四上，《食货志》引晁错语。
② 《资本论》第三卷，人民出版社一九七五年版，第八九八页。
③ 《资本论》第三卷，人民出版社一九七五年版，第八九八页。

是封建经济结构的解体过程。促成这样一种变化的前提条件，不论在欧洲还是在中国，基本上都是相同的，因为都是商品经济和货币经济发展的结果。但是这个变化所造成后果及其对社会经济的发展所产生的影响，却完全不同，并成为中外历史从同一出发点向不同方向发展的一个重大的分岔点：在欧洲，从这个变化逐步走向资本主义，因为它直接造成了农民的分化、租地经营的农业企业家的出现以及农业中资本主义因素的增长等一系列的重大变化，这些变化的最后结果是，封建生产方式的解体和资本主义生产方式的诞生；在中国，货币地租的出现，除了给地主阶级加强对农民的剥削提供了一个物质条件外，没有起任何积极作用。

在中国的地主制经济的支配下，货币地租的出现，虽然不像欧洲那样造成封建生产方式的解体，但也大大加重了生产关系的矛盾。因为不论地租形态是实物还是货币，都直接成了价值积累的手段。地租收入的增多，就是价值积累的增多。当作直接消费资料的使用价值，其本身是有限的，为价值积累而进行积累，其本身是无限的。这样，便大大加强了地主阶级对剩余劳动的贪欲。于是地主阶级遂不顾农民的死活，把剥削率提高到领主制经济所不能达到的极端残酷的程度。

当地主阶级随着上述的经济变化而具有加强剥削的强烈欲望时，私有土地制度又使加强剥削成为可能。在必要条件和可能条件两皆具备的情况下，中国的地主阶级对农民的剥削，自始至终一直是惊人的残酷。

首先，从地主一方面看，地主制经济与领主制经济的一个根本的不同点，即地主经济不是以农民经济的存在为条件的。换言之，地主阶级不需要以保证农民经济的再生产来保证自己经济的再生产。地主制经济不像领主制经济那样，当剥削的残酷程度一旦达到足以打断农奴经济的再生产时，便会跟着打断自己经济的再生产。对于地主制经济，根本就不存在这样的限制。地主可以尽可能地把剥削率提高，即使租地的农民不仅被剥夺了全部的剩余劳动，而且被剥夺了一部分必要劳动，甚至不能继续再生产，而不得不离开土地，转徙流亡；但是由于土地兼并所造成的"贫者无立锥之地"的失业农民很多，社会给地主阶级保证了充沛的劳动力的来源，不管租佃条件多么苛刻，剥削多么残酷，仍然是甲去乙来，有人承佃，而不致中断地主经济的再生产。

其次，从农民一方面看，土地兼并既是与土地买卖同时开始的，又是与土地买卖始终并存的。随着土地占有的两极化，绝大多数被剥夺了土地的农民，都变成贫无立锥之地的无产者。在古代的封建社会中，又没有可以尽量吸收这些相对过剩人口的就业机会，他们之中除了一部分去做雇工、做小手工业者、做商贩、做奴隶以及被迫"亡逃山林，转为盗贼"外，多数还是安土重迁，不肯轻易离开家乡。那么，要生存就只有向地主佃租土地，不管租佃条件是如何苛刻。并且土地兼并进行得愈汹涌，失去土地的农民愈众多，则争佃土地的竞争亦必愈激烈。而且一般的情况又往往是于土地买卖成交之后，由原来的土地所有者变为新主人的佃户。这是随着地权转移而产生的普遍现象，也是很自然的现象，因原地主在出卖了土地以后，不得不同时按照新主人的条件把卖去的土地承租过来，否则就会立刻失去生存的依据。这样一来，又大大减少了承佃土地的机会。租佃的机会愈不容易获得，则农民争佃土地的竞争就格外激烈，结果又进一步给地主阶级加强剥削提供了便利条件。于是从地主制剥削一开始，便确定了一个最低限度的剥削率，即正租为百分之五十，这就是上引董仲舒所谓"或耕豪民之田，见税什五"。师古注云："言下户贫人自无田，而耕豪富家田，十分之中，以五输本田主也。"这是农民向私人地主缴纳的地租。此外，农民还要向地主阶级的国家纳贡赋、服徭役，即所谓"力役、田租、口赋、盐铁之利"等，也是农民的一项沉重负担，以致农民被剥削得"常衣牛马之衣，而食犬彘之食"，又"重以贪暴之吏，刑戮妄加，民愁无聊，亡逃山林，赭衣半道，断狱岁以千万数"[1]。所以战国以后两千多年的中国历史，就是这样一部残酷剥削的历史，同时也是历代农民不断反抗这种残酷剥削的阶级斗争史。

（三）对农业生产力发展的障碍

地主制经济的生产关系，是一种对抗性的生产关系。这种对抗性矛盾的具体表现，就是最主要的生产资料——土地绝大部分为人口中极少数的、完全不生产的地主阶级所占有，而占人口中最大多数的直接生产者所占有的为数不多的一点土地，又全部地或部分地被地主阶级所夺去。从战国年间开始而经历两千多年始终未变的土地占有情况，一直是"富者田连阡陌"和"贫者无立锥之地"的两极对立状态。土地占有两极化的结果是：占有生产资料的人不生产，而直接生产者却没有生产资料。简单说就是，有田者不耕，而耕者没有田。

地主阶级虽然占有绝大部分的膏腴之田，但他们都是养尊处优，雍容高

---

[1]　此处引文均见《汉书》卷二十四上，《食货志》引董仲舒语。

枕，向来不过问田事，在生产上更都是四体不勤，五谷不分，未尝有过一举手、一投足之劳，而生产的结果，却有百分之五六十至七八十被他们攘为己有。反之，直接生产者由于被剥夺了生产资料，从而也就失掉了生活资料的可靠来源，要生存，就不得不佃租地主的土地，而一旦租田到手，就不得不忍受如上文所阐述的那种残酷的剥削，特别是在客观的经济规律支配之下，在无言的经济压力之下，不管租佃条件多么苛刻，也不得不忍痛接受，有时农民为饥寒所迫，虽明知地主的条件无异火坑，也不得不跳；而地主还不断以增租、撤佃相威胁。上文曾指出，地主阶级及其国家的这种残酷剥削，常常越过剩余劳动的界限，而侵入农民的必要劳动部分，以致农民不但不能正常地进行再生产，甚至不能维持起码的生活。结果，在地主制经济下，直接生产者的生产和生活的基本情况，就一直如《孟子》所说："仰不足以事父母，俯不足以畜妻子，乐岁终身苦，凶年不免于死亡。"[①] 在这样的情况下，农民失去了进行农田基本建设，改善经营方法，扩大生产规模的任何力量。他们只能使用传统的生产方法和落后的生产工具，墨守成规地重复着一种贫乏的简单再生产，而不可能进行扩大再生产。

佃耕土地的小农民，不但没有提高生产力的主观条件——农民自己在极端贫困的情况下缺乏这种力量，而佃耕制度，又使农民不可能具有提高农业生产力的客观条件。由于地主制经济的土地占有的基本情况是有田者不耕，而耕者之田非自己所有，因此，绝大多数的土地，是在租佃制度下由租地的农民佃耕的。佃耕的土地有一定的期限，不像过去的农奴那样，对配给的份地可以长期占有。一般租期不过四、五年，期满之后，或者另订租约，继续佃耕；或由地主收回，另由愿出更高租额的人来承佃。即使原佃耕人能继续租佃，而租率却要随着产量的提高而提高。所以租来的土地，只好不平整、不施肥，而听任地力枯竭。如果农民是受雇于地主之家，为人佣耕，则是在主人的颐指气使下耘人之田，他们的生产积极性必然是很低的，他们绝不会主动地精耕细作，以善尽地力，来提高土地的单位面积产量。所以，不论是佃耕还是佣耕，都严重地阻碍着农业生产力的发展。

地主制经济的生产力与生产关系之间的矛盾，其另一具体表现，是农业中劳动力的不断减少。这是土地兼并的一个必然结果。在土地高度集中的情况下，由于极大一部分的直接生产者被剥夺了生产资料，从而使大量的劳动

_____

① 《孟子·梁惠王上》。

力不能与劳动条件相结合，而不得不从生产中游离出来。这是当贫无立锥之地的农民连佃耕"豪民之田"的机会都不能获得时，由于农村中没有其他就业机会，不能在农村中继续生存下去，便只有脱离土地，另觅生活之道。不管他们到各地是去卖力、卖身，还是"亡逃山林，转为盗贼"，反正都变成了社会上的相对过剩人口，沉沦于社会底层。这是从战国到近代，代代都有大量"流民"存在的主要原因。这些人原来都是农业生产中的骨干力量，现在都从生产中游离出来了。

即便是那些能够成为"或耕豪民之田"的佃农，侥幸租到一点土地，得以在故乡苟延残喘，暂时摆脱流亡的命运，但是实际上所不同的亦只是流亡时间的早晚而已。因为佃耕土地，并不是生存的稳固保障，在地主阶级及其国家的残酷剥削下，佃农日日处在一种"救死而恐不赡"的朝不保夕的状况中，当他们在饥饿线上挣扎到最后不能再挣扎下去时，仍不得不走上流亡的道路。此外还有一些小自耕农，虽占有少量的土地，但不足以维持生活，未尝不想再佃租一点土地，来作为生活的补充，但又看到自己的同辈佃耕了土地，披星戴月，终岁勤劳，甚至低首屈节，奴事富人，而仍不免流离沟壑，嫁妻卖子，因此遂知难而退，视佃租为畏途。这也使农业失去本来可以利用的大量劳动力。

大量的劳动力从生产中游离出来，使生产者与生产资料相分离，其直接结果之一，是土地荒芜。农民流亡的人数愈多，土地荒芜的程度亦愈甚，这是地主制经济及其残酷剥削所造成的一个永远无法克服的矛盾。战国年间，还在土地制度变革的初期，地主阶级对农民剥削的残酷性，也还没有充分地显示出来，因而矛盾的尖锐程度不十分显著。战国以后，这个矛盾就充分发展起来了。在各个历史时期，都是一个难于解决的严重问题：一方面，是广大农民迫切地需要土地，并且由于这个问题得不到适当解决，而频繁地爆发农民起义或农民暴动；另一方面，有大量的土地因缺乏劳动人手而无人耕种[25]，致使"污莱极目，膏腴坐废"，使本来可以树艺五谷的肥沃之壤，变成了黄茅红蓼之区。

（四）小农经济的长期存在

地主制经济的一个非常突出的矛盾是：土地的占有在不断集中，而农业的经营单位则在不断分散，亦即农业的再生产规模是在不断地缩小。所以地主制经济的具体经营方式，是小农经济。

土地兼并虽然是土地所有权的一种集中过程，但是土地所有权的集中，并不是大地产的最后保证，更不等于土地经营规模的扩大。尽管通过土地兼并，有钱有势的大地主形成了田连阡陌甚至跨郡越县的大地产，但是，一方面，有地权本身的分散，即一度集中起来的大地产，由于地主阶级本身的分化（有的失势、没落、贫穷；有的上升、腾达、富有）和多子继承制度的确立，经过不断变卖和一再分割之后，而日益缩小；另一方面，有经营单位的分散，即土地的耕作单位，随着地权的日益集中，而相反地在不断缩小，并且是地权愈集中，土地的经营单位愈众多，经营的规模也愈细小。

关于地主阶级内部的地权分散和土地占有的再分配，这里不做讨论，需要着重说明的是影响深远并决定了战国以后社会经济基本结构形态的小农制经济，是怎样形成，为什么长期不变的。

造成土地经营单位的分散，其原因主要是由于农民的贫穷。不论是佃农或自耕农，都没有经营大型农场的力量，故其经营单位只能是小规模。

从战国年间开始，中国历代长期存在的土地兼并，完全不同于英国十五、十六[26]世纪的圈地运动。尽管两者在形式上都是土地集中，都是对农民的一种直接剥夺，都造成了社会的两极分化：即一方面造成田连阡陌的大地主，另一方面造成贫无立锥之地的无产者。但是两者的产生根源不同，性质不同，作用也完全不同。圈地运动是资本原始积累的一个基本环节，如果没有这样一种对农民所有土地的剥夺过程，资本主义就不可能产生，因为"造成资本主义生产的基本条件"，是"以劳动者和劳动实现条件的所有权之间的分离为前提。资本主义生产一旦站稳脚跟，它就不仅保持这种分离，而且以不断扩大的规模再生产这种分离。因此，创造资本关系的过程，只能是劳动者和他的劳动条件的所有权分离的过程，这个过程一方面使社会的生活资料和生产资料转化为资本，另一方面使直接生产者转化为雇佣工人。因此，所谓原始积累只不过是生产者和生产资料分离的历史过程"①。所以，"大量的人突然被强制地同自己的生存资料分离，被当作不受法律保护的无产者抛向劳动市场。对农业生产者即农民的土地的剥夺，形成全部过程的基础"②。圈地运动是资本主义生产的基本条件，是把原来的自有土地的劳动者转化为雇佣工

---

① 《资本论》第一卷，人民出版社一九七五年版，第七八二页。
② 《资本论》第一卷，人民出版社一九七五年版，第七八四页。

人即自身劳动力的出卖者，并把他们的劳动条件转化为资本的历史过程。

中国的土地兼并，虽然同样是迫使劳动者和他的劳动条件的所有权分离过程，同样是"大量的人突然被强制地同自己的生存资料分离，被当作不受法律保护的无产者抛向劳动市场"，而且更多的是抛向奴隶市场、流民队伍和庞大的相对过剩人口的大军中。但是中国的土地兼并却仅仅有这个转化过程的前半段，而没有也不可能有这个转化过程的后半段，即"把他们的劳动条件转化为资本的历史过程"。因为中国的土地兼并是一种封建剥夺，它既不是资本主义发展的前提，也不是资本主义发展的结果，所以它当然就不是一个创造资本的过程，而只能是一种创造封建财富的过程。土地兼并的基本作用，不是"使土地与资本合并，为城市工业造成了不受法律保护的无产阶级的必要供给"①。因当时的城市工业远没有发展到需要有这样一种"必要供给"。结果，这些被剥夺了生产条件的无产者，不可能转化为城市工业中的工资劳动者，其中除了一部分不得已"亡逃山林"可以不计外，其余留在农村的，都为生活所迫，转化为土地的租佃者。这些人都是"常衣牛马之衣，而食犬彘之食"的穷人，经常处在"救死而恐不赡"的困苦状态中，他们当然没有资本来与土地结合，所有的只是个人的一点劳动力。以个人劳动力来与土地结合，则受其本人的主观条件和客观条件的限制，不可能多租土地，即使家有三丁至五丁，至多亦只能佃耕三十至五十亩；丁口不多、劳动力不足的农家，不过佃耕三亩、五亩，至十亩、八亩而已。这样，便天然限制了经营规模的扩大。

此外，地主制经济的剥削，具有领主制经济所不能达到的残酷程度，所以农民一旦租田到手，则种种经济的和超经济的剥削即接踵而来，不仅平日要忍受地主或其管家的凌辱、欺压，而且一遇荒歉，租入稍缺，地主必百般追索，迫使农民变卖所有：典卖衣具不足而质田器，田器尽而卖黄犊，物用皆尽而鬻子女，必缴足租额而后已，并此而仍然不足，则扭送官府，囚之缧绁，鞭笞捶楚，血肉横飞，这就是董仲舒所说"重以贪暴之吏，刑戮妄加……赭衣半道，断狱岁以千万数"②的原因所在。可见佃农不仅经常要赔血汗，而且有时要赔子女，甚至还要赔性命。在这样可怕的情况下，谁还敢多佃耕土地？

所以，中国古代历史上虽然代代都存在着土地兼并的严重情况，从而使

---

① 《资本论》第一卷，人民出版社一九七五年版，第八〇一页。
② 《汉书》卷二十四上，《食货志》。

大量的土地集中在地主阶级之手，但却永远不会有对土地进行大量投资的租地经营的农业企业家出现。因此，中国的土地兼并这样一种性质的土地集中，不但不会形成与资本相结合的大型农场，从而促成小农经济或小土地所有制的消灭，正相反，它恰恰是促成土地经营单位的分散和小农制经济长期存在的主要原因。并且随着农民贫困化的增长，其经营规模亦在以等比例缩小。

除佃农外，农民中还有一部分自耕农，他们是一些小的土地所有者。他们的经济情况和社会地位，虽然比佃农略胜一筹，他们作为一个生产者虽然还没有与其生产条件的所有权相分离，但是他们也同样不能进行扩大再生产。这是因为：

第一，自耕农本身具有一种内在因素限制着扩大生产规模，那就是自耕农的土地都必须由购买而来。这是土地买卖制度确立以后的一个必然结果。小农民仅有的一点资本用于购买土地之后，即不再有力量来扩大生产规模。因为他们用以购买土地的资本，乃是长期节约的结果，是多年甚至几代辛勤劳动的积累，其所能购买的亩数，就是这种积累的全部支出。这样一来，农民便丧失了用以改善经营和扩大规模的力量。马克思说："小农业在它和自由的土地所有权结合在一起的地方所特有的弊病之一，就是由于耕者必须投资购买土地而产生的。"但是购买土地的资本并不是经营农业的资本，"很清楚，土地所有者自己为了购买土地而投入的资本，对他来说，虽然也是生息的投资，但与投在农业本身上的资本毫无关系。它既不是在农业上执行职能的固定资本的一部分，也不是在农业上执行职能的流动资本的一部分"[1]。所以为购买土地而投下的资本，对农业而言不但不是有效的机能资本，而且还起着相反的消极作用，因为"为购买土地而支出货币资本，并不是投入农业资本。这其实是相应地减少了小农在他们本身的生产领域中可以支配的资本。这相应地减少了他们的生产资料的数量，从而缩小了再生产的经济基础。这使小农遭受高利贷的盘剥"[2]。

第二，自耕农的赋税负担并不比佃农为轻。自耕农自有土地，不向私人地主缴纳地租，但是却必须向地主阶级的国家纳赋税，服徭役。公赋不减于私租，而勒索骚扰则又过之。徭役虽人人不免，而田赋则按亩征收，佃农无自有之田，故只纳丁徭；自耕农因有土地，故有徭有赋。董仲舒说，"一岁屯

---

① 《资本论》第三卷，人民出版社一九七五年版，第九一〇至九一一页。
② 《资本论》第三卷，人民出版社一九七五年版，第九一三页。

成，一岁力役，三十倍于古；田租口赋，盐铁之利，二十倍于古"①。这里的"古"，就是指秦汉以前的春秋战国而言。所以在地主制经济的结构中，自耕农虽然名义上是一个土地所有者，但是实际上所受的剥削和压迫，与佃农相比，并没有多大差异，其困苦颠连之状也与佃农基本上相同，所以自耕农民的经营单位，同样是小规模的，同样没有能力去进行扩大再生产。

这样，不论是佃农或自耕农，他们的经营只能是小生产，即小农经济。小生产有其本身所固有的弱点，而这些弱点乃是妨碍生产力发展的重要因素。因为小生产的经济基础是薄弱的，生产条件是贫乏的，其仅有的一点力量或者说不多的一点油水，又被公私地主阶级绞尽榨干，使原来即已薄弱贫乏的经济基础，又进一步恶化。于是因果循环起来，即地主阶级对农民的残酷剥削所造成的农民的极端贫穷和落后，使社会经济不得不停滞在一种薄弱贫乏的基础上，成为小生产；反过来，这种小生产本身又排斥一切进步发展的动力，成为社会经济陷入长期发展迟滞的主要原因。马克思说：

> 这种生产方式是以土地及其他生产资料的分散为前提的。它既排斥生产资料的积聚，也排斥协作，排斥同一生产过程内部的分工，排斥社会对自然的统治和支配，排斥社会生产力的自由发展。它只同生产和社会的狭隘的自然产生的界限相容。……它发展到一定的程度，就造成了消灭它自身的物质手段。②
>
> 小块土地所有制按其性质来说就排斥社会劳动生产力的发展、劳动的社会形式、资本的社会积聚、大规模的畜牧和科学的不断扩大的应用。③
>
> ……资本在土地价格上的支出，势必夺去用于耕种的资本。生产资料无止境地分散，生产者本身无止境地分离。人力发生巨大的浪费。生产条件日趋恶化和生产资料日益昂贵是小块土地所有制的必然规律。对这种生产方式来说，好年成也是一种不幸。④

可见小农制经济有它自己的经济规律，并在这样一种必然的经济规律支

---

① 《汉书》卷二十四上，《食货志》。
② 《资本论》第一卷，人民出版社一九七五年版，第八三〇页。
③ 《资本论》第三卷，人民出版社一九七五年版，第九一〇页。
④ 《资本论》第三卷，人民出版社一九七五年版，第九一〇页。

配之下，它自己排除掉生产力发展的一切动力，它把它自己拘囚在一种狭隘的自然发生的界限内，使自己的生产资料无穷地分散，生产条件日益恶化和日益昂贵，结果是不断地在缩小再生产的经济基础，使这种小土地的经营规模愈来愈小。

　　总之，由土地私有制度和地主制经济结构所必然产生的小农制经济或小土地所有制，在其本身的经济规律支配之下，必然成为整个社会经济长期停滞不前的主要原因，特别是商品经济发展的一个严重障碍。中国的商品经济本来发展很早，并且早在战国年间即已孕育着资本主义的因素，但又始终不能顺利地发展起来，其中自然还有其他种种原因，但是小农制经济及其本身所具有的弱点，却是一个关键性的因素。这个因素包含两点：一是小农制经济一直在排斥着生产的自由发展，窒息着生产力发展的一切动力，它把社会经济拘束在一个狭隘的自然生成的躯壳内，使之日益贫乏和孱弱。二是小农制经济长期地、顽强地存在，使商品经济缺乏必不可少的国内市场。我们知道商品经济特别是含有资本主义成分的商品经济，其发展的前提条件之一，是广阔的国内市场。英国的圈地运动或称之为英国的土地兼并，其所以是资本原始积累的基本环节，成为促进资本主义发展的杠杆，是因为"一部分农村居民的被剥夺和被驱逐，不仅为工业资本游离出工人及其生活资料和劳动材料，同时也建立了国内市场"[①]。没有广大的国内市场，商品经济特别是资本主义经济是不可能发展的。

　　在这个问题上，中国的地主制经济所发挥的作用，恰恰是消极作用。首先，地主制经济的剥削关系和剥削方式所必然造成的农民的极端贫穷，使农业生产一直是一种基础薄弱的、内容贫乏的简单再生产，结果，两千多年来的广大农民，都是"常衣牛马之衣，而食犬彘之食"，收获的大部分被地主夺去，以致他们"仰不足以事父母，俯不足以畜妻子"，而经常挣扎在"救死而恐不赡"的饥饿线上。在这样的情况下，他们即不再有余力到市场上去购买商品，因而国内市场当然就要萎缩到若有若无。其次，由于地主阶级及其国家的剥削非常残酷，农民不能完全依靠租来的或自有的少量土地来维持生活，而必须经营一些可能经营的家庭副业，一方面用以满足自己的需要，另一方面还可以把多余的一点产品卖出，来补助生活。总之，农民要尽可能地不通过市场或少通过市场来获得生活必需品。于是这种由小农业与家庭手工业相

---

① 《资本论》第一卷，人民出版社一九七五年版，第八一五至八一六页。

结合的经济形态，遂成为中国社会经济结构的基本核心，而且从战国到近代，一直是屹立不摇。不用说中国的那种发展不充分的商品经济，乃至早已出现的一点孱弱的资本主义萌芽，对它不能起多大的冲击作用，更不能把它摧毁，就是当鸦片战争以后世界资本主义已经发展到要按照自己的形象来创造世界，要把一切闭关自守的民族所坚守的万里长城彻底冲垮时，资本主义的廉价商品仍不能动摇紧密结合的"男耕女织"的经济结构，在相当长的时间内，这种小农业与家庭手工业的紧密结合依然如故，并顽强地抵御着外国资本主义的侵袭。马克思对中国社会经济的这一特殊情况，曾做过如下分析：

> 对华进口贸易迅速扩大的主要障碍，乃是那个依靠着小农业与家庭工业相结合的中国社会经济结构。①

又说：

> 曾经在长期内阻挡了而现时仍然妨碍着英国商品输往东印度的，正是这种同样的农业与手工业的结合。但在东印度，那种农业与手工业的结合是以土地所有制的特殊性质为基础的，而英国人凭着自己作为当地至高无上的土地所有者的势力，能够破坏这种土地所有制，并从而强使一部分印度自给自足的村庄变成了生产鸦片、棉花、靛青、大麻以及其他原料去交换英国货的简单农场。在中国，英国人现在还没有这种势力，而将来也未必能够做到这一点。②

可见小农业与家庭手工业紧密结合的中国社会经济结构，是以土地所有制的特殊性质为基础的，在作为地主制经济基础的土地私有制度和特殊的剥削方式没有变革以前，商品经济是不可能顺利发展的。所以中国的资本主义经济因素虽然很早即已萌芽，并且比任何国家都早得多，但是却始终停滞在一种微弱的胚芽状态中，而不再向前进展一步。形成这种情况的原因，却又不难找出：当小生产者还没有与其生产条件的所有权相分离时，他们必然要用自己的生产资料来生产自己的生活资料，而尽可能地不求之于市场。

---

① 马克思：《对华贸易》，《马克思恩格斯选集》第二卷，第五七页。
② 马克思：《对华贸易》，《马克思恩格斯选集》第二卷，第六一页。

第五章　东周时期社会经济的变化和发展

第一节　农业生产的发展

（一）生产工具的变革

中国农业，从东周中叶开始，有了较大程度的发展。农业发展的原因之一，是生产工具的变革。具体说，中国从春秋时期开始进入了犁耕阶段。犁耕是农业发展史上的一个划分时代的发展阶段。

春秋以前，耕田的主要农具一直是耒耜。前面在讨论西周的农具时对此已经做了说明。耒耜的加工程序并不复杂，加工之后，仍然是一种简单粗糙的原始工具，其生产效率显然是不高的。不过在《诗经》时代，就耒耜本身而言，也有一些改进，其一是将耒与耜结合起来，合并成为一件农具的两个不同部件，故《诗经》中凡言耕都只见耜而不见耒。如《周颂》云："有略其耜，俶载南亩"；"畟畟良耜，俶载南亩"；"以我覃耜，俶载南亩"；《豳风》云："三之日于耜，四之日举趾。"说明这时耒耜已合而为一，耒变成了耜的木柄，实际刺地起土的乃是耜。

耒耜的另一改进，是到了东周时期把耒耜的制作列入官工之内，并做了明确规定，使耒的长短、弯度，耜的形状、尺寸，都有了一定规格：

> 车人为耒，庛长尺有一寸，中直者三尺有三寸，上句者二尺有二寸（郑司农云：耒，谓耕耒，庛读为其颡有疵之疵，谓耒下歧。玄谓：庛读为棘刺之刺，刺耒下前曲接耜。疏，释曰：庛者耒之面，但耒状若今之曲枕柄也。面长尺有一寸，云中直者，谓手执处为句，故谓庛上句下为中直者三尺有三寸也。句者谓人手执之处二尺有二

寸也。……云谓耒下歧者，古法耒下惟一金，不歧头。先郑云：耒下歧，据汉法而言，其实古者耜不歧头……今之耜歧头，明古者耜无歧头也。玄谓庛读为棘刺之刺者，以其入地，故读从刺也）。自其庛缘其外，以至于首，以弦其内，六尺有六寸，与步相中也（缘外六尺有六寸，内弦六尺，应一步之尺数，耕者以田器为度宜，耜异材，不在数中。疏，释曰：云自其庛缘其外以至于首者，据庛下至手执句者，逐曲量之。云以弦其内者，据庛面至句下，望直量之，故云以弦其内，内谓上下两曲之内，云六尺有六寸，与步相中也者，言逐曲之外有六尺六寸，今弦其内与步相中，中应也，谓正与步相应，应一步之尺数，云耕者以田器为度宜者，在野度以步，以人步或大或小，恐其不平，故以六尺之耒以代步以量地也。云耜异材，不在数中者，未知耜金广狭，要耒自长六尺，不通耜，若量地时，脱去耜而用之也）。坚地欲直庛，柔地欲句庛，直庛则利推，句庛则利发，倨句磬折，谓之中地。①

可见耒弦其内直量之，全长整六尺，与步相应，故脱去耜头，可以当作标尺，用以丈量土地。"倨句磬折，谓之中地"。戴震注云："中地，谓无不宜也。宜坚不宜柔，宜柔不宜坚，为不中地；利推不利发，利发不利推，为不中地。"②

耒耜的起源既很早，应用的时间又很长，直到东周前期，仍然是主要的耕田工具，形制和材料迄未有所改变。耕田的工具未变，耕田的方法当然就不可能变。由于耒耜在耕田时完全靠人力来刺地起土，一人之力不能胜任，故到春秋时期仍然实行耦耕。所以，耒耜存在的时间，也就是耦耕存在的时间。即使到了春秋后期的孔子时代，耦耕制度仍然在继续残存之中，例如："长沮桀溺耦而耕，孔子过之，使子路问津焉。"③ 可知当时新的耕具虽然已经出现，但一时还不可能普遍推广，传统的耦耕形式必然还要继续一段时间，农官仍然还要根据传统，于每年年终时做来年的准备和安排，即 "命司农计耦耕事，修耒耜，具田器"④；"以岁时合耦于锄，以治稼穑，趋其耕耨，行

---

① 《周礼·考工记》。
② 戴震：《考工记图下》。
③ 《论语·微子》。
④ 《吕氏春秋·十二月纪》。

其秩叙，以待有司之政令"①。由耦耕制度的长期存在，反过来就是耒耜仍在使用的一个有力证明。

耕田工具没有变，则土地的利用方式当然也不可能变。用人力挥动的木制耒耜，掘地翻土的效能不高，所谓耕田，实际上不过是掘穴松土，以供撒播种子，与后世的犁地不同。这样，在工具条件的限制下，首先是不能深耕，不能大面积翻土，只能利用局部土地的表土层。在不知人工施肥以前，土地的肥力是容易枯竭的。商代用不断改换耕地的"游农"办法解决这个矛盾。西周井田制度时期，改为在固定土地上实行轮耕，根据土地的自然条件，而分为不易之田、再易之田和三易之田，实行所谓菑、新、畲三田制的轮耕方法，结果有大片土地处于荒废状态，而不能年年耕种。这种落后的耕作方法之长期存在，就是效能不高的生产工具所造成的直接结果。其次，木制的耒耜不适于披荆斩棘，以开发遍地林莽的原野，所以到了春秋时期，仍然有大量未垦辟的土地，例如楚在初建国时，是"筚路蓝缕，以处草莽"；到了春秋末年时，还是"楚四境之田，旷芜而不可胜辟"②。即在中原，也到处有"蓬蒿藿莱"之区，甚至是"狐狸所居，豺狼所嗥"。这充分说明，落后的生产工具，开辟土地的效能是很低的。过去长期以来一直在实行火耕，就是由于生产工具拙笨，火乃是"除剪其荆棘，驱其狐狸豺狼"以开辟耕地的最有效办法。

由以上所述可以充分证明，春秋以前耕田工具没有变，也不可能变，即仍然是耒耜。尽管耒耜在制作上不断有所改进，并且有了专业的工匠从事生产，长短大小有了一定的规格，但是工具的性能并没有变化，仍然是揉木为耒、斫[1]木为耜的木制工具。

到了春秋中叶时，新的变化开始了。冶铁业的发展，给农具的变革提供了物质条件。关于冶铁业的产生和发展的具体情况，下节论述，这里仅简单指出，中国的铁器时代是从春秋年间开始的。这一新的生产部门，由于是新起的，在当时还受着技术条件的限制，炼出来的铁不够精良，所以当时称之为"恶金"。铁中含有渣滓，粗糙而脆，不能用以制造兵器或精巧工具，只好用以制造粗笨的农具，所以，铁出现以后，便与农具先结合。这原是一个很自然的结合，也不是一个突然的巨大变化，因为既然有了铁，把原来附于

---

① 《周礼·地官·司徒下》。
② 《墨子·耕柱》。

末端的那块木片换成铁片，是轻而易举的。这样一来，木耜变成铁耜了。耜的形状未变，作用却提高了。于是便出现"美金以铸剑戟，试诸狗马；恶金以铸锄[2]、夷、斤、劚[3]，试诸壤土（注：夷所以削草平地，斤形似锄而小，劚，研也）"①。美金是铜，兵器皆用铜制造；恶金即铁，只能用以制造锄、夷、劚等农具。

冶铁业的历史虽短，进步却很快。到了战国年间，各种生产工具都已用铁制造：

> 桓公曰：衡谓寡人曰：一农之事，必有一耜、一铫、一镰、一鎒[4]、一锥、一铚[5]，然后成为农；一车必有一斤、一锯、一釭[6]、一钻、一凿、一銶[7]（凿属）、一轲，然后成为车；一女必有一刀、一锥、一针、一鈬（长针也），然后为女。请以令断山木，鼓山铁，是可以毋籍而用足。②

这与《孟子》所说"许子以釜甑爨，以铁耕乎？"③是完全一致的，说明到战国年间，农具已经由木制的阶段进入铁制的阶段了。

由木制的耜改为铁制的耜，表面看来只不过是形式上改变了一下耜的制作材料，即把原来的木片改为铁片罢了，但是在实质上却是一个巨大的革命性变化。这个变化，在农业发展史上标志着一个新的发展阶段的开始——犁耕阶段的开始，亦即农业生产开始由原始的粗放经营向精耕阶段迈进。从此，耒耜变成犁了。如上引《孟子》所说的"以铁耕乎？"赵岐即注云："以铁为犁，用之耕否耶？"

由于犁不过是用铁改制的耜，不言而喻，在没有铁的时代是不可能有犁的。因为任何经济上的发展和变化，任何一种经济制度的产生或消灭，都不是偶然的，都是在客观经济规律支配之下，在一定的历史条件配合之下的交互作用的产物。在这个问题上，有人在研究甲骨文字时，看到有彑、彐两个字，便认为："实犁之初文，犁，耕也，此字从刀，其点乃像起土之形。"于是就推出结论：殷代不但有了犁耕，而且"发明了牛耕"。对于一个经济问题不去分析它的客观经济规律，不去观察它的具体发展情况，仅仅根据两个

---

① 《国语·齐语》。
② 《管子·轻重乙》。
③ 《孟子·滕文公上》。

不易识的古字，用猜谜的办法轻下断语，单就这种不科学的研究方法而言，就是不够慎重的。须知，如果殷代即已有了犁耕和牛耕，则整个古代历史就将完全改观了。

此外，殷代有没有犁，还决定于殷代农业以外的手工业发展水平，即能不能用铁制造犁；殷代需要不需要用犁，则决定于殷代农业本身的发展水平。关于前者，不但殷代没有铁，西周也基本上没有铁，或者还很少，而且都是陨铁。到春秋时仍在使用铁的初期阶段[8]，由于铁质粗劣，才把不适于其他用途的"恶金"用以制造农具。那么，殷代的犁是用什么金属制成呢？殷代虽已进入青铜时代，但是殷代的炼铜技术还不高，至少是远不如后来的西周。铜在殷代还是一种贵重难得的金属，西周没有用铜来改造耒耜，殷人怎么可能会把价值昂贵的铜用来制造供奴隶使用的粗笨农具呢？我们知道，奴隶是经常用搞坏工具、虐待牲畜的办法来发泄阶级仇恨的。主人怎么可能把贵重的工具交给奴隶来任意糟蹋[9]呢？并且耒耜的本来作用，就是起土，既然如此，那么，用原来木制的耒耜不是照样可以使"其点乃像起土之形"？关于后者，我们知道，殷代的农业还相当原始，还停滞在农业发展史上的所谓"游耕"阶段上①；正由于生产工具拙笨，不能深耕翻土，只能利用土地的表层肥力，也不知轮耕方法，更不知人工施肥，一俟土地的自然肥力枯竭，便不得不另寻"新邑"，以改换耕地，故虽有农业，而不能永久定居。如果殷代已经有了犁耕和牛耕，从而能"深耕易耨"，则殷代的农业不但经常变换耕地和全族远徙成为不必要，而且早已不是后来西周的农业所能望其项背的了。这显然是与具体的历史事实相悖谬的，是与经济发展的实际情况不符合的。所以，说殷代已有了犁耕，又发明了牛耕，是完全错误的。

从春秋后期到战国年间，犁代替了耒耜，成为耕田的主要工具，不过在习惯上人们仍然把犁——铁制的耒耜称为耒耜，两者已混而为一。所以战国时代的文献中所提到的耒耜，实际上已都是有铁耜部件的犁。例如，《孟子》说，"士之仕也，犹农夫之耕也，农夫岂为出疆舍其耒耜哉"②；《吕氏春秋》说，"是以六尺之耜，所以成亩也，其博八寸，所以成甽也。耨柄尺，此其度也。其耨六寸，所以间稼也"③。这里所说的耒耜，实际上都已经是犁了，与

---

① 参见拙著：《中国经济史论丛》上册，三联书店一九七九年版，第二三——五一页。
② 《孟子·滕文公下》。
③ 《吕氏春秋·任地》。

《管子》所说"丈夫二犁，童五尺一犁，以为三日之功"①，以及"今君躬犁垦田，耕发草土，得其谷矣"② 相比，这里所说的犁，实际上其形制仍是原来的耒耜，所不同的，只是把原来木制的耜改为铁制的耜罢了。

耒耜由木制改为铁制变成犁以后，生产力获得了巨大的解放，促使农业生产脱离原始的粗耕阶段而向前发展。这主要是由于犁为铁制，非人所能挥动，故犁耕必然联系牛耕，犁耕的开始必然同时就是牛耕的开始（详见下文）。使用畜力拖犁以耕田，其直接结果之一，是能够连续大面积翻土和能够深耕。深耕是充分利用土地肥力和提高农业生产力的一个重要步骤，故为当时人所重视，因此在春秋战国时期的文献中，无不强调深耕：

令夫农群萃而州处，察其四时（四时树艺，各有宜也），权节其用，耒、耜、枷、芟（枷，拂也，所以击草也。芟，大镰，所以芟草也），及寒，击菜除田（寒，谓季冬大寒之时也。菜，枯草也），以待时耕（时耕谓立春之后）；及耕，深耕而疾耰之，以待时雨；时雨既至，挟其枪、刈、耨、镈（枪，椿也。刈，镰也。耨，锱锖也。镈，锄也），以旦暮从事于田野。③

行其田野，视其耕耘，计其农事，而饥饱之国可以知也。其耕之不深，耘之不谨，地宜不任，草田多秽……虽不水旱，饥国之野也。④

深其耕而熟耰之，其禾繁以滋。⑤

深耕易耨（注：易耨，芸苗令简易也）。⑥

五耕五耨，必审以尽其深殖之度，阴土必得，大草不生，又无螟蜮，今兹美禾，来兹美麦。⑦

夫卖佣而播耕者，主人费家而美食，调布而求易钱者，非爱佣客也，曰：如是，耕者且深，耨者熟耘也。⑧

---

① 《管子·乘马》。
② 《管子·轻重甲》。
③ 《国语·齐语》。《管子·小匡》文稍异，作："深耕均种疾耰，先雨芸耨，以待时雨。"
④ 《管子·八观》。
⑤ 《庄子·则阳》。
⑥ 《孟子·梁惠王上》。
⑦ 《吕氏春秋·任地》。
⑧ 《韩非子·外储说左上》。

由上引文献可以看出，由于犁能深耕，而大大提高了劳动生产率，增加了土地的单位面积产量。"今兹美禾，来兹美麦"，是实行深耕的直接结果。深耕之所以有此功效，是因为深耕能使"阴土必得，大草不生，又无螟蜮"，这都是使用耒耜时所不能获得的。

（二）牛耕的开始

牛耕从什么时候开始，决定于犁耕从什么时候开始，两者密切结合在一起，其产生也是互为条件的。因此，绝不能把它们割裂开来，作为两个各自孤立的现象去分别对待。因为牛之所以能用于耕，是因为有了犁，在没有犁以前，牛是不能用于耕的。这是由于木制的耒耜系用人力挥动，既不能用牛，也不需要用牛。长期以来的耦耕形式，就是由以耒耜为主的生产工具决定的。等到木制的耒耜变成了铁制的犁以后，就不能再以人力来作为动力了，这时必须用畜力来作动力。只有具备了这一个前提条件之后，耒耜才变成了犁。

牛耕与犁耕的相互依存关系，是非常清楚的，不能不顾有无犁耕出现的可能，而孤立地去推测牛耕产生的时代。但是在这个问题上，即牛耕起源的问题上，却又存在着许多分歧意见。最早是始于远古的"神农之世"，最迟是始于西汉武帝时的赵过（晚于赵过的种种说法，可以略而不论），介于中间的有始于殷商（见上文）等，时间相差竟至若干千年！

在古史传说中，《山海经》的记载，当为最早的文献："后稷是播百谷，稷之孙曰叔均，是始作牛耕。"① 这一类的传说，显然都是没有根据的，也是不符合社会经济发展的自然程序的[10]。传说中的神农，还是一个神话中的人物，是一个半神半人的先知，他的有无和生存时间都是无法确定的。即使根据古史所传，他的时代也还没有进入文明阶段，充其量也只是新石器时代的早期。在那样早的一个原始社会中，即使已经有了农业，其农业发展必然是处在一种极其原始的初期阶段，其所使用的耕具由于刚刚知道揉木为耒和斫木为耜，亦必然是极为原始的。这就是说，在当时既没有使用牛的可能，也没有使用牛的必要。

《山海经》是战国时人的著作，东周时的周人把"始作牛耕"的功劳归之于他们的远祖叔均，犹之西周时的周人把他们的远祖后稷推崇为农业的创始人是出自同一动机。事实上，不但在西周以前的叔均时代，周人的农业远

---

① 《山海经·海内经》。

远没有发展到实行牛耕的阶段，就是到后来的整个西周一代，也同样没有发展到实行牛耕的阶段。

另有一些人又将牛耕的产生时期过度推迟，认为牛耕始于汉武帝末年赵过在推行一种新的耕作方法即所谓代田法时。《汉书》："用耦犁，二牛三人。"[1] 北魏贾思勰竟错误地认为这是牛耕之始。他说："赵过始为牛耕，实胜末耜之利。"[2] 接着他又引用崔寔的话以为证："《崔寔政论》曰：武帝以赵过为搜粟都尉，教民耕殖，其法三犁共一牛，一人将之，下种挽楼，皆取备焉，日种一顷，至今三辅犹赖其利。"[3] 从上引文中可以看出，崔寔并没有说牛耕是始于赵过，他只是说赵过在推行代田法时，把原来犁耕的人和牛的配合关系变更了一下：原来是一犁一牛，赵过改为"三犁共一牛，一人将之"。这是牛耕方法的改良，不是牛耕的开始。贾思勰误解其义，遂谓"赵过始为牛耕"。后人习焉不察，历久相沿，以讹传讹。实际上与上述两说是同样错误的。

造成上述种种错误说法的原因，主要都是由于不了解牛耕与犁耕相互之间的必然关系。它们的产生，不但是彼此互为条件，而且都必须在必要条件和可能条件完全具备时才能产生。例如在木制的末耜没有变成为犁以前，畜力既没有使用的必要，也没有使用的可能。此外，从农业发展的具体情况来看，中国虽然很早即已有了农业，但是由于古代农业受其本身生产条件的限制，发展得极其缓慢。不但西周以前远远没有发展到使用牛力耕田的阶段，就是在整个西周一代，也同样没有发展到这个阶段。所以，在春秋以前的文献中，没有关于使用畜力耕田的记载。存世的《诗》《书》《易》等古籍，凡言耕，便都是由人力使用末耜的耦耕，这与当时农业发展的具体情况是完全符合的。至于牛，古籍中并不少见，但除用作牺牲供祭祀之用外，则主要是用为运载工具，如《易》有"服牛乘马，引重致远"之文，已明言牛和马都是供乘骑拖载之用的。其作用由下引记载可以更明确地看出：

> 厥四月哉生明，王来自商，至于丰。乃偃武修文，归马于华山
> 之阳，放牛于桃林之野，示天下弗服（孔氏传：桃林在华山东，皆

---

[1] 《汉书》卷二十四上，《食货志》。
[2] 贾思勰：《齐民要术·序》。
[3] 贾思勰：《齐民要术》，卷一。

非长养牛马之地，欲使自生自死，示天下不复乘用）。①

　　肇牵车牛，远服贾，用孝养厥父母（孔氏传：农功既毕，始牵车牛，载其所有，求易所无，远行贾卖，用其所得珍异，孝养其父母）。②

《诗经》中有不少与农事有关的诗，但却只有人耦，绝无牛耕的记载，牛的主要作用与上引记载相同，也是作为运载工具，例如：

　　我任我辇，我车我牛，我行既集，盖云归哉。③

牛除了作运载工具外，便无所事事，这由下引一诗，可以看出：

　　谁谓尔无牛，九十其犉（黄牛黑唇曰犉）。……尔牛来思，其耳湿湿（毛传：呞而动，其耳湿湿然。呞，本又作齝[11]，亦作齛[12]。郭注《尔雅》云：食已复出嚼之也）。或降于阿，或饮于池，或寝或讹（讹，动也。笺云：言此者，美其无所惊畏也）。④

这种悠然自得的样子，显然不是整天在田里劳动的耕牛，而是无所事事的服乘之牛[13]。

　　牛耕只能出现在春秋时期。因为只有到了春秋时期，才具备了使用牛耕的可能条件和必要条件。所谓可能条件，是说牛耕是联系着犁耕的，只有进入铁器时代，有了价廉而又适用的铁的充分供应，能够用以把木制的耒耜改变为犁时，牛耕才有产生的可能。如果是在一个根本没有铁的社会中，或者虽已有铁，而铁的生产为其本身技术条件所限制，或者产量不多，价昂难得；或者冶炼不精，质劣难用，仍然不可能把耒耜改为铁制，从而使牛耕没有产生的可能。所谓必要条件，是说当耒耜已经改为铁制，即已经变成了犁，就不能再由人力挥动了，必须用牛来拖拉。过去牛是专门拉车的，现在用它来拉犁，这个变化不但不大，而且是极其自然的。从此，长期以来的耦耕不能再继续下去了，畜力代替了人力，使生产力获得一次巨大解放，这在农业发

---

① 《尚书·周书·武成》。
② 《尚书·周书·酒诰》。
③ 《诗·小雅·黍田》。
④ 《诗·小雅·无羊》。

展史上实是一次飞跃。

所以牛耕与犁耕是同时并肩出现的，两者又是永远密切结合在一起的。由于牛在农业生产中发挥了重要作用，所以从春秋时起就把牛称为"犁牛"。例如，《论语》称："犁牛之子，骍且角。"① 由于犁牛在当时农业上产生了重大效果，而又是一个新生事物，自然会受到人们的重视甚至尊敬，故春秋时人常常用牛来命名，或名牛字耕，或名耕字牛。例如，孔子弟子冉伯牛名耕、司马牛名耕或犁②，这也是牛耕产生在春秋时期的一个有力旁证。宋人叶梦得对于这个问题做了一个扼要的解释，虽无新意，但颇为中肯，他说：

> 世多言耕用牛，始汉赵过，以为《易》服牛乘马，引重致远，牛马之用盖同，初不以耕也。故华山桃林之事，武王以休兵并言，而周官凡农政无有及牛者。此理未必然。孔子弟子冉伯牛、司马牛皆名耕，若非用于耕，则何取于牛乎？《汉书·赵过传》但云亩五顷，用耦耕，二牛三人，其后民或苦少牛，平都令光乃教过以人挽犁。由是言之，盖古耕而不犁，后世变为犁法，耦用人，犁用牛，过特为之增损其数耳，非用牛自过始也。耦与犁皆耕事，故通言之。孔子言：犁牛之子，骍且角，则孔子时固已用犁，此二氏所以为字也。③

到了春秋末年和战国初年时，牛耕已经在迅速推广，各地都在实行了，如《国语》称："范、中行氏不恤庶难，欲擅晋国，今其子孙将耕于齐，宗庙之牺为畎亩之勤。"④ 这是说范氏、中行氏在晋国失败后，其子孙避难于齐，后来都变成农民，驾牛耕田。说明这时耕田就是用犁、牛耕田，所谓"百姓饱牛而耕，暴背而耘，勤而不惰"⑤，已经成为农业生产的日常现象了。

当然，任何一种经济变化，不论这种变化本身是多么剧烈，产生的影响是多么深远，其具体的变化过程，仍然是一种逐渐推演递嬗的缓慢过程，要经历相当长一段时间，变化之后，新旧制度之间常常是前后交错。新制度虽

---

① 《论语·雍也》。
② 《论语·颜渊》："司马牛问仁。"《集解》《集注》皆云司马牛名犁；《史记·仲尼弟子列传》则谓"司马耕字子牛"。二者文虽稍异，但均反映出牛与犁耕的密切联系。
③ 马端临：《文献通考》卷一，《田赋考》引。
④ 《国语·晋语九》。
⑤ 刘向：《新序》卷六。

早已确立，而旧制度仍在残存，甚至是长期残存。牛耕和犁耕在春秋时即已开始，而人耦并没有立即退出历史舞台，它残存的时间非常长，甚至迟到西汉年间，还有一些僻远郡县根本不知牛耕为何事，那里的农民还在用传统的耒耜，并力耦耕（详《中国封建社会经济史》第二卷第四章）。

（三）施肥与灌溉

中国古代农业在漫长的发展过程中，一直是利用土地的自然力来进行种植，这是农业生产长期停滞在原始的粗耕阶段的重要原因之一。因为土地的自然肥力是有限的，连年使用，则地力枯竭、报酬递减的现象，必随之而来。西周以前，古人因袭过去游牧的习惯，以迁邑易地、实行游农的办法，来解决地力衰竭的矛盾。到了西周时期，随着社会经济和文化的发展，特别是随着封建土地制度的确立，全国土地都已划分了"此疆尔界"，人们各属于固定的封疆或采邑，并各自有其所属的人身依附关系，这时谁也不能再"不常厥邑，不常宁"，去到处游徙了。为了避免报酬递减，人们只能在自己所有的土地上，以轮耕的方法轮流改换耕地，使其所有的土地每年有一部分获得一次休息的机会，借以恢复地力。这两种办法，都是古人从生产实践中摸索出来的解决地力衰竭的有效途径。而这些情况的长期存在，本身就说明了不但殷人在实行游农时根本不知道人工施肥，就是西周时人在实行轮耕时，也同样是不知道人工施肥的。

无论是在实行迁徙不定的游耕，还是实行在固定地点的轮耕，一个首要的前提条件是土旷人稀。殷人之所以能屡次举族远徙，到自己认为适宜的地方去另建新邑，是因为那时中原一带的广大地区人烟稀少，土地都是无主之田，可以自由占用，并可以随时更换。西周时虽然有了固定的土地制度，但在西周前期时，土地仍然是相对过剩，故能实行计口授田的井田制度，每一个直接生产者除了能获得足够维持生活的定量耕地和若干公用土地外，还使每人每年能有一部分土地休闲不耕而不致影响生活。

东周时期，随着人口的增加，随着领主阶级消费欲望的增长和剥削的加强，各地区都在逐渐变成"土地小狭，民人众"，原有土地已日益不敷分配，特别是由于领主阶级开支浩大，入不敷出，为了增加收入，而迫切需要增加土地，扩大耕地面积。至此，轮耕的方法不适用了，在渴望增加土地的时候，不能再使每年有大片土地——约占全部耕地的三分之一，处于休闲荒废状态，以坐等其恢复地力，而必须使每块土地都能年年耕种，以增加产量——即增加收入。在这样的迫切需要下，人们从生产的实践中发现了人工施肥的方法。其实这个发现，并不是一个困难复杂的过程，只要平时稍微留心观察一下农作物的生长情况，就很容易地看到，凡是在有人畜粪便之处的作物，就生长得比别处茂盛，产量比别处丰多。春秋中叶以后，随着列国人口的自然繁殖和列国诸侯厉行奖励政策的结果，遂迅速地改变着人地关系，由过去的土旷人稀、土地相对过剩，变为地狭人稠、土地不敷分配，社会上"不患寡而患不均"的现象日益严重。于是一方面，列国激烈地争夺土地[14]，甚至不惜"争地以战，杀人盈野"；另一方面，对已有的耕地必须尽量利用，所以人工施肥的方法，就在这时于具备了产生的可能条件和必要条件之后，适应着客观形势的要求而出现了。

用人畜粪便以肥田，本来是一件极为平凡的事，初起时不为人们所惊异，不为经传所记载，这是毫不奇怪的。大概井田制度及与之相联系的轮耕方法破坏之时，当即为人工施肥方法开始问世之日，其具体的产生时间大约不会早过春秋，也不会迟于战国，总不外是在春秋中叶以后或者接近末年时开始普遍实行的，所以在《老子》书中有了下述记载：

> 天下有道，却走马以粪（河上公注云：粪者，粪田也。兵甲不用，却走马，治农田）。①

《韩非子》释之云：

> 今有道之君，外希用甲兵，而内禁淫奢。上不事马于战斗逐北，而民不以马远淫通物，所积力唯田畴，积力于田畴必且粪灌，故曰：天下有道，却走马以粪也。②

人工施肥，对于提高农业生产力，增加土地的单位面积产量，有着立竿见影的功效，所以实行之后便引起人们的极大注意。进入战国以后，有关的记载就开始增多，并把"粪田"或"粪"作为农业生产或农业经营的一个代

---

① 《老子·俭欲》。
② 《韩非子·解老》。

名词。例如：

> 耕者之所获，一夫百亩，百亩之粪，上农夫食九人，上次食八人，中食七人，中次食六人，下食五人（赵注：一夫一妇，佃田百亩，百亩之田，加之以粪，是为上农夫，其所得谷，足以食九口）。①
>
> 凶年粪其田而不足，则必取盈焉（赵注：至于凶年饥岁，民人粪治其田……不足以食，而公家取其税，必满其常数焉）。②
>
> 掩地表亩（注：王引之曰：掩地二字，义不可通，掩，疑撩之伪。《说文》：撩，理也。撩地表亩，谓理其地，表其亩也。撩字俗书作撩，与掩相似而误[15]），刺草殖谷（刺，绝也），多粪肥田，是农夫众庶之事也。③
>
> 地可使肥，又可使棘，人肥必以泽（肥，谓粪其田），使苗坚而地隙；人糟必以旱，使地肥而土缓。④
>
> 是月（六月）也，土润溽暑，大雨时行，烧薙行水利以杀草，如以热汤，可以粪田畴，可以美土疆。⑤

诸如此类的记载，说明到战国年间，人工施肥的方法已经普遍实行，粪田已成为农业生产中的一个重要组成部分，过去井田时代的轮耕方法，这时已经基本不存在了。实行人工施肥后，原来每年必须休耕的大片土地，现在可以年年耕种了，这是生产力的一大解放，所以粪田就成为促进农业生产发展的重要因素之一。

水是农业的命脉，干旱缺水的地方，农作物是不能生长的。这个尽人皆知的常识，古人当然十分了然，所以《管子》说："夫民之所生，衣与食也；食之所生，水与土也。"⑥ 中国古代的农业虽然发生很早，但是古代的主要农业区系位于华北干旱地区，而长期以来又一直是靠天吃饭。春秋以前的文献中找不到有人工灌溉的痕迹。聚落、居邑虽然有井，但亦仅供饮用，至多亦

---

① 《孟子·万章下》。
② 《孟子·滕文公上》。
③ 《荀子·富国》。
④ 《吕氏春秋·任地》。
⑤ 《吕氏春秋·六月纪》。
⑥ 《管子·禁藏》。

只能汲水灌畦，使"疆场有瓜"之处得以稍沾其益。至于开河凿渠、大兴水利，以灌溉大田，春秋以前基本上是没有的，所以在西周时期，严重的旱灾频繁发生，经常威胁着广大人民的生存。例如宣王时的一次旱灾，其严重的情况，有如下述：

> 王曰於乎，何辜今之人，天降丧乱，饥馑荐臻（荐臻，重至也）。……旱既大甚，则不可推（推，去也），兢兢业业（兢兢，恐也；业业，危也），如霆如雷，周余黎民，靡有孑遗（言天下困于饥馑，皆心动意惧，兢兢然，业业然，状如有雷霆，近发于上，周之众民，多有死亡者矣，今其余无有孑遗者，言又饿病也）。……旱既大甚，则不可沮，赫赫炎炎，云我无所，大命近止，靡瞻靡顾（大命近止，民近死亡也）。……旱既大甚，涤涤山川，旱魃为虐，如惔如焚，我心惮暑，忧心如熏（涤涤，旱气也，山无木，川无水。魃，旱神也。惔，燎之也）。①

这说明西周时人还不知兴修水利以灌溉农田，认为干旱是"天降丧乱"，是人力所"不可推""不可沮"的，故面对"饥馑荐臻"，饿殍载道，亦只有"忧心如熏"，徒唤奈何而已。

人工灌溉，大体上始于春秋后期，其一是发明了灌溉器械，可以充分利用井水；其二是开凿沟渠，出现了中国历史上第一条灌溉渠道。

利用井水灌溉圃畦，虽然灌溉的面积不大，但因为这时发明了灌溉器械，大大提高了引水能力，对农业生产力的发展亦起了一定的作用，所以也是水利事业的一个重要开端：

> 子贡南游于楚，反于晋，过汉阴，见一丈人方将为圃畦，凿隧而入井，抱瓮而出灌，搰搰然用力甚多而见功寡（搰搰，用力貌也）。子贡曰：有械于此，一日浸百畦，用力甚寡而见功多，夫子不欲乎？为圃者卬（音仰，本又作仰）而视之曰：奈何？曰：凿木为机，后重前轻，挈水若抽，数如沃汤，其名为槔（提挈其水，灌若抽引，欲论数疾，似沃汤之腾沸，前轻后重，即今之所用桔槔也）。

---

① 《诗·大雅·云汉》。

为圃者忿然作色而笑曰：……吾非不知，羞而不为也。①

中国历史上第一条人工运河，是公元前四八六年（鲁哀公九年）吴王夫差开凿的邗沟：

秋，吴城邗，沟通江、淮（杜注：于邗江筑城穿沟，东北通射阳湖〔引者按：在今江苏淮安县境〕，西北至宋口入淮，通粮道也，今广陵韩江是）。②

这是从今扬州开始的大运河的前身，是沟通长江与淮河的一条南北向的大运河。据《汉书·地理志》称："渠水首受江，北至射阳入湖。"③ 吴王夫差为了称霸中原，二年后（公元前四八四年，即鲁哀公十一年），又把这一条运河向北延伸，连接上沂水和济水：

吴王夫差既杀申胥，不稔于岁，乃起师北征，阙为深沟，通于商鲁之间（阙，穿也；商，宋也），北属之沂，西属之济，以会晋公午于黄池。④

开凿这条运河的目的虽然不是为了灌溉，但却同时收到了灌溉之效，因凡水流所达之地，均可以灌溉农田。

进入战国以后，各地都竞开灌渠，中叶以后，更是风起云涌，成为中国水利史上的一个高潮时代，并且是一浪高过一浪，直到西汉前期，其势未衰。

继邗沟之后出现的是鸿沟。这是魏国在魏惠王十年（即周显王八年，公元前三六一年），在魏国境内的天然湖泊圃田（在今河南省中牟县境）与黄河之间，开凿了一条渠道，来沟通黄河；后于（魏惠王）三十一年（公元前三三九年），又开凿了一条渠道，来沟通淮水：

〔周显王〕八年（公元前三六一年），入河水于圃田，又为大

① 《庄子·天地》。
② 《左传》哀公九年。
③ 《汉书》卷二十八下，《地理志下》江都县注。
④ 《国语·吴语》。

沟，而引圃水。①

〔周显王二十九年（公元前三四〇年）〕三月，为大沟于北郭，以行圃田之水。②

鸿沟就是后来的蒗荡渠，亦即汴河的前身。鸿沟的凿通，不仅立竿见影地收到了灌溉之利，而且对中国当时和后来社会经济的发展与文化的交流，都产生了重大而又深远的影响。因为中国的天然河流都是东西流向，也就是都各属于同一纬度，这在经济和文化交流上实是一个天然障碍。邗沟沟通了江淮，鸿沟又沟通了河淮，于是黄河流域和长江流域，便由运河联系了起来，从而弥补了自然条件的一大缺陷。

除此，战国时期的重要水利建设，主要有以下几项：

1. 引漳水溉邺

倡议引漳水溉邺的人，一说是史起，另一说是西门豹首创其事，史起继其后：

魏襄王与群臣饮酒酣，王为群臣祝，令群臣皆得志。史起兴而对曰：群臣或贤或不肖，贤者得志则可，不肖者得志则不可。王曰：皆如西门豹之为人臣也。史起对曰：魏氏之行田也以百亩，邺独二百亩，是田恶也。漳水在其旁，而西门豹弗知用，是其愚也；知而弗言，是不忠也；愚与不忠，不可效也。魏王无以应之。明日，召史起而问焉，曰：漳水犹可以溉邺田乎？史起对曰：可。王曰：子何不为寡人为之……寡人尽听子矣。史起敬诺。言之于王曰：臣为之，民必大怨臣，大者死，其次乃藉臣，臣虽死藉，愿王之使他人遂之也。王曰：诺。使之为邺令。史起因往为之，邺民大怨，欲藉史起，史起不敢出而避之，王乃使他人遂为之。水已行，民大得其利，相与歌之曰：邺有圣令，时为史公，决漳水，灌邺旁，终古斥卤，生之稻粱。③

西门豹引漳水溉邺，以富魏之河内。④

---

① 《竹书纪年》卷下。
② 《竹书纪年》卷下。
③ 《吕氏春秋·乐成》。
④ 《史记》卷二十九，《河渠书》。

上引《吕氏春秋》和《史记》的记载正相反。后人多从《史记》，如《后汉书·安帝纪》："初元二年（公元前四十七年），修西门豹所分漳水为支渠，以溉田。"《水经·浊漳水注》亦云："豹引漳以溉邺，吕氏所言不足据，《汉书·沟洫志》乃误引之。左太冲《魏都赋》云：西门溉其前，史起灌其后，斯得其实。"其实不管两人谁是首创者，反正这一灌溉工程，乃是中国古代的一项重要水利建设。

2. 郑国渠

这是在秦国境内开凿的一个大规模的灌溉渠，倡议开凿这一道渠，原是韩国对秦进行的一项拙劣的阴谋，想借此消耗秦国的国力，使它无力东伐。结果适得其反，灌溉工程的成功，进一步巩固了秦国的经济基础，大大增强了它的国力，为它后来兼并诸侯、统一全国，提供了充分的物质条件。

> 韩闻秦之好兴事，欲罢之……乃使水工郑国间说秦，令凿泾水自中山西邸瓠口为渠，并北山东注洛三百余里，欲以溉田。中作而觉，秦欲杀郑国。郑国曰：始臣为间，然渠成亦秦之利也。秦以为然，卒使就渠。渠就，用注填阏之水，溉泽卤之地四万余顷，收皆亩一钟。于是关中为沃野，无凶年，秦以富强，卒并诸侯，因命曰郑国渠。[1]

3. 都江堰水利工程

这是中国水利史上最著名的一项水利工程，也是战国时劳动人民一项富有创造性的杰作。这是秦昭王时（公元前三〇六—公元前[16]二五一年之间，一说在秦孝文王时，即公元前二五〇年）在蜀守李冰的设计和领导下完成的一项巨大工程。《史记》称：

> 于蜀，蜀守冰凿离碓（晋灼曰：古堆字），辟沫水之害（《索隐》曰：《说文》云：沫水出蜀西南徼外，与青衣合，东南入江也），穿二江成都之中（《正义》曰：《括地志》云：大江一名汶江，一名管桥水，一名清江，亦名水江，西南自温江县界流来。又云：

---

[1] 《史记》卷二十九，《河渠书》。

郫江一名成都江，一名市桥江，亦名中日江，亦曰内江，西北自新繁县界流来。二江并在益州成都县界。任豫《益州记》云：二江者，郫江、流江也。《风俗通》云：秦昭王使李冰为蜀守，开成都县两江，溉田万顷……）。①

可见李冰的建置，是把水患变成了水利，所谓"凿离碓，辟沫水之害"，是指岷江的泛滥而言。原来岷江流经岷山峡谷，山高坡陡，水流湍急，在周显王八年（公元前三六一年）时，有"瑕阳人自秦导岷山青衣水来归"②，东与沫水（即大渡河）合流，注入岷江，致水势益增，夏季尤甚，灌县以下，经常泛滥。李冰凿离碓，在江中筑堰，分岷江为内江（一名郫江）和外江（一名检江或流江）两股，即所谓"穿二江成都之中"，使江流分散。这样，既免除了水患，又便利了灌溉，使两千多年以来的成都平原，一直是旱涝保收，该工程造福无穷，直到今天仍然在发挥着它的固有效能。李冰所总结出来的"深淘滩、低作堰"以调节水流的六字诀，至今仍然基本有效。

在上述几项重大的水利建设带动下，整个战国期间成为一个开凿溉渠的高潮时代。大大小小的渠道，遍布全国，不计其数。司马迁曾概括地论述了这种情况：

> 自是之后，荥阳下引河东南为鸿沟，以通宋、郑、陈、蔡、曹、卫，与济、汝、淮、泗会。于楚，西方则通渠汉水、云梦之野，东方则通沟江淮之间。于吴，则通渠三江、五湖。于齐，则通菑济之间。于蜀，蜀守冰凿离碓，辟沫水之害，穿二江成都之中。此渠皆可行舟，有余则用溉浸，百姓飨其利。至于所过，往往引其水益用溉田畴之渠，以万亿计，然莫足数也。③

所谓"田畴之渠以万亿计"，是指遍布田间的排灌系统而言，既然开凿了大量溉渠，就必须使之配套成龙，在田畴之间开凿大小不等的支渠，把水引至田间，以便旱时用以浇灌，涝时能把水排出。这些支渠的修建和设置情况，大致如《周礼》所述：

---

① 《史记》卷二十九，《河渠书》。
② 《竹书纪年》卷下。
③ 《史记》卷二十九，《河渠书》。

匠人为沟洫（主通利田间之水道）……广二尺，深二尺，谓之
遂（遂者，夫间小沟，遂上亦有径）。九夫为井，井间广四尺、深
四尺，谓之沟。方十里为成，成间广八尺、深八尺，谓之洫。方百
里为同，同间广二寻、深二仞，谓之浍。①

凡治野，夫间有遂，遂上有径。十夫有沟，沟上有畛。百夫有洫，
洫上有涂。千夫有浍，浍上有道。万夫有川，川上有路，以达于畿。②

《周礼》所述虽难免夹杂有理想成分，但基本上符合于战国年间的情况，
因为这是适应着客观需要而必然会产生的现象，并且《周礼》又是战国初期
时的著作，正处在水利建设的高潮时代，书中所记述的情况，正是作者所目
睹的情况。

开发水利，在当时是国之大事。因为任何一条溉渠的开凿，都是工程浩
大，需要很多的人力物力，非由国家的力量来进行不可。例如秦修郑国渠，
就是韩使郑国说秦，倾全力以赴，使秦不再有余力东伐。所以溉渠建成之后，
政府必极为重视，对于水量的调节、堤防的维护、闸门的启闭等等管理事宜，
亦必须由政府设置专官负责，"司空"就是为此而特设的专官。《荀子》说：

修堤梁（堤所以防水，梁，桥也），通沟浍（沟浍皆所以通水。
《周礼》：十夫之田有沟，沟上有畛，千夫有浍，浍上有道。郑云：沟
广深各四尺，浍广二寻，深二仞也），行水潦（行，巡行也），安水臧
（使水归其壑，安谓不使漏溢），以时决塞（旱则决之，水则塞之，不
使失时也），岁虽凶败水旱，使民有所耘艾，司空之事也。③

第二节 铁器时代的开始与冶铁工业的发展

（一）铁器时代的开始

中国的铁器时代，大体上是从春秋后期正式开始的。这主要是指冶铁业

---

① 《周礼·冬官·考工记》。
② 《周礼·地官·遂人》。
③ 《荀子·王制》。

这时有了一定程度的发展，铁的产量已有所增加，冶炼技术也有所提高，并且各种生产工具——尤其是农具已广泛用铁制造等一系列的现象而言。我们知道，经济上的任何发展变化和任何一种经济制度的产生，都是源远流长[17]，而不是突然出现的。铁器时代虽然是到春秋后期方才开始，但是铁的出现则是相当早的。种种迹象表明，早在西周初年，甚至在克殷以前，即已有了用铁的痕迹。例如：《公刘》一诗中有"笃公刘于豳斯馆，涉渭为乱，取厉取锻"① 之句；《费誓》中有"备乃弓矢，锻乃戈矛，砺乃锋刃，无敢不善"② 之句。前者是周初人歌颂其先祖公刘功德的一首诗，后者是鲁公伯禽征徐戎时誓师词中的一段话，两者都提到锻砺兵器，锻是处理铁的一种工序，则所锻的兵器或器械很可能是铁。至于武王伐纣时，"以黄钺斩纣头，县大白之旗。已而至纣之嬖妾二女……击以剑，斩以玄钺（宋均曰：玄钺用铁），县其头小白之旗"③。这里以玄钺与黄钺对称，黄钺是铜制，则玄钺可能为铁制。当然，这一类记载，只能作为一种间接的证明，至如《驷驖[18]》一诗所称："驷驖孔阜，六辔在手"④，则是用铁的颜色来形容马色，说明在西周后期时，铁已是人们的常见之物了。

铁的出现尽管很早，但是由于炼铁比炼铜需要更复杂的技术和更众多的设备，冶铁业在春秋中叶以前发展得还相当缓慢，产量既少，质量也不高，炼出来的生铁杂质较多，品质粗劣。因此，到齐桓公时期（公元前六八五——公元前[19]六四三年），铁还被称为"恶金"⑤。如与近年来新出土的春秋时代的铁器互相印证一下，可以看出那时的铁器质量与《国语·齐语》所记述的情况是完全一致的。一九七五年，考古发掘队在湖北大冶铜绿山发现古矿冶遗址，出土器物中除铜器、木器、陶片等这里不论外，尚有铁斧四件，四棱铁钻三件，均为锻铁件；铁锤二件，为铸铁件，重六公斤，类似现在十二磅大锤；铁耙一件，为锻铁件；六角形铁锄二件和凹字形铁口锄一件，均为铸铁件。从这些铁器上可以清楚地看出，当时冶炼技术还不成熟，"海绵铁"锻件占很大比重。如作金相观察，"试样抛光后，肉眼即见大量夹渣沿加工方向分布。夹杂物的形态和数量，表现出固体还原法生产的特征。夹杂

① 《诗·大雅·公刘》。
② 《尚书·周书·费誓》。
③ 《史记》卷四，《周本纪》。
④ 《诗·秦风·驷驖》。
⑤ 《国语·齐语》。

物都是硅酸盐及铁的氧化物”，“虽已懂得对生铁工具进行柔化（退火）处理，增强工具韧性，克服生铁的脆性，但还不会对熟铁进行渗碳、淬火，因而不能制作坚利的工具”[①]。

春秋中叶以后，冶铁工业的发展加快了步伐，不但铁的产量大增，而且铁的质量也显著提高了。这由下述一事可以看出：

> 冬〔昭公二十九年（公元前五一三年）〕，晋赵鞅、荀寅帅师城汝滨，遂赋晋国一鼓铁，以铸刑鼎，著范宣子所为刑书焉。[②]

这是晋国赵鞅和荀寅等人帅师占领陆浑之戎的土地后，在汝水之滨建筑城池，令人民缴纳“一鼓铁”以为军赋。杜预注云：“令晋国各出功力，共鼓石为铁，计令一鼓而足，因军役而为之，故言遂。”可知晋国在当时已经是一个盛产铁的地方，晋国炼铁的人很多，故军赋能以铁征收，又把收来的铁铸为刑鼎。既然能把赵宣子所拟订的法律条文铸在鼎上，说明铁的质量已大大提高，不再是过去那样粗糙的“恶金”了。例如《管子》一书是战国年间的著作，在重述上引管仲那段话时，便改作：“美金以铸戈剑矛戟，试诸狗马；恶金以铸斤斧锄夷锯椎，试诸木土。”[③] 文中增加了木工用具。《小匡》之文不同于《齐语》，并不仅仅是文字上的一点偶然差异，而实是由于时代不同，冶铁工业这时已经大大发展了，除农具中的“一耜、一铫、一镰、一耨、一椎、一铚”，车工的“一斤、一锯、一缸、一钻、一铼、一轲”和女工的“一刀、一锥、一针、一鉥”等已全为铁外，名目繁多的铁制兵器，见于战国诸子著述中的，计有：刀、剑、戟、戈、矛、铁锥、铁殳、铁甲、铁杖、铁锁、铁钩、铁铦、铁室、铁幕、铁索、铁铇[20]、铁鑷、铁铸、铁铁、铁灌等，说明战国时期，铁已经成为制造工具和兵器的主要金属了。

（二）冶炼技术的进步

由春秋末年到战国初年，冶铁工业之能突飞猛进发展的一个重要促成因素，是炼铁炉使用了巨大的鼓风设备。根据现存记载可以考见的，在公元前

---

① 冶军：《铜绿山古矿井遗址出土铁制及铜制工具的初步鉴定》，《文物》一九七五年，第二期。
② 《左传》昭公二十九年。
③ 《管子·小匡》。

五一四年（吴王阖闾元年）时已在使用：

> 阖闾……请干将铸作名剑二枚。干将者，吴人也，与欧冶子同师，俱能为剑。越前来献三枚，阖闾得而宝之，以故使剑匠作为二枚，一曰干将，二曰莫邪。莫邪，干将之妻也。干将作剑，采五山之铁精，六合之金英……而金铁之精不销沦流，于是干将不知其由。莫邪曰：子以善为剑闻于王，使子作剑，三月不成，其有意乎？干将曰：吾不知其理也。……于是干将妻乃……使童女童男三百人，鼓橐装炭，金铁刀（乃）濡，遂以成剑。阳曰干将，阴曰莫邪，阳作龟文，阴作漫理。干将匿其阳，出其阴而献之，阖闾甚重。①

《吴越春秋》虽是战国以后的著作，但所记述却都是春秋末年和战国初年的史事。这段故事中虽然夹杂着一些神话成分，但如剥去神话，却反映了一个重要事实，就是那时炼铁和炼钢已经使用了大型的鼓风设备——"鼓橐装炭。"橐也叫作冶橐、冶囊、排橐、排囊和橐籥，是在春秋末年开始普遍应用的。例如，老子曾把橐的一盈一虚的鼓风作用，用以比喻天地之间的盈虚消长。他说："天地之间，其犹橐籥乎？虚而不屈，动而愈出。"② 橐籥是用牛皮做的一种大皮囊，囊有口，口有柄，即把手，初以瓦为之，后改用木，叫作"㪇"，《说文》："㪇，冶橐干[21]也。"段玉裁释之云："冶，各本作治，今正。冶橐，谓排囊。排，读普拜切，其字或作鞴，或作韛，冶者以韦囊鼓火，老子之所谓橐也。其所执之柄曰㪇，干犹柄也。㪇或伪作㪳，而《广韵》以排囊柄释之，《玉篇》以似瓶有耳释㪇。引许者，冶皆讹治，而其义湛薶终古矣。排囊之柄，古用瓦为之，故字从瓦，后乃以木为之，故《集韵》作㯔，从木。"③ 由于冶橐的体积很大，需要很多的人力才能鼓动，史载干将铸剑时用童男女三百人来"鼓橐装炭"，并不是夸张。

排囊的鼓风力量既然很大，故除了用于金属冶炼外，还应用在军事上，这主要是敌人穴地攻城时，守城的人亦运用地道战来抵御敌人，其法是探知敌人所掘之穴，亦掘穴迎之，并备好柴草、排囊，待两穴相遇，将敌穴穿孔，急燃柴草，鼓风熏之。墨翟非常强调这种战术：

---

① 《吴越春秋》卷四，《阖闾内传》。
② 《老子·虚用》。
③ 段玉裁：《说文解字注》㪇字注。

上下出入，具炉橐，橐以牛皮，炉有两甀，以桥鼓之……。①

穴内口为灶，令如窑，令容七八员艾，右左窦皆如此。用四橐，穴且愚，以颉皋冲之，疾鼓橐熏之，必令明翟橐事者，勿令离灶口，连版，以穴高下广狭为度，令穴与版俱前，凿亓[22]版……窦通亦烟，烟通，疾鼓橐以熏之。②

军事上广泛应用，说明排橐的鼓风力量确实是很大的。这个发明对当时冶铁工业的发展，实起了很大作用。

随着鼓风设备的使用和冶炼技术的进步，到战国中期时，时人已经能够炼钢。其实上述干将为阖闾铸作"干将""莫邪"两剑，已经是质量很高的钢制品了，只是由于那时的冶炼技术还没有完全过关，没有普及，钢的产量也不多，遂使"干将""莫邪"二剑带有许多神话色彩。到了战国时期，能够炼钢的地方已经很多，并出现了一些大的钢铁业中心，它们出产的钢制品特别是犀利的兵器，更是驰名全国。例如：

楚国之民，齐疾而均（《尔雅·释诂》：齐，疾也），速若飘风（《说文》：飘，回风也。按即旋风），宛钜铁鉇[23]（宛，楚地，今南阳。《说文》：钜，大刚也。即今钢铁。鉇，短矛也），利若蜂虿。③

楚人……宛钜铁鉇（矛也），惨如蜂虿（徐广曰：大刚曰钜……言宛地出此刚铁为矛，惨如蜂虿，言其中人之惨毒也）。④

可见楚在战国时是以盛产钢铁著名的，宛是当时楚国最大的一个钢铁业中心[24]，由于它所制的兵器都是"利若蜂虿"，曾引起邻国的恐惧，连当时最强大的秦国也感到不安，例如秦昭王说："吾闻楚之铁剑利而倡优拙。夫铁剑利则士勇，倡优拙则思虑远。夫以远思虑而御勇士，吾恐楚之图秦也。"⑤

---

① 《墨子·备穴》。
② 《墨子·备穴》[25]。
③ 《商君书·弱民》。
④ 《荀子·议兵篇》。
⑤ 《史记》卷七十九，《范雎蔡泽列传》。

除了楚国外，韩国也是一个盛产钢铁和锐利兵器的地方。韩国的几个重要产地和制成品的质量，苏秦曾对韩宣惠王做过一个概括的叙述：

〔苏秦〕于是说韩宣王曰：……韩卒之剑戟皆出于冥山、棠谿（《正义》：故城在豫州郾城县西八十里。《盐铁论》云"有棠谿之剑"是）、墨阳（《集解》：《淮南子》曰：墨阳之莫邪也）、合赙、邓师（《索隐》：邓国有工铸剑，而师名焉）、宛冯（《集解》：徐广曰：荥阳有冯池。《索隐》：徐广云荥阳有冯池，谓宛人于冯池铸剑，故号宛冯）、龙渊、太阿〔《集解》：《吴越春秋》曰：楚王召风胡子而告之曰：寡人闻吴有干将，越有欧冶，寡人欲因子请此二人作剑，可乎？风胡子曰：可。乃往见二人，作剑，一曰龙渊，二曰太阿。《索隐》按：……〔晋〕《太康地记》曰：汝南西平有龙泉水，可以淬刀剑，特坚利，故有龙泉之剑，楚之宝剑也。以特坚利，故有坚白之论……故天下之宝剑韩为众，一曰棠谿，二曰墨阳，三曰合（伯）〔赙〕，四曰邓师，五曰宛冯，六曰龙泉，七曰太阿，八曰莫邪，九曰干将也。然干将、莫邪匠名也，其剑皆出西平县，今有铁官令一，别领户，是古铸剑之地也〕，皆陆断牛马，水截鹄雁，当敌则斩坚甲铁幕（谓以铁为臂胫之衣，言其剑利能斩之也），革抉（谓以革为射决[26]。决，射韝也）、㕹芮（㕹音伐，谓楯也。芮音如字，谓系楯之纷缓也），无不毕具。①

从上引文中可知战国时的韩国，是一个重要的钢铁工业区，并有不少善制兵器的著名产地，如棠谿、墨阳、宛、邓、龙渊等地方所铸之剑，皆异常锋利，驰名全国。苏秦在了解本国情况的韩宣王面前盛夸韩国各地所铸剑戟的优越性，必不能过度夸张，远离事实，否则将失去韩王的信任。既然所铸剑戟能"陆断牛马，水截鹄雁"，能"斩坚甲铁幕"，说明韩国的铁工，不但能把生铁锻炼成钢，而且炼钢的技术水平，也已达到一定的高度了。

（三）冶铁工业的发展对商品经济发展的影响

在春秋以前的早期封建社会中，人们都生活在"乡里同井"的农村中，

---

① 《史记》卷六十九，《苏秦列传》；又见《战国策·韩策》。

过着"日出而作，日入而息，凿井而饮，耕田而食"的自给自足的简单生活。在这样的一种经济结构中，本来没有商业发展的余地，但是在事实上，即使是在早期的封建社会中，甚至在更早的时期，自然经济从来就不可能是纯粹的，互通有无的交换行为乃至它的发展了的形态——简单的商业，很早即已存在。

最初的商业只是物物交换的扩大，即把各个生产者之间和各个产地之间的剩余生产品来贩运一下，即所谓"负任担荷，服牛辂马，以周四方，料多少，计贵贱，以其所有，易其所无，买贱鬻贵"①。这不是生产物的商品化促进了商业，而是因为有了商业从而使生产物商品化。在这样的过程中，亦即在早期的商业贩运中，起着主导作用的两种商品，第一是盐，第二是铁。

关于盐的生产和销售的具体情况，均于下文讨论。这里仅简单指出，盐是早期商业经营的一个重要项目，因为盐是人人所必需而又不能自己生产的，必须仰赖于市场供给，故盐是一种产销数量巨大和获利优厚的商业经营品[27]。盐以外就是铁。铁是一切生产工具和兵器的原材料。既然一女必有一刀、一锥、一针、一铢，耕者必有一耒、一铫、一镰、一耨、一铚，车工必有一斤、一锯、一钉、一钻、一铢，以及军备上需要大量的刀、枪、剑、戟、戈、矛等，而又不能人人生产，那么铁器的产销数量就必然非常巨大，获利亦必然甚丰。冶铁业的发展，成了战国年间商品经济大量发展的另一个重要支柱。

从春秋中叶到整个战国时期，只有管仲在齐国实行"官山海"，把原来由私人经营的盐铁产销收归官营。其办法：一是把齐国的"渠展之盐"，由官家"伐菹薪（注：草枯曰菹），煮沸水为盐"，然后"以令粜之梁、赵、宋、卫、濮阳"②；二是设置铁官，把铁的冶炼和铁器制造都由政府加以控制，并由政府运销。从此，便开始了在中国历史上长期延续并不断扩大范围的禁榷制度。但是在春秋战国年间，实行禁榷制度的，事实上只有齐国一国。齐国以外的其他诸侯列国，煮盐和冶铁两大工商企业主要都是由私人自由经营的。这两种企业乃是构成战国年间商品经济的主要内容，是拥有广大的国内市场、产销两旺和获利最丰的两大企业类型。战国时期商品经济之突出的发展，主要是由这两种大的工商企业带动的。

---

① 《管子·小匡》；又见《国语·齐语》。
② 《管子·轻重甲》。

　　并且，制盐和炼铁都必须是大规模经营，而冶炼工业的规模尤为宏大，因为铁的采矿和冶炼都需要大量资本和生产资料，必须有巨大的炼炉和鼓风设备，以及为数众多的工匠。例如上述干将为阖闾铸剑时，仅"鼓橐装炭"，即有童男女三百人，其他采矿、烧炭等工序所需要的工人数目尚未计及。后来的《盐铁论》曾着重指出过这一点，并认为是对封建统治的一种潜在威胁："采铁石鼓铸煮盐，一家聚众或至千余人。"[1] 这句话不但不是夸大，而实是这类企业的起码规模，人数不多的小规模作坊是无法营运的。所以，在战国年间出现了许多经营冶铁工业的大手工业主，他们都由企业经营中积累了大量货币财富。其中最著名的，例如：

　　　　蜀卓氏之先，赵人也，用铁冶富。秦破赵，迁卓氏。卓氏……乃求远迁。致之临邛，大喜，即铁山鼓铸，运筹策，倾滇蜀之民，富至僮千人。田池射猎之乐，拟于人君。[2]

　　　　程郑，山东迁虏也，亦冶铸，贾椎髻之民，富埒卓氏，俱居临邛。[3]

　　　　宛孔氏之先，梁人也，用铁冶为业。秦伐魏，迁孔氏南阳。大鼓铸，规陂池，连车骑，游诸侯，因通商贾之利，有游闲公子之赐与名。……家致富数千金，故南阳行贾尽法孔氏之雍容。[4]

　　　　鲁人俗俭啬，而曹邴氏尤甚，以铁冶起，富至巨万。然家自父兄子孙约，俯有拾，仰有取，贳贷行贾遍郡国。邹、鲁以其故多去文学而趋利者，以曹邴氏也。[5]

　　这些富商大贾的出现，并不是一种偶然的或个别的现象，而是大量地、经常地、继长增高地在出现，而且也不限于盐、铁两种行业。随着当时商品经济和货币经济的迅速发展，在各个工商企业中，乃至农、林、牧、矿各部门中都出现了许多大规模经营的企业和财累巨万的"素封"之家。这些情况的产生和发展，正是造成由春秋后期到战国年间社会经济结构发生巨大变化

　　① 《盐铁论·复古》。
　　② 《史记》卷一百二十九，《货殖列传》。
　　③ 《史记》卷一百二十九，《货殖列传》。
　　④ 《史记》卷一百二十九，《货殖列传》。
　　⑤ 《史记》卷一百二十九，《货殖列传》。

的原因所在。具体说，它一方面冲垮了封建领主制度的堤防，摧毁了井田制度及以此为基础的领主制经济；另一方面，在商品经济和货币经济发展的强大洪流中，在一切财物商品化的同时，土地也变成了商品而可以自由买卖，从而建立了土地私有制度及以此为基础的地主制经济；又伴随着地主制经济而俱来的土地租佃关系，把封建的人身依附关系，变为一种简单的契约关系。契约关系是法律关系，即由法律规定或由法律保证的一种价值支付关系。除此以外，不能把任何超经济的关系如封建关系订入租约。这一切，都是由客观的经济规律决定的。

第三节　春秋战国时期的官私手工业

（一）春秋战国时期的官工业

1. 官工业中的工匠

春秋战国时期的官私手工业都有了较大的发展，特别是进行商品生产的私营手工业，不但生产技术比西周时期有了很大的提高，而且出现了一些大型企业，对当时社会经济结构的变革，起了巨大的促进作用，对于后来的经济发展，也产生了极为深远的影响。

春秋战国时期的官工业，基本上与西周相同，但是制度更为完整，种类更为繁多，对工匠的技术要求以及对他们的种种管制也更为严格了。

官工业是直接为统治阶级服务的，统治阶级的消费欲望特别是对奢侈品的消费欲望愈来愈增加，故官工业的经营范围也就愈来愈扩大，对产品精美质量的要求更是愈来愈提高。因此，一切具有专业技艺的工匠，无不被官府网罗在官工业的有关部门中，而成为"在官之工"。此即《国语》所说"处工就官府"①，"庶人食力，工商食官"②。也是后来《王制》所谓"凡执技以事上者，祝、史、射、御、医、卜及百工"③。这样，不论什么人，凡是有一技之长而官家认为有用，都必须无条件地为统治阶级服劳役，直接被工官所管辖。所以，这些在官工业中服役的官工匠，都程度不等地丧失掉了人身自

---

① 《国语·齐语》。
② 《国语·晋语四》。
③ 《礼记·王制》。

由。春秋时，有很多官工匠还是统治阶级可以自由处分的奴隶或半奴隶。例如下述两个故事，就充分反映了这种情况：

楚侵及阳桥，孟孙请往赂之，以执斫、执针、织纴，皆百人（杜注：执斫，匠人；执针，女工；织纴，织缯布者）……①
[晋悼公]十二年（鲁襄公十一年，公元前五六二年）……郑伯嘉来纳女工妾三十人，女乐二八（注：女工有伎巧者。王引之曰：女工妾，长于女工之妾也。成二年《左传》：鲁赂楚，以执斫、执针、织纴皆百人。杜注云：执针，女工；织纴，织缯布者，是以女工妾为赂之证）……②

统治者可以拿具有技能的男女工匠来行赂，说明这些工匠的身份是很低的，不能与自由民并列，所以《王制》说"凡执技以事上者，不二事，不移官，出乡不与士齿"；"执技"是指："瘖、聋、跛、躃、断者、侏儒及百工，各以其器食之（器，能也，因其各有所能，供官役，使以廪饩食之）。"③

所有在官工业中服役的工匠，不但都具有专门技能，而且都是世代相传，各有其由长期经验积累而成的家传的秘方绝技，故各种工匠都掌握着特殊的熟练技巧。他们的训练途径和方法是：

令夫工群萃而州处（萃，集也；州，聚也），相宾材，审其四时，辨其功苦（功谓坚美，苦谓滥恶），权节其用，论比协制断器，尚完利。相语以事，相示以功，相陈以巧，相高以知，旦夕从事于此，以教其子弟，少而习焉，其心安焉，不见异物而迁焉。是故其父兄之教，不肃而成；其子弟之学，不劳而能。夫是，故工之子常为工。④

这是中国历来各式工匠的技术传授和业务训练的主要途径，并成为中国长期不断的传统，从古到今，没有什么改变。关于这个问题，战国时的文献

---

① 《左传》成公二年。
② 《国语·晋语七》。
③ 《礼记·王制》。
④ 《国语·齐语》；《管子·小匡》。此处引文据《小匡》，参照《齐语》稍加订正。

说得很明确，《考工记》说："巧者，述之、守之世，谓之工（父子世以相教）。"①《荀子》亦说："工匠之子，莫不继事。"② 技术传授的主要途径是父子相传，而且是严格保守秘密，绝不向外人泄露。这种由家庭保守技术秘密的办法，乃是中国手工业在其长期发展中，始终不能产生欧洲基尔特型行会制度的原因之一。因为那样的行会制度，其依以建立的基础之一是学徒制度；通过学徒制度，不但保证了行会制度本身的再生产，使之能代代延续，而且保证了城市市民权的完整，使城市保持了本身的自治和独立。中国也有学徒制度，祝、史、射、御、医、卜和百工技艺无不有师，这在春秋战国时期，也早已是一个很普遍的现象，例如：

> 匠石之齐，至于曲辕，见栎社树。其大蔽千牛，絜之百围，其高临山十仞而后有枝，其可以为舟者旁十数。观者如市，匠伯不顾，遂行不辍。弟子厌观之，走及匠石，曰：自吾执斧斤以随夫子，未尝见材如此其美也。先生不肯视，行不辍，何也？③

从这段故事中，不但可以看出中国各种手工业工匠都有学徒制度，而且可以看出中国学徒制度的特点，即师傅传授给学徒的只是一般的技术，而保留技术中的绝技或诀窍，即所谓授人以规矩，而不授人以巧，师傅的"看家本事"如果是家传秘密，那就不但不传授给学徒，连自己的女儿也不传授，以免为外姓所得。明乎此，就可以知道为什么《考工记》给"工"下定义时要说"述之、守之世"的原因所在了。这样，工业生产技术的传授和训练的主要途径，只能是"父兄之教"和"子弟之学"这样一种方式，使人自幼即从耳濡目染、耳提面命中收到"不肃而成"和"不劳而能"的效果，也就是《荀子》所说的"积斫削而为工匠"，故"工匠之子，莫不继事"。

被征集在官工业中的各种工匠，是在工师的直接领导和监视之下来进行工作的，工师是官工业中各种工业制造的主管人员，《考工记》称：

> 国有六职，百工与居一焉（诒让按：《月令·季春》：命工师令

---

① 《周礼·冬官·考工记》。
② 《荀子·儒效》。
③ 《庄子·人间世》。

百工。注云：工师，司空之属官也。又《孟冬》：命工师效功。注云：工师，工官之长也。是冬官之属有工师与匠师、梓师，同领诸工，而前五官亦或有给事之工，若玉府典妇功诸职所属之工皆是也。此经三十工，并即在官之工，故有明堂、城郭、沟洫、瑞玉、量器诸制，而梓人又著梓师监视之法，是其证矣）。①

工师是工官的总名，具体到不同的工种，便有不同的工师。战国时的文献，关于工师的职掌有颇多记载，例如：

> 论百工，审时事，辨功苦，上完利，监一五乡，以时钧修焉，使刻镂文采毋敢造于乡，工师之事也。②
> 论百工，审时事，辨功苦，尚完利，便备用，使雕琢文采不敢专造于家，工师之事也。③
> 是月（三月）也，命工师令百工，审五库之量，金铁、皮革、筋角、齿羽、箭干、脂胶、丹漆，无或不良，百工咸理，监工日号，无悖于时，无或作为淫巧以荡上心。④
> 是月（十月）也，工师效功，陈祭器，按度程（程，法也），无或作为淫巧以荡上心，必功致为上。物勒工名，以考其诚，工有不当，必行其罪，以穷其情。⑤
> 是月（九月）也，霜始降，则百工休（霜降天寒，朱漆不坚，故百工休，不复作器）。⑥

可见春秋战国时期的官工业，既有完整的制度，又有严密的管理，在整个生产过程中，从原料到成品，每一道工序除受工师的监视和管制外，还有监工的考核和检查。为了防止偷工减料或搀假作伪，于生产完工后，要在制成品上刻上工匠的姓名，表示对产品的质量负责，如发现"工有不当"，即产品的质量是不符合规格的次品或劣品，则"必行其罪，以穷其情"。

---

① 孙诒让：《周礼正义》卷七十四。
② 《管子·立政》。
③ 《荀子·王制》。
④ 《吕氏春秋·三月纪》。
⑤ 《吕氏春秋·十月纪》。
⑥ 《吕氏春秋·九月纪》。

每年从三月到八月，是官工匠被征调在各种官工业中服劳役的时间，九月霜降之后至翌年三月解冻之前，官作停止。工匠结束了官府的劳役之后，才可以自己营业。所以有一定技能的手工业者每年的营业时间，至多不能超过半年，如果官府有额外需求，就连这一点时间也不能保证了。于此可知，官工业的长期存在并不断扩大和发展，既缩小了商品市场，又剥夺了生产者的大量营业时间，所以它是商品生产不能充分发展的一个严重障碍。

2. 官工业的种类

据战国时的文献记载，当时的官工业共有三十种：

> 天子之六工，曰：土工、金工、石工、木工、兽工、草工，典制六材。注：土工，陶旊也；金工，筑、冶、凫、㮚、锻、桃也；石工，玉人、磬人也；木工，轮、舆、弓、庐、匠、车、梓也；兽工，函、鲍、韗[28]、韦、裘也；惟草工职亡，盖谓作萑苇之器。疏：陶人，为瓦器也；旊人，为簠簋之属。筑氏为书刀，冶氏为箭镞，凫氏为钟也，锻氏为钱镈，函人为甲铠，韗人为鼓。①

> 凡攻木之工七，攻金之工六，攻皮之工五，设色之工五，刮摩之工五，搏埴之工二。攻木之工，轮、舆、弓、庐、匠、车、梓；攻金之工，筑、冶、凫、㮚、段、桃；攻皮之工，函、鲍、韗、韦、裘；设色之工，画、缋、钟、筐、㡛；刮摩之工，玉、栖、雕、矢、磬；搏埴之工，陶、旊。②

攻木之工，首为轮人，《考工记》云："轮人为轮，斩三材必以时。" 轮人为作车轮之官，察车自轮始，故车工首轮人。舆人专作车舆，车以舆为主。《考工记》云："舆人为车轮，崇车广衡长，参如一，谓之参称。" 疏云："云参如一者，俱六尺六寸也。" 车的其他部分和其他各种木工的分工情况，大都类此，每一工序或每一部件，都须做到："圜者中规，方者中矩，立者中县，衡者中水，直者如生焉，继者如附焉。"③ 对质量的要求严格，也就是对技术的要求严格，因而对生产的每一环节，或工作的每一部分，都必须使之成为一种专属的形态，使用专有的工具，遵循一定的操作规程。完全如《墨子》

---

① 《礼记·曲礼下》。
② 《周礼·冬官·考工记》。
③ 《周礼·冬官·考工记》。

所说："天下从事者，不可以无法仪……虽至百工从事者，亦皆有法。百工为方以矩，为圜以规，直以绳，正以县，无巧工不巧工，皆以此五者为法。巧者能中之，不巧者虽不能中，放依以从事，犹逾已，故百工从事，皆有法度。"①《荀子》亦说："设规矩，陈绳墨，便备用，君子不如工人。"②

木工除了规、矩、绳、墨、准、县等"法仪"和"一斤、一锯、一锥、一凿、一钻、一铢"等主要专属工具外，这时还发明了专为揉木之用的"檃栝"，即使直木弯曲或使曲木变直的专用工具：

> 故檃栝之生，为枸木也；绳墨之起，为不直也。……枸木必将待檃栝烝矫，然后直者，以其性不直也（枸，读为钩，曲也。檃栝，正曲木之木也。烝，谓烝之使柔；矫，谓矫之使直也）。③

> 乘舆之轮，太山之木也，示（读为置）诸檃栝，三月五月，为帱菜，敝而不反其常。注：檃栝，矫揉木之器也。言置诸檃栝三月或五月也。帱菜未详，或曰：菜读为蕾，谓毂与辐也，言矫揉直木为牙，至于毂辐，皆敝而规曲不反其初，所谓三材不失职也。《周礼·考工记》曰：望其毂，欲其眼也，进而眠之，欲其帱之廉也。郑云：帱，冒毂之革也，革急则木廉隅见。《考工记》又曰：察其蕾，蚤不齵，则轮虽敝不匡。郑云：蕾谓辐入毂中者，蚤读为爪，谓辅入牙中者也，匡，刺也。《晏子春秋》曰：今夫车轮，山之直木，良匠燥之，其员中规，虽有槁暴，不复嬴矣。④

"攻金之工，筑氏执下齐，冶氏执上齐，凫氏为声，栗氏为量，段氏为铸器，桃氏为刃（注：多锡为下齐，大刃、削、杀、矢、鉴、燧也。少锡为上齐，钟、鼎、斧、斤、戈、戟也。声，钟、镈[29]于之属。量，豆、区、鬴也。铸器，田器钱、镈之属。刃，大刃、刀、剑之属）。"⑤"攻金之工"是青铜器的冶炼和铸造工业。青铜是铜和锡的合金，铜和锡的配合比例不同，炼出来的青铜便具有不同的硬度。由于用途不同的铜器要求具有不同的硬度，

---

① 《墨子·法仪》。
② 《荀子·儒效》。
③ 《荀子·性恶》。
④ 《荀子·大略》。
⑤ 《周礼·冬官·考工记》。

炼铜工人从长期的生产实践中，掌握了六种不同的铜锡配合比例，这六种比例数据是："金有六齐：六分其金，而锡居一，谓之钟鼎之齐；五分之金，而锡居一，谓之斧斤之齐；四分其金，而锡居一，谓之戈戟之齐；三分其金，而锡居一，谓之大刃之齐；五分其金，而锡居二，谓之削杀矢之齐；金锡半，谓之鉴燧之齐。"① 鉴是铜镜，燧是一种反光镜[30]，用于在日中取火。镜子不需要硬度，但要洁白光亮，故铜锡各半。掌握这种恰当的配合比例，以铸造不同硬度的铜器，本身就是生产技术的一大成就，因为制造斧斤等工具与制造矢镞、刀、剑等兵器，所要求的硬度已不尽相同，与制造钟鼎、乐器、量器和鉴燧等更不同，掌握这种不同的配合比例，是长期发展的结果。由于兵器需要锋利，铸成后还必须进行最后加工，《荀子》说：

> 刑范正（郝懿行曰：刑与型同，范与范同，皆铸作器物之法也），金锡美，工冶巧，火齐得（火齐得，谓生孰齐和得宜。《考工记》云：金有六齐），剖刑而莫邪已。然而不剥脱，不砥厉，则不可以断绳（剥脱，谓刮去其生湿；砥厉，谓磨淬也）。剥脱之，砥厉之，则劙盘盂，列牛马，忽然耳（劙，音戾，割也。劙盘盂，列牛马，盖古用试剑者也。《战国策》：赵奢谓田单曰：吴干将之剑，肉试则断牛马，金试则截盘盂。忽然，言易也）。②

由于青铜器的冶炼铸造要求高度的生产技术，故各种"攻金之工"，都是在分工基础上的一种专业生产，故或"执下齐"，或"执上齐"。如"冶氏为杀矢"，杀矢为用于田猎之矢，称为"冶氏"，是因为这种工匠"烁金以为刃，故工以冶为名"。冶氏除造杀矢外，亦兼造斧斤。桃氏专造刀剑，何以称为桃氏，不详其义。"凫氏为钟"，专造钟鼎彝器，名义不详。栗氏专造鬴、合、外、斗、斛等量器，名义不详。段氏即锻氏，《说文》殳部云："段，椎物也"；又金部云："锻，小冶也。""凡铸金为器，必椎击之，故工谓之段氏，锻则所用椎段之具也。"所谓"段氏为镈器"，可知段氏是专门制造金属农具之工。

其他"攻皮之工""设色之工""刮摩之工""搏埴之工"等部门，也都

---

① 《周礼·冬官·考工记》。
② 《荀子·强国》。

是在分工基础上的专业生产，例如"攻皮之工"的函人，是专门造甲的，故称"函人为甲"。《孟子·公孙丑》篇有函人，赵注云："函，甲也。"鲍人是鞣治皮革的，韗人是造鼓的，韦氏也是鞣革工，鲍人治生革，韦氏治熟革。裘氏主制皮裘，《曲礼》孔疏云："裘谓带毛狐裘之属。""设色之工"有"画缋之事"，缋亦画之一种，注云："缋，画文也。""钟氏染羽"，掌染毛羽，与染人专染布帛丝麻又有不同。筐人，此工文阙，职事无考，《诗·小雅·鹿鸣》《毛传》云："筐，筐属，所以行币帛也。"《禹贡》有"筐为织文"，谓丝纩之属盛于筐篚而贡之，则此筐人当亦为治丝枲布帛之工。"幌氏湅丝"，《说文》水部云：湅，瀸[31]也。案湅为练之假借字，治丝治帛，通谓之湅，即煮丝令熟之意。"玉人之事"，属"刮摩之工"，《左传》襄十五年有玉人，杜注云："玉人能治玉者。"《孟子·梁惠王》："今有璞玉于此，虽万镒，必使玉人雕琢之。"可知玉人是专门雕琢玉石之工。栉人，栉或作栉，《说文》木部云："栉，梳比之总名也。"可知"栉人"[32]系制造梳笄之工，由于梳笄系用木刮摩而成，为木工中的一种细工，故别入刮摩之工。雕人为刮摩骨甲之工。矢人、磬氏为刮摩石器之工。"搏埴之工"，为制造各种陶器、瓦器之工。

各种工业对技术的要求都非常严格，在加工制造中都有一定的操作规程，例如"设色之工"，工匠须掌握各种颜料的性能和配合比例，知道如何使"青与白相次也，赤与黑相次也，玄与黄相次也。青与赤谓之文，赤与白谓之章，白与黑谓之黼，黑与青谓之黻，五采备谓之绣"，并知道布帛在染色之前，须先"淳而渍之"，知道怎样才能染出所要求的颜色。"三入为纁，五入为緅，七入为缁。"① 这就是《吕氏春秋》所说："命妇官染采黼黻文章，必以法，故无或差忒，黑、黄、苍、赤，莫不质良（注：妇人善别五色，故命其官使染采也，修其法章，不有差忒，故黑苍黄赤之色皆美善），勿敢伪诈，以给郊庙祭祀之服，以为旗章，以别贵贱等级之度。"②

由于各种官工业规模都比较大，在同时同地并在同一的命令指挥下，做着同一的工作，这为实行简单的协作和分工提供了条件。例如造车工业就是一个典型，《考工记》说："一器而工聚焉者，车为多；车有六等之数。"就是将车的制造分为六种不同的部分劳动，在车这个生产物于达到最后的序列

---

① 《周礼·冬官·考工记》；参见孙诒让：《周礼正义》卷七十四。
② 《吕氏春秋·六月纪》。

之前，要通过六种不同的独立手工业的劳动者之手，车是这六种不同劳动的总生产物。这还只是指制造车身而言，车到最后完成，还必须再加上装饰工、油漆工、彩画工、马具工、绳带工等，所以说："今之为车者，数官而后成（注：轮、舆、辕、轴，各自有材，故曰数官然后成）。"① 这样的分工虽然还很简单，但对生产力的提高，也起了显著的作用，所以战国时的人对于分工的利益已经认识得很清楚，例如《韩非子》说：

> 工人数变业则失其功，作者数摇徙则亡其功。一人之作，日亡半日，十日则亡五日之功矣。万人之作，日亡半日，十日则亡五万人之功矣。然则数变业者，其人弥众，其亏弥大矣。②

这样说来，官工业对于社会经济的发展，特别是对于商品经济的发展，其所产生的影响是二重的。一方面，在经济上所起的是消极阻碍作用。统治阶级本来是工业制品的最大主顾，因为他们的需要是具有充分购买力的有效需要，他们所需要的各种必需品、便利品，特别是奢侈品，数量庞大，种类繁多，如果这些东西都通过正常的商业程序由市场购买，将是促进商品生产和商业发展的一个强大刺激，规模庞大的官工业的存在和发展，使私营的商品生产失去大部分的国内市场，发展的道路完全被堵塞了。当主要的工业部门被官家垄断，大部分的工业品由官家自行制造时，私人能够经营的业务便很有限了。另一方面，在技术上，由于官工业对产品的质量要求较高，各种工匠都必须具有一定高度的技术水平，因之官工业遂成为培养技术工人的一个大学校，大家在一起工作，自觉地或不自觉地"相语以事，相示以功，相陈以巧"，起着互相观摩、互相激励的作用，从而把生产技术保持在一个较高的水平上，这对私营工业生产技术的提高，也是有积极的作用的。

（二）春秋战国时期的私营手工业

1. 家庭手工业

作为自然经济的一个重要支柱的家庭手工业，尤其是家庭纺织业，远在人类没有文字记载的历史以前的洪荒时代就已经开始了。当人类不再是"冬

---

① 《吕氏春秋·君守》。
② 《韩非子·解老》。

则居营窟，夏则居橧巢，未有火化，食草木之实，鸟兽之肉，饮其血，茹其毛，未有麻丝，衣其羽皮"①，慢慢知道种植粮食以为主要食物，知道"治其麻丝，以为布帛，以养生送死"②。从这时起，男耕女织即家庭手工业与农业的密切结合，遂成为自然经济的基本结构。从漫长的没有阶级的原始公社时期，进入阶级社会，经过奴隶制阶段再进入封建制阶段，不管社会的性质发生了怎样的变化，而经济结构的基本形式却没有改变，男耕女织始终是社会经济结构的基本核心，也就是自给自足的自然经济始终是在社会经济结构中占支配地位。

衣食是人类维持生存的两大生活必需品，不用说在完全没有交换的时代，人们必须使用自己所掌握的一点生产资料——土地、耕具、纺车、织机等，来生产自己所必需的生活资料；就是有了交换，交换也只限于生产物的剩余，即所谓"农有余粟，女有余布"，只能用以作为生活的补充，而不能作为生活的依据。广大农民还必须通过男耕女织的生产方式，来满足自己的基本需要。这是在自然经济时代，每一个人保证生存的主要途径，也是社会经济的基本结构。要使这样的经济结构能正常运行，就必须保证男之耕和女之织两者间的平衡不受干扰或不被破坏，以求达到"必使仰足以事父母，俯足以畜妻子，乐岁终身饱，凶年免于死亡"③。不论是破坏了耕或是破坏了织，农民经济的平衡就被打乱了。

但是自然经济不但不排斥交换，而且是把交换作为自己的必要补充的，特别是在手工业有了一定程度的发展，必须脱离农民家庭的附属地位而成为独立的生产部门，以及若干必需的工业制造品又不是人人都能生产时，交换就更成为必要。这就是《孟子》所说："子不通工易事，以羡补不足，则农有余粟，女有余布；子如通之，则梓匠轮舆，皆得食于子。"④ 这是由于农民不能一面耕田，一面又要自己"为陶冶，舍皆取诸其宫而用之"，而必须"纷纷然与百工交易"，因为"百工之事，固不可耕且为也。……且一人之身，而百工之所为备，如必自为而后用之，是率天下而路也"⑤。这给手工业脱离农民家庭而发展为独立的生产部门，提供了充分的条件。

---

① 《礼记·礼运》。
② 《礼记·礼运》。
③ 《孟子·梁惠王上》。
④ 《孟子·滕文公下》。
⑤ 《孟子·滕文公上》。

尽管若干手工业生产由于日益需要较高的技术和经过专门训练的、具有特殊技能的专业工匠，从而发展成为独立的生产部门，但是这并不能改变男耕女织的基本结构形态，广大人民的衣食之需，仍必须通过男耕女织的方式由自己生产。总之，当人们还掌握着归自己占有（不管是法律上占有还是事实上占有）的生产资料时，必然要用这些生产资料来自行生产生活资料。所以春秋战国时期的社会经济结构的基本核心，还是和过去——乃至遥远的过去，基本上相同，客观的经济规律要求做到：

> 五亩之宅，树之以桑，五十者可以衣帛矣。鸡豚狗彘之畜，无失其时，七十者可以食肉矣。百亩之田，勿夺其时，数口之家，可以无饥矣。[①]
>
> 五亩之宅，树墙下以桑，匹妇蚕之，则老者足以衣帛矣。五母鸡、二母彘，无失其时，老者足以无失肉矣。百亩之田，匹夫耕之，八口之家，足以无饥矣。[②]

在春秋战国时期，小农业与小手工业密切结合的形式，虽然没有改变，但这时却注入了一些新的因素，使两者的结合更为紧密了。从春秋中叶开始，由井田制度变成以土地买卖为前提的土地私有制度和以此为基础的地主制经济。在地主制经济所特有的经济规律支配之下，地主对农民的剥削，具有领主制经济所不能达到的残酷程度，从而造成了农民的极端贫穷，使农民不能完全靠土地来维持适当的生存，于是农民的家庭手工业，就不再只是农民家庭中的一种副业，而成为农民经济的一个不可缺少的重要支柱，甚至有不少农民要"待织妇举火"，其对农民经济生活的重要性，已不在耕田之下。《墨子》曾着重指陈过这样的重要性：

> 农夫早出暮入，耕稼树艺，多聚升粟，此其分事也。妇人夙兴夜寐，纺绩织纴[33]，多治麻丝葛绪绉布縿[34]，此其分事也。[③]
>
> 今也农夫之所以蚤出暮入，强乎耕稼树艺，多聚升粟，而不敢怠倦者，何也？曰：彼以为强必富，不强必贫；强必饱，不强必饥，

---

① 《孟子·梁惠王上》。
② 《孟子·尽心上》。
③ 《墨子·非乐上》。

故不敢怠倦。今也妇人之所以夙兴夜寐，强乎纺绩织纴，多治麻统葛绪捆布缪，而不敢怠倦者，何也？曰：彼以为强必富，不强必贫；强必暖，不强必寒，故不敢怠倦。……农夫怠乎耕稼树艺，妇人怠乎纺绩织纴，则我以为天下衣食之财，将必不足矣。①

因此，农民全家男女老幼，无不兢兢业业，不辞辛苦地去"治唐圃，疾灌浸，务种树（注：唐，堤以壅水。圃，农圃也。树，稼也），织蒲屦，结罝网，梱蒲苇，之田野，力耕耘，事五谷，如山林，入川泽，取鱼鳖，求鸟兽"②。这是小农业与小手工业紧密结合和实际经营的具体情况。可以充分看出，进入地主制经济阶段之后，小农业和小手工业的结合更加紧密了，这样的一种经济结构，历两千多年始终没有改变，直到鸦片战争以前和以后一段时间，还依然如故。

2. 商品生产与小手工业者

在春秋战国时期，除了作为农民家庭副业的家庭手工业外，普遍出现了以商品生产为主的小手工业。从事这种小商品生产的手工业者，其中虽然有不少仍是原来的农民，进行加工的地点仍然是农民的家庭，但是这种手工业生产是专业生产，是从事这种生产的人的一种专门职业，不再是农民业余时的偶然加工，生产物是为了出卖，而生产的商品，不再是剩余生产物的偶然交换。例如：

> 有为神农之言者许行……其徒数十人，皆衣褐，捆屦织席以为食（赵注：卖屦席以供食饮也）③。

许行之徒的"捆屦织席"，不是供自己消费，也不是拿消费后的剩余去进行交换，他们完全是为了出卖来生产屦席的，也就是靠生产屦席来供食饮的。所以这是专业生产，而不是偶然加工。

从事这种工业生产的手工业者，是具有专业技能或特殊熟练的工匠，而不是普通农民。他们是靠自己的手艺技能来生存的，即所谓"技艺之士资在

---

① 《墨子·非命下》。
② 《吕氏春秋·尊师》。
③ 《孟子·滕文公上》。

于手"①，亦即"百技所成，所以养一人也"②。其中还有具有高度技术水平的官工匠，这是在官工业休工期间即在他们不服役期间，或者由于年龄关系已经免役，或者人数超过官工业需要而不被征调的各种工匠，都自行开业。在春秋战国时期，普遍发展起来的小商品生产的手工业，主要都是这些工匠经营的。《墨子》说："凡天下群百工，轮、车、鞼[35]、匏、陶、冶、梓、匠（注：鞼、匏，攻皮之工），使各从事其所能，曰凡足以奉给民用则止。"③《管子》还把民间有技能的小生产者的情况，列为国势调查的项目之一。"问：男女有巧伎、能利备用（能利备器之用）者几何人？处女操工事者几何人？"④

小手工业者一般都是在自己的家内进行工作，或者用顾客的原料加工，成为一种订货生产；或者自备原料加工，产品制成后，就在自己的家中等候顾客来登门购买。这样，小生产者的家庭，就成为一个作坊店铺。这是私营手工业的一种主要经营形式，所以各种著名的工业产品往往即以其家命名，并成为历久相沿的传统，直到近代，仍然可以在各地方、各城市，特别是大城市中看到：某家鞋靴、某家冠帽、某家花朵、某家首饰、某家笔墨、某家丸药、某家豉油、某家刀剪等，这不仅是由于"家"是某种工业品的制造和发售地点，而且是由于这些工业品的生产者都各有其家传的技术秘密，在生产上各有独得的秘方绝技，能在产品的花色品种上或在产品的质量上，具有别家产品所不能有的优点或特点，而受到消费者的信任和欢迎，因而使某家产品能保持市场，不虞竞争。这也是从春秋战国年间开始，成为两千多年间一个不变的传统。下述两段故事，可以说明这种情况：

　　宋人有善为不龟手之药者，世世以洴澼絖为事。客闻之，请买其方百金。聚族而谋曰：我世世为洴澼絖，不过数金；今一朝而鬻技百金，请与之。⑤

　　士尹池为荆使于宋，司城子罕觞之（司城，司空卿官，宋武公名司空，故改为司城）。南家之墙犨于前而不直（犨，犹出，曲出

①　《商君书·算地》。
②　《荀子·富国》。
③　《墨子·节用中》。
④　《管子·问》。
⑤　《庄子·逍遥游》。

子罕堂前也）；西家之潦径（一作注）其宫而不止（西家地高，潦
东流，径子罕之宫而不禁）。士尹池问其故（问不直墙、不止潦之
故）？司城子罕曰：南家工人也，为鞔者也（鞔，履也，作履之工
也。一曰：鞔，靮也，作车靮之工也），吾将徙之。其父曰：吾恃鞔
以食三世矣，今徙之，宋国之求鞔者，不知吾处也，吾将不食（鞔
不售，无以自食），愿相国之忧吾不食也。为是故，吾弗徙也。①

　　可见这种由家庭保守技术秘密的办法，是由来已久的。这种情况的产生
和长期存在，完全是由具体的历史条件决定的。这主要是由于在生产力不发
达和市场范围十分狭小的时代，独占技术秘密，是防止同业竞争，保证自己
生产和生活的稳定的有效途径，既然没有社会力量来保证这种稳定，就只有
设法自保。如果把自己祖传的秘方或在长期生产实践中获得的一技之长公开
于人，就等于给自己制造了无数的竞争者。一个小商品生产者，一旦失去了
市场，就失去了一切，这是他们不得不严守技术秘密的主要原因。

　　小手工业的另一种经营方式，是在城市市场内设立作坊，即作坊店铺，
生产者在这里一面生产，一面销售。古代市场是在政府的直接管制之下的，
在市中陈列出售的货物和在市内开设的作坊店铺，都不是随意散置、杂然并
陈的，而是以类相从，使"名相近者相远，实相近者相尔"。其办法是在市
内划分为若干区域，名之曰"肆"："凡建国，佐后立市，设其次，置其序，
正其肆，陈其货贿。"②"次"和"序"是市政管理人员——司市的办公处所，
"肆"是陈列货物、设立作坊店铺的地点。《论语》说："百工居肆，以成其
事"③；《墨子》说："古者圣王之为政，列德而尚贤，虽在农与工肆之人，有
能则举之。"④"工肆之人"，就是在肆内开设作坊店铺，边生产边销售的工
匠。城市手工业者都是列肆而居的，所以说"百工居肆，以成其事"。从这
时开始确立的工肆制度，后世一直延续下来，即同行业的作坊或店铺聚居于
一定地点，或一街一巷，其遗迹至今犹可以在许多城市中看到，很多以行业
命名的坊巷街道到处可见。

　　手工业者除了在自己的家中进行加工和发售以及在肆内开设作坊店铺外，

_____

① 《吕氏春秋·召数》。
② 《周礼·内宰》。
③ 《论语·子张》。
④ 《墨子·尚贤上》。

另一种经营方式，是生产者既不在自己的家内进行加工，也不在肆内开设作坊店铺，而是巡游各地，沿门求雇，被称为"间民"或"流佣"。这一类工匠只有手艺技术和一点简单工具，而无资力开设作坊，不能在自备的原料上加工来进行商品生产，只好携带着自己的工具，转徙各地，沿街沿门求雇；觅到雇主后，就在雇主的原料上加工；产品制成后，不是把产品出卖以获得利润，而是将产品交还原主，获得工资。如《周礼》称："太宰以九职任万民……九曰间民（注云：间民，谓无事业者，转移为人执事），无常职，转移执事。"① 孙诒让释之云："疏云：间民谓无事业者，转徙为人执事者。《左传》昭五年，杜注云：间，暇也，此民无常职事，转移无定，与人为役，故谓之间民。《说文》辵部云：迻，迁徙也，移即迻之假字。江永云：间民，佣力之人，执事于农工商贾圃牧虞衡之家，转徙无常，即闲师之无职者云，若今佣赁也者。《说文》贝部云：赁，庸也。《史记·范雎[36]传》云：雎曰：臣为人庸赁。《一切经音义》引孟氏云：佣，役也，谓役力受直曰佣。《玉篇》贝部云：赁，借佣也。"② 过去的注疏家不了解佣有两种人：一种是普通劳动者，不掌握任何生产技术，佣赁只是单纯地出卖劳动力，所谓"佣，役也，役受直曰佣"，这是最早出现的工资劳动者，如范雎自称"臣为人赁"，即属于这一种，有关情况，当于下文论述。另一种是有手艺的工匠，他们"转徙无常"，形式上虽然也是出卖劳动力，但是实际上则是在出卖技术，是手工业的一种经营方式。两者极易混淆，上引各家注疏，就是把两者混淆在一起了。下引一段故事，也是流佣的一种：

> 鲁人身善织屦，妻善织缟，而徙于越。或谓之曰：子必穷。鲁人曰：何也？曰：屦为履，缟为冠也，而越人徒跣剪发，游不用之国，欲无穷可得乎？③

鲁人夫妻本来都各有专业的手工技能，但是他们不在固定地点——自己的家中或作坊中营业，而到处流动，甚至要远徙于越，所以实际上他们也是一种"佣力之人，执事于农工商贾圃牧虞衡之家，转徙无常"。可见这种"流佣"的经营方式，在春秋战国时期是很普遍的。

---

① 《周礼·太宰》。
② 孙诒让：《周礼正义》，卷二。
③ 《说苑·反质》。

　　手工业者除了各有自己家传的秘方绝技，能生产出独具优点或特点的产品外，另有一些手工业是由于各地方不同的自然条件或社会条件而能生产出独具风格的产品，为别处所无法比拟，而称之为某地特产。所以各地方的土特产中，特有的工业制造品也是一个重要项目。这种特有的手工业除了各地方不同的自然条件外，特殊的技术是形成地方分工的重要因素。作为各地特产的地方手工业，主要包括两种，其中之一是某种手工业制造品盛产于某地，其产量之大和经营者之多，都远不是其他地方所能比拟的。例如：

　　　粤无镈，燕无函，秦无庐，胡无弓车（注：此四国者，不置是工也。镈，田器，《诗》云：庤乃钱镈；又曰：其镈斯赵。函，铠也。《孟子》曰：矢人岂不仁于函人哉，矢人唯恐不伤人，函人唯恐伤人。庐，读为纑[37]，谓戈戟柄竹攒[38]柲，或曰摩铜之器。胡，今匈奴）。粤之无镈也，非无镈也，夫人而能为镈也。燕之无函也，非无函也，夫人而能为函也。秦之无庐也，非无庐也，夫人而能为庐也。胡之无弓车也，非无弓车也，夫人而能为弓车也（注：言其丈夫人人皆能作是器，不须国工。粤地涂泥多草薉，而山出金锡铸冶之业，田器尤多。燕近强胡，习作甲胄。秦多细木，善作矜柲。匈奴无屋宇，田猎畜牧，逐水草而居，皆知为弓车）①。

　　某地手工业者具有特殊的技术，是造成地方分工的另一个重要条件，例如：

　　　郑之刀，宋之斤，鲁之削，吴粤之剑，迁乎其地，而弗能为良（注：去此而作之，则不能使良也）②。

　　如上文论述冶铁炼钢工业的发展时所列举的吴、楚，特别是韩国各地盛产的名剑，其所以特别犀利，都是与各该地的炼钢和铸剑的高超技术分不开的。但是在一般的情况下，造成地方工业产品能具有特殊优点或别具风格的原因，往往都是结合上述两方面的条件形成的，因为是既需要特殊熟练的生

---

① 《周礼·冬官·考工记》。
② 《周礼·冬官·考工记》。

产技术，又需要各该地方盛产而别处所没有的原材料。例如：

> 燕之角，荆之干，妢胡之笴，吴粤之金锡，此材之美者也（注：荆，荆州也。干，柘也，可以为弓弩之干。妢胡，胡子之国，在楚旁。笴，矢干也。《禹贡》：荆州贡櫄干栝柏及箘簵楛，故书笴为筍。杜子春云：妢，读为焚……胡地名也。笴，读为稿，谓箭稿）。①
>
> 南海则有羽翮齿革曾青丹干焉，然而中国得而财之（翮，大鸟羽，齿，象齿。革，犀兕之革。曾青，铜之精，可績画及化黄金者，出蜀山越内巂。丹干，丹砂也）。东海则有紫绤鱼盐焉，然而中国得而衣食之（注：王引之曰：中国得而衣食之，则紫绤为可衣之物，鱼盐为可食之物，较然甚明，紫与茈通。《管子·轻重丁》篇：昔莱人善染，练茈之于莱，纯缁；缑缓之于莱，亦纯缁也，其周中十金。是东海有紫之证。绤当为绤，右傍谷字与去相似。葛精曰絺[39]，粗曰绤……紫与绤皆可以为衣，故曰中国得而衣之）。西海则有皮革文旄焉，然而中国得而用之（注：《禹贡》：梁州贡熊罴狐狸织皮。孔云：贡四兽之皮，织皮，今之罽也。旄，旄牛尾，文旄，谓染之为文彩[40]也）。②

《禹贡》在详记各州的贡品——土特产中，既胪列了各州的自然物产，也列举了各该州的重要工业制造品，可以从贡品的名称中，间接地推知各州的主要地方工业，因为凡是列入贡品的，都是各地方或者出产最多，或者品质最好的著名物产：

> 兖州：厥贡漆、丝，厥篚织文。（注：地宜漆林，又宜桑蚕。织文锦绮之属，盛之筐篚而贡焉）。
>
> 青州：厥贡盐絺，海物惟错（絺，细葛，错杂非一种）。岱畎丝、枲、铅、松、怪石（畎，谷也。岱山之谷，出此五物）。……厥篚檿丝（按檿丝即野蚕丝）。
>
> 徐州：厥篚玄纤缟（注：玄，黑缯。缟，白缯。纤，细也）。

---

① 《周礼·冬官·考工记》。
② 《荀子·王制》。

扬州：厥贡惟金三品（金、银、铜也），厥篚织贝（织，细纻[41]。贝，水物）。

荆州：厥贡羽、毛、齿、革，惟金三品，厥篚玄纁、玑、组（此州染玄纁色善，故贡之。玑，珠类。组，绶类）。

梁州：厥贡漆、枲、絺、纻，厥篚纤纩（纩，细绵）。

梁州：厥贡璆、铁、银、镂、砮、磬（璆，玉名。镂，刚铁）。①

齐带山海，膏壤千里，宜桑麻，人民多文彩布帛鱼盐。②

从上引文中可以看出，各地方工业之所以能成为各该地方的特殊物产，都是由于各地方既盛产原料，又各有长期的技术传统。例如齐国之所以能"多文彩布帛"，并一直是"冠带衣履天下"，是因为齐国一方面是"膏壤千里，宜桑麻"；另一方面，从太公时起就"劝其女功，极技巧"。

手工业的技术基础，完全建筑在个人手艺的熟练上，而熟练则必须经过长时间的生产实践，从实际工作中亦即慢慢从所谓"熟能生巧"中，逐渐摸索到技术的诀窍。所以即使有世代相传的技术秘密，由家族保守，秘不外传，但是要想成为一个能工巧匠，不经过长期的工作实践，不从实际工作中反复磨练，仍然是得不到的。《庄子》曾阐述过这个道理：

桓公读书于堂上。轮扁斫轮于堂下，释椎凿而上，问桓公曰：……然则君之所读者，古人之糟魄已夫（糟，酒滓也。魄，本又作粕。许慎云：粕，已漉粗糟也）！桓公曰：寡人读书，轮人安得议乎！有说则可，无说则死。轮扁曰：臣也以臣之事观之，斫轮徐则甘而不固，疾则苦而不入，不徐不疾，得之于手而应于心，口不能言，有数存焉于其间（甘，缓也。苦，急也。数，术也）。臣不能以喻臣之子，臣之子亦不能受之于臣，是以行年七十而老斫轮。③

在这种以家庭为生产单位，以个人的手艺熟练为技术基础的工业结构中，生产技术只能有个别的深化，而不能有普遍的提高。每一个生产者都各自藏

---

① 《尚书·夏书·禹贡》。
② 《史记》卷一百二十九，《货殖列传》。
③ 《庄子·天道》。

匿在一个自行封闭的狭小的天地里，墨守成规地保守着既得的一技之长，兢兢业业地通过勤学苦练以提高个人的手艺技巧。这样的生产方法，在经济的发展上所起的作用是消极的，因为每一个生产者都是闭关自守的，拒绝与外界联系，各自严守自己的固有封疆，谁也不准备去开拓一个新世界。但是这种生产方法在技术上所起的作用则是积极的，它使每一个生产者都在竭智尽能地去发挥个人之所长，能在产品上表现出奇技绝巧。春秋战国时期还是这一历史的开始时期，各行业能工巧匠和各种惊人技巧，即已层出不穷，有些发明创造对人类文明做出了不小贡献，这里不一一列举，仅引述下面两则故事，以见技术造诣之精巧：

> 公输子削竹木以为鹊（《太平御览》引作鹊），成而飞之，三日不下。公输子自以为至巧。子墨子谓公输子曰：子之为鹊也，不如翟（《太平御览》引作匠）之为车辖，须臾，刘[42]三寸之木［《说文》车部云：辖，键也。舛部云：㸲，车轴端键也。按辖㸲字通。王云：刘当为斲，《广雅》曰：斲，斫也。今本《广雅》讹作斲，与刘（劉）相似而讹］，而任五十石之重。故所为功，利于人谓之巧，不利于人谓之拙①。
>
> 宋人有为其君以象为楮叶者，三年而成，丰杀茎柯，毫芒繁泽，乱之楮叶之中而不可别也。此人遂以功食禄于宋邦②。

3. 大型工矿业

勘探铁矿知识的进步和普及，以及由此而引起的采矿业的发展，是促使冶铁工业发展的一个重要条件。到战国年间，由于铁的需要量日增，自然就会有日益众多的人去找矿，从而在这方面积累了丰富经验，并掌握了有关的数据。《管子》书中有这方面的统计，"出铜之山，四百六十七山，出铁之山，三千六百有九山。此……戈矛之所发、刀币之所起也"③。关于探矿的方法，《管子》说："上有丹砂者，下有黄金。上有慈石者，下有铜金。上有陵石者，下有铅、锡、赤铜。上有赭者，下有铁。"④ 赭是铁的化合物，是与赤铁

---

① 《墨子·鲁问》；《韩非子·外储说左上》亦载此事，文稍异。这是人类历史上最早的一架[43]滑翔机。
② 《韩非子·喻老》。
③ 《管子·地数》。
④ 《管子·地数》。

矿并存的，在哪里发现了赭，就可以在那里找到铁矿床，这是人们由实践中积累起来的探矿经验。《山海经》也是战国时期的一部著作，所记铁矿之数，与《管子》大致相同："天下名山……出铜之山，四百六十七，出铁之山，三千六百九十。"[①] 出铁之山，载于《西山经》的，计有：符禺之山、英山、竹山、泰冒之山、龙首之山、西皇之山、鸟山、孟山八处；载于《北山经》的，计有：虢山、潘侯之山、柘山、维龙之山、白马之山、乾山六处；载于《中山经》的，计有：渶山、密山、橐山、夸父之山、少室之山、复[44]山、敏山、荆山、铜山、玉山、岐山、骐山、又原之山、帝囷之山、兔林之山、鲜山、求山、丙山、风伯之山、洞庭之山、暴山二十一处。

这些山大都在现今陕西、山西、河南、湖北等省境内。当时的调查和勘探不一定精确，调查的范围也只限于中原和接近中原的地区，当为已知铁矿或为已在开采之矿，稍远地方的铁矿都未包括在内。例如：《禹贡》称：梁州"厥贡璆、铁、银、镂、砮、磬"[②]。《孔传》："璆，玉名。镂，刚铁。"《禹贡》是战国时的著作，而各州土贡，又都是各地方的重要物产，梁州所贡既然有铁和钢铁，可知梁州早已是一个重要的产铁区了。益州也是一个重要的产铁区，如蜀卓氏、程郑等都是在蜀之临邛，"即铁山鼓铸"而大发其财的。

由春秋后期到战国年间，随着商品经济的发展，出现了一些生产规模大、使用工人多的大型工矿业，其中关于铁的采矿和冶炼，是春秋战国时期一个新兴的大型工矿企业，其情况上文已作专节讨论。除了铁以外，从事铜的采矿和冶炼直到铜器铸造的，也都是大型企业。这一工业部门远在春秋战国之前，即已有了长期发展的历史，并在历史上成为一个特定的所谓铜器时代，至今我们还可以看到大量旧存的和新出土的商周铜器，其生产规模之大和艺术造诣之高，都显示了惊人的成就。到了春秋战国时期，铜的采炼和铸造工业又在原来的基础上，向广度方面和深度方面有了进一步的发展。

关于这一时期铜矿的采掘情况和经营规模，可以举一个新发现的湖北大冶铜绿山古矿井遗址为例，来看一看古代铜矿采掘的具体情况：

古矿冶遗址包括铜绿山、大岩阴山、小岩阴山、柯锡太村……

---

① 《山海经·中山经》。
② 《尚书·夏书·禹贡》。

等处。南北长约二公里，东西宽约一公里。在柯锡太村，保存有大小不同数座炼炉，在螺蛳塘边上，出土了十余个饼状铜锭，并发现古矿井支架，出土木料上千方。在上述范围内堆积大量古代矿渣，约有四十万吨左右，有的地方厚达数米，说明规模大，时间长。

矿井结构：12 线老窿，位于铜绿山露天采矿场北端，发掘点由地表 40 余米，仅发掘 50 平方米。在这个范围内出现八小竖井和一个斜井。……井筒的支护结构完全采用"密集法搭口式接头"。其中最有特点的建筑是斜井，它采用"间接法桦口式接头"，用框形支架沿着矿层的倾斜角度，由浅入深，节节伸延，构成斜井井架。

24 线老窿：在采矿场南端，发掘点离地表井口 50 米，发掘面积 120 平方米，包括五个竖井，一条斜巷和十条平巷。从其结构与 12 线老窿相比，采掘和支护技术都有显著进步。①

从这个新发现的古矿井遗址，可以看出这个古矿井在矿井结构上、支护和采掘技术上，都已达到很高的水平，并完全符合科学原理。从经济一方面看，开凿这样多的竖井和斜井，没有大量的货币、生产资料和众多的工匠，是不可能举办的。由其矿渣遗留之多，更可想见其产量之大。

另一重要的考古发现，是一九六〇年至一九六一年，在山西侯马牛村古城南的东周遗址中发现了大批铸造铜器的陶范，共三万余块，其中有花纹的约一万块，能辨认器形的约一千块，可以配套又能复原器形的约一百件。这些陶范中，包括内范（芯）、外范、母范（模），以及其他有关铸造的器件，有一部分内、外范合在一起，成套出现。陶范上雕刻有极为精细的花纹，如几何文、蟠兽纹、鱼、鸭和人物等纹，此外还有阴文文字范。造范技术很科学，在浇铸铜汁时容易出现的问题，在造范的泥料上和范的结构上都得到了适当解决。陶范造型优美，雕刻精致，在艺术上也达到较高水平。由其出土件数之多，可知制范和铸器的规模都是很大的②。

制盐业是金属采掘冶炼工业和铸造工业以外的另一种产销两旺的大型工业[45]。盐的加工程序虽然比较简单，所需要的生产设备也不像金属采矿、冶炼和铸造工业那样繁多，但是盐的需要数量之大和销售范围之广，又大大超

---

① 铜绿山考古发掘队：《湖北铜绿山春秋战国古矿井遗址发掘简报》，《文物》一九七五年第二期。

② 参见张子高、杨根：《从侯马陶范和兴隆铁范看战国时代的冶铸技术》，《文物》一九七三年第六期。

过了铜铁器皿和工具。铜铁器皿或工具无疑是用途甚广、需要很大的，但却不像盐那样，是人生一日不可缺少的绝对必需品，成为如《管子》所说："十口之家，十人食盐；百口之家，百人食盐。终月，大男（《地数》篇作丈夫）食盐五升少半，大女（《地数》篇作妇人）食盐三升少半，吾子（《地数》篇作婴儿）食盐二升少半，此其大历也（历，数也）"①；又说："恶食无盐则肿。"② 这种一日不可缺少的食盐，本是一种经过简单加工的天然物产，其生产受自然条件的限制，既不是人人所能生产，也不是任何地方都能生产，不产盐的地方，只得仰赖外来供给，所谓"尽馈食之也（谓本国自无盐，远馈而食）"③。这就是后来的《汉书》所说："夫盐，食肴之将……非编户齐民所能家作，必仰于市，虽贵数倍，不得不买"④ 之意。

由于盐的需要量大，销售量也大，因而产量就必须大。尽管盐的加工程序并不复杂，生产工具和各种设备也并不繁多，但是不论海盐、池盐和卤盐，其生产都是投资较多的大规模经营，个体主义的小生产是不能适应广大人民的需求的。确如后来的《盐铁论》所说，不论是鼓铸或煮盐，"一家聚众，或至千余人"⑤。所以在战国年间新出现的许多大工商业主，十之八九都是以盐铁起家，其中以铁冶致富的那些暴发户，其情况已见上文。此外便是以经营盐业起家，例如与范蠡同时的倚顿，就是"用鹽盐起……与王者埒富"⑥。又如刁间任用"桀黠奴"，"使之逐鱼盐商贾之利……终得其力，起富数千万"⑦。可见盐乃是当时商业经营的一个重要内容，成为战国年间促进商品生产和商业发展的一个有力因素[46]。

在春秋战国时期，盐的重要产地，海盐是地近东海和渤海的齐、燕两国。《管子》说："齐有渠展之盐（渠展，齐地，沸水入海处，可煮盐之所），燕有辽东之煮"⑧；这与《史记》所说，"山东多鱼、盐、漆、丝、声色……齐带山海……人民多文彩布帛鱼盐"和"燕有鱼盐枣栗之饶"⑨ 的话是一致的。池盐产于河东，主要是解县盐池，在春秋时期，解盐已经成为晋国之宝：

① 《管子·海王》。
② 《管子·地数》。
③ 《管子·轻重甲》。
④ 《汉书》卷二十四下，《食货志》。
⑤ 《盐铁论·复古》。
⑥ 《史记》卷一百二十九，《货殖列传》。
⑦ 《史记》卷一百二十九，《货殖列传》。
⑧ 《管子·轻重甲》。
⑨ 《史记》卷一百二十九，《货殖列传》。

晋人谋去故绛。诸大夫皆曰：必居郇瑕氏之地（郇瑕，古国名，
河东解县西北有郇城），沃饶而近盬（盬，盐也，猗氏县盐池是），
国利君乐，不可失也。……夫山、泽、林、盬，国之宝也。①

在不易获得海盐或池盐的地方，往往就地刮咸土熬制卤盐，即后世北方
农村中食用的"小盐"——由于一般人常称海盐为"大盐"，故称自熬土盐
为"小盐"。司马迁说："山东食海盐，山西食盐卤（《正义》曰：谓西方咸
地也，坚且咸，即出石盐及地盐），领南、沙北固往往出盐，大体如此矣。"②

由于盐是大规模商业经营的一个重要项目，也是商人最容易发财致
富——形成大量商业资本的重要途径之一，故管仲在实行禁榷制度时，盐和
铁两种大宗商品都被收归官营，成为管仲实施抑商政策的一个有效措施。但
是在春秋战国时期实行禁榷制度的，仅齐国一国，其他诸侯列国没有仿行，
盐和铁都还是听由私人经营的，这对战国年间商品经济的发展，实起了很大
的促进作用。

第四节　春秋战国时期商品经济的发展

（一）交通的开发与国民经济体系的形成

商品经济包括商品生产和商业，商业的发展，是商品经济发展的前提。
马克思说："产品在这里是由商业变成商品的。在这里，正是商业使产品发展
为商品，而不是已经生产出来的商品以自己的运动形成商业。因此，资本作
为资本，在这里首先是在流通过程中出现的，在流通过程中，货币发展成为
资本。在流通中，产品首先发展成为交换价值，发展成为商品和货币。"③ 又
说："在资本主义社会以前的阶段中，商业支配着产业；在现代社会里，情况
正好相反。"④ 这就是说，在资本主义社会以前的各个发展阶段中，商品生产
与商业的关系，同现代社会正好是相反的，不是商品生产的发展促进了商业

---

① 《左传》成公六年。
② 《史记》卷一百二十九，《货殖列传》。
③ 《资本论》第三卷，人民出版社一九七五年版，第三六六至三六七页。
④ 《资本论》第三卷，人民出版社一九七五年版，第三六九页。

的发展，正相反，是因为先有了商业，才使原来不是商品的生产物成为商品[47]。简单说，是商业的发展，促进了生产物的商品化。在这里，发展的起点是商业，商业活动的全部过程，先是在流通过程中出现，并在流通过程中完成的。所以，在资本主义社会以前的各阶段中，所谓商业，基本上都是贩运性商业，从不停地买进卖出中，来完成商业的全部过程。

商业经营的基础既完全建立在买贱鬻贵上，那就必须密切地注视着供需关系之间的变化和趋势、地区之间价格的差异和涨落，以及由自然条件所造成的各地物产的不同，以便能利用这些变动不居的差异，来不失时机地进行货物的贩运和交流，并使之在流通过程中发展为商品和货币。因此，商业本身的客观规律，要求做到"无息币"，"财币欲其行如流水"①。商人就是从这种"行如流水"、无远弗届、行动敏捷的贩运活动中，由赚取价格的差额来形成利润。《荀子》说："贾以察尽财"（杨注：尽，谓精于事。察，谓明其盈虚）②。用现在的话来说，就是商人必须密切注视和了解市场动态和物价涨落趋势，把握住有利时机，毫不犹豫地采取行动。这就是战国初年的白圭自述其成功之道是"乐观时变，故人弃我取，人取我予"，时机一到，则"趋时若猛兽挚鸟之发"③。所有这一切，都是建立在便利的交通这一前提条件之上的，不具备这个前提条件，上述一切都是不可能的。

特别是在早期的封建社会中，人们的经济生活完全为自给自足的自然经济所支配，主要的生活必需品，都是由生产者通过男耕女织的方式自己生产，只有生产者不能自己生产或者受自然条件限制不能在本地生产的物品，才不得不向市场购买。所以，商业最初所贩运的货物，必然都是人们不能自己生产而又非常必需的物品，如盐、铁等；此外，便是外地特别是远地所专有而本地区根本不出产的特产品。例如：

杞、梓、皮革，自楚往也，虽楚有材，晋实用之。④

管子曰：阳春，农事方作，令……北海之众，毋得聚庸而煮盐，然盐之贾必四什倍，君以四什之贾，循河、济之流，南输梁、赵、宋、卫、濮阳。恶食无盐则肿，守圉之本其用盐独重。君伐菹薪，

① 《史记》卷一百二十九，《货殖列传》。
② 《荀子·荣辱》。
③ 《史记》卷一百二十九，《货殖列传》。
④ 《左传》襄公二十六年。

煮沸水以籍于天下，然则天下不减矣。①

北海则有走马吠犬焉，然而中国得而畜使之（海谓荒晦绝远之地，不必至海水也）；南海则有羽翮齿革曾青丹干焉，然而中国得而财之；东海则有紫绤（王引之谓绤系绤之讹）鱼盐焉，然而中国得而衣食之；西海则有皮革文旄焉，然而中国得而用之。故泽人足乎木，山人足乎鱼，农夫不斫削、不陶冶而足械用，工贾不耕田而足菽粟。……故天之所覆，地之所载，莫不尽其美，致其用。②

可见商人的贩运对象，不但都是产自异地，而且都是产自远地。反过来说，如果没有商业的贩运活动，把各地的物产从多的地方运到少的地方，从有的地方运到无的地方，从贵的地方运到贱的地方，就无法使"天之所覆、地之所载"，能够各得其所地"尽其美，致其用"。所以在春秋时期，就给商业和商贾的作用下了一个确切的定义：

令夫商群萃而州处，观凶饥，审国变，察其四时，而监其乡之货，以知其市之贾，负任担荷，服牛辂马以周四方；料多少，计贵贱，以其所有，易其所无，买贱鬻贵。是以羽旄不求而至，竹箭有余于国，奇怪时来，珍异物聚。旦夕（《国语》作暮）从事于此，以教其子弟，相语以利，相示以时，相陈以知贾（贾，知物价，相与陈说）。③

这里明白指出，商人不但要密切注视各地方的经济情况、物价变动、市场动态，即所谓"观凶饥，审国变，察其四时而监其乡之货，以知其市之贾"，而且要不停顿地"负任担荷，服牛辂马以周四方"，还要能精确地"料多少，计贵贱"，以便能"以其所有，易其所无，买贱鬻贵"。所以，作为一个商人，必然要像师史那样"转毂以百数，贾郡国无所不至"；或像曹邴氏那样"贳贷行贾遍郡国"④。不言而喻，这一切都是以便利的交通为前提的。

中国古代商业到了春秋时期方才开始发展，是因为水陆交通的开发主要

---

① 《管子·地数》。
② 《荀子·王制》。
③ 《国语·齐语》；《管子·小匡》。此处引文据《管子》。
④ 《史记》卷一百二十九，《货殖列传》。

是从那时开始的，所以商业从那时开始发展，乃是交通开始便利的一个直接结果，两者的关系是十分清楚的。在春秋以前的井田制度时期，和欧洲庄园制度时期的情况基本相同，自然经济占绝对的支配地位。欧洲每一个庄园都是一个独立的、同时也是孤立的经济单位，庄园农民都过着自给自足的生活，多数农民往往一生都没有迈出过庄园之外，所以各个庄园之间连固定的道路都没有。他们除了偶尔要交换一点盐、农具、磨石、药品等少数自己不能生产的物品外，基本上是没有交换或商业活动的。中国在早期的井田制度时期，也都是"死徙无出乡"，彼此是"鸡狗之声相闻，民至老死不相往来"，可知各个井邑之间，同样是不会有固定的阳关大道的。所以即使有"日中为市"，"抱布贸丝"，也只是一种地方性的交换，是一种简单的雏形商业，事实上仍然是直接生产者互相交换其剩余生产物，有时也使用简单的交换媒介，但仍然不是上述定义所概括的那种专业性的商业。

东周时期，是周室衰微、列国开始强大和互相争雄的时期，即所谓"平王之时，周室衰微，诸侯强并弱，齐、楚、秦、晋始大，政由方伯"①。从此，列国诸侯之间，聘问会盟频繁，战争连绵不断，交往日益繁多。这里仅举齐桓公时的活动为例，借以概见列国之间交往之多和涉及范围之广：

> 即位数年，东南多有淫乱者：莱、莒、徐夷、吴、越，一战帅服三十一国。遂南征伐楚，济汝（渡汝水），逾方城（楚北之阨塞），望汶山（楚山），使贡丝于周而反。荆州诸侯莫敢不来服。遂北伐山戎，制令支、斩孤竹而南归（制，击也。二国，山戎之与也，今为县，属辽西），海滨诸侯莫敢不来服。……西征攘白狄之地，至于西河（西河，白狄之西也），方舟设泭，乘桴济河，至于石枕（晋地名）。悬车束马，逾太行与辟耳之溪拘夏（太行、辟耳，山名也。拘夏，辟耳之溪也），西服流沙、西吴（流沙、西吴、雍州之地），南城于周（平周襄王庶弟子带之乱），反胙于绛（绛，晋国都。桓公以诸侯讨晋）……而大朝诸侯于阳谷。兵车之属六，乘车之会三（属，亦会也。兵车之会，谓鲁庄十三年（公元前六八一年）会于北杏，十四年会于鄄，十五年复会于鄄，鲁僖九年（公元前六五一年）会于葵，十三年会于咸，十六年会于淮；乘车之会，在僖三

---

① 《史记》卷四，《周本纪》。

年，三年会于阳谷，五年会于首止，九年会于葵丘，九会也），诸侯
甲不解累，兵不解翳，弢无弓，服无矢……帅诸侯而朝天子。[①]

其他几个霸主的活动，均与此大同小异，至多不过是程度之差。他们不
论是联合诸侯以讨伐，还是邀约诸侯以会盟，都是规模庞大，人数众多。战
争是兵车云集，千军万马，固不待言，就是诸侯会盟，也是扈从如云，车马
拥塞。并且与会诸侯，还要各按照自己的等级，用车马装载重礼——皮币，
致送盟主，成为加盟列国的一个沉重负担。例如，郑国赴晋之盟，子产曾对
晋国主事人员大发牢骚："以敝邑褊小，介于大国，诛求无时，是以不敢宁
居，悉索敝赋，以来会时事。"[②] 由于这种征伐和会盟，涉及范围遍达当时诸
侯列国，而规模又日益扩大，次数也日益增多，为了适应这种急迫的政治需
要和军事需要，都必须在其境内开辟道路，修建桥梁，以便利行旅来往，并
都设置专官，主管整治道路桥梁，设置关梁传驿。如《周礼》秋官有野庐
氏："掌达国道路，至于四畿，比国郊及野之道路宿息井树（注：达，谓巡
行通之，使不陷绝也者。……去王城五百里曰畿。比，犹校也。宿息，庐之
属，宾客所宿及昼止者也者…… 井共饮食，树为蕃蔽者。诒让案：夜止曰
宿，息，止也。遗人庐有饮食，宿有路室，市有候馆，则庐惟可昼止，宿市
以上有室馆，则可夜止矣。以宿息之处皆有井，以供宾客之饮食，有树以为
庐宿之蕃蔽，蕃蔽谓蕃离屏蔽）。"[③]《周礼》所述，证之以春秋时期的其他文
献，知其并非出于虚构，而是与事实相符的。因当时列国都设有这类管理道
路的专官，并列为一国行政的大事，如一国道路不修，桥梁不备，就被认为
是庶政废弛，甚至被认为是亡国之兆。例如：

定王使单襄公聘于宋，遂假道于陈，以聘于楚。火朝觌矣，道
茀不可行（火，心星也。觌，见也。草移塞路为茀），候不在疆
（候，候人，掌迎送宾客者），司空不视涂（司空，掌道路者），泽
不陂，川不梁……道无列树（列树以表道）……膳[48]宰不致饩，司
里不授馆，国无寄寓（不为庐舍寄寓羁旅之客），县无施舍（施舍，
宾客负任之处也）。单子归，告王曰：陈侯不有大咎，国必亡。王

① 《国语·齐语》。
② 《左传》襄公三十一年。
③ 孙诒让：《周礼正义》卷七十。

曰：何故？对曰：……先王之教曰：雨毕而除道，水涸而成梁……故夏令曰：九月除道，十月成梁。……今陈国火朝觌矣，而道路若塞，野场若弃，泽不陂障，川无舟梁，是废先王之教也。①

又如"子产相郑伯以如晋"，以晋国道路不修，寇盗充斥，馆舍不备，子产加以谴责：

> 侨闻文公之为盟主也，宫室卑庳，无观台榭，以崇大诸侯之馆。馆如公寝，库厩缮修，司空以时平易道路……②

从上文可以看出，列国对各自境内的道路修治十分重视。这样，在道路的不断开辟和精心管理之下，各国之间的交通四通八达，而且所有干路又都是由官家修筑的国道，道有列树，必然是宽广平坦；沿途设有驿馆传舍或路室候馆，供行旅宾客休止饮食之需。这样安全便利的交通，给远程的商货贩运提供了充分条件，这对当时社会经济的发展和文化的交流，都起了很大的促进作用。

进入战国以后，商业运输更加发达，战争会盟更为频繁，列国诸侯为了适应政治的和军事的需要，无不锐意开发境内的道路，不论是为了进攻还是为了防御，都力求能朝发夕至而达乎四境。例如张仪说魏王曰：

> 魏地方不至千里……诸侯四通，条达辐凑，无有名山大川之阻。从郑至梁，不过百里；从陈至梁，二百余里。马驰人趋，不待倦而至梁。③

在春秋战国时期，除了开辟和修整道路，并沿大道"十里有庐，三十里有宿，五十里有市"供行旅宿息外，还创建了几种交通制度，为后世历代所奉行，这主要是传遽和邮驿。

传亦叫作遽，是由官家沿交通要道设立的交通站，由官家置备交通工具（如车马），并设有专职管理人员。遇有急事，可以乘传疾驰，由主管官吏发

---

① 《国语·周语中》。
② 《左传》襄公三十一年。
③ 《战国策·魏策》。

给乘传凭证，叫作契、别契或节；每三十里置传舍，行旅驰至，验契后，则更换车马，继续前进；亦可以在传舍休息止宿。《周礼》有掌节，就是主管行旅乘传符节之官：

> 掌节，掌守邦节，而辨其用，以辅王命。守邦国者用玉节，守都鄙者用角节。……门关用符节，货贿用玺节，道路用旌节，皆有期以反节。凡通达于天下者，必有节，以传辅之，无节者，有几，则不达。[①]

《周礼》所说的官制，与《管子》所述，大致相同：

> 三十里置遽委焉，有司职之（遽，今之邮驿也。委谓当有储拟以供过者，立官以主之），从诸侯欲通，吏从行者，令一人为负以车（其吏从行而来者，遽之有司，当令一人以车为负载其行装）。若宿者，令人养其马，食其委。客与有司别契（谓分别其契，以知真伪），至国八契。[②]

从下引记载可知传或遽的制度，在春秋时期已在普遍实行，成为便利交通、加速传递的一项有效措施：

> ［秦袭郑］郑商人弦高将市于周，遇之，以乘韦先牛十二犒师……且使遽告于郑（杜注：遽，传车）。[③]
>
> 梁山崩，以传召伯宗，遇大车当道而覆，立而辟之，曰：避传。对曰：传为速也，若俟吾避，则加迟矣，不如捷而行（旁出为捷）。伯宗喜，问其居。曰：绛人也。[④]
>
> 秋，郑公孙黑将作乱，欲去游氏而代其位，伤疾作而不果，驷氏与诸大夫欲杀之。子产在鄙闻之，惧弗及，乘遽而至。[⑤]

---

① 《周礼·地官·掌节》。

② 《管子·大匡》。

③ 《左传》僖公三十三年。

④ 《国语·晋语五》；又见《左传》成公五年。

⑤ 《左传》昭公二年。

到了战国年间，传的制度益臻完善，紧急公务，皆乘传驱驰，即普通行旅往来，每经一传舍，皆须验证放行。例如：

> 齐景公游少海（少海即渤海[49]），传骑从中来谒曰：婴疾甚，且死，恐公后之。景公遽起，传骑又至。景公曰：趋驾烦且之乘，使驺子韩枢御之。①
>
> 昭王释孟尝君。孟尝君得出，即驰去，更封传，变名姓以出关（更，改也，改前封传而易姓名。封传，今之驿券也）。夜半至函谷关。秦昭王后悔出孟尝君，求之已去，即使人驰传逐之。孟尝君至关，关法鸡鸣而出客，孟尝君恐追至，客之居下坐者有能为鸡鸣，而鸡齐鸣，遂发传出。②

邮与传略有不同，传是传送行旅的，邮是传送公文书信的。"孔子曰：德之流行，速于置邮而传命。"③ 邮，实际上是传驿的兼营业务之一，不再于传舍之外另建邮舍，只是将往来公文书信逐站传递而已。

在春秋末年，交通建置上的一个巨大成就，是运河的开凿，这就是公元前四八六年（鲁哀公九年）吴王阖闾所开凿的邗沟：

> 秋，吴城邗，沟通江、淮。（杜注：于邗江筑城穿沟，东北通射阳湖，西北至宋口入淮，通粮道也，今广陵韩江是)④

这是中国历史上第一次把同一纬度、东西流向的天然河流用南北流向的人工运河连接起来，也就是长江流域和淮河流域的两大经济区由运河联系了起来，这对社会经济的发展和南北文化的交融，产生了极其深远的影响。二年之后，吴王阖闾的儿子吴王夫差，为了要到中原称霸，需要把他的舟师由水道深入北方，于是把邗沟向北延伸，连接淮河以北的水系，他巧妙地利用了天然的河道和湖泊沼泽，沟通了泗水和济水。《国语》称：

---

① 《韩非子·外储说左上》。
② 《史记》卷七十五，《孟尝君列传》。
③ 《孟子·公孙丑上》。
④ 《左传》哀公九年。

　　　吴王夫差既杀申胥，不稔于岁，乃起师北征，阙为流沟，通于
　　商鲁之间（商，宋也），北属之沂（水名，出泰山，盖南至下邳入
　　泗），西属之济，以会晋公午于黄池。[①]

　　按夫差以鲁哀公十一年（公元前四八四年）杀子胥，次年即会鲁公于橐
皋，说明新运河的开凿是非常迅速的。实际上，夫差并不是在开凿新的河道，
而是沟通修整济泗之间的湖泽水道而成菏水。《水经注》称：

　　　菏水从西来注之〔泗水〕（注：菏水即济水之芭注以成湖泽也，
　　而东与泗水合于湖陵县西六十里谷庭城下，俗谓之黄水口。黄水西
　　北通巨野泽，盖以黄水沿注于菏，故因以名焉。……《国语》云：
　　吴王夫差起师，将北会黄池，掘沟于商鲁之间，北属之沂，西属于
　　济。……余以水路求之，止有泗川耳。盖北达沂，西北径于商鲁而
　　接于济矣）。[②]

　　可知夫差是利用天然河道和湖泊沼泽加以扩充修整，而沟通了泗水和济
水。由于泗水入淮，于是吴之舟师便可以深入位于现今河南省中部的黄池。
这样一来，运河在联系了江淮两大流域之后，又伸展到黄河流域的南部。
　　南北向的运河沟通之后，在经济上产生了立竿见影的巨大影响。例如位
于济水之滨的陶（今山东定陶县），原来并不是一个冲要的地方。但自运河
沟通之后，立即成为南北水运交通的枢纽，成为长江流域、淮河流域和部分
黄河流域三大经济区之间商货聚散的中心。所以范蠡于离开越国，漫游了三
江五湖之后，至陶，便看出这是一个经商致富的理想地点，于是便定居于陶，
"之陶为朱公，朱公以为陶天下之中，诸侯四通，货物所交易也。乃治产积
居，与时逐……能择人而任时。十九年之中三致千金。……后年衰老而听子
孙，子孙修业而息之，遂至巨万"[③]。这是中国历史上最早出现的大商业主之
一，使当时"言富者，皆称陶朱公"。陶朱公的成功，显然不完全是由于他
个人的才能——"善为治生""能择人而任时"，更重要的是由于陶具有充分
发展商业的客观条件，即陶位于南北交通的枢纽地点，在经济的意义上成为

---

　　① 《国语·吴语》。
　　② 郦道元：《水经注》卷二十五，《泗水》。
　　③ 《史记》卷一百二十九，《货殖列传》。

天下之中，是诸侯列国之间的四通八达之所，是全国各地货物交流聚散的中心。例如成书于战国时期的《禹贡》即曾指出，徐州的贡物就是沿这条运河向周京输纳的，"浮于淮泗，达于河（注：河，《说文》作菏，云：水出山阳湖陵南）"①。可知这个"河"就是连接泗水和济水的菏水。这一切，都充分说明了交通的开发是促进商业发展的一个直接前提。

在春秋战国之交，另一条沟通河、淮的运河是鸿沟。鸿沟的开凿，本来是为了灌溉，但是因为这条运河沟通了黄河与淮河，在交通上产生了与前一条运河相同的影响。《史记》称："自是之后，荥阳下引河东南为鸿沟，以通宋、郑、陈、蔡、曹、卫，与济、汝、淮、泗会。"② 可知鸿沟是南通济、汝、淮、泗，北通黄河，是前一条运河的延伸。从此，三大流域便由运河连接成为一个整体，其所产生的影响，是无法估量的。所以苏秦在说魏襄王时，特别提到鸿沟的重要性："大王之地，南有鸿沟。"③

春秋末年，水路交通上的另一重大成就，是开始了沿海航行。见于记载的只有吴、越两国，这当然是吴、越两国造船工业发达的结果。因为航海，即使是沿海航行，也是波涛汹涌，浩瀚无际，非内河航行所能比拟，也非航行内河的船只所能胜任，这既需要有较大的船舶，也需要有更高的驾驶技术。关于当时的航海情况有如下述：

> 徐承（吴大夫）帅舟师，将自海入齐，齐人败之，吴师乃还。④
> 越王句践乃命范蠡、后庸率师沿海溯淮，以绝吴路，败王子友于姑熊夷。⑤
> 范蠡……乃装其轻宝珠玉，自与其私徒属乘舟浮海以行，终不反。……范蠡浮海出齐，变姓名，自谓夷子皮，耕于海畔。⑥

随着水陆交通的开发和运输的便利，其在经济上所产生的影响，不仅促进了商业的大量发展、商业资本的庞大积累和财累巨万的商人阶级的出现等有形的变化，而且更重要的是随着交通的开发，改变了社会经济的结构体系。

---

① 《尚书·夏书·禹贡》。
② 《史记》卷二十九，《河渠书》。
③ 《史记》卷六十九，《苏秦列传》。
④ 《左传》哀公十年。
⑤ 《国语·吴语》。
⑥ 《史记》卷四十一，《越王句践世家》。

具体地说，春秋战国时期，是国民经济体系的形成时期。

在春秋以前，政治结构是分散的，列国各有其固定的分疆，各自严守着相互的此疆尔界，彼此之间不仅是各自独立的，而且是互相敌对的。同样，经济结构也是各自分离的，每一个经济区域，每一个诸侯食邑，每一个领主采地，乃至每一个"乡里同井"，都是各自成为一个独立的、同时也是孤立的经济单位，因而每一个生产者也是各自使用自己所掌握的一点生产资料，在自己的狭小范围内去生产自己所需要的生活资料，并各自孤立地过着自给自足的生活。所以在春秋以前，只有个体经济、地方经济，没有国民经济。

到了春秋战国时期，随着交通的开发而发展起来的专业性商业和远程贩运，其经营范围自始就是全国性的，所谓"服牛辂马，以周四方"，所谓"贾郡国，无所不至"，正是由于商业营运的基础是建立在全国各地生产条件的差异和产品的不同上，只有存在着产品的多样性和价格的悬殊性，才给买贱鬻贵的商业营运提供了充分条件，所以商业的开始发展，同时就是经济结构变化的开端，因为从这时起，经济的孤立性开始被打破，而逐步交织在一个总的体系——国民经济体系之中。

运河开凿之后，立即把长江流域、淮河流域和黄河流域三大经济区域结合成为一个整体，它不仅把各个不同的地区交织在一起，而且把不同地方的不同生产部门交织在一个总体之中，成为整个国民经济体系的一个组成部分。春秋战国时期，正是发生这个变化的时期，变化是无形的，然而却是巨大的和深刻的。司马迁曾观察到这个不易觉察的变化。他说：

> 夫山西饶材、竹、穀、纑（《索隐》曰：穀，木名，皮可为纸。纑，山中纻，可以为布）、旄、玉石；山东多鱼、盐、漆、丝、声色；江南出楠、梓、姜、桂、金、锡、连（连，铅之未炼者）、丹沙、犀、玳瑁、珠玑、齿革；龙门、碣石北多马、牛、羊、旃裘、筋角；铜、铁则千里往往山出棋置（《正义》曰：言出铜铁之山方千里，如围棋之置也）：此其大较也。皆中国人民所喜好，谣俗被服饮食奉生送死之具也。故待农而食之，虞而出之，工而成之，商而通之。①

---

① 《史记》卷一百二十九，《货殖列传》。

上面所列举各地方的特殊物产，原来都不是商品生产，更不是为了供应远方市场而进行的商品生产。在商业没有发达以前，特别是在远程贸易还没有存在以前，这些东西发挥效用的范围不出自己的产地以外，对外地广大人民的经济生活是没有任何作用的，甚至是外地人们闻所未闻、见所未见的。由交通的开发和运输的便利带来的商业发展，改变了这种孤立的经济结构，使任何地方的任何一个生产部门，任何一种具有一定使用价值的生产物，都被交织在整个国民经济体系之中，原来不为外人所知的物品，现在都变成"中国人民所喜好"，都变成"谣俗被服饮食奉生送死之具"，亦即都成为人们的生活必需品了。

（二）城市的扩大与商业都市的勃兴

春秋以前的城市，其产生和存在，都不是商业发展和人口聚集的结果，而仅仅是一个实施封建统治的官府所在地或军事上的防御据点。因而这些城市大都规模狭小，人口稀疏。实质上，它不过是一个有围墙的农村而已。并且城市的建立都不是自由发展而来，即都不是由人民根据工商业发展的需要或根据人民自己的利益和意图，任意把一个人口荟萃的非城市地点改建为城市；所有的城市，都是由封建统治阶级根据其实施统治的需要而有目的、有计划地建立起来的，并且都是远在工商业没有发达以前，甚至是在完全没有工商业的情况下建立的。

到了东周前期，"王制"的约束力量仍然很大，任意违制扩大城市，还是不被允许的。例如郑庄公和他的弟弟共叔段之间的矛盾，就是由共叔段违制扩大自己的食邑一事引发的，祭仲曾警告郑庄公说："都城过百雉，国之害也。……今京不度，非制也，君将不堪。"① 到了春秋末年，这样的封建"礼法"还在用人力顽固地维持着，例如：

> 孔子行乎季孙，三月不违。曰：家不藏甲，邑无百雉之城。于是帅师堕郕、帅师堕费（郕，叔孙氏所食邑；费，季氏所食邑）。雉者何？五板而堵（八尺曰板，堵凡四十尺），五堵而雉（二百尺），百雉而城。②

---

① 《左传》隐公元年。
② 《公羊传》定公十二年。

这说明到春秋末年时，列国还在"王制"的严格束缚之下，城市的规模还没有什么改变，所以战国时人赵奢说："古者，四海之内，分为万国。城虽大，无过三百丈者；人虽众，无过三千家者。"① 就是到了战国初年，城市基本上还保持着原来的模样，没有什么改变，这时期的人一谈到城，还是说"三里之城，五里之郭"。例如：

> 子墨子曰：……率万家而城方三里（诒让按：方三里者积九里，为地八千一百亩也，以万家分居之，盖每宅不及一亩，贫富相补，足以容之矣）。②
>
> 孟子曰：三里之城，七里之郭（焦循《孟子正义》：七里之郭，应为五里之郭），环而攻之而不胜……必有得天时者矣。③
>
> 貂勃曰：……安平君以惴惴之即墨，三里之城，五里之郭，敝卒七千，禽其司马，而反千里之齐，安平君之功也。④

城的面积不大，其中居民人口当然不多，因城市既不是商旅荟萃之所，也不是就业谋生之地，一般人自没有寄居城内的必要。早期的城市居住者，主要是少数统治者及其扈从，一般居民，实寥寥无几。有时连诸侯都邑也同样是人口稀疏。例如："狄人战于荥泽，卫师败绩，遂灭卫。……卫之遗民男女七百有三十人，益之以共、滕之民为五千人（共及滕，卫别邑）。"⑤ 诸侯都邑尚且如此，则卿大夫的小城，居民当然更少了。

但是战国年间是社会经济发生巨大变革的时代。这时列国诸侯和世卿，不论是为了保卫自己还是为了进攻别人，都不得不加强自己的城堡，结果不但加速了城的兴建，而且也扩大了城的规模，所以赵奢说："今千丈之城，万家之邑相望也。"⑥ 战国年间的城，一般都变成了万家之邑。例如："知伯，使人请地于韩。韩康子……使使者致万家之邑一于知伯，知伯说，又使人请

① 《战国策·赵策》。
② 《墨子·杂守》。
③ 《孟子·公孙丑下》。
④ 《战国策·齐策》。
⑤ 《左传》闵公二年。
⑥ 《战国策·赵策》。

地于魏，魏桓子……因使人致万家之邑一于知伯。"① 可见战国年间大多数城市，都脱去了原始的城堡性质而扩大了城的规模，城内居民也大大增多了。

春秋以前的城市，本来不是为适应工商业发展的需要而兴建的，但是这并不排斥城市在兴起之后，对于经济的发展会产生一定的影响，特别是对于工商业的发展，会提供一些便利条件。

首先，商品经济——包括商品生产和商业之所以从城市开始萌生和发展起来，是因为早期的城市都是消费城市，城内的居住者主要都是统治阶级，他们虽然不是生产者，但却是具有购买力而又不断要求扩大消费范围和提高消费质量的财富所有者，所以早期的工商业主要都是为统治阶级服务的。统治阶级的消费欲望不断增长和不断提高，就成为促进工商业发展的主要动力，这是由于在自然经济占支配地位的时代，广大人民过着自给自足的生活，根本不需要通过商业程序来获得消费品，只有富有的统治阶级于满足了生活的基本需要之后，还要求获得"雕文刻镂、锦绣纂组"等精美物品和新奇物品，来满足高一级的欲望即奢侈欲望时，才需要仰赖于市场。所以统治阶级在建城时，还要在城内划定一个区域作为市场，使一切交易都必须在市内进行，并直接加以控制和管理。市既然是主要的或唯一的交易地点，工商业自然会向城市集中，春秋战国时的文献中所谓"小人近市，朝夕得所求""工贾近市""处商必于市井""百工居肆，以成其事"等，都说明了城市对工商业的关系和作用。尤其是在战争频繁的时代，城市对工商业还有一种特殊作用。"因为商业资本离不开流通领域，而它的职能是专门对商品交换起中介作用，所以，它的存在所需要的条件，就是简单的商品流通和货币流通所需要的条件。"② "因此，生产越不发达，货币财产就越集中在商人手中，或表现为商人财产的独特形式。"③ 总之，商业资本自始至终是以货币形态存在的，而货币财产是最容易有丧失之虞的，战争则是最大的危险。高城深池的防护作用，给货币财富所有者提供了一个有效的安全保障，故工商业者更有必要寄居在有防御设备的城内，来保护他们的"良货"。

其次，在先后兴建起来的许多城市中，总有一些城市的位置正处于或接近于交通枢纽、河川渡口或物产特别丰富的地方。尽管在建立这些城市时并

---

① 《战国策·赵策》。
② 《资本论》第三卷，人民出版社一九七五年版，第三六三页。
③ 《资本论》第三卷，人民出版社一九七五年版，第三六五页。

不是从经济的需要出发的，但是在建立为城市以后，由于它们具有便利于工商业发展的优越条件，遂使这些城市逐渐发展成为工商业荟萃中心。例如上文所述之陶，它的建立本来与商业无关，原来在商业的自身发展中也没有对这个城市产生任何特殊需要，但是在运河通航之后，它突然变成了"天下之中"，变成"诸侯四通，货物所交易"的一个枢纽，成为商业进一步发展的一个重要基地了。再从商业一方面看，广大的国内市场，是商业发展的前提，在被地域限制的狭小市场上，是不可能有大规模的商业出现的。所以商业一发展，就必须先冲破人为的政治疆界，必须使经济结构形态由地方经济转变为国民经济，使商人可以自由地出入于全国各地的市场，自由地贩运可能贩运的任何物品。所以富商大贾必然要"周流天下"，必然要"贾郡国，无所不至"，并把全国各地区的经济变化和市场动态，都放在商人的"审国变"、察时势的范围之内，以作为商业营运的基础。

在城市的扩大发展了商业和商业的发展转而又扩大了城市这种交互影响之下，随着商人往来的频繁和商货运输的发达，一些位于交通运输孔道和货物聚散中心地点的城市，都逐渐发展成为重要的商业都市。这是从春秋时期开始，到战国年间充分发展起来的重大历史变化之一。司马迁曾敏锐地观察到这一变化，并且还确切地指出了各个先后兴起的商业都市，它们所以发达的原因及其对商业发展的作用：

> 及秦文、（孝）〔德〕、缪居雍，隙陇蜀之货物而多贾（徐广曰：隙者，间孔也。地居陇蜀之间要路，故曰隙。《正义》曰：雍，县。岐州雍县也。引者按：隙字原属上读，"居雍隙"，无义，而下文无动词，义亦不通。据徐广解释，隙字改属下读，始有地居陇蜀之间要路间孔之义，与下文"唯褒斜绾毂其口"的"绾"字之义颇为类似）。
>
> 献（孝）公徙栎邑（栎邑，徐广曰：在冯翊。《索隐》曰：即栎阳），栎邑北却[50]戎翟，东通三晋，亦多大贾。
>
> 南则巴蜀。巴蜀亦沃野，地饶卮（徐广曰：烟支也，紫赤色也）、姜、丹沙、石、铜、铁（徐广曰：邛都出铜，临邛出铁）、竹、木之器。南御滇僰，僰僮。西近邛笮，笮马、旄牛。然四塞，栈道千里，无所不通，唯褒斜绾毂其口（徐广曰：在汉中。《索隐》曰：言褒斜道狭，绾其道口，有若车毂之凑，故云绾毂也）。

杨、平阳（陈）西贾秦、翟，北贾种、代（《正义》曰：秦，关内也。延、绥、银三州，皆白翟所居。种，在恒州石邑县北，盖蔚州也。代，今代州。引者按：种、代连称，二地应相距不远，正义解释仍待考）。

温、轵（《索隐》曰：温、轵二县名，属河内）西贾上党（《正义》曰：泽、潞等州也），北贾赵、中山。

然邯郸亦漳、河之间一都会也。北通燕、涿，南有郑、卫。

夫燕亦勃、碣之间一都会也，南通齐、赵，东北边胡。上谷至辽东，地踔远……有鱼盐枣栗之饶，北邻乌桓、夫余……

洛阳东贾齐、鲁，南贾梁、楚。[①]

齐带山海，膏壤千里，宜桑麻，人民多文彩布帛鱼盐。临菑亦海岱之间一都会也。……其中具五民（服虔曰：士农商工贾也）。

邹、鲁滨洙、泗……好贾趋利，甚于周人。

夫自鸿沟以东，芒、砀以北（徐广曰：今为临淮），属巨野（《正义》曰：郓州钜野县，在钜野泽也），此梁、宋也。陶、睢阳（《正义》曰：睢阳，今宋州，宋城也）亦一都会也。

江陵故郢都，西通巫、巴，东有云梦之饶。陈在楚夏之交，通鱼盐之货，其民多贾。徐、僮、取虑（《正义》曰：徐即徐城，故徐国也。僮、取虑二县，并在下邳，今泗州）。

〔吴〕东有海盐之饶，章山之铜，三江、五湖之利，亦江东一都会也。

郢之后徙寿春，亦一都会也。而合肥受南北潮，皮革、鲍、木输会也。

〔江南〕多竹木。豫章出黄金，长沙出连、锡……番禺亦其一都会也，珠玑、犀、玳瑁、果、布之凑。

南阳西通武关、郧关，东南受汉、江、淮。宛亦一都会

---

① 据王毓瑚教授考证：从洛阳言，虽可云"东贾齐鲁"，但谓其"南贾梁楚"，则颇不合。"楚"尚可说在其南，"梁"则实在其东。再则前已道及"三河"，而"河南"即指的是洛阳，此处亦不需重出。因此颇疑此"洛阳"乃"濮阳"之误："洛"字或写作"雒"，与"濮"字形略相似，有可能互讹。濮阳者为卫之首都，当时与附近之陶（定陶）并称"陶卫"，号为"天下之中"，同为商贾之地，太史公论述天下的重要都会，不应略而不谈。自濮阳言，正可说是"东贾齐鲁，南贾梁楚"。见《读史记货殖列传杂识》一文（稿）。按此说甚是，可正史文之误，特引录以供参考。

也。……业多贾。①

所有这些城市，都是早已存在的古城，都是远在工商业没有发达以前，甚至是在没有工商业的情况下建立起来的。其最初建立虽然都与商业无关，但由于这些城市都位于陆路或水路交通的孔道，具有商业发展的便利条件，所以商业一发展，这些城市便逐渐改变了原来的旧城市面貌，而变成繁华的商业都会，有的还成为人口众多的大都会。例如齐都临淄，由于它是鱼盐等特产品和文采布帛等制造品的生产和贩运中心，在战国初年人口即已达七万户，都是"甚富而实"。据苏秦对齐宣王说："临淄之途，车毂击，人肩摩，连衽成帷，举袂成幕，挥汗成雨，家殷而富，志高而扬。"② 其他都市的情况虽缺乏具体记载，但既然都是"诸侯四通，货物所交易"的地点，则四方荟萃而来的商贾人等亦必不在少数。诸如此类的现象，都是过去孤立的地方经济和狭小的市场时代所不能想象的。

商业都市的勃兴，一方面，是商业发达的结果；另一方面，又是促进商业进一步发展的条件。总之，战国时期的商业，已经不是地方性的商业，而是以全国性的市场为对象的大规模商业了。

（三）商人阶级的形成

当物物交换逐渐发展为商业时，专业性商人就跟着出现了。到春秋时期，商贾已被列为四民之一。《左传》称："商农工贾，不败其业。"③ 又称："士竞于教，其庶人力于农穑，商工皂隶，不知迁业。"④ 尽管这时商贾的社会地位还是很低的，和皂隶一样，还是在官府直接管制之下的在官之商，但是经商已经是一种专门职业，所以齐桓公问管仲："成民之事若何？"管子对曰："四民者，勿使杂处，杂处，则其言哤，其事易。"公曰："处士、农、工、商若何？"管子对曰："昔圣王之处士也，使就间燕；处工，就官府；处商，就市井；处农，就田野。"⑤ 并且由于商人必须善于"观凶饥，审国变，察其四时而监其乡之货，以知其市之贾"，并且还要能够"服牛辂马，以周四方，

---

① 以上均摘录自《史记》卷一百二十九，《货殖列传》。
② 《战国策·齐策》。
③ 《左传》宣公十二年。
④ 《左传》襄公九年。
⑤ 《国语·齐语》。

料多少，求贵贱"①。这些专业知识和技能，必须经过"父兄之教"和"子弟之学"，才能完全掌握和运用自如，可知这时商业不仅是专门职业，而且是由父子授受的家传职业。正如《荀子》所说："通货财，相美恶，辨贵贱，君子不如贾人。"②

古人泛言之曰商贾，实则两者亦有区别。《周礼》称："以九职任万民……六曰商贾，阜通货贿。"孙诒让注云："〔疏〕云：行曰商，处曰贾者。《司市》注云：通物曰商，居卖货曰贾，义与此同。……《白虎通义·商贾》篇云：商之为言商也，商其远近，度其有亡，通四方之物，故谓之商也。贾之为言固也，固其有用之物，以待民来，以求其利者也。行曰商，止曰贾。……《论语》曰：沽之哉，我待贾者也，即如是。"③

从上引记载可以看出，春秋时的商业不再是剩余生产物的偶然交换，已经发展成为整个社会经济中的一个组成部分，并且有了一定程度的内部分工，即一种是商，系专门从事远程贩运，组织货源，所谓"周流天下"，"负任担荷，服牛辂马，以周四方"的就是这些人；另一种是贾，即居肆列货，"以待民来"，系直接向消费者售卖，"以求其利"。前者略似后世的批发商或趸卖商，后者略似后世的零售商。

在春秋前期时，列国尤其是郑国出现了许多拥有巨大财富的所谓"富商大贾"，成为当时社会上一个新兴的阶级，从这个新兴的商人阶级身上，显现出金钱的威力。前文引述过的郑商人弦高，矫郑君之命用私财犒秦师，从而戳穿了秦国偷袭的阴谋，挽救了郑国的覆亡，成为当时列国盛传的一段佳话。这是春秋时文献记载最早的一个大商人。从《吕氏春秋》的记载中，知道这是一个商帮的联合活动：

> 〔秦〕师过周而东。郑贾人弦高、奚施将西市于周，道遇秦师。曰：嘻！师所从来者远矣，此必袭郑。遽使奚施归告。乃矫郑伯之命以劳之，曰：寡君固闻大国之将至久矣。大国不至，寡君与士卒窃为大国忧，日无所与焉，惟恐士卒罢弊，与糗粮匮乏，何其久也，使人臣犒劳以璧，膳以十二牛。④

---

① 《管子·小匡》。
② 《荀子·儒效》。
③ 孙诒让：《周礼正义》卷二。
④ 《吕氏春秋·悔过》。

可见，这次远程贩运，是由弦高和奚施两人合伙经营的。

另一个郑国的大商人，是一个不知其名的贩卖玉器的珠宝商：

> 宣子有环，其一在郑商。宣子谒诸郑伯，子产弗与。……韩子买诸贾人，既成贾（同价）矣，商人曰：必告君大夫。韩子请诸子产曰：……今买诸商人，商人曰，必以闻，敢以为请。子产对曰：昔我先君桓公，与商人皆出自周，庸次比耦，以艾杀此地，斩之蓬蒿藜藋，而共处之。世有盟誓，以相信也，曰：尔无我叛，我无强贾，毋或匄夺。尔有利市宝贿，我勿与知。恃此质誓，故能相保，以至于今。今吾子以好来辱，而谓敝邑强夺商人，是教敝邑背盟誓也，毋乃不可乎！吾子得玉而失诸侯，必不为也。①

另一个郑国的商帮到楚国经商时，曾准备把囚在楚国的晋大夫荀罃[51]秘密置于货车中，营救出来。这显然非用金钱贿赂楚国的看守人员不可，没有雄厚的财力是办不到的。谋虽未行，但仍说明他们是具有此财力的：

> 荀罃之在楚也，郑贾人有将置诸褚中以出。既谋之，未行，而楚人归之。贾人如晋，荀罃善视之，如实出己。贾人曰吾无其功，敢有其实乎？吾小人，不可以厚诬君子。遂适齐。②

列国都有这样有钱有势的大商人，例如孔子弟子中的端木赐（子贡），就是很著名的一个：

> 子贡好废举，与时转货赀。……常相鲁卫，家累千金，卒终于齐。③
>
> 子赣（即子贡）既学于仲尼……七十子之徒，赐最为饶益。……子贡结驷连骑，束帛之币以聘享诸侯，所至，国君无不分

---

① 《左传》昭公十六年。
② 《左传》成公三年。
③ 《史记》卷六十七，《仲尼弟子列传》。

庭与之抗礼。夫使孔子名布扬于天下者，子贡先后之也。①

春秋时期最著名的大商人，是前文述及的越国大夫范蠡，即后世商人奉为祖师的陶朱公。他怎样由政治转到经济，由列国卿大夫变为商人以及他的成功致富的经过，有如下述：

> 范蠡既雪会稽之耻，乃喟然而叹曰：计然之策七，越用其五而得意。既已施于国，吾欲用之家。乃乘扁舟浮于江湖，变名易姓，适齐为鸱夷子皮，之陶，为朱公。朱公以为陶天下之中，诸侯四通，货物所交易也。乃治产积居，与时逐而不责于人。故善治生者，能择人而任时。十九年之中三致千金……后年衰老而听子孙，子孙修而息之，遂至巨万。故言富者皆称陶朱公。②
>
> 范蠡以为大名之下，难以久居，且句践为人可与同患，难与处安……乃装其轻宝珠玉，自与其私徒属乘舟浮海以行，终不反。……范蠡浮海出齐，变姓名，自谓鸱夷子皮，耕于海畔，苦身戮力，父子治产。居无几何，致产数千万。齐人闻其贤，以为相。范蠡喟然叹曰：居家则致千金，居官则至卿相，此布衣之极也。久受尊名，不祥。乃归相印，尽散其财，以分与知友乡党，而怀其重宝，间行以去，止于陶，以为此天下之中，交易有无之路通，为生可以致富矣。于是自谓陶朱公。复约要父子耕畜，废居，候时转物，逐什一之利。居无何，则致货累巨万。天下称陶朱公。③

其他各国的富商大贾，亦比比皆是，例如：

> 夫绛之富商，韦藩木楗以过于朝（注：韦藩，谓以熟皮蔽前后。木楗，木担也。王引之曰：《广韵》曰：楗，担运物也。木楗者，盖系物于横木之两端，而中荷之，若今之扁担是也），唯其功庸少也（注：言无功庸，虽富不得服其尊服，以过于朝，无爵位故也），而

---

① 《史记》卷一百二十九，《货殖列传》。
② 《史记》卷一百二十九，《货殖列传》。
③ 《史记》卷四十一，《越王句践世家》。

能金玉其车，文错其服（注：文错，犹文绣也），能行诸侯之贿，而无寻尺之禄，无大绩于民故也。①

到了战国年间，随着商品生产和商业的大量发展，出现了财拥巨万的"富商大贾"，其中除了专营贩运贸易的大商人外，有很多是亦工亦商的大工商业主，他们经营的业务，从采矿、冶炼、铸造、煮盐到农、林、畜牧；从列肆贩卖、囤积居奇，到"周流天下"，"贳贷行贾遍郡国"的远程贸易。司马迁对于这个阶级兴起的具体过程，以举例形式，做了一个极为精辟的描述和分析：

> 白圭，周人也。当魏文侯时，李克（引者按：克系悝之讹）务尽地力，而白圭乐观时变，故人弃我取，人取我与。夫岁孰取谷，予之丝漆；茧出取帛絮，予之食。……能薄饮食，忍嗜欲，节衣服，与用事僮仆同苦乐，趋时若猛兽挚鸟之发。故曰：吾治生产，犹伊尹、吕尚之谋，孙吴用兵，商鞅行法是也。是故其智不足与权变，勇不足以决断，仁不能以取予，强不能有所守，虽欲学吾术，终不告之矣。盖天下言治生祖白圭。②

太史公在这里不仅叙述了白圭的成功事迹，而且对他的成功进行了理论分析。所谓"天下言治生祖白圭"，是说白圭总结出一套经营工商业的成功经验，并为工商业者和从事其他营业活动的人树立了一个成功的样板。作为白圭一切经济活动的指导思想，是一种具体而微的类似萌芽状态的资本主义自由竞争的思想，因为他所强调的是营业的绝对自由，反对任何外力的干涉或阻挠；他要求每一个营业者，能够尽量地发挥自己所有的聪明才智，敏捷果敢地去把握随时出现的有利机会，攫取最大可能的利益；竞争如同作战一样，情况瞬息万变，机会更是稍纵即逝，故必须眼光锐利、行动敏捷、意志坚定，这里不允许有任何传统、习惯、风俗、礼法等的束缚和限制。

意识形态是客观经济情况的反映。在这样早的时代，其所以会出现如白圭所概述的思想，正是战国年间社会经济发生了巨大变化的反映，是因为这

---

① 《国语·晋语八》。
② 《史记》卷一百二十九，《货殖列传》。

时有了新兴的大工商业主的产生。司马迁列举了当时各个营业部门中的代表人物，并简单地指出了他们各自的成功途径和他们的富有概况：

> 猗顿用盬盐起。而邯郸郭纵以铁冶成业，与王者埒富。
>
> 蜀卓氏之先，赵人也，用铁冶富。秦破赵，迁卓氏。……致之临邛，大喜，即铁山鼓铸，运筹策，倾滇蜀之民，富至僮千人，田池射猎之乐，拟于人君。①

蜀卓氏经营铁冶业，是自产自销，"运筹策，倾滇蜀之民"，可知猗顿、郭纵亦系同样情形。这时，工与商之间是没有严格的区分的，以下几人，记载就更明确了：

> 程郑，山东迁虏也，亦冶铸，贾椎[52]髻之民，富埒卓氏，俱居临邛。
>
> 宛孔氏之先，梁人也，用铁冶为业。秦伐魏，迁孔氏南阳。大鼓铸，规陂池，连车骑，游诸侯，因通商贾之利，有游闲公子之赐与名。……家致富数千金，故南阳行贾尽法孔氏之雍容。
>
> 鲁人俗俭啬，而曹邴氏尤甚，以铁冶起，富至巨万。然家自父兄子孙约，俯有拾，仰有取，贳贷行贾遍郡国。
>
> 齐俗贱奴虏，而刀闲[53]独爱贵之。桀黠奴，人之所患也，唯刀闲收取，使之逐鱼盐商贾之利，或连车骑，交守相，然愈益任之。终得其力，起富数千万。故曰："宁爵毋刀[54]"，言其能使豪奴自饶而尽其力。
>
> 周人既纤，而师史尤甚，转毂以百数，贾郡国，无所不至。洛阳街居在齐秦楚赵之中，贫人学事富家，相矜以久贾，数过邑不入门，设任此等，故师史能致七千万。②

太史公在这里胪列的这些暴发户，目的不是为了要叙述各人如何发财致富，如何经营成功的个人发家史，而是通过这些人揭示从春秋后期到战国年

---

① 《史记》卷一百二十九，《货殖列传》。
② 《史记》卷一百二十九，《货殖列传》。

间正在发生的一个重大的历史变化，因为这些大工商业主的大量出现，标志着一个巨大的社会经济的变革，这个变革包括了自社会经济基础到上层建筑的各个方面，其对当时和后世的影响是巨大的和深远的。司马迁在《史记·货殖列传》中对这些变化进行分析时，又通过这些具体人物，更生动地印证了他的分析。至于这些变化所造成的影响，需要与货币经济的作用结合起来进行全面的分析，详见下节。

（四）生产物的商品化与商品生产的发展

商品经济的发展，是从生产物的商品化开始的，而引起变化的促动力量则是商业。因为在商业没有发达以前，一切生产物都是以单纯的使用价值形态存在的，即使有了剩余生产物的偶然交换，仍然是一种使用价值与另一种使用价值的交换。所谓剩余生产物，是指生产物于满足了生产者的需要之后，对原生产者因失去效用而不再是使用价值，只有通过交换，成为不同的生产者所有之后，才能发挥使用价值固有的效用。所以，物物交换仍然是在不同生产者之间所进行的使用价值的交换。当物物交换发展为商业之后，由于交换不再是直接交换，而是通过了商人之手，经过了卖与买和买与卖的两个程序，于是使用价值便同时具有交换价值的性质，也就是商业把使用价值变成为交换价值，即把原来不是商品的生产物变成商品了。

在春秋以前，是自然经济占支配地位的时代，人们都还过着自给自足的生活，生活必需品都是使用自己所掌握的生产资料生产的。尽管如此，也有一些生活上所绝对必需而又不能人人自己生产或不是任何地方都可以生产的物品，而必须通过交换或者必须从外地运来才能获得，于是给商业的产生提供了必要条件。商业的不断发展，就是这种交换的范围在不断扩大，也就是日益众多地把原来不是商品的各种人工生产物和各种天然生产物都变成了商品。这个问题在上文讨论商业的性质时已经阐述过了。马克思说："作为商品，它们都要经历交换过程和随之发生的形态变化。……商品的形态变化，它们的运动，①在物质上由不同商品的互相交换构成；②在形式上由商品转化为货币和货币转化为商品，即卖和买构成。而商人资本的职能就是归结为这些职能，即通过买和卖来交换商品。"①

这样的变化，早在春秋以前即已开始，到了春秋年间就更为普遍了，

---

① 《资本论》第三卷，人民出版社一九七五年版，第三六三至三六四页。

史称：

> 太公望封于营丘，地潟卤，人民寡。于是太公劝其女功，极技巧，通鱼盐，则人物归之，襁[55]至而辐凑。故齐冠带衣履天下，海岱之间敛袂而往朝焉。其后齐中衰，管子修之，设轻重九府（《正义》：管子云：轻重谓钱也），则桓公以霸，九合诸侯，一匡天下；而管氏亦有三归，位在陪臣，富于列国之君。是以齐富强至威、宣也。①
>
> 桓公……通齐国之鱼盐于东莱，使关市几而不征，以为诸侯利，诸侯称宽焉。②

从上引文献可以看出，在较早的时期，商业之所以从齐国开始发展起来，首先是由于齐国具有人类生活上不可一日或缺而别处又不能生产的必需品，如鱼盐——特别是盐。其次，是由于齐国有计划地"劝其女功，极技巧"，而大量生产了文彩布帛，能够"冠带衣履天下"，亦即具有别国所没有的商品生产，于是遂给商业贩运提供了丰富的内容，故早在春秋以前，齐国已经是四方商贾云集，"人物归之，襁至而辐凑"了。

随着商业的不断发展，商业的规模会愈来愈扩大，贩运的范围会愈来愈广泛，于是全国各地方的物产，不论是农牧产品、渔猎产品、矿产品或工业制造品，凡有可资利用的使用价值，能用以满足人们物质的或精神的需要，都被网罗在商品构成之内，成为商业经营的对象。如前引司马迁所列举的山西的材、竹、穀、纑、旄、玉石，山东的鱼、盐、漆、丝，江南的楠、梓、姜、桂、金、锡、连、丹沙、犀、玳瑁、珠玑、齿革，龙门、碣石以北的马、牛、羊、旃裘[56]、筋角，以及各地山区出产的铜、铁等，都成了各地人民的生活必需品、便利品和奢侈品，即所谓"皆中国人民所喜好，谣俗被服饮食奉生送死之具"。这就是后来《盐铁论》所概括的："陇蜀之丹漆旄羽，荆扬之皮革骨象，江南之楠梓竹箭，燕齐之鱼盐旃裘[57]，兖豫之漆丝絺纻，养生送终之具也，待商而通，待工而成。"③

所有上述这些物产，原都是各地方的天然物产，不管有没有商人来贩运，

---

① 《史记》卷一百二十九，《货殖列传》。
② 《国语·齐语》。
③ 《盐铁论·本议》。

总是照旧要生产的，即使没有人来使用，不能拿它们去交换，也仍然是要大量存在的。它们之所以成为"养生送死之具"，成为"中国人民所喜好"，是要在"待工而成"和"待商而通"即变成商品之后才是可能的。这就是马克思所说："它（商业）使生产物发展为商品，部分地因为它为生产物创造了一个市场。"[1] 这就进一步证实了前引马克思所说："产品在这里是由商业变为商品的。在这里，正是商业使产品发展为商品，而不是已经生产出来的商品以自己的运动形成商业。"[2]

在由生产物向商品的转化过程中，起着辅导作用[58]的是货币经济的存在和发展，没有便利的货币制度与之相辅而行，上述的一切变化和发展都是不可能的。因为商业是买卖，已经不再是物物交换了，买卖虽然也是交换，但已经不是商品与商品的直接交换，而变为商品与货币交换和货币与商品交换两个过程的统一，亦即当商品向货币转化（卖）时，同时就发生了由货币向商品的转化（买）。这是一个辩证关系的两极：从商品所有者一极来看是卖，从货币所有者的对极来看就是买。所以商品的交换过程，乃是由两个相反而又相成的形态变化——即由商品转化为货币，又由货币转化为商品来完成的。由于每一次的卖都随伴着买，而买又随伴着卖，则每一种商品的形态变化序列与其他商品变化序列，就成为一种切不断的连环，这个全部过程，就表现为商品流通。在这个流通的总过程中，从商品一方面看，是商品流通；从货币一方面看，又是货币流通。由于流通过程中的每一个环节，都包含着由商品到货币和由货币到商品两个形态变化，也就是每一个形态变化都是由商品与货币交换和货币与商品交换来完成的。如果没有一个发展了的货币形态来顺利地完成商品形态的转化，就可能使商品流通随时有中断之虞。这就是为什么在具体的历史发展过程中，商品经济与货币经济永远是同时产生，并且在发展的过程中，不但是并肩齐进，而且是互为因果地互相促进的原因所在。

当已有的生产物随着商业的不断发展，而不断地由非商品转化为商品，这样的转化过程发展到一定阶段时，就会把原来的商业和商品的关系颠倒过来，即不再是"商业使产品发展为商品"，而变成"已经生产出来的商品，以自己的运动形成商业"。换句话说，生产物到商品的转化，由被动变成主动了：原来发挥主动作用的是商业，是商业把原来非商品的生产物变成为商品；

----

① 《资本论》第三卷，人民出版社一九七五年版，第三七六页；此处用郭大力、王亚南一九五三年译本，第三卷，第四一五页。

② 《资本论》第三卷，人民出版社一九七五年版，第三六六页。

现在的情况正相反，生产物自始就是当作商品来生产的，即使这些东西原来都是天然产物，这时也是当作商品来经营了，即生产者自始就是把它们当作交换价值而不是当作使用价值来生产的。既然都已经是商品，就必然要进入流通领域，所以能"以自己的运动形成商业"，不再是消极地坐等商人来贩运了。下引司马迁关于战国年间经济变化的一段论述，就正是对于这种转变过程的一个深刻的分析：

> 陆地牧马二百蹄，牛蹄角千，千足羊，泽中千足彘，水居千石鱼陂，山居千章之材。安邑千树枣；燕、秦千树栗；蜀、汉、江陵千树橘；淮北、常山巳南，河济之间千树萩；陈、夏千亩漆；齐、鲁千亩桑麻；渭川千亩竹；及名国万家之城，带郭千亩亩钟之田，若千亩卮茜，千畦姜韭：此其人皆与千户侯等。然是富给之资也……①

所有这些农牧产品、渔猎产品、竹木产品直到油漆、染料、果蔬、枣栗等，本都是各地方的土特产，原来并不是商品，只是由于商人把它们收集起来，贩运到需要的地方，它们才转化为商品，也就是"商业使产品发展为商品"。但是这种关系发展到一定阶段，这些物品的所有者就会变被动为主动。这些东西原来是自然地、零星地生产的，现在既然都销售很广，获利很丰，于是便都进行有计划、大规模的生产。上引文中都以"千"计数，系极言其多，即成千上万之意。生产者成千上万地牧养马、牛、羊、彘，成千上万亩地种植竹木枣栗橘楸桑麻漆，成千上万亩地种植卮茜姜韭等，显然不是为了自己的消费当作使用价值来生产，而完全是当作交换价值即当作商品来生产的。正因为这些物品的生产都是商品生产，所以都成了各该生产者的"富给之资"，并且都富到"皆与千户侯等"。不过上述的变化，还属于转化的过渡阶段，因为这些物品原来都不是商品生产，而是开始由非商品生产向商品生产转化。在这个基础上，再进一步的发展，就是纯粹的商品生产了。司马迁在论述了上文所述一系列的变化之后，又进一步指出如下的变化：

> 通邑大都，酤一岁千酿，醯酱千瓨（瓨，长颈罂），酱千甔

---

① 《史记》卷一百二十九，《货殖列传》。

（甗，大罂缶），屠牛羊彘千皮，贩谷粜千钟，薪稿千车，船长千丈，木千章，竹竿万个，其轺车百乘（轺，小车也），牛车千两，木器髹者千枚（髹，音休，漆也），铜器千钧（钧，三十斤），素木铁器若卮茜千石（百二十斤为石，素木，素器也），马蹄躈千（躈，音料，口也。蹄与口共千，则为二百匹），牛千足，羊彘千双，僮手指千，筋角丹沙千斤，其帛絮细布千钧，文彩千匹，榻布皮革千石，漆千斗，蘖曲盐豉千荅，鲐[59]鲞千斤（鲐，海鱼也。鲞，刀鱼也），鲰千石（鲰，杂小鱼也），鲍千钧，枣栗千石者三之，狐貂裘千皮，羔羊裘千石，旃席千具，佗果菜千钟。……此亦比千乘之家，其大率也。①

所有这些物品，都是纯粹的商品生产，其中任何一种物品，它的生产者都不是为了满足自己的需要而生产的，换言之，都是以交换价值的形态出现的。正由于这些物品的生产和经营都是从营利的目的出发的，所以它们的生产都是以较大的规模在进行，不论经营其中的哪一种，都获利甚丰，故无不大发其财，富"比千乘之家"。至于从春秋到战国时期，先后发展起来的大型工矿企业，如"采铁石、鼓铸、煮盐"，铸造兵农器械，采炼金银铜锡连等矿产，不言而喻，都完全是商品生产，所生产出来的产品，都是行销于广大市场上的商品。例如前文述及的大手工业主，他们所经营的当然都是商品生产：

蜀卓氏……即铁山鼓铸，运筹策，倾滇蜀之民。
程郑……亦冶铸，贾椎髻之民。
宛孔氏……用铁冶为业……大鼓铸……因通商贾之利。
曹邴氏……以铁冶……贳贷行贾遍郡国。

他们向广大地区所运销的，当然都是他们所生产的铁器——包括农具和兵器。又如：

巴寡妇清，其先得丹穴，而擅其利数世，家亦不訾（同资。

---

① 《史记》卷一百二十九，《货殖列传》。

《正义》曰：言资财众多，不可訾量）。[1]

丹穴就是丹砂矿，一家垄断了这种用途很广的丹砂产销，故能大发其财，"家亦不訾"。

第五节　东周的货币制度与货币经济

（一）东周的实物货币与金属货币

前引司马迁所谓："农工商交易之路通，而龟贝金钱刀布之币兴焉。……虞夏之币，金为三品，或黄，或白，或赤；或钱，或布，或刀，或龟贝。"[2] 把这些情况上推到虞、夏，显然是不确的，但用以说明从春秋到先秦的整个东周时期的情况，则基本上是与事实符合的，因为所有上述的各种货币——不论是金属货币还是实物货币，都在日常交易中或价值支付中以及财富贮藏中发挥着货币的职能。在东周列国之中，或者单用其中的一种，或者几种并用。不论哪一种，在各该流通区域，都是畅行无阻的法偿币。所以东周时期——特别在战国时期，是实物货币、金属货币以及贵金属货币并用的时代。战国时文献对此有明确的说明：

> 五谷食米，民之司命也；黄金刀币，民之通施也。故善者执其通施以御其司命，故民力可得而尽也。[3]
> 珠玉为上币，黄金为中币，刀布为下币。令疾则黄金重，令徐则黄金轻，先王权度其号令之徐疾，高下其中币，而制下上之用。[4]
> 先王……以珠玉为上币，以黄金为中币，以刀布为下币，三币，握之则非有补于暖也，食之则非有补于饱也，先王以守财物，以御民事，而平天下也。[5]
> 黄金一镒，百乘一宿之尽也。无金则用其绢，季绢三十三制当

---

① 此处引文均见《史记》卷一百二十九，《货殖列传》。
② 《史记》卷三十，《平准书》。
③ 《管子·国蓄》，又《管子·轻重乙》。
④ 《管子·地数》。
⑤ 《管子·国蓄》。

一镒。无绢则用其布，经暴布百两当一镒。①

管子所说的情况，虽然主要是齐国一国的情况，但是在一国之中同时流通着这样多种多样的货币，真可以说是五花八门：既有金属货币，又有实物货币；金属货币中，既有贵金属黄金，又有铜铸币刀、布；实物货币中，既有贵重的珍玩品珠玉，又有普通的日用品绢布。上、中、下三币并用，且有一定的兑换比价。其他列国，亦无不各有自己独用的和与各国通用的货币。例如楚国：

> 庄王以为币轻，更以小为大，百姓不便，皆去其业。市令言之相曰：市乱，民莫安其处，次行不定。相曰：如此几何顷乎？市令曰：三月顷。相白：罢，吾今令之复矣。后五日，朝，相言之王曰：前日更币，以为轻。今市令来言曰：市乱，民莫安其处，次行之不定。臣请遂令复如故。王许之。下令三日而市复如故。②

这段记载，只是笼统指出楚王把原来行使已久的货币改变了，而未明言货币的种类，也不知是怎样改变的，但是既然庄王认为原来在流通中的旧币太轻小，而"更以小为大"，显然是增加了旧币的重量和加大了旧币的体积，则旧币必然不是天然物珠玉龟贝，也不是日用品绢布，更不是无一定铸形、本来就是称量使用的黄金或铜块，而是有一定形式和一定重量的铜铸币。所谓"更以小为大"，是把单位币改大加重了，"币重则物轻"，改币的结果，必然要造成物价跌落，市肆混乱，商贾赔累，相率歇业，所谓"百姓不便，皆去其业"和"市乱，民莫安其处，次行不定"，正是反映币制改变后所造成的金融混乱和市场萧条情况。

楚国是并用多种金属货币的一个地区。我们知道在战国时期，楚国是一个盛产黄金的地方，产地还不止一处，黄金之外，还盛产白金，如银、锡等。《管子》云："夫楚有汝汉之金"③；又说："楚有汝汉之黄金……使（夷）吾得居楚之黄金，吾能令农毋耕而食，女毋织而衣。"④《韩非子》谓"荆南之

① 《管子·乘马》。
② 《史记》卷一百一十九，《循吏孙叔敖列传》。
③ 《管子·地数》。
④ 《管子·轻重甲》。

地，丽水之中生金"①。《禹贡》称荆州"厥贡羽毛齿革，惟金三品（孔传：金、银、铜也）"②。《史记》在记述春秋战国以来各地方的重要物产时，指出"衡山、九江、江南、豫章、长沙，是南楚也。……豫章出黄金，长沙出连、锡"③。盛产各种金属之国，必先是或黄、或白、或赤"惟金三品"的流通区域。正因为黄金在楚国是上下通用，所以陶朱公才因"中男杀人，囚于楚"，"乃装黄金千镒，置褐器中，载以一牛车"，至楚，略所善庄生。"庄生间时入见楚王，言某星宿某，此则害于楚。楚王素信庄生，曰：今为奈何？庄生曰：独以德为可以除之。楚王曰：生休矣，寡人将行之。王乃使使者封三钱之府（贾逵说云：虞、夏、商、周金币三等，或赤，或白，或黄。黄为上币，铜铁为下币。韦昭曰：钱者，金币之名，所以贸买物，通财用也。单穆公云：古者有母权子、子权母而行，然则三品之来，古而然矣。骃[60]谓楚之三钱，贾、韦之说近之）。楚贵人惊告朱公长男曰：王且赦。曰：何以也？曰：每王且赦，常封三钱之府。昨暮王使使封之（或曰：王且赦，常封三钱之府者，钱币至重，虑人或逆知有赦，盗窃之，所以封钱府，备盗窃也）。"④不管这个"三钱之府"所贮存的是哪三种钱，都充分说明楚国在行使着三种不同的金属货币。

总的说来，东周列国的货币制度，系在西周原来的基础上继续向前发展，所以基本上还是原来的三大类，即发源于渔民的贝货、发源于猎器的刀货和发源于农具的布货，但都已为金属铸造，不再是原来的天然物，并且形制也有了很大的改变。

从殷商历西周而长期流通的贝货，到春秋战国时期仍然在继续流通，当然其中有不少还是原来的天然贝，所以《说文》的解释还是："贝，海介虫也，居陆曰猋，在水名蜬，象形。古者货贝而宝龟（谓以贝为货，以龟为宝也），周而有泉，至秦废贝行钱。"据此，可知贝货的流通时间是很长的。但是由于天然贝的来源有限，而流通的范围很广，需要量很大，早在西周晚期已因供不应求，有了用骨或铜仿制的贝。据考古学家描述，这种仿制的骨贝，"普通皆长七八分，幅五六分，厚一分乃至三分，里面平滑，表面有纵列线之纹，中凿径一分许之半圆形小孔。此骨制之贝，一部分在山东滕县出土，一

---

① 《韩非子·内储说上》。
② 《尚书·夏书·禹贡》。
③ 《史记》卷一百二十九，《货殖列传》。
④ 《史记》卷四十一，《越王句践世家》。

部分在河南出土"①。到了战国时期，贝大都用铜仿制，以楚国所造为最多。这种铜贝，就是钱谱上所说的蚁鼻钱②。贝货不论是天然贝还是骨制贝或铜制贝，均因体质轻小，单位价值不高，虽便于携带，为人们所乐用，但却不能作为主币，作大宗支付之用，只能供民间零星交易之需，故实际上贝不过是一种辅币而已。

刀货起源很早，最初是直接把猎兽的石刀作为交换媒介，后来用铜仿造，作货币之用，西周时已有这种仿制的古刀，后世不断有出土，大小种类不一，有直形的，有微曲形的，刀有背、有刃、有柄，皆直接由猎刀蜕化而来。到了春秋战国年间，又加以简化改制而成为广泛流通的刀货，是铜铸币中三大支流之一。刀货的流通区域，虽仅限于齐、赵两国和燕的部分地区，但由于齐、赵两国的商业发达，刀货的流通数量很大，在货币制度中占有重要的地位，前引《管子》所谓"刀布为下币"的刀，就是指此而言。刀货主要有齐刀、齐明刀、赵明刀、小刀等类。齐刀皆刻有文字，计有三字、四字、五字、六字四种。三字曰"齐宝化"；四字曰"齐之宝化"；五字刀有两种，一为"安阳之宝化"，一为"节墨邑宝化"；六字刀亦有两种，一为"齐造邦长宝化"，一为"节墨邑之宝化"。各种刀货的形制和文字书法不同，说明刀的铸造地方不一，铸造的时间也先后不同。齐明刀，明字方折，刀形较狭，背文多不可识，以一字为多，多字的齐明刀有"共化""齐化""齐〔宝〕化""齐化共金"等。赵明刀，明字作圆形，多在河北省境内即古赵地出土，形制约分两种：一种形作方折，如磬，刀形较狭；一种圆折微弯，刀形较阔。背文多不可识。小刀亦有两种：一为尖首刀，系战国赵地所铸，刀形上锐，制略分大小，字多不可识，或在刀面，或在刀背，或面背均有；二为平首刀，刀首微平，制亦略分大小，面文一字或二字。两种小刀皆赵国所制，故小刀的流通区域主要是赵。

刀货的流通范围，不若布货之广，实际上，专用刀货的只有齐国一国，赵国则兼用刀、布，在铸造上大体是早期多铸布，后期多铸刀。例如蔺先属

---

① （日本）滨田耕作：《东亚考古学研究》第二〇四至二〇五页。
② 罗振玉在所著《殷墟古器物图录》中关于蚁鼻钱云："前人古泉谱录，有所谓蚁鼻钱，予尝定为铜制之贝，然苦无证。往岁于磁州得铜制之贝，无文字，则确为贝形。已又于磁州得骨制之贝，染以绿色或褐色，状与真贝不异，而有两穿或一穿，以便于贯系。……人造之贝以珧制，状与骨贝同，而穿形略殊，盖骨贝之穿在中间，而此在两端也。合观先后所得，始知初盖用天生之贝；嗣以其难得，故以珧制之；又后则以骨，又后则以铜。世之所谓蚁鼻钱者，又铜贝之尤晚者也。蚁鼻钱间有文字，验其书体，乃晚周时物。"

秦，曾铸布，后归赵，又改铸刀，故既有蔺布，又有蔺刀；又如晋阳，先属晋，有晋阳布，后属赵，又铸晋阳刀。两种币的铸造地点虽相同，而铸造的时间则先后不同。总之，齐刀为齐国所专有，小刀为赵国所专有，明刀则齐、赵两国均有。当作货币用的刀，虽系由真刀蜕化而来，但亦仅象征其形，体制已趋于薄小，只有货币的功能，不再有刀的作用了。

布货系由农具蜕化递变而来，在周初即已经有了空首布，即所谓铲币。实际上，这种铲币就是农民把原来在使用中的农具，拿到市上去作为交换媒介。由于它的体积笨重，不便携带——也就是不便流通，故应用不广。到春秋战国时期，布货始广泛流通，列国纷纷铸造，它的重要性遂远在刀货之上。同时，布货的形制亦在不断变化，由空首布变为首不空布，再递变为方足布、尖足布，以至圆足布，圆足布出现在后，圆肩圆足，标志着货币形制逐渐向圆形发展，为后来的"圜金"即铜钱的出现提供了条件。

空首布的流通范围，限于周王畿之内，故多在关、洛一带出土，可知空首布原系周的货币。到东周时期各地流通的方足、尖足等布，系燕、赵、韩、魏等国的货币。圆足布、大尖足布文字与小方、尖足布相同，故亦为燕、赵、韩、魏等国的货币。据《古泉汇考》著录："布，二十有七种，皆著地名，以《汉书·地理志》考之，则属京兆尹者一：曰郑。属河东郡者四：曰平阳、曰北屈、曰屈邑、曰蒲子。属太原郡者三：曰兹氏、曰祁、曰上艾。属上党郡者三：曰长子邑、曰屯留、曰襄垣。属河内郡者一：曰温。属河南郡者一：曰梁邑。属陈留郡者一：曰尉氏邑。属东郡者二：曰博平、曰阳平。属汝南郡者一：曰安阳。属南阳郡者一：曰鲁阳。属魏郡者一：曰武安。属常山郡者一：曰九门。属涿郡者一：曰涿。属平原郡者二：曰高唐邑、曰羽。属临淮郡者一：曰舆。属北地郡者一：曰马领邑。属辽东郡者一：曰文邑。属楚国者一：曰梧。属泗水国者一：曰于邑。"[1] 上述各地均铸造布货，其中以韩、赵、魏各郡所铸为多，而赵之各地所铸尤多，燕和楚最少。韩、赵、魏三国春秋时属晋，晋为大国，雄长中原，地处冲要，商业亦比较发达，故各地早已在适应着商业需要纷纷铸造大小方、尖足布货，三国分立后，又各自竞相铸造。赵与齐接壤，既铸布，又铸刀，刀、布并行，故所铸独多。可见刀货的流通范围，远不及布货之广，流通数量亦远不及布货之多，故布在铜铸币中实居于主导地位，民间一般交易，大都使用布货。这种情况早在春秋

---

① 丁福保：《古钱大辞典·总论》引《古泉汇考》。

时即已如此，到战国年间就更为普遍了。例如：

> 夏，齐侯将纳公，命无受鲁货。申丰从女贾以币锦二两（杜注：二丈为一端，二端为一两，所谓匹也。二两，二匹），缚一如瑱，适齐师。……高龁[61]以锦示子犹，子犹欲之。龁曰：鲁人买之，百两一布。①
>
> 子墨子曰：今士之用身，不若商人之用一布之慎也。商人用一布市，不敢继苟而雠（同售）焉，必择良者。②
>
> 夫卖庸而播耕者，主人……调布而求易续者，非爱庸客也。……庸客致力而疾耘耕者，非爱主人也，曰：如是……钱布且易云也。③

铜钱肇始于周，它的流通范围最初只限于周王畿之内，称为圜法。《汉书·食货志》云："太公为周立九府圜法：……钱圜函方，轻重以铢。"圜，师古释之云："圜谓均而通也。"钱作圆形，取圆转均通之义，若泉水之畅流无阻，故钱亦称作泉，即"财币欲其行如流水"④。铜钱的铸造最早见于记载的，是周景王二十一年（公元前五二四年）铸大钱：

> 景王二十一年，将铸大钱。单穆公曰：不可。古者天灾降戾，于是乎量资币，权轻重，以振救民。民患轻，则为作重币以行之，于是乎有母权子而行，民皆得焉。若不堪重，则多作轻而行之，亦不废重，于是乎有子权母而行，小大利之。今王废轻而作重，民失其资，能无匮乎？若匮，王用将有所乏，乏则将厚取于民。民不给，将有远志，是离民也。……且绝民用以实王府，犹塞川原而为潢污也，其竭也无日矣。若民离而散匮，灾至而备亡，王其若之何？……王其图之。王弗听，卒铸大钱。⑤

---

① 《左传》昭公二十六年。
② 《墨子·贵义》。
③ 《韩非子·外储说左上》。
④ 《史记》卷一百二十九，《货殖列传》。
⑤ 《国语·周语下》。

从单穆公的话中，知道周景王铸大钱，并不是铜钱的开始，而是对原来早已行便的铜钱加以改铸——"废轻而作重"，则原来的轻钱必在周景王之前早已流通，景王认为轻钱于民不便，才把轻小之钱废止，改铸大钱。单穆公的意见，并不是反对铸重钱，而是反对废轻钱，他主张轻重并用，以收"母权子"和"子权母"之效，使"小大利之"：当"民患轻"时，"则为作重币以行之"；"若不堪重"时，"则多作轻而行之，亦不废重"。单穆公的主张，完全是不符合货币流通规律的幻想，因而是一种行不通的错误主张。因为在同一市场中并行两种单位名称相同，而大小不同或优劣不同的货币，必然会发生小钱驱逐大钱、劣币驱逐良币的现象，从而造成物价波动、市场混乱等不良后果。周景王没有接受单穆公的错误主张，而是废轻作重，以统一币制，是完全正确的。

从以上所述，可知在春秋战国时期，诸侯列国的货币虽然都是以金属货币为主要货币，但是货币种类却是非常庞杂的。不用说各种实物货币均在流通，就是在金属货币中，除了黄金、银、锡等称量货币外，仅铜铸币即有铜贝、刀、布、铜钱等四大类，刀、布之中又因产地不同和时间不同，而有形制不同和大小不同的刀、布，达数十种之多，各有一定的流通区域，各有不同的兑换比例。

实物货币中，珠玉虽然是上币，但因价值过昂，故一般交易，不常使用，于是布帛遂成为常用货币，特别是由于诸侯或卿大夫聘问会盟要向盟主馈赠皮币，所以布帛一直是东周货币制度中的一个重要组成部分，从聘享诸侯，到日常交易，都经常使用布帛。例如：

〔晏子曰：〕且夫富，如布帛之有幅焉，为之制度，使无迁也。夫民生厚而用利，于是乎正德以幅之（言厚利皆人之所欲，唯正德可以为之幅），使无黜嫚，谓之幅利。利过则为败，吾不敢贪多，所谓幅也。①

子贡结驷连骑，束帛之币以聘享诸侯。②

王孙围曰：〔楚国〕又有薮曰云连徒洲，金木竹箭之所生也（楚有云梦薮，泽名也。连，属也。水中可居者曰洲，徒其名也）。

① 《左传》襄公二十八年。
② 《史记》卷一百二十九，《货殖列传》。

龟珠角齿皮革羽毛所以备赋，以戒不虞者也。所以共币帛，以宾享
于诸侯者也。①

　　卫人有夫妻祷者，而祝曰：使我无故得百束布。其夫曰：何少
也？对曰：益是，子将以买妾。②

　　在齐国，绢布与黄金有一定的比价，虽缺乏记载[62]，但既然都作为货币
使用，在实际交易中确定彼此的比价是必然的。

（二）黄金的大量流通与货币经济的发展

　　黄金大体上是从春秋时期开始发挥货币的功能，并逐渐在庞杂并用的实
物货币和金属货币中取得了主要货币资格。《管子》虽有"珠玉为上币，黄
金为中币，刀布为下币"之说，但由于珠玉稀少难得，价值昂贵，不便于作
民间日常交易之用，故事实上是黄金为上币，刀布钱贝为下币，黄金在货币
制度中的地位遂日益重要，到了战国年间，黄金更凌驾于其他金属的和非金
属的货币之上，而成为具有支配作用的主要货币。

　　前文已指出，太史公所谓"虞夏之币，金为三品，或黄、或白、或赤"，
是不确的。与此类似的另一说法："太公为周立九府圜法，黄金方寸，而重一
斤"③，同样是不足以凭信的，因为在周初太公之时，还是自然经济占绝对支
配地位的时代，那种标志着货币经济已有大量发展了的金铜并用的复本位货
币制度，完全没有出现的可能，也没有形成那样完整的货币制度的必要。只
有到了春秋时期，才随着商业的发展，使黄金的货币功能日益显著。所以到
春秋时期，便有了关于使用黄金的记载。例如：

　　九年（公元前六一八年）春，毛伯来求金。求车犹可，求金甚
矣（补注：金，黄金也。凡金币，黄为上，此亦求赗之类）。④

　　现存的春秋时代的文献不多，但类此的用金记载，也不乏其例，凡是涉
及大宗的价值授受关系时，大都是以黄金为支付手段，此外则是用以标志财

---

① 《国语·楚语下》。
② 《韩非子·内储说下》。
③ 《汉书》卷二十四下，《食货志》。
④ 《谷梁传》文公九年。

富，黄金的多少，就是财富的大小。例如：

> 公子夷吾……退而私于公子絷曰：……黄金四十镒，白玉之珩六双，不敢当公子，请纳之左右。①
>
> 子贡好废举，与时转货赀……家累千金。②
>
> 朱公……乃治产积居，与时逐……十九年之中三致千金。③
>
> 朱公中男杀人，囚于楚。朱公……乃装黄金千溢，置褐器中，载以一牛车。……而遣长子，为一封书遗故所善庄生。曰：至则进千金于庄生所，听其所为……④

黄金之所以能逐渐凌驾于珠玉、龟贝、刀、布、绢帛之上而成为主要货币，一方面，是由于黄金本身具有作为货币的一切优越条件，如质量均一，耐久不变，可任意分割而不损坏其价值，便于携带和贮藏，本身价值稳定，适于作价值尺度，等等，这都是任何其他币材所不能比拟的；另一方面，使用单位价值较高的贵金属作为货币，既是商业发展的结果，又是商业赖以发展的条件。春秋时期正是这两方面的条件向一起汇合的时期，这给黄金之进入流通领域并日益提高其地位扫清了道路。

我们在上文第四节中讨论商品生产的发展时，即曾指出了商品经济与货币经济两者之间的不可分割的有机联系，两者的发展有如鸟之双翼或车之两轮，永远是相辅而行，并肩前进的。商品经济之所以能取得如前文所述的那样程度的发展，是因为货币经济取得了同等程度的发展，没有与之相辅而行的同等程度发展的货币经济，商品经济取得那样程度的发展是不可能的。这是由于在商品的流通过程中，每一个环节，都包含着"W—G"和"G—W"的两个形态变化，每一个形态变化，都是由商品与货币交换和货币与商品交换来完成的。如果没有一个发展了的货币形态来恰当地完成商品形态的转化，则商品的流通过程即有随时中断之虞。所以当商品经济有了显著的发展时，必然有一个同等程度发展的货币经济与之相应。

货币充作流通手段的运动，实际上虽然只是商品自身的形态变化，但是

---

① 《国语·晋语二》。
② 《史记》卷六十七，《仲尼弟子列传》。
③ 《史记》卷一百二十九，《货殖列传》。
④ 《史记》卷四十一，《越王句践世家》。

如果没有货币来作为流通手段，也就不可能有商品流通，从而也就没有商业了。要使货币能充当流通手段，则货币自身必须具有能充分发挥货币应有功能的一切条件。如上文所指出的那几个条件，只有黄金都完全具备，其他各种货币都不能与之相比。

作为货币，必须先适合于充当价值尺度，即作为衡量一切商品价值的一个标尺，因此，它本身必须价值稳定，必须质量均一固定，可以长久保存而不变质，黄金正是这样一种很理想的币材。而且黄金还可以无限分割而不影响其价值，这样，就可以任意规定一个金量，即规定一定的金重量作为单位（春秋时以溢或镒为单位）来充当价格标度，这种价格标度，就是后世所有实行金本位国家的金币，其成色、重量和铸形，都是由各该国的法律用明文加以规定的。

随着商品流通的发展，这个一切价值的尺度，就成为一切价值的代表，成为"财富的随时可用的绝对社会形式"①，于是又发展了货币作为价值贮藏手段的功能，黄金又具有最充分的条件。

到了战国时期，当商品经济在迅速发展时，与之并行的货币经济亦以同一的速度和规模，发展到同一的高度。如上文所指出，战国时期的商业已经成为全国性的商品流通，这一变化过程本身就包含着一个并行的全国性的货币流通。而全国性的货币流通，又是以有一个全国通用的货币为前提的，如果不具备这个条件，则商品流通过程就可以随时随地被打断。但是战国时代，恰恰是一个诸侯割据和互争雄长的时代，几个独立的王国，各自严守封疆，各有自己的货币制度，不用说种类不同的实物货币各有其地方性，就是铜铸币如刀、布、贝、钱等，也是形制繁多，大小不一，各有其固定的流通区域，不适用于各国疆界之外，也就是不能充当全国性的流通手段。在各种货币中，只有黄金是例外，它既具备了作为货币的所有功能，又是唯一能够超越列国国界，通用于全国的货币。这是在战国年间黄金之能压倒其他一切货币而大量流通的原因所在。从下引记载中可以看出，所有货币应发挥的功能，如作为价值尺度，以计量商品价值，作为价值贮藏手段以积累财富，作为一切价值授受转移的支付手段等，都主要是使用黄金：

孟尝君出行国，至楚，献象床。郢之登徒……曰：……象床之

———————
① 《资本论》第一卷，人民出版社一九七五年版，第一五一页。

255

直千金……①

　　孟尝君有一狐白裘，直千金，天下无双，入秦献之昭王。②

　　函冶氏为齐太公（注：田和也，始代吕氏为齐侯）买良剑，公不知善，归其剑而责之金。越人请买之千金，折而不卖。③

　　宋之富贾有监止子者，与人争买百金之璞玉，因佯失而毁之，负其百金（孙诒让曰：负其百金者，谓偿其直百金。负，犹后世言赔也），而理其毁瑕，得千溢（同镒）焉。④

　　〔齐威王〕三十五年（公元前三二二年），公孙阅又谓成侯忌曰：公何不令人操十金卜于市，曰我田忌之人也。……欲为大事，亦吉乎不吉乎？⑤

　　秦，大国也。韩，小国也。韩甚疏秦。然而见亲秦，计之，非金无以也，故卖美人。美人之贾（同价）贵，诸侯不能买，故秦买之三千金。韩因以其金事秦，秦反得其金与韩之美人。⑥

　　上文曾指出，当货币成为一切价值的尺度时，同时就成为一切价值的代表，成为"财富的随时可用的绝对社会形式"，即成为社会的一般的财富形式，从而发展了货币作为贮藏手段的功能。简单说，积累黄金就是积累财富，黄金的多少成为财富大小的主要标志。战国年间，就都是以黄金来计算家产的：

　　〔田〕文曰：君用事相齐，至今三王矣，齐不加广而君私家富累万金……仆妾余粱肉而士不厌糟糠。⑦

　　宛孔氏……用铁冶为业。……家致富数千金。⑧

　　千金之家比一都之君，巨万者乃与王者同乐。岂所谓"素封"

---

① 《战国策·齐策》。
② 《史记》卷七十五，《孟尝君列传》。
③ 《战国策·西周策》。
④ 《韩非子·说林下》。
⑤ 《史记》卷四十六，《田敬仲完世家》。
⑥ 《战国策·韩策》。
⑦ 《史记》卷七十五，《孟尝君列传》。
⑧ 《史记》卷一百二十九，《货殖列传》。

者邪？ 非也？①

　　除了用黄金计价，作为价值尺度，以及作价值贮藏手段，用以积累财富外，当作支付手段用的货币，特别是用于大宗的价值支付，黄金已居于垄断地位，其他单位价值较低的货币，几乎完全被排除了。尽管当时诸侯列国谁也没有用法令规定黄金是法偿币，但是事实上黄金已经取得了这样的资格，因为所有的大宗价值授受，如馈赠、赏赐、贿赂等，完全都是使用黄金：

　　　　楚狂接舆躬耕以食……楚王使使者赍金百溢造门曰：大王使臣奉金百溢，愿请先生治河南。接舆笑而不应。②
　　　　公输盘为楚造云梯之械成，将以攻宋。子墨子闻之，起于齐，行十日十夜，而至于郢，见公输盘。公输盘曰：夫子何命焉为？ 子墨子曰：北方有侮臣，愿借子杀之。公输盘不说。子墨子曰：请献十金。公输盘曰：吾义固不杀人。③
　　　　秦王大悦，乃遣车十乘黄金百溢以迎孟尝君。④
　　　　严仲子至门请，数反，然后具酒自畅（《战国策》作觞）聂政母前。酒酣，严仲子奉黄金百溢，前为聂政母寿。⑤
　　　　魏公子无忌夺晋鄙军以救赵，击秦军，秦军遂引而去。……平原君乃置酒，酒酣起前，以千金为鲁连寿。⑥
　　　　陈臻问曰：前日于齐，王馈兼金一百而不受（赵注：兼金，好金也，其价兼倍于常者。一百，百溢也。古者以一溢为一金，溢，三十两）；于宋，馈七十溢而受；于薛，馈五十溢而受。⑦
　　　　孟尝君予车五十乘，金五百斤，西游于梁，谓〔梁〕惠王曰：齐放其大臣孟尝君于诸侯，诸侯先迎之者，富而兵强。于是，梁王虚上位……遣使者，黄金千斤，车百乘，往聘孟尝君。⑧

---

① 《史记》卷一百二十九，《货殖列传》。
② 《韩诗外传》卷二。
③ 《墨子·公输》。
④ 《史记》卷七十五，《孟尝君列传》。
⑤ 《史记》卷八十六，《刺客列传》。
⑥ 《史记》卷八十三，《鲁仲连邹阳列传》。
⑦ 《孟子·公孙丑下》。
⑧ 《战国策·齐策》。

　　赵王……乃封苏秦为武安君，饰车百乘，黄金千溢，白璧百双，锦绣千纯，以约诸侯。①

　　〔张仪对楚王盛誉周郑美女，〕南后郑袖闻之大恐。令人谓张子曰：妾闻将军之晋国，偶有金千斤，进之左右，以供刍秣。②

　　贿赂也是一种赠予，但与一般的馈赠不同，因赠予者有求于对方，价值过低，则无济于事；贿赂苞苴，须秘密递送，体积笨重，则耳目难掩，于是黄金又成为最好的支付手段。例如前述陶朱公以黄金千溢密装褐器中，载以牛车，以赂楚庄生，就是以大量黄金行贿的一个较早的事例。上引楚南后郑袖以黄金千斤赠张仪，实际上也是在对张仪进行贿赂。在战国年间，行贿成为列国诸侯之间进行反间和各种阴谋活动的一个重要手段：

　　赵取周之祭地，周君患之，告于郑朝。郑朝曰：君勿患也，臣请以三十金复取之。周君予之，郑朝献之赵太卜，因告以祭地事。及王病，使卜之。太卜谴之曰：周之祭地为祟。赵乃还之。③

　　昌他亡西周，之东周，尽输西周之情于东周。东周大喜，西周大怒。冯且曰：臣能杀之。君予金三十斤。冯且且使人操金与书，间遗昌他曰：告昌他，事可成，勉成之；不可成，亟亡来，事久且泄，自令身死。因使人告东周之候曰：今夕有奸人当入者矣。候得而献东周，东周立杀昌他。④

　　于是使唐雎[63]载音乐，予之五千金，居武安，高会相与饮，谓：邯郸人谁来取者？……今令人复载五千金随公。唐雎行，行至武安，散不能三千金，天下之士，大相与斗矣。⑤

　　四国为一，将以攻秦。秦王召群臣宾客六十人而问焉，曰：四国为一，将以图秦，寡人屈于内，而百姓靡于外，为之奈何？群臣莫对。姚贾对曰：贾愿出使四国，必绝其谋，而案其兵。乃资车百乘，金千斤。……姚贾辞行，绝其谋，止其兵，与之为交以报秦。

---

　　① 《战国策·赵策》。
　　② 《战国策·楚策》。
　　③ 《战国策·东周策》。
　　④ 《战国策·东周策》。
　　⑤ 《战国策·秦策》。

秦王大说。贾封千户，以为上卿。①

另一项大宗的货币支出，是列国诸侯由于各种原因，而经常把大量黄金用于赏赐（包括悬赏），有时赏赐的金额非常巨大：

令既具，未布，恐民之不信，已乃立三丈之木于国都市南门，募民有能徙置北门者予十金。民怪之，莫敢徙。复曰能徙者予五十金。有一人徙之，辄予五十金，以明不欺。②

诸吏卒民有谋杀伤其将长者，与谋反同罪，有能捕告，赐黄金二十斤。③

韩取聂政尸暴于市，购问莫知谁子。于是韩（购）县〔购〕之，有能言杀相侠累者予千金。④

虞卿者，游说之士也。……说赵孝成王。一见，赐黄金百溢，白璧一双；再见，为赵上卿，故号为虞卿。⑤

战国时期，群雄对峙，列国之间，纵横捭阖，勾心斗角，彼此经常在进行挑拨离间、拉拢勾结等阴谋活动，以重金收买，是达到目的的一个重要手段，为此目的而支付的黄金，动辄成千上万：

田单又收民金，得千溢，令即墨富豪遗燕将，曰：即墨即降，愿无虏掠吾族家妻妾，令安堵。燕将大喜，许之。⑥

威王八年（公元前三四九年），楚大发兵加齐。齐王使淳于髡之赵请救兵，赍金百斤，车马十驷。淳于髡仰天大笑，冠缨索绝。王曰：先生少之乎？……于是齐威王乃益赍黄金千溢，白璧十双，车马百驷。髡辞而行，至赵。赵王与之精兵十万，革车千乘。楚闻之，夜引兵而去。⑦

① 《战国策·秦策》。
② 《史记》卷六十八，《商君列传》。
③ 《墨子·号令》。
④ 《史记》卷八十六，《刺客列传》。
⑤ 《史记》卷七十六，《平原君虞卿列传》。
⑥ 《史记》卷八十二，《田单列传》。
⑦ 《史记》卷一百二十六，《滑稽列传》。

当是时，公子威振天下，诸侯之客进兵法，公子皆名之，故世俗称《魏公子兵法》。秦王患之，乃行金万斤于魏，求晋鄙客，令毁公子于魏王。[①]

廉颇坚壁以待秦，秦数挑战，赵兵不出。赵王数以为让。而秦相应侯又使人行千金于赵为反间……[②]

昭王五十年（公元前二五七年），使王齮围邯郸，急，赵欲杀子楚。子楚与吕不韦谋，行金六百斤予守者吏，得脱，亡赴秦军，遂以得归。[③]

在战国时期的文献中，诸如此类有关用金的记载非常多，可知这时从日常交易到大宗的价值支付，黄金已成了主要货币，各种铜铸币都远不能望其项背，更不用说其他庞杂的实物货币了。贵金属货币的大量流通，说明货币经济在战国年间已经有了高度的发展。只是由于战国还是一个诸侯割据的大分裂时代，既然没有一个全国统一的政府，当然就不可能有一个全国统一的货币制度，黄金只是在事实上而不是在法律上成为全国通行的货币。尽管如此，在这样早的时代，有这样高度发展的货币经济，这在所有文明国家的历史中是罕见的。我们知道，欧洲（主要是西欧）到十五、十六世纪方才有了这样的现象。当这些现象出现的时候，资本主义的生产方式也就跟着产生了，因为"资本主义生产方式……要在国内已经有一个货币额，为流通及由此引起的货币贮藏（准备基金等）的目的，都已经足够的地方，方才能够以较大的规模发展到较深的地步。这是一个历史的前提。……资本主义生产与其条件是同时发展的，其条件之一，便是贵金属有一个充足的供给。自十六世纪以来，贵金属的供给是增加了，这种增加，在资本主义生产的发展史上，是一个本质的要素"[④]。在中国，这种现象早在公元前五世纪甚至更早就开始出现了，这是中国历史的巨大特点之一，它虽然没有发展到资本主义生产方式，但对当时社会经济亦起了极其强烈的冲击作用，造成的变化是十分巨大的，对后世的影响也是非常深远的。

---

① 《史记》卷七十七，《魏公子列传》。
② 《史记》卷七十三，《白起王翦列传》。
③ 《史记》卷八十五，《吕不韦列传》。
④ 《资本论》第二卷，人民出版社一九七五年版，第四一五页。

（三）货币经济的突出发展对社会经济所产生的直接影响

1. 对旧封建经济结构的冲击和封建制度的破坏

从春秋年间开始，到战国年间已经迅速发展起来的货币经济和与之相辅而行的以同等程度发展起来的商品经济，就当时整个社会经济的发展水平来看，这个发展是非常突出的，并且由于这一发展所经历的具体时间并不很长，而来势又异常迅猛，有如排山倒海，一举而冲垮了一切封建堤防，使旧的经济结构像摧枯拉朽一样陷于彻底瓦解，并使旧封建制度赖以维持的礼法政教以及整个的社会秩序，都跟着陷入全盘混乱。这样的一种惊涛骇浪的大变化，对于当时从长期以来在自然经济的环境中过着简单纯朴生活的人们而言，实无异天翻地覆。仅仅从浮现在表面上的现象来看，已使他们感到惊慌失措[64]，而不禁大声疾呼"自是之后，天下争于战国，贵诈力而贱仁义，先富有而后推让。故庶人之富者或累巨万，而贫者或不厌糟糠；有国强者或并群小以臣诸侯，而弱国或绝祀而灭世"①。

本来正常的封建秩序是，"自天子公侯卿大夫士至于皂隶抱关击柝者，其爵禄奉养宫室车服棺椁祭祀死生之制各有差品，小不得僭大，贱不得逾贵。夫然，故上下序而民志定"②。现在，整个封建秩序自上至下、自内至外，全部破坏了，不仅仅是表面上的以小僭大、以贱逾贵，致使上下失序，而更重要的是在"礼谊大坏，上下相冒"之后，造成从社会经济基础到上层建筑的各个领域都成为一片混乱。政治是经济的集中表现，经济的混乱反映到上层建筑上，就成为从思想意识到政治关系都失去常规，一个"上下序，而民志定"的早期封建社会，变成了"伪民背实而要名，奸夫犯害而求利，篡弑取国者为王公，圉夺成家者为雄桀。礼谊不足以拘君子，刑戮不足以威小人"③的世界。这种情况，在春秋年间即已开始出现。当齐景公问政于孔子时，"孔子对曰：君君、臣臣、父父、子子。公曰：善哉！信如君不君、臣不臣、父不父、子不子，虽有粟，吾岂得而食诸！"④ 这真是一针见血之论。在封建制度的礼法政教和上下等级关系被破坏无遗时，所有统治阶级的特权地位甚至人身安全都失去了保障。尽管春秋时期还只是这种大动荡、大混乱的开始时

---

① 《史记》卷三十，《平准书》。
② 《汉书》卷九十一，《货殖传》。
③ 《汉书》卷九十一，《货殖传》。
④ 《论语·颜渊》。

期，但是在其二百四十二年之中，已经是"弑君三十六，亡国五十二，诸侯奔走不得保其社稷者不可胜数"①。这种岌岌可危的情况，到了战国年间就更为严重了。

货币经济和它的孪生兄弟商品经济的突出发展，为什么对于旧的封建经济结构具有如此强烈的破坏作用，并造成如此严重的后果？理由很明显也很简单，因为两者是从封建的自然经济结构中产生出来的。我们在前文中曾不断指出，封建的自然经济，是一种个体主义的简单再生产，在生产中占支配地位的是使用价值，而不是交换价值。在长达一千年的欧洲庄园制度时期是如此，在长达四百多年的西周井田制度时期也是如此。如前文所阐述，进入东周以后，商业开始发展了。商业的发展和商人的出现，对于旧的经济结构是一个革命的要素，是对自然经济的一个强大的分解力量。这种情况，完全如恩格斯所说：

> 我们都知道，在社会的初期，产品是由生产者自己消费的，这些生产者自发地组织在或多或少是按共产主义方式组织起来的公社中；用这些产品的余额和外人进行交换，从而引起产品到商品的转化，是以后的事，这种交换起先只是发生在各个不同的氏族公社之间，但后来在公社内部也实行起来，于是大大地促使公社分解为大小不等的家庭集团。但即使在这种解体发生之后，进行交换的家长也仍旧是劳动的农民；他们靠自己家庭的帮助，在自己的田地上生产他们所需要的几乎一切物品，只有一小部分必需品是用自己的剩余产品同外界交换来的。一个家庭不仅从事农业和畜牧业，而且还把农牧业产品加工成现成的消费品，有些地方甚至还用手磨磨粉，烤面包，把亚麻和羊毛纺成纱，染上色并织成织物，鞣皮，建造并修缮木头房子，制造工具和家具，不少地方还从事木工活和铁工活，以致家庭或家庭集团基本上可以自给自足。②

这是自然经济的典型形态，在这样的经济结构中本来不存在自行分解的因素，那么，它是怎样开始分解的呢？恩格斯说：

---

① 《史记》卷一百三十，《太史公自序》。
② 《资本论》第三卷，人民出版社一九七五年版，第一〇一五页。

到目前为止，我们一直没有谈商人。……商人对于以前一切都停滞不变、可以说由于世袭而停滞不变的社会来说，是一个革命的要素。在这样的社会中，农民不仅把他的份地，而且也把他作为自由的私有者、自由的或依附的佃农或农奴的地位，世袭地和几乎不可转让地继承下来，城市手工业者则把他的手工业和他的行会特权，世袭地和几乎不可转让地继承下来，而且他们每一个人还会把他的顾客、他的销售市场以及他自幼在祖传职业方面学到的技术继承下来。现在商人来到了这个世界，他应当是这个世界发生变革的起点。①

在一个安定的、静止的自然经济结构内，不论是农业还是城市手工业，都是世袭地、一成不变地把原来的生产和生活方式一代一代地继承下来，但是一旦商人在这个世界出现了，这个世界的变革就从他那里开始了。商人的出现之所以是分解旧经济结构的一个革命的要素，是因为商人的介入，实际上就是商业资本的介入，更具体地说，是货币的介入。这不仅是由于商品的交换需要以货币作媒介，而且是由于商品的流通，同时就是货币的流通，所以商业的发展，同时就是货币流通的扩大和商业资本积累的增多。并且商品经营资本永远是以货币经营资本的形态存在的，但是不管它是以商品经营资本的形式出现还是以货币经营资本的形式出现，都离不开流通领域，正是所谓"财币欲其行如流水"。在一个基本上还是以自然经济为基础的封建社会中，却存在着数量巨大而又"行如流水"的货币财富——"财富的随时可用的绝对社会形式"，它会把"一切东西，不论是不是商品，都可以变成货币。一切东西都可以买卖。流通成了巨大的社会蒸馏器，一切东西抛到里面去，再出来时都成为货币的结晶，连圣徒的遗骨也不能抗拒这种炼金术"②。这说明了金钱的力量是无坚不摧的。

这种"行如流水"的大量货币财富，在一个组织松弛、结构简单的社会中不停止地在流动，所以它就像溃决的洪水一样，到处泛滥，所到之处，都在发挥着巨大的社会蒸馏器或炼金炉的作用，把一切东西都抛到里面加以熔炼，使之成为"货币的结晶"再流出来。用通常的话来说，它把一切东

---

① 《资本论》第三卷，人民出版社一九七五年版，第一〇一九页。

② 《资本论》第一卷，人民出版社一九七五年版，第一五一页。

西——不管它原来是不是商品，也不管它是物质还是精神，都一律熔化为商品，把它变成是可以买和可以卖的东西。"它把宗教的虔诚、骑士的热忱、小市民的伤感这些情感的神圣激发，淹没在利己主义打算的冰水之中。它把人的尊严变成了交换价值。"① 这是说在连圣骨都不能抗拒的炼金术面前，一切东西——不管是精神的还是物质的——都商品化了，原来神圣不可侵犯的封建礼法、宗法制度、尊卑关系等，现在都在这个炼金炉中化为灰烬了。

在欧洲，当货币经济发挥这样巨大威力的时候，是在十五世纪末年和十六世纪初年，特别是在地理大发现以后，随着新世界的金银大量流入欧洲之后，才成为资本原始积累的一个重要环节，对封建的自然经济起了强烈的破坏作用，对于小农业和小手工业无异进行了一次彻底的扫荡，把"个人的分散的生产资料转化为社会的积聚的生产资料，从而多数人的小财产转化为少数人的大财产，广大人民群众被剥夺了土地、生活资料、劳动工具。——人民群众遭受的这种可怕的残酷的剥夺，形成资本的前史"②。这一系列的变化对于人民群众来说，是一种可怕的苦难，但是，"要使资本主义生产方式的永恒的自然规律充分表现出来，要完成劳动者同劳动条件的分离过程，要在一极使社会的生产资料和生活资料转化为资本，在另一极使人民群众转化为雇佣工人，转化为自由的'劳动贫民'这一现代历史的杰作，就需要经受这种苦难"③。所以，"货币'来到世间在一边脸上带着天生的血斑'"④。可见由经济暴力所造成的这种苦难，还是有代价的，其代价是促进了从封建生产方式向资本主义生产方式的转变过程，并大大缩短了过渡的时间。

在中国，货币经济产生了与欧洲相同的破坏作用，其破坏的残酷程度实有过之而无不及。但却只有欧洲那种变化的前半段，而没有变化的后半段，即只促进了旧封建经济结构的解体，没有促进从封建生产方式向资本主义生产方式的转变，这是由于变化产生的时间过早，在战国年间，商品经济还没有发展到向资本主义生产方式转变的阶段，还没有具备这种转变所必需的一切条件，所以整个变化对社会经济所起的作用，只能是消极的破坏作用，即只造成了广大人民群众的苦难——后来成为长期的、无休止的苦难，却没有获得由苦难换来的任何积极成果。

① 马克思、恩格斯：《共产党宣言》，《马克思恩格斯选集》第一卷，第二五三页。
② 《资本论》第一卷，人民出版社一九七五年版，第八三〇页。
③ 《资本论》第一卷，人民出版社一九七五年版，第八二八页。
④ 《资本论》第一卷，人民出版社一九七五年版，第八二九页。

在巨大的社会蒸馏器面前，当一切东西都要抛到它里面，经过熔化之后再以货币的结晶流出来时，换句话说，当一切东西都要变为可以买和可以卖的商品时，土地便是首当其冲的，需要被熔化为商品的一个项目，不管过去"田里不鬻"的戒条是多么神圣，这时在金钱万能的炼金术威力之下，不再有任何抵抗作用了。于是土地变成可以自由买卖的商品，也必须使之成为自由买卖的商品。因为在一个以自然经济为基础的封建社会中，突出地发展起来的货币经济，使社会上存在着数量庞大的货币财富，而这种财富又只能以货币经营资本形式或商品经营资本形式停留在流通领域中，简单说就是社会上存在有大量游资，它本身又要求"无息币"，"财币欲其行如流水"，而社会上却又没有足够多和足够大的生产部门，来吸收这些游资，使之转化为产业资本，从而促进资本主义因素的增长。这时社会的主要生产部门是农业，土地则是最主要的生产手段。社会上既然没有其他更有利的投资场所，便只有购买土地来使货币发挥资本的机能，使土地成为生息手段。货币经济是从春秋后期到战国年间迅速发展起来的，同时土地制度也就是在此期间发生了巨大的质的变化——由世袭领地和计口授田的井田制度变为自由买卖。这是货币经济造成的一个直接结果。关于这个问题，前文在讨论土地制度的变革时，已经进行了全面说明，这里只是联系货币经济，来进一步指出土地制度变革的原因所在。

土地自由买卖的开始，同时就是土地私有制度的开始，这表面上虽然只是改变了一下土地的占有形式，但却是一个革命性的巨大改变，因为改变了土地占有形式，必然就改变了剥削关系：由领主以劳役地租的形态对农奴的剥削，变成地主通过土地的租佃关系，以实物地租或货币地租的形态对佃农的剥削；由原来领主与农奴之间的人身依附关系，即所谓封建关系，变成地主与佃农之间的契约关系。所以，改变的虽只是土地的占有形式，但是实际上则是改变了封建经济结构，以改变前的土地制度为基础建立起来的是领主制经济，以改变后的土地制度为基础建立起来的是地主制经济。所以这个变化乃是决定中国历史性质的一个巨大变化，也是货币经济造成的一个无与伦比的深远影响。从这时期起确立起来的地主制经济，贯穿了战国以后的全部历史，经历了两千多年之久，没有再发生过质的变化。地主制经济不同于领主制经济，它有它自己独特的经济规律，并有它自己的发展道路。如果说欧洲的封建社会自始至终是以领主制经济为基础的，则中国的封建社会在战国以后的整个时期中，始终是以地主制经济为基础。

货币经济的发展，不仅造成了土地制度的变革，而且造成了土地兼并这个永远无法解决的土地问题。因为土地既然和其他商品一样可以自由买卖，当然谁有钱谁就可以尽量购买。土地不仅可以生息，而且是财富最稳妥的一种存在形态，社会上既缺乏其他有利的投资场所，权势之家和富商大贾[65]遂群起抢购土地。所以土地买卖的开始，同时就是土地兼并的开始。战国以后，土地制度既然没有变，所以土地兼并问题也就永远存在。

被抛到巨大的社会蒸馏器中而熔化为商品的另一个重大项目，是把人变成交换价值，这也是货币经济所造成的严重后果之一，同样在决定着中国历史的性质。

人变成可供交换的普通商品，包括两种含义：其一是把人的劳动力当作商品出卖，其二是把自己的人身当作商品出卖。这是在旧封建制度所给予人们的一切生存保证都消失以后，随着货币经济的发展而出现的特殊的社会经济问题：前者是雇佣劳动的过早出现，后者是奴隶制度的长期存在。关于这两个问题，均于后文讨论，这里仅指出这两个问题的产生根源，都是货币经济。

2. 营利精神的高涨与拜金狂

不言利或反对谋利，是保持封建经济结构平衡和社会秩序安定的一个基本原则，因而也是维护封建统治阶级长远利益的一个指导思想。在商品经济和货币经济没有发达以前的旧封建社会中，经济结构的基础是自然经济，人们都是自己生产所需要的生活资料，在生产中占支配地位的是使用价值，即使在生产者之间有剩余生产物的偶然交换，也是不同的使用价值在互相交换，而没有发展成为交换价值。总之，生产是为了满足生产者的直接需要，而不是要通过生产来积累价值，所以经济活动的指导原则是"谋生"，而不是"谋利"。在社会的生产力还不够高和生产物的数量也不是十分丰富的前提下，要使每一个社会成员都能适当地"谋生"，都能达到"仰足以事父母，俯足以畜妻子，乐岁终身饱，凶年免于死亡"，就必须保持经济平衡，使生产与消费之间，生产与分配之间，都能稳定在一个固定的比例上，不能使一部分人多得，另一部分人少得。所以机会均等，又是维持经济平衡的基本条件。"不患寡而患不均"，出现了不均，就破坏了平衡，一些人的多得，显然是以另一些人的少得为条件的，是以牺牲别人的利益为代价的，而这又是迟早要造成社会动乱的根源。因此，为了保持封建经济的平衡和社会秩序的安定，最终则是为了保持封建统治地位的巩固，就要求统治阶级以身作则，堵塞

"谋利"之途：

> 义胜利者为治世，利克义者为乱世；上重义则义克利，上重利
> 则利克义。故天子不言多少，诸侯不言利害，大夫不言得丧，士不
> 通货财，有国之君不息牛羊，错质之臣不息鸡豚，冢卿不修币（俞
> 樾曰：《韩诗外传》作：冢卿不修币施，疑此文夺施字。币乃敝字
> 之误，施当为杝，同声假借字也。杝即今篱字，冢卿不修敝杝，谓
> 篱落敝坏不修葺之也，与下文正同一意，皆不与民争利之义），大夫
> 不为场园（王念孙曰：当为场圃，字之误也），从士以上皆羞利而
> 不与民争业，乐分施而耻积臧，然故民不困财，贫窭者有所窜其手
> （犹言有所措手也）。①

正是在这样的思想指导之下，春秋战国时的诸子百家无不异口同声地反
对言利，而尤以儒家主张最力，例如孔子是"罕言利"②，他反复申述："放
于利而行，多怨"③；"君子喻于义，小人喻于利"④。一方面表白自己能安贫
乐道，"君子忧道不忧贫"⑤，"君子固穷，小人穷斯滥矣"⑥。另一方面，又极
力表白不强求富贵，"饭疏食饮水，曲肱而枕之，乐亦在其中矣，不义而富且
贵，于我如浮云"⑦。又说："富与贵，是人之所欲也，不以其道得之，不处
也；贫与贱，是人之所恶也，不以其道得之，不去也"⑧。他从不言利而鼓吹
安贫，从鼓吹安贫又进而讴歌贫穷，以对不能安贫，特别对孜孜求利的人树
立一个学习的榜样：

> 贤哉回也！一箪食，一瓢饮，在陋巷，人不堪其忧，回也不改
> 其乐。贤哉回也！⑨

---

① 《荀子·大略》。
② 《论语·子罕》。
③ 《论语·里仁》。
④ 《论语·里仁》。
⑤ 《论语·卫灵公》。
⑥ 《论语·卫灵公》。
⑦ 《论语·述而》。
⑧ 《论语·里仁》。
⑨ 《论语·雍也》。

颜回之外，孔子特别欣赏曾子，认为曾子是唯一能传其衣钵的人，而曾子的情况则是：

> 曾子居卫，缊袍无表，颜色肿哙，手足胼胝，三日不举火，十年不制衣，正冠而缨绝，捉衿而肘见，纳屦而踵决，曳纵^[66]而歌《商颂》，声满天地，若出金石。天子不得臣，诸侯不得友。①

甚至穷到"儒有一亩之宫，环堵之室，筚门圭窬，蓬户瓮牖，易衣而出，并日而食"②，也依然是乐在其中。这才是麻痹阶级意识，消弭阶级斗争，防止社会动乱的最根本办法。所以当梁惠王问孟子："叟！不远千里而来，亦将有以利吾国乎？"孟子立刻驳斥："王何必曰利，亦有仁义而已矣。……上下交征利，而国危矣。"因为"苟为后义而先利，不夺不餍"③。这是一针见血地指出为什么不言利，因为利之所在，必群起而争，争端一启，则动乱随之，迟早会成为统治阶级的严重威胁。

在欧洲，反对谋利，也同样是封建时代的指导思想。我们知道，基督教是与封建制度同时兴起的，而反对谋利就是基督教的基本教义之一。所以，耶稣公开宣称富人不能进天国，"富人进天国，比骆驼穿过针孔还要难"。可见在相同的经济规律支配之下，是会产生相同的情况的。不过这个僵化了的教条，当资本主义的因素有所发展时，便成为资本主义发展的一个严重障碍，后来由马丁·路德到柯尔文所进行的宗教改革，新旧教之间表面上的争执虽然是议论纷纭，但是实际上却很简单，就是为了适应新兴资产阶级的要求，需要从思想上解除旧教的束缚，承认谋利是符合教义也就是符合上帝意旨的。④

货币经济发展之后，这种不言利的思想便彻底改变了，因为社会的经济基础既已变革，则包括思想意识在内的上层建筑，也必然要跟着变革。

货币是一切商品的等价物，因而也是价值的化身。积累货币，就是积累价值，也就是形成财富。生产使用价值，是为了满足生活需要，故有其自身

---

① 《庄子·让王》。
② 《礼记·儒行》。
③ 《孟子·梁惠王上》。
④ 陶尼（R. H. Tawney）在所著《宗教与资本主义的兴起》（*Religion and the Rise of Capitalism*）一书中，对于这个问题进行了全面的和深入的分析，颇有参考价值，特别是其中的第一、第二两章。

的天然限度，超过实际需要的天然限度而过多地生产，则生产每多一分，其效用也递减一分，到一定限度时，生产物对于生产者来说是无用的；但是积累价值却没有限度，积累自身就是目的，于是积累变成一个永远不能填满的欲壑。马克思说："自从有可能把商品当作交换价值来保持，或把交换价值当作商品来保持以来，求金欲就产生了。随着商品流通的扩展，货币——财富的随时可用的绝对社会形式——的权力也日益增大。"① 价值积累或者说财富增殖的永无止境，战国时的古人也已认识到。例如：

> 桓公问管仲：富有涯乎？答曰：水之以涯，其无水者也。富之以涯，其富已足者也。人不能自止于足，而亡其富之涯乎？（注：王先慎曰：亡，读为忘，谓欲富无厌，故忘其涯也）。②
>
> 众人则不然，大为诸侯，小余千金之资，其欲得之忧不除也。……故曰：祸莫大于不知足。③

这是由于人们已经充分体会到："金真是一个奇妙的东西！谁有了它，谁就成为他想要的一切东西的主人。有了金，甚至可以使灵魂升入天堂。"④ 于是，从战国年间突出发展起来的货币经济，使整个社会沉浸在营利意识的狂热之中，"金钱万能"好像已成为一般人的座右铭，利之所在，趋之若鹜，甚至舍命以求：

> 子墨子曰：商人之四方，市贾信徒（毕曰：当为倍徒。案：徒、蓰字通），虽有关梁之难，盗贼之危，必为之。⑤
>
> 夫凡人之情，见利莫能勿就，见害莫能勿避：其商人通贾，倍道兼行，夜以续日，千里而不远者，利在前也；渔人之入海，海深百仞，就彼逆流，乘危百里，宿夜不出者，利在水也。故利之所在，虽千仞之山，无所不上；深源之下，无所不入焉。⑥
>
> 荆南之地，丽水之中生金，人多窃采金，采金之禁，得而（则

---

① 《资本论》第一卷，人民出版社一九七五年版，第一五一页。
② 《韩非子·说林下》。
③ 《韩非子·解老》。
④ 《资本论》第一卷，人民出版社一九七五年版，第一五一页，引哥伦布一五〇三年寄自牙买加的信。
⑤ 《墨子·贵义》。
⑥ 《管子·禁藏》。

也）辄辜磔于市，甚众，壅离其水也（俞樾曰：此言辜磔其人而弃
尸于水之中，流为积尸壅遏，遂至分流，是谓壅离其水，极言辜磔
之多也），而人窃金不止。夫罪莫重辜磔于市，犹不止者，不必得也
（言犯罪者不必一一皆得，而有免脱者，则人幸其免脱，而轻犯
重罪）。①

民之于利也，犯流矢，蹈白刃，涉血盬肝以来之（盬，古抽
字），野人之无闻者（无闻礼义），忍亲戚兄弟知交以求利。今无此
之危，无此之丑（丑，耻[67]也），其为利甚厚，乘车食肉，泽及子
孙，虽圣人犹不能禁，而况于乱。②

　　这样一种意识形态上的深刻变化，为司马迁所觉察。他既探索出这种思
想的产生根源，又洞察出这种思想的深远影响，精辟地进行了全面的和深入
的分析，指出营利意识是从春秋时期开始，到战国年间达到高峰的一种主要
思潮。根据他的观察，总结成为一篇堪称奇文的《史记·货殖列传》。称之
为奇文，是因为这篇文章的主要思想，与十八世纪英国古典经济学的奠基人
亚当·斯密（Adam Smith）在所著《国富论》一书中所阐述的思想，有许多
共同之点。这种相同，既非偶然，也不奇怪，尽管两者在时间上差了将近两
千年。亚当·斯密的思想产生在资本主义兴起的初期，那时旧封建制度的残
余，在资产阶级营利道路上遗留下来的障碍还有待肃清，封建主义的思想意
识和习惯传统，还是自由放任主义的精神束缚，不把这些落后的东西彻底肃
清，资本主义是不可能发展的。亚当·斯密的思想正是这一斗争的反映。在
战国时期，突出发展起来的货币经济和与之并行的商品经济，其所达到的高
度，如与十六世纪的欧洲相比，不但毫无逊色，甚至有过之而无不及。在这
一段的发展中，不肃清营利道路上的思想障碍，不强调营业的充分自由，不
通过自由竞争来充分发挥每个营业者所具有的主观条件和凭借的客观条件，
则上述经济上的一切发展变化都是不可能取得的。有大致相同的经济基础，
必然会有大致相同的思想反映，看不到这一点，则司马迁的经济思想就过于
奇特难解了。

　　《货殖列传》的原文较长，这里仅举出以下几个要点：

---

① 《韩非子·内储说上》。
② 《吕氏春秋·节丧》。

第一，认为人类一切经济行为的出发点，是为了最大限度地满足物质生活和精神生活的需要。每个人都知道应当采取什么最有效的办法来达到这个目的，也都各能根据自己的主客观条件去获得最大可能的利益，这是不学而能，不召而来的，既不需要任何人的劝诱指导，也反对任何人的干涉阻挠。司马迁在这里强调的自由放任，与亚当·斯密所说每一个人的背后有一只"看不见的手"在起着督促作用的思想，基本上是相同的：

> 太史公曰：夫神农以前，吾不知已。至若《诗》《书》所述虞夏以来，耳目欲极声色之好，口欲穷刍豢之味，身安逸乐，而心夸矜势能之荣使。俗之渐民久矣，虽户说以眇论，终不能化。
>
> 〔详述全国各地物产后〕皆中国人民所喜好，谣俗被服饮食奉生送死之具也。故待农而食之，虞而出之，工而成之，商而通之。此宁有政教发征期会哉？人各任其能，竭其力，以得所欲。故物贱之征贵，贵之征贱，各劝其业，乐其事，若水之趋下，日夜无休时，不召而自来，不求而民出之。岂非道之所符，而自然之验邪？

第二，营利，用司马迁的话来说是求富，乃是人类经济行为的自然表现，也是人的天生的本能，即所谓"富者人之情性，所不学而俱欲者也"。人们的思想意识，是由社会的经济基础决定的，而经济活动的目的就是为了求富，所以求富乃是经济活动的根本指导原则，因为求到了富就求到了一切，因而营利精神很自然地会成为社会的支配力量，天下之人，都是在孜孜求利：

> 上则富国，下则富家。贫富之道，莫之夺予，而巧者有余，拙者不足。……故曰：仓廪实而知礼节，衣食足而知荣辱。礼生于有而废于无。故君子富，好行其德；小人富，以适其力。渊深而鱼生之，山深而兽往之，人富而仁义附焉。富者得势益彰，失势则客无所之，以而不乐。夷狄益甚。谚曰："千金之子，不死于市。"此非空言也。故曰：天下熙熙，皆为利来；天下壤壤[68]（壤，穰通用，《盐铁论》此语作穰穰），皆为利往。夫千乘之王，万家之侯，百室之君，尚犹患贫，而况匹夫编户之民乎！

第三，营利意识笼罩了整个社会，支配了每一个人的思想和行为，从

"贤人深谋于廊庙，论议朝廷"，"壮士"之攻城陷阵，斩将搴旗，不避汤火，直到"闾巷少年"之攻剽抢劫、偷坟掘墓、作奸犯科，不避刀锯之诛，以及"赵女郑姬"之"设形容，揳鸣琴"，表面上虽有高下尊卑之不同，但实际上都是一种赤裸裸的获取金钱的方式或手段：

> 贤人深谋于廊庙，论议朝廷，守信死节隐居岩穴之士设为名高者安归乎？归于富厚也。是以廉吏久，久更富，廉贾归富（《集解》：归者，取利而不停货也）。富者，人之情性，所不学而俱欲者。故壮士在军，攻城先登，陷阵却敌，斩将搴旗，前蒙矢石，不避汤火之难者，为重赏使也。其在闾巷少年，攻剽椎埋，劫人作奸，掘冢铸币，任侠并兼，借交报仇，篡逐幽隐，不避法禁，走死地如骛者，其实皆为财用耳。今夫赵女郑姬，设形容，揳鸣琴，揄长袂，蹑利屣，目挑心招，出不远千里，不择老少者，奔富厚也。游闲公子，饰冠剑，连车骑，亦为富贵容也。……吏士舞文弄法，刻章伪书，不避刀锯之诛者，没于赂遗也。农工商贾畜长，固求富益货也。此有知尽能索耳，终不余力而让财矣。……若至家贫亲老，妻子软弱，岁时无以祭祀进醵，饮食被服不足以自通，如此不惭耻，则无所比矣。……无岩处奇士之行，而长贫贱，好语仁义，亦足羞也。

在这一段文字里，司马迁用犀利笔锋，把各色人等裹在身上的所有伪装和戴在脸上的各种面具，都一扫而光，使各种人的唯利是图的真实面目，都赤裸裸地暴露在光天化日之下。

第四，强调自由竞争。既然每一个营业者都要求获得最大可能的利益，在利的面前谁也"不余力而让财"，各人当然都要根据各自的聪明才智和条件机会去争取获得最大的一份，那就不能允许在营利或求富的前进道路上横放有人为的或自然的障碍，而必须使每人都有充分的竞争自由。司马迁还特别根据白圭的成功经验，来说明自由竞争的意义和作用以及进行竞争时所必须遵循的基本原则：

> 白圭乐观时变……趋时若猛兽挚鸟之发。故曰：吾治生产，犹伊尹、吕尚之谋，孙吴用兵，商鞅行法是也，是故其智不足与权变，勇不足以决断，仁不能以取予，强不能有所守，虽欲学吾术，终不

告之矣。

这是说每个营业者都必须以敏锐的眼光，密切注视着一切有利的机会，一旦机会来临，就要像猛虎鸷鸟捕食那样敏捷迅猛，决不能徘徊瞻顾，犹豫不决，致坐失良机；因此要求每个营业者都要像伊尹、吕尚那样有深谋远虑，像孙吴用兵那样勇敢果决，像商鞅行法那样严肃认真。自由竞争的结果，必然是优胜劣败，在营业上的成功者，就是在竞争中的胜利者：

> 贫富之道，莫之夺予，而巧者有余，拙者不足。
> 富无经业，则货无常主，能者辐凑，不肖者瓦解。

第五，在人人都堕入利网，在一个天下熙熙皆为利来和天下攘攘皆为利往的社会中，不言而喻，财富是社会的最高权威，也就是金钱成为人们的最高主宰，正是所谓"渊深而鱼生之，山深而兽往之，人富而仁义附焉"。有了钱，就有了势，不仅穷人受制于富人，小富还受制于大富：

> 凡编户之民，富相什则卑下之，伯则畏惮之，千则役，万则仆，物之理也。……若至力农畜，工虞商贾，为权利以求富，大者倾郡，中者倾县，下者倾乡里者，不可胜数。……千金之家比一都之君，巨万者乃与王者同乐，岂所谓"素封"者邪？非也？①

除了上述五点之外，在货币这个巨大的社会蒸馏器里面，既然一切都可以变为商品并且再变为货币的结晶流出来，连圣骨也不能抵抗这个炼金术，当然一切封建的礼法制度也都被彻底熔化了，过去由爵位、官阶、门第、身份所严格规定的"小不得僭大，贱不得逾贵"等封建关系、宗法制度、道德观念乃至人的尊严，现在都变成了简单的交换价值，都变成了冷酷无情的现金交易。一句话，一切都变成了金钱关系，金钱就是一切，只要是"千金之家"，就可以"比一都之君"，如果是"巨万者"，更可以"与王者同乐"，不管这个拥有千金、万金的暴发户原来是什么人。司马迁在《货殖列传》中还特别举出两个发人深省的例子：

---

① 以上引文均见《史记》卷一百二十九，《货殖列传》。

乌氏倮畜牧……畜至用谷量马牛。秦始皇帝令倮比封君，以时与列臣朝请。而巴（蜀）寡妇清，其先得丹穴，而擅其利数世，家亦不訾（同资）。清，寡妇也，能守其业，用财自卫，不见侵犯。秦皇帝以为贞妇而客之，为筑女怀清台。夫倮鄙人牧长，清穷乡寡妇，礼抗万乘，名显天下，岂非以富邪？①

"正如商品的一切质的差别在货币上消灭了一样，货币作为激进的平均主义者把一切差别都消灭了。"② 这个能消灭一切差别的激进的平均主义者——货币，使人们只要被黄金的魔杖一点就都如醉如痴，都五体投地地拜倒在黄金拜物教的祭坛之前，成为狂热的黄金崇拜者。乌氏倮和寡妇清的情况，正似莎士比亚讽刺诗的内容：

> 咦，这是什么？
> 金子！黄黄的，发光的，宝贵的金子！
> 这东西，只这一点点儿，就可以使黑的变成白的，丑的变成美的，错的变成对的，卑贱变成尊贵，老人变成少年，懦夫变成勇士。
> 嘿！你们这些天神们啊，为什么要给我这东西呢？
> 这东西会把你们的祭司和仆人从你们的身旁拉走，
> 把壮士头颅底下的枕垫抽去；
> 这黄色的奴隶可以使异教联盟，同宗分裂；
> 它可以使受咒诅的人得福，使害着灰白色的癞病的人为众人所敬爱；
> 它可以使窃贼得到高爵显位，和元老们分庭抗礼；
> 它可以使鸡皮黄脸的寡妇重做新娘，即使她的尊容会使身染恶疮的人见了呕吐，有了这东西也会恢复三春的娇艳。
> 来，该死的土块，你这人尽可夫的娼妇，你惯会在乱七八糟的列国之间挑起纷争，我倒要让你去施展一下你的神通。③

---

① 《史记》卷一百二十九，《货殖列传》。
② 《资本论》第一卷，人民出版社一九七五年版，第一五二页。
③ 见《资本论》第一卷，人民出版社一九七五年版，第一五二页注，此处引文据朱生豪译：《莎士比亚戏剧集》第十册，第三二五——三二六页。

拜金狂是随着黄金走进流通领域的，它披上货币服装的那一天起，就像过滤性的病毒一样，侵入人们的神经之中而立即狂热起来。下面的一段故事，就很形象地反映出这种狂热的程度：

〔苏秦〕说秦王书十上而说不行。黑貂之裘弊，黄金百斤尽，资用乏绝，去秦而归。……归至家，妻不下纴，嫂不为炊，父母不与言。……期年揣摩成，曰：此真可以说当世之君矣！于是乃……见说赵王于华屋之下，抵掌而谈。赵王大悦，封为武安君。受相印，革车百乘，锦绣千纯，白璧百双，黄金万溢，以随其后，约从散横，以抑强秦。……当〔苏〕秦之隆，黄金万溢为用，转毂连骑，炫熿于道，山东之国，从风而服……将说楚王，路过洛阳，父母闻之，清宫除道，张乐设饮，郊迎三十里。妻侧目而视，倾耳而听；嫂蛇行匍伏，四拜自跪而谢。苏秦曰：嫂，何前倨而后卑也？嫂曰：以季子位尊而多金。①

在拜金狂席卷一切的情况下，不管多么神圣的东西，在黄金面前都露出原形，只不过是一件可以买或可以卖的寻常物，确是连圣骨也不能抵抗这种炼金术，其他人间的各种圣物就更不在话下了，于是所有封建制度自封为圣物的"忠、孝、节、义、礼、义、廉、耻"等，都在黄金的炼炉中化为灰烬了。例如前引秦令唐雎以五千金行反间于赵，"散不三千金，天下之士，大相与斗矣"。类此情形很多。如：

秦王曰：山东之战国可兼与？顿子曰：韩，天下之咽喉；魏，天下之胸腹。王资臣万金而游，听之韩、魏，入其社稷之臣于秦，即韩、魏从，而天下可图也。秦王曰：寡人之国贫，恐不能给也。顿子曰：天下未尝无事也，非从即横也。横成，则秦帝；从成，即楚王。秦帝，即以天下恭养；楚王，即王虽有万金，弗得私也。秦王曰：善。乃资万金，使东游韩、魏，入其将相。北游于燕、赵，

---

① 《战国策·秦策》。

而杀李牧；齐王入朝，四国必从，顿子之说也。①

鲁丹三说中山之君而不受也，因散五十金事其左右。复见，未语，而君与之食。鲁丹出，而不反舍，遂去中山。②

黄金的魔力之大及其中人之深，从这几条记载中可以充分地反映出来。

当欧洲发生这一系列的变化时，是在资本主义即将产生的前夕，所以紧接着这些变化而来的，便是资本主义的产生，因为这样的变化，本来就是资本主义原始积累过程中的一个重要环节。中国发生这样的变化时，乃是在两千多年以前的早期封建社会中，那时还没有达到产生资本主义生产方式的阶段，但是货币经济却有了相当高度的发展，从而产生了上述的种种变化，变化的结果虽然没有把整个生产方式推进到一个新的阶段——资本主义阶段，但却打乱了原来的社会经济结构，改变了土地制度和剥削方式。这在中国历史上，不仅是一次巨大的变化，而且从此形成了中国历史的一个巨大特点。

总之，在没有进一步发展的商品生产，特别是日益发展的工业生产来吸收以游资形式存在的大量货币财富，使之转化为产业资本，并使之逐步向资本主义生产方式过渡时，则突出发展起来的货币经济及由此产生的营利思想，其所产生的消极影响，必然是十分严重的。这里借用东汉人崔寔的一段话，来概括这些危害作用：

崔寔《政论》曰：暴秦隳坏法度，制人之财，既无纪纲，而乃尊奖并兼之人。乌氏以牧竖致财，宠比诸侯；寡妇清以攻丹殖业，礼以国宾。于是巧猾之萌，遂肆其意。上家累巨亿之赏，斥地侔封君之土，行苞苴以乱执政，养剑客以威黔首，专杀不辜，号无市死之子，生死之奉，多拟人主。故下户踦𫏋[69]，无所跱足。乃父子低首，奴事富人，躬帅妻孥，为之服役。故富者席余而日炽，贫者蹑短而岁蹙，历代为虏，犹不赡于衣食。生有终身之勤，死有暴骨之忧，岁小不登，流离沟壑，嫁妻卖子，其所以伤心腐藏，失生人之乐者，盖不可胜陈。③

---

① 《战国策·秦策》。
② 《韩非子·说林上》。
③ 《通典》卷一，《食货一·田制上》。

这样，日益尖锐起来的阶级矛盾，其直接原因虽然是土地兼并所造或的贫富两极化，但是追本穷源，造成这些危害的始作俑者，却是货币经济。

3. 高利贷活动的猖獗

高利贷资本和商业资本一样，是最古老的资本之一，从有文字记载的历史开始，就有了关于高利贷活动的记载，事实上它在没有文字记载的历史以前就存在了。马克思说："生息资本或高利贷资本（我们可以把古老形式的生息资本叫作高利贷资本），和它的孪生兄弟商人资本一样，是洪水期前的资本形式，它在资本主义生产方式以前很早已经产生，并且出现在极不相同的社会经济形态中。"[1] 当社会上有了商品交换，并随着商品交换有了货币，特别是当货币发展了货币经营资本的职能时，高利贷活动就跟着出现了。马克思说："高利贷资本的存在所需要的只是，至少已经有一部分产品转化为商品，同时随着商品买卖的发展，货币已经在它的各种不同的职能上得到发展。高利贷资本的发展，和商人资本的发展，并且特别和货币经营资本的发展，是联系在一起的。"[2] 又说："我们已经知道，有了货币，就必然出现货币贮藏。但是，职业的货币贮藏家只有当他转化为高利贷者时，才起重要的作用。"[3]

战国时期的货币早已发展了各种职能，特别是商业资本和货币经营资本有了大量的积累，以游资形态存在的庞大货币财富，既然不能转化为产业资本，除了用以购买土地外，只有高利贷活动是生息的，所以随着商品经济和货币经济的日益发展，高利贷活动也日益猖獗。因此，在春秋后期及战国年间的文献中，关于高利贷活动的记载非常多，这里仅酌引数例如下：

> 叔向见韩宣子……对曰：……及桓子骄泰奢侈，贪欲无艺（艺，极也），略则行志，假贷居贿，及于难……[4]
>
> 为民父母，使民盼盼然，将终岁勤动，不得以养其父母，又称贷而益之，使老稚转乎沟壑，恶在其为民父母也。[5]
>
> 问：邑之贫人，债而食者几何家？[6]

---

[1] 《资本论》第三卷，人民出版社一九七五年版，第六七一页。
[2] 《资本论》第三卷，人民出版社一九七五年版，第六七一页。
[3] 《资本论》第三卷，人民出版社一九七五年版，第六七一页。
[4] 《国语·晋语八》。
[5] 《孟子·滕文公上》。
[6] 《管子·问》。

问：人之贷粟米，有别券者（别券，谓分契也）几何家？①

初，苏秦之燕，贷人百钱为资，及得富贵，以百金偿之。②

孟尝君时相齐，封万户于薛。其食客三千人，邑入不足以奉客。使人出钱于薛。岁余不入，贷钱者多不能与其息，客奉将不给。孟尝君忧之。问左右：何人可使收债于薛者？……冯驩[70]……辞行，至薛，召取孟尝君钱者皆会，得息钱十万。……③

高利贷之所以特别活跃，是因为货币已经成为主要的支付手段，当人们有紧急需要而一时又没有其他途径能获得必需的货币时，便只有以高利举债。借债的主要有两种人："第一是对那些大肆挥霍的显贵，主要是对地主放的高利贷；第二是对那些自己拥有劳动条件的小生产者放的高利贷。这种小生产者包括手工业者，但主要是农民。"④ 高利贷活动的出现和发展，是由两个方面的力量造成的：一方面，社会上只有商业资本和高利贷资本是大量存在的现成的货币形态的财富，这就是马克思所说："高利贷资本和商人财产促进了不依赖于土地所有权的货币财产的形成。产品的商品性质越是不发达，交换价值越是没有占领生产的全部广度和深度，货币就越是表现为真正的财富本身，表现为一般财富，而和财富在使用价值上的有限表现相对立。货币贮藏就是建立在这个基础上的。……货币贮藏者所要的，不是资本，而是作为货币的货币；但是通过利息，他把这种贮藏货币转化为资本，转化为一种手段，他依靠这种手段占有全部或部分剩余劳动，以及一部分生产条件本身，虽然对他来说这种生产条件名义上仍然是别人的财产。"⑤ 并且"商品形式越没有成为产品的一般形式，货币就越难获得。因此，高利贷者除了货币需要者的负担能力或抵抗能力外，再也不知道别的限制"⑥。另一方面，从借债的人一方面来看，富人借债是由于挥霍浪费，入不敷出，需要举债以应付额外开支，或用新债以偿还旧债，"穷奢极欲的富者所要的，是作为货币的货币，是作为购买一切东西的手段的货币（也是作为偿还债务的手段）"⑦。小生产者特别

---

① 《管子·问》。
② 《史记》卷六十九，《苏秦列传》。
③ 《史记》卷七十五，《孟尝君列传》。
④ 《资本论》第三卷，人民出版社一九七五年版，第六七二页。
⑤ 《资本论》第三卷，人民出版社一九七五年版，第六七六——六七七页。
⑥ 《资本论》第三卷，人民出版社一九七五年版，第六七七页。
⑦ 《资本论》第三卷，人民出版社一九七五年版，第六七六页。

是农民，其所以经常陷入高利贷网中而忍受着重利盘剥，一是为了生活需要，即在青黄不接，或有意外不幸，致生活无着时，不得不举债以济燃眉之急。二是为了特殊支付，即为了缴纳公赋私租，不得已高利举债，以免追呼。马克思说："小生产者需要货币，却首先是为了支付（对地主和国家交纳的实物租和实物贡赋转化为货币租和货币税，在这里具有重要的作用）。……在小农民和小市民的生产中，货币作为购买手段来使用，主要是在劳动者由于偶然的事故或意外的变化丧失了生产条件的时候……或者至少是在劳动条件不能由通常的再生产过程得到补偿的时候。"① 又说："如果他借钱，例如到当铺去，那是为了个人生活的需要。"②

小生产者特别是小农民的经济基础是非常薄弱的，任何一点扰乱因素，即使是一头母牛的死亡，都可以使他不能按照原来的规模继续再生产，这就成为高利贷的一个寄生点。古人对于这个问题阐述得很明确，如上引《孟子》指出"称贷"的原因，是由于"终岁勤动，不得以养其父母"，而重利盘剥的结果，又使"老稚转于沟壑"。《管子》书中讨论这个问题的言论很多，例如：

> 凡农者，月不足而岁有余者也，而上征暴急无时（谓徭税不以时），则民倍贷以给上之征矣（倍贷，谓贷一还二也）。耕耨者有时，而泽不必足（谓雨泽不足也），则民倍贷以取庸矣。③
>
> 桓公曰：峥丘之战，民多称贷负子息，以给上之急，度上之求，寡人欲复业产，此何以洽？管子对曰：惟缪数为可耳（缪读曰谬，假此术以陈事也）。桓公曰：诺。令左右州曰：表称贷之家（旌表也），皆垩白其门而高其闾。……称贷之家皆折其券，而削其书。……故国中大给，峥丘之谋也。④

由于高利贷的利息很高，周转很快，故放债取利的人无不大发其财，确是"子贷金钱千贯……此亦比千乘之家"⑤。因此，在战国年间，不仅有很多

---

① 《资本论》第三卷，人民出版社一九七五年版，第六七六至六七七页。
② 《资本论》第三卷，人民出版社一九七五年版，第六七三页。
③ 《管子·治国》。
④ 《管子·轻重丁》。
⑤ 《史记》，卷一百二十九，《货殖列传》。

专业的高利贷者，称为"称贷家"或"子钱家"，而且所有富商大贾无不兼营高利贷，例如曹邴氏，除"以铁冶起富至巨万"外，还"贳贷行贾遍郡国"。

高利贷资本虽然和商业资本一样，都是以货币形态出现的，但是它对社会一般经济所起的消极危害作用，却远远超过商业资本，因为商业资本在促使生产物的商品化方面，还有一定的积极作用，并且在一定的历史条件下，商业的发展是工业发展的前提，商业资本由发挥消极作用，转向于发挥积极作用，成为商品生产逐步向资本主义生产方式转化的前提条件。但是高利贷资本却从头到尾是社会经济的一个强烈的腐蚀剂，它所起的是纯粹的破坏作用。因为高利贷资本只有资本的剥削方式，没有资本的生产方式，高利贷资本只是把直接生产者的全部剩余劳动占有，但却不改变生产方式，这个生产方式乃是由生产者占有劳动条件及与此相应的小生产，而高利贷就是寄生在这种小生产的机体之内。马克思说："高利贷资本使这种生产方式陷入贫困的境地，不是发展生产力，而是使生产力萎缩，同时使这种悲惨的状态永久化。……因此，一方面，高利贷对于古代的和封建的财富，对于古代的和封建的所有制，发生破坏和解体的作用。另一方面，它又破坏和毁灭小农民和小市民的生产，总之，破坏和毁灭生产者仍然是自己的生产资料的所有者的一切形式。"[1]

高利贷资本之所以具有这样强烈的腐蚀作用，能够分解、破坏小农民和小市民的生产，使整个社会经济的生产方式变得日益贫乏和生产力变得日益萎缩，是因为高利贷资本像寄生虫一样，它牢牢地寄生在生产有机体的机体之内，吮吸它的脂膏血液，使这个被寄生的机体日益陷于枯萎。这就是马克思所说："高利贷在生产资料分散的地方，把货币财产集中起来。高利贷不改变生产方式，而是像寄生虫那样紧紧地吸在它身上，使它虚弱不堪。高利贷吮吸着它的脂膏，使它精疲力竭，并迫使再生产在每况愈下的条件下进行。"[2] 尽管谁都很清楚地知道，高利贷是一个陷阱，但是人们却又常常被贫困和不幸逼迫着跳进这个陷阱。只要一跳进去，就越陷越深，万劫不复，永世不得翻身。马克思说："小生产者是保持还是丧失生产条件，则取决于无数偶然的事故，而每一次这样的事故或丧失，都意味着贫困化，使高利贷寄生

---

① 《资本论》第三卷，人民出版社一九七五年版，第六七四页。
② 《资本论》第三卷，人民出版社一九七五年版，第六七四页。

虫得以乘虚而入。对小农民来说，只要死一头母牛，他就不能按原有的规模来重新开始他的再生产。这样，他就堕入高利贷者的摆布之中，而一旦落到这种地步，他就永远不能翻身。"[①]

由战国年间突出发展起来的货币经济和与之并行发展的商品经济，对于分解旧的封建经济结构，破坏小农民和小手工业者的生产，与欧洲十六世纪货币经济发展后所起的作用，基本上是相同的。但是在欧洲，货币经济的发展是资本原始积累的重要一环，它对社会经济的发展变化所起的影响都是积极的，即使在它的严重破坏作用中也产生了积极的结果。例如：一方面，它分解了旧的封建经济结构，剥夺了小生产者的生产资料，但却为资本主义的商品生产创造了国内市场，同时又为资本主义生产创造了能提供剩余劳动的工资劳动者，成为向资本主义生产方式转化的一个必不可少的前提条件；另一方面，以货币形态积累起来的大量财富，随着商品生产的发展而转化为产业资本，这更是向资本主义生产方式转化的一个直接条件。在中国，货币经济的发展，对社会经济结构所起的影响，只有消极的一面，没有积极的一面。由商品经营资本和货币经营资本而形成的巨量货币财富，一直是以游资形式停留在流通领域中，社会上没有足够多和足够大的生产部门来吸收它使之转化为产业资本。它既没有也不能转化为产业资本，则仅有的两个可以生息的部门能够作为它的出路：一是兼并土地，二是经营高利贷，而这两者所起的作用又完全都是消极的。所以尽管在战国年间即已经有了足够发达的商品经济和货币经济，但却没有向资本主义生产方式前进一步，而是走向一个相反的方向，于是一个大致相同的货币经济的形成和发展，在中西历史上却产生了截然不同的结果。在欧洲，引导出一个新的生产方式；在中国，却向后倒退与被打乱了的封建制度相结合，形成一个变态的封建制度——以地主制经济为基础的封建制度，由地主制经济的残酷剥削、土地兼并造成的农民破产和高利贷的重利盘剥的吸血活动，三位一体，共同导致了社会经济的长期停滞和广大人民群众的无穷苦难。

（四）雇佣劳动的出现与奴隶制度的残存

1. 雇佣劳动的出现

上文曾指出，当货币成为一个巨大的社会蒸馏器，一切东西都要抛到里

[①] 《资本论》第三卷，人民出版社一九七五年版，第六七八页。

面熔化为商品时，人也毫不例外地变成了交换价值，即变成可以买卖的普通商品。人的商品化的方式不外两种：一是把人的劳动力当作商品，二是把人本身当作商品。

要人把自己的劳动力当作商品出卖，只有在他被剥夺了一切生产资料和旧封建制度给予他的一切生存保障之后，使他除了自身的劳动力之外一无所有时，才会成为自身劳动力的出卖者。在欧洲，这是随着资本主义萌芽的出现而出现的，所以恩格斯说："包含着整个资本主义生产方式的萌芽的雇佣劳动是很古老的；它个别地和分散地同奴隶制度并存了几百年。但是只有在历史前提已经具备时，这一萌芽才能发展成资本主义生产方式。"① 可见高度发展了的商品生产中的雇佣劳动制，是在货币经济的发展破坏了旧封建土地制度和农奴制度之后方才能有的现象。马克思说："在英国，农奴制实际上在十四世纪末期已经不存在了。"② 同时，"雇佣工人阶级是在十四世纪下半叶产生的"③。雇佣劳动的大量出现，则是在经历了资本原始积累阶段之后，因为资本原始积累过程总起来看，是对直接生产者的生产资料的剥夺过程，是向一极积累富以形成资本，向对极积累穷以形成工资劳动者的一个总过程。所以雇佣劳动制的出现，标志着资本主义性质的商品生产的增长，是社会经济开始向新的生产方式迈进的前兆。

在中国，早在公元前五到公元前[71]四世纪，即显示了"货币是一切权力的权力"④。在这样一种由货币支配一切的形势下，随着土地变成商品，人也变成商品了。上文所谓把人的劳动力当作商品出卖，也就是把人零星出卖；把人本身当作商品出卖，也就是把整个人一次出卖。零星出卖就是雇佣劳动制，一次全部出卖就是奴隶制。奴隶制是早已存在的，因奴隶的来源不止是买卖，古代的奴隶另有其产生根源，但是从东周时期开始历经后世各代，奴隶制不但长期存在，而且不断有所发展，人身买卖乃是一个主要来源。

在土地制度变革之后，随着土地买卖而来的是土地兼并，广大农民于丧失了土地之后，如果连佃租土地的机会亦不能获得时，其可能有的生活出路之一，是去作佣工。战国时期的佣工有两种：其一是有技术的工匠亦称散匠，他们虽拥有简单的工具，但没有资力开办作坊，只得携带着工具流佣各地，

① 恩格斯：《反杜林论》，《马克思恩格斯选集》第三卷，第三一一页注文。
② 《资本论》第一卷，人民出版社一九七五年版，第七八四页。
③ 《资本论》第一卷，人民出版社一九七五年版，第八〇六页。
④ 《资本论》第一卷，人民出版社一九七五年版，第七八六页。

沿门求雇。《周礼》称此种散匠为"间民"，谓"此民无常职事，转移无定，与人为役"。这是民间工匠的一种，上文已经述及。这些人是出卖技术，但同时也是在出卖劳动力。其二是没有技术，只是单纯地出卖劳动力。这种现象在战国时已普遍出现，成为一般失去生产资料的人的一种谋生之道，例如：

魏使须贾于秦。范雎闻之，为微行，敝衣间步之邸，见须贾。……须贾曰：今叔何事？范雎曰：臣为人庸赁。[1]

桓公之平陵，见家人有年老而自养者。公问其故。对曰：吾有子九人，家贫无以妻之，吾使佣而未返也。[2]

初，淖齿之杀湣王也，莒人求湣王子法章，得之太史嫩之家，为人灌园。嫩女怜而善遇之。[3]

是其去赁市佣而战之，几矣（杨注：此与赁市中佣作之人而使之战，相去几何也）。[4]

皆干赏蹈利之兵也，佣徒鬻卖之道也（杨注：言秦魏虽足以相胜，皆求赏蹈利之兵，与佣徒之人鬻卖其力作无异）。[5]

夫卖庸而播耕者，主人费家而美食，调布而求易钱者，非爱庸客也，曰：如是，耕者且深耨者熟耘也。庸客致力而疾耘耕者，尽巧而正畦陌畦畤者（孙诒让曰：畤，当作埒。《一切经音义》引《仓颉篇》云畦，埒也。此畦、埒二字盖注文传写误混入正文，遂复舛不可通耳），非爱主人也，曰：如是，羹且美钱布且易云也。[6]

雇佣劳动制既已普遍通行，为了便于寻找雇主，接洽雇佣条件，所以早在战国年间即已有了固定的或常设的劳动力市场，称为"佣肆"：

庄周贫者，往贷粟于魏文侯。文侯曰：待吾邑粟之来而献之。周曰：……今周以贫故来贷粟，而曰须我邑粟来也而赐臣，即来，

① 《史记》卷七十九，《范雎蔡泽列传》。
② 《说苑·贵德》。
③ 《史记》卷八十二，《田单列传》；《战国策·齐策》。
④ 《荀子·议兵》。
⑤ 《荀子·议兵》。
⑥ 《韩非子·外储说左上》。

亦求臣佣肆矣。①

　　在欧洲，雇佣劳动的出现和发展，标志着资本主义生产方式的萌芽的产生和确立。在这个发展过程中，由于包含着旧封建经济结构的破坏，小生产者的生产资料的被剥夺和被驱逐，使他们与自己的劳动条件相分离。这一切对于被剥夺者而言，无疑是一场极大的苦难。但是不管小生产者所遭受的苦难是多么大，雇佣劳动[72]对于整个社会经济的发展却在起着积极作用，是迈向资本主义阶段的一个推动力量。如果没有这样的破坏和剥夺来形成社会贫富的两极化过程，就不可能有资本主义生产方式的产生。马克思说："商品市场的这种两极分化，造成了资本主义生产的基本条件。资本关系以劳动者和劳动实现条件的所有权之间的分离为前提。……因此，创造资本关系的过程，只能是劳动者和他的劳动条件的所有权分离的过程，这个过程一方面使社会的生活资料和生产资料转化为资本，另一方面使直接生产者转化为雇佣工人。"② 同时，雇佣劳动制的确立，又为资本主义生产的发展提供了另一个十分重要的前提条件，就是它给资本主义生产创造了一个广大的国内市场：

　　　　一部分农村居民的被剥夺和被驱逐，不仅为工业资本游离出工人及其生活资料和劳动材料，同时也建立了国内市场。事实上，使小农转化为雇佣工人，使他们的生活资料和劳动资料转化为资本的物质要素的那些事件，同时也为资本建立了自己的国内市场。以前，农民家庭生产并加工绝大部分供自己以后消费的生活资料和原料。现在，这些原料和生活资料都变成了商品……于是，随着以前的自耕农的被剥夺以及他们与自己的生产资料的分离，农村副业被消灭了，工场手工业与农业分离的过程发生了。只有消灭农村家庭手工业，才能使一个国家的国内市场获得资本主义生产方式所需要的范围和稳固性。③

　　然而，同样一个发展了的货币经济和由它必然造成的破坏结果，从而出

---

① 《说苑·善说》。
② 《资本论》第一卷，人民出版社一九七五年版，第七八二页。
③ 《资本论》第一卷，人民出版社一九七五年版，第八一五页。

现了雇佣劳动制，在中国却不但没有造成上述一系列的变化，没有产生在欧洲产生过的那些积极作用，而且正相反，所产生的都是上述各种变化的消极方面。在这些变化中，小生产者所遭受的苦难，虽然与欧洲相同，但却没有为整个社会经济换来任何积极成果。首先，小生产者的被剥夺、被驱逐，不是创造资本的过程，不是资本主义生产的基本条件，而仅仅是旧封建经济结构——特别是它的土地制度破坏分解的结果，整个过程，不是为了使社会的生活资料和生产资料转化为资本，也不是为了要打破旧封建制度"对生产的自由发展和人对人的自由剥削所加的束缚"，而需要用"经济关系的无声的强制"① 来迫使小生产者自愿地成为自身劳动力的出卖者。所以在战国年间，虽然由于货币经济的破坏作用，创造了劳动力的出卖者，但却没有创造劳动力的购买者，那时没有发展起大量的工场手工业来使用这些雇佣劳动，劳动力的供需之间是不适应的，这由上引文中即可看出，雇佣劳动只是偶尔用于佣耕、灌园、其他服务性工作，而没有成为工场工人。

其次，小生产者被剥夺和雇佣劳动的出现，也没有给资本创造国内市场，相反地，这些变化使国内市场更加萎缩了。因为在小生产者——主要是农民随着土地兼并的发展而被剥夺了土地以后，大部分都变成了佃农，由于地主阶级的残酷剥削，使他们不能单纯依靠土地为生，于是农民家庭副业就成了辅助生活的重要手段，促使小农业与小手工业结合得更加紧密，农民使用自己所掌握的一点生产资料，尽可能来生产自己所需要的一切生活必需品，力求不向或少向市场购买，结果，国内市场不是扩大，而是缩小了。这是中国资本主义的萌芽发生很早，而又迟迟不能发展起来的原因之一。

这样，中国的雇佣劳动虽然出现很早，但却没有产生什么积极影响，没有对社会经济的发展起任何促进作用，所以不能以有无雇佣劳动来作为判断资本主义萌芽是否开始的标准。中国古代的雇佣劳动，既然不是创造资本的过程，不是资本主义生产的基本条件，所以这种雇佣劳动的出现，是与资本主义的有无无关的；事实上，它不过是社会的相对过剩人口中的一个为数不多的部分，也是向奴隶转变的一个预备阶段，因为当零星出卖劳力不足以维持生存时，最后便不得不卖身为奴。

2. 东周时期的奴隶制度

奴隶制度在中国历史上不但是长期残存的，而且还常常有所发展，即常

---

① 《资本论》第一卷，人民出版社一九七五年版，第七八三页，八〇六页。

常是后代超过前代，其状况并不是原来的东西在苟延残喘，而往往是死灰复燃，有后来居上之势。在中国古史分期问题上，一些东周封建论者之所以主张把中国封建制度的产生时期定在东周，主要是认为西周有奴隶，西周的生产力和生产关系的矛盾没有发展到废止奴隶制的阶段，故把奴隶制度的下限定在西周末年，甚至定在春秋时期。他们没有看到东周不但同样有奴隶，而且东周的奴隶制又大大有所发展，不论在广度方面和深度方面都远远超过西周。因为东周是货币经济的发展时期，是土地制度的变革时期，是广大农民被剥夺和从生产资料中游离出来的时期。这些变化的共同结果之一，是人身的商品化，为奴隶制的死灰复燃增加了一个新的来源。

仅就奴隶的数量而言，东周时期的奴隶实远比西周为多，增多的原因是奴隶的来源比西周多了，这主要有以下两种：

第一，战争俘虏。这原是过去奴隶的主要来源，但是东周时期战争的次数比过去多了，因为春秋战国是一个战争频繁的时代，是周天子的统治力量衰微和封建纽带松弛的时代，亦即所谓"周室衰，礼法堕"，"有国强者兼州域，而弱者丧社稷"的时代，不仅华夏族列国诸侯之间侵夺兼并无虚日，而且不同部族之间的敌对攻伐更激烈。特别是周统治者对北方需要不停地"薄伐玁狁"（鬼方、獯鬻或匈奴），对南方需要"戎狄是膺，荆舒是惩"，东方则有强大的淮、徐和始终与周人为敌的商、奄、莱夷之后，内地又杂居着诸狄和诸戎。不同部族之间，不仅有阶级矛盾，而且有民族矛盾，故无日不在互相吞并剪灭之中。在战争中所捕获的敌方俘虏，其处置办法，主要不外《墨子》所说，"民之格者（坚决抵抗者），则劲拔之；不格者，则系累而归。丈夫以为仆、圉、胥靡，妇人以为舂酋"。[①]

第二，人身买卖。人的商品化，为东周以后奴隶制长期存在开辟了一个重要的奴隶来源。这是货币经济的发展所造成的严重后果之一。东周时期的奴隶，大部分是得之于买卖，正如《管子》所云，"民无糇者卖其子"[②]。这种情况，可由下引一段故事充分反映出来：

> 晏子之晋至中牟。睹弊冠反裘，负刍息于途侧者，以为君子也。
> 使人问焉，曰：子何为者也？对曰：我越石父者也。晏子曰：何为

---

① 《墨子·天志下》。
② 《管子·揆度》。

至此？曰：吾为人臣仆于中牟，见使将归。晏子曰：何为之仆？曰：不免冻饿之切吾身，是以为仆也。晏子曰：为仆几何？对曰：三年矣。晏子曰：可得赎乎？对曰：可。遂解左骖以赎之，因载而与之俱归。①

在东周时期的文献中，有不少类此的记载，例如：

> 子产曰：……故志曰：买妾不知其姓，则卜之。②
> 陈轸曰：……卖仆妾售于闾巷者，良仆妾也。……故卖仆妾不出里巷而取者，良仆妾也。③

即使原来是封建贵族，但在贫穷没落之后，其后人也常常为"冻饿切身"，不得已而卖身为奴。例如晋平公时（公元前五五七年—公元前[73]五三二年），晏子送嫁齐女于晋，"既成昏，晏子受礼，叔向从之宴，相与语。……叔向曰：然。虽吾公室，今亦季世也。……庶民罢敝……道殣相望……栾、郤、胥、原、狐、续、庆、伯，降在皂隶"④。晋公室旧臣之所以"降在皂隶"，显然是由于"庶民罢敝""道殣相望"等社会经济的凋敝和个人的贫穷没落所致。

除了上述两个主要来源外，奴生子也应当算作一个来源，即奴隶的子女天生为奴隶。例如："梁嬴……将生一男一女。……男为人臣，女为人妾，故名男曰圉（注：圉，养马者），女曰妾。"⑤ 不过这种生来的奴隶，在奴隶队伍中所占的比重是不大的，因为奴隶只是主人的一种生产工具——会说话的工具，一般是没有家庭生活的，能娶妻生子，维持其本身的再生产的，实为数不多。

东周的奴隶不但数量比西周多，而且有了更为严格的等级分别，并且对待奴隶也比西周时期残酷多了[74]。例如无宇对楚王曰：

---

① 《晏子春秋·内篇杂上》。
② 《左传》昭公元年。
③ 《战国策·秦策》。
④ 《左传》昭公三年。
⑤ 《左传》僖公十七年。

天有十日，人有十等，下所以事上，上所以共神也。故王臣公、公臣大夫、大夫臣士、士臣皂、皂臣舆、舆臣隶、隶臣僚、僚臣仆、仆臣台。马有圉，牛有牧，以待百事。①

东周时以人殉葬之风很盛，被杀殉葬的当然都是奴隶。例如：

八月，宋文公卒，始厚葬，用蜃炭，益车马，始用殉（注：烧蛤为炭以瘗圹，多埋车马，用人从葬）。②

《诗经》中保留了一首诗，描写奴隶殉葬时，临穴被杀的恐怖情况：

谁从穆公，子车奄息。……临其穴，惴惴其栗。彼苍者天，歼我良人，如可赎兮，人百其身。③

在东周时期，以人殉葬之风，似乎愈演愈烈，杀殉的人数也是愈来愈多，据《墨子》说，"天子杀殉，众者数百，寡者数十。将军大夫杀殉，众者数十，寡者数人"④。这样，每死一个贵族，就有许多奴隶被杀死或活埋。除了这样的大批杀殉外，在平时，主人杀死奴隶，也如同家常便饭。下引晋公子重耳的一段故事，可以说明奴隶主随意杀死男女奴隶的情况：

及齐，齐桓公妻之，有马二十乘，公子安之。从者以为不可，将行，谋于桑下。蚕妾在其上，以告姜氏，姜氏杀之（姜氏，重耳妻，恐孝公怒其去，故杀妾以灭口），而谓公子曰：子有四方之志，其闻之者，吾杀之矣。⑤

如以上所述的种种残酷情况，都是古希腊、古罗马的奴隶主所望尘莫及的。

---

① 《左传》昭公七年。
② 《左传》成公二年。
③ 《诗·秦风·黄鸟》。
④ 《墨子·节葬下》。
⑤ 《左传》僖公二十三年。

主人豢养奴隶，正是为了要剥削奴隶的剩余劳动，所以奴隶一般都是从事生产活动的。例如上文所述齐姜杀死的蚕妾，就是一个从事采桑育蚕的女奴，可知奴隶一般都有固定职业，古人亦很强调对人要"类能而使之……其庶人力于农穑，商工皂隶，不知迁业"①。奴隶中还有不少人具有较高水平的专门技术，例如前文不断述及的楚人伐鲁，"楚侵及阳桥，孟孙请往赂之，以执斫、执针、织纴，皆百人……以请盟。楚人许平"②。用三百名有技术的工匠去行贿[75]，这些工匠显然都不是自由的人。不过奴隶中也有极少数例外——主要是女奴，不从事生产活动，而是用以炫耀排场，显示豪华，例如齐襄公"陈妾数百，食必粱肉，衣必文绣"③。除了这种极个别的情况外，绝大多数的奴隶并不是饱食终日，无所事事，而是从事各种生产活动的。

从以上所述的各种情况来看，东周的奴隶制在各个方面都超过了西周。东周封建论者觉得西周既然还有奴隶，所以就不得不把封建制度的产生时期向后移到东周。但是东周的奴隶制比西周的奴隶制又大大地发展了，不但奴隶的数量增多了，而且对奴隶也更加残酷了[76]。特别是从东周时期开始，有了大量的人口买卖，为奴隶制度的长期存在开辟了一个新的来源。

实际上，残存的奴隶制由于从东周时期起获得了一个新的取之不尽的来源——人口买卖，故残存的奴隶制不但没有停止发展，而且经常随着货币财富的积累、土地兼并的严重和高利贷活动的猖獗，而不断扩大奴隶的队伍，并且常常是后代超过前代。即以这一时期而言，东周超过西周，秦汉又超过东周。试看由战国末年到秦汉初年，所有那些经营盐铁起家的大工商业主，周流天下的富商大贾，几无一不是大的奴隶主，他们豢养的奴隶，少则数百，多则成千上万，社会上已在用奴隶的多寡，来作为计算财富的标准，所以司马迁说，"僮手指千……此亦比千乘之家"④。因此，有钱的人无不大批豢养奴隶，如："〔吕〕不韦家僮万人。……嫪毐家僮数千人"⑤。其他等而下之，比比皆是。像这样大的奴隶主，不仅西周、东周时没有，连古希腊、罗马时

---

① 《左传》襄公九年。
② 《左传》成公二年。
③ 《国语·齐语》。
④ 《史记》卷一百二十九，《货殖列传》。
⑤ 《史记》卷八十五，《吕不韦列传》。

也没有。

第六节　由东周时开始形成的经济思想和经济政策

（一）重农抑商政策开始于东周的历史根源和思想根源

中国历代王朝一贯奉行的重农抑商政策，是从东周时期开始的。这个政策从此产生以后，便成为后世历代相沿的传统，成为历代王朝力求实现的一个政治的和经济的目标。重农与抑商，并不是两个互相分离或各自孤立的政策，而实是一个政策的两个侧面，两者是相互成为条件的：重农是为了彻底抑商，抑商是为了确保重农，彼此是缺一不可的。这两个政策之所以能长期因袭不变，是因为两者所反映的思想，在每一个时代都居于统治地位，其他与此有关的政策和思想，都是由这个占统治地位的政策和思想派生出来的。

包括意识形态在内的上层建筑，是由一定的经济基础决定的，所以经济思想和政策，也完全为客观的经济规律所支配。重农抑商政策及其所反映的思想，其所以能从战国到近代，历两千多年之久而始终为各代王朝所拳拳服膺，并且在每一时代都居于统治地位，是因为这个政策及其所反映的思想，在每一个时代都代表着统治阶级的最高利益，因而实际上乃是统治阶级的思想。这完全如马克思所说："占统治地位的思想不过是占统治地位的物质关系在观念上的表现，不过是以思想的形式表现出来的占统治地位的物质关系；因而，这就是那些使某一个阶级成为统治阶级的各种关系的表现，因而这也就是这个阶级的统治的思想。"[①] 重农抑商政策之所以从东周时期开始，而又代代处于统治地位，正是由于有这样的历史根源和思想根源。

第一，政治是经济的集中表现，政治的安定，是经济安定的结果；如果社会的经济基础是变动不定的，则作为这个经济基础的上层建筑也必然是动荡不安的。从此引申的一个自然结论，就是统治阶级的统治地位必然是毫无保障的。所以要保证政治的稳定，就先必须保证经济的稳定。我们已经知道，东周以前，社会的基本经济结构是封建的自然经济占统治地位，其具体的生产方式是个体主义的小农业，是一种基础薄弱和生产力不大的简单再生产。为了使这种简单再生产过程保持平衡，就必须使一切经济关系，亦即"占统

---

① 马克思、恩格斯：《德意志意识形态》，《马克思恩格斯选集》第一卷，第五二页。

治地位的物质关系"，要求固定，而不要求变化；要求静止，而不要求发展。生产的不断变革，社会关系的不停动荡，都是与封建生产关系的根本要求相背谬的，因而也是与封建统治阶级的根本利益相抵触的。所以马克思和恩格斯说："原封不动地保持旧的生产方式，却是过去的一切工业阶级生存的首要条件。"①

第二，把一切关系都僵化为一成不变的传统，并使人们的一切行为特别是经济行为都成为墨守成规，是保持旧的生产方式原封不动的首要条件，这就是"以思想的形式表现出来的占统治地位的物质关系"。马克思说：

> 很清楚，在这种社会生产关系以及与之相适应的生产方式所借以建立的自然形成的不发达的状态中，传统必然起着非常重要的作用。其次，很清楚，在这里，并且到处都一样，社会上占统治地位的那部分人的利益，总是要把现状作为法律加以神圣化，并且要把习惯和传统对现状造成的各种限制，用法律固定下来。……一种生产方式所以能取得这个形式，只是由于它本身的反复的再生产。如果一种生产方式持续一个时期，那么，它就会作为习惯和传统固定下来，最后被作为明文的法律加以神圣化。②

使生产过程以及由此形成的社会关系成为原封不动的停滞状态，并使之僵化为习惯和传统，最后还作为明文法律加以神圣化。这一切，实质上就是使封建统治阶级的统治地位永久化和神圣化。所以这一切关系的形成和保持不变，乃是封建统治阶级的根本利益。把这种占统治地位的物质关系用思想形式表现出来，就是前文不断指出的封建"礼法"，把每一个人都固定在上下有序的等级隶属关系之中，要求"衣服有制，宫室有度，人徒有数，丧祭械用，皆有等仪"，严格限制僭越行为，务使"小不得僭大，贱不得逾贵"。这就是全部的封建关系，既是封建的经济关系，又是封建的政治关系。为了保证这些关系不被打乱，特别是为了保持尊卑上下的等级关系不发生动摇，就必须把每一个人都固定在他原来的地位和关系上，把现状当作法律，使之成为神圣不可侵犯，这样，就可以把同一的生产方式和同一的社会关系，因

---

① 马克思、恩格斯：《共产党宣言》，《马克思恩格斯选集》第一卷，第二五四页。
② 《资本论》第三卷，人民出版社一九七五年版，第八九三至八九四页。

袭不变地再生产下去，即原封不动地一代一代地传下去。这在春秋时已经有了下述的具体规定：

> 桓公曰：成民之事若何？管子对曰：四民者，勿使杂处，杂处则其言哤，其事易。公曰：处士、农、工、商若何？管子对曰：昔圣王之处士也，使就闲燕，处工就官府，处商就市井，处农就田野。[①]

这是上述占统治地位思想的具体反映。把士、农、工、商各色人等都固定在他们原来的、世袭的地位和职业上，就可以使他们"少而习焉，其心安焉，不见异物而迁焉，是故其父兄之教不肃而成，其子弟之学不劳而能"。"夫是，故士之子恒为士"，"农之子恒为农"，"工之子恒为工"，"商之子恒为商"[②]。这不仅是把生产方式和社会关系都僵化了，而且连人也僵化了。在一切都被僵化的情况下，社会自然会成为静止的和不变的。这样，统治阶级的统治地位自然就不会有任何潜在的威胁了。

在这样一个安定的、一切都成为僵化状态的社会经济结构中，唯一能引起变化的是商业，只要商业一发展，商人在这样的社会中一出现，变化马上就开始了。当春秋战国时社会经济发生这些巨大变动的时候，正是诸子百家在学术上互相争鸣的时候，他们面对当时正在进行中的剧烈变化，企图把已被破坏殆尽的封建经济稳住[77]，防止它进一步恶化，并把已被搅乱了的封建社会秩序重新稳定下来，借以保持住失去了约束力量的"礼法""王制"，遂都纷纷提出重农抑末（末，包括商品生产和商业）的思想和政策，各从不同的方面来强调两者的重要性。上文已指出，重农与抑商乃是一个问题的两个不同侧面，各派主张的不同，实际上是强调的侧面不同，本质上是相同的。由于这一类的言论非常多，而且各个派别在这个问题上也没有多大分歧，所以这里仅酌引数条为例：

> 宣王即位，不籍千亩（籍，借也，借民力以为之。天子田籍千亩，诸侯百亩）。虢文公谏曰：不可。夫民之大事在农，上帝之粢盛

于是乎出（出于农也。器实曰粢，在器曰盛），民之蓄庶于是乎生，事之供给于是乎在，和协辑睦于是乎兴，财用蕃殖于是乎始，敦庞纯固于是乎成，是故稷为大官（大官，当为天官）。①

司空除坛于籍，命农大夫咸戒农用（农用，田器也）。……民用莫不震动，恪恭于农，修其疆畔，日服其镈，不解于时，财用不乏，民用和同。②

战国时的文献，大都是结合抑末来谈重农，因重农正是为了抑末，不抑末，重农也就完全落空。重农不仅是一个经济问题，而且是一个政治问题，故有不少思想家是从富国强兵的角度来强调重农的：

上不好本事则末产不禁，末产不禁则民缓于时事而轻地利，轻地利而求田野之辟、仓廪之实，不可得也。③

凡为国之急者，必先禁末作文巧，末作文巧禁则民无所游食，民无所游食则必农，民事农则田垦，田垦则粟多，粟多则国富。国富者兵强，兵强者战胜，战胜者地广。是以先王知众民、强兵、广地、富国之必生于粟也，故禁末作、止奇巧而利农事。今为末作奇巧者，一日作而五日食（注：言取一日之利，可供五日之食）。农夫终岁之作，不足以自食也。然则民舍本事而事末作，舍本事而事末作，则田荒而国贫矣。④

夫民之亲上死制也，以其旦暮从事于农。夫民之不可用也，见言谈游士事君之可以尊身也，商贾之可以富家也，技艺之足以糊口也。民见此三者之便且利也，则必避农，避农则民轻其居，轻其居则必不为上守战也。⑤

民之内事，莫苦于农，故轻治不可以使之。奚谓轻治？其农贫而商富，故其食贱者钱重。食贱则农贫，钱重则商富。末事不禁，则技巧之人利，而游食者众之谓也。故农之用力最苦，而赢利少，

①　《国语·周语上》。

②　《国语·周语上》。

③　《管子·权修》。

④　《管子·治国》。

⑤　《商君书·农战》。

不如商贾、技巧之人。苟能令商贾、技巧之人无繁，则欲国之无富，不可得也。①

古先圣王之所以导其民者，先务于农，民农非徒为地利也，贵其志也。民农则朴，朴则易用，易用则边境安、主位尊。民农则重，重则少私义，少私义则公法立、力专一。民农则其产复，其产复则重徙，重徙则死其处而无二虑。民舍本而事末则不令，不令则不可以守，不可以战。民舍本而事末则其产约，其产约则轻迁徙，轻迁徙则国家有患皆有远志，无有居心。民舍本而事末则好智，好智则多诈，多诈则巧法令，以是为非，以非为是。②

后稷曰：所以务耕织者，以为本教也。是故天子亲率诸侯耕帝籍田，大夫士皆有功业。是故当时之务，农不见于国（当启蛰耕农之务，农民不见于国都也。《孟春纪》曰：王布农事，命田舍东郊，故农民不得见于国也），以教民尊地产也（地产，嘉谷也）。后妃率九嫔蚕于郊，桑于公田，是以春秋冬夏皆有麻枲丝茧之功，以力妇教也。是故丈夫不织而衣，妇人不耕而食，男女贸功以长生，此圣人之制也。③

从上引数例可以看出，有关言论虽然很多，但实际上则是大同小异，其立论主旨基本上都是相同的，大家所反复强调的，不外：①只有农业是生产的，是国计民生的根本，而工商业或者说末业不但不是生产的，而且是妨害生产的。②农民是唯一的生产者，而他们的生活却非常贫苦；从事工商末业的人是不生产的，而他们的生活反而非常优越，这种现象是反常的，必须加以纠正，要把这种不正常的情况彻底改变过来。③工商业——末业的存在和发展，对国计民生是有害的，即使不能把它彻底消灭，恢复纯粹的自然经济，也要尽可能堵塞它的发展道路，制止它的进一步发展，把它的影响和作用减弱到最小限度。

本来，商品经济和货币经济的发展，以及由此引起的一系列社会经济的剧烈变化，主要都是在战国年间出现的。也就是说，战国年间是上述一系列变化的开始阶段，则针对这些变化而提出来的重农抑商政策及其所代表的思

---

① 《商君书·外内》。
② 《吕氏春秋·上农》。
③ 《吕氏春秋·上农》。

想，当然也是一种雏形状态。但是这个雏形却具备了有关这个政策和思想的主要内容或主要论点，后世历代有关的言论虽然汗牛充栋，在各个论点上有所充实或发展，但却没有越出先秦诸子的立论范围，所以后人在这个问题上的连篇累牍的说教和议论，本质上则是一些千篇一律的重复。当然，这样的重复，不但不是出于偶然，而且是不容易避免的，因为在每一时代占统治地位的政策和思想，本来就是以观念形式表现出来的占统治地位的物质关系，既然客观的物质关系没有改变，仍与战国时期基本相同，则反映这种物质关系的政策和思想，就不可能有新的意见。

（二）辅助抑商政策的抑奢政策

上文曾经指出，在封建社会的经济结构中，占统治地位的是自然经济，个体主义的小农业及其附属的家庭手工业是生产的主要形式，每一个生产者都是用自己的生产资料来生产自己的所有生活资料。在这种简单的生产关系上建立起来的社会关系也同样是简单的。为了保持社会关系的稳定，使经济的再生产过程不受扰乱，就必须保持生产与消费之间的平衡，因为在经济基础薄弱和生产力不高的前提下，过多的消费，即消费超过生产力所能负荷的限度，从而打破生产与消费之间的平衡，就必然造成再生产过程的矛盾。经济的平衡一旦被破坏，接着就会破坏社会关系的稳定，进而就将成为一切动乱的根源，这是封建统治阶级所深以为惧而必须防微杜渐，加以彻底根除的。古人对这些关系了解得很透彻，这里可借用汉初人的一段话来说明这个道理，"古之人曰：一夫不耕，或受之饥；一女不织，或受之寒。生之有时，而用之亡度，则物力必屈。……今背本而趋末，食者甚众，是天下之大残也；淫侈之俗，日日以长，是天下之大贼也。……生之者甚少而靡之者甚多，天下财产何得不蹶！"①

为了以保证人们的生存来达到社会关系稳定的目的，就不得不从根本上把人们的消费欲望加以适当的限制，特别是对于具有极大消费能力的统治阶级，必须把他们过多的消费欲望加以限制，这是封建统治阶级的根本利益所要求的。为封建统治阶级服务的古代各派思想家，无不大力宣扬节欲尚俭，反对奢侈的学说。各派的具体主张虽不尽相同，但是实际上都是方法上的不同，基本精神则都是一致的。例如儒家，他们主张从生产方面加以适当的管

---

① 《汉书》卷二十四上，《食货志》。

制，使生产与消费保持平衡：

> 不违农时，谷不可胜食也。数罟不入洿池，鱼鳖不可胜食也（赵注：数罟，密网也。密细之网，所以捕小鱼鳖者也，故禁之不得用，鱼不满尺，不得食）。斧斤以时入山林，材木不可胜用也。谷与鱼鳖不可胜食，材木不可胜用，是使民养生丧死无憾也；养生丧死无憾，王道之始也。五亩之宅，树之以桑，五十者可以衣帛矣；鸡豚狗彘之畜，无失其时，七十者可以食肉矣；百亩之田，勿夺其时，数口之家可以无饥矣。……七十者衣帛食肉，黎民不饥不寒，然而不王者，未之有也。①
>
> 群道当，则万物皆得其宜，六畜皆得其长，群生皆得其命。故养长时则六畜育，杀生时则草木殖，政令时则百姓一。……草木荣华滋硕之时，则斧斤不入山林，不夭其生，不绝其长也。鼋鼍鱼鳖鳅[78]鳝孕别之时，网罟毒药不入泽，不夭其生，不绝其长也。春耕夏耘，秋收冬藏，四者不失时，故五谷不绝而百姓有余食也。污池渊沼川泽，谨其时禁，故鱼鳖优多而百姓有余用也。斩伐养长不失其时，故山林不童而百姓有余材也。②

《汉书·货殖传》对于《孟子》和《荀子》所提出的统治经济的主张，即通过控制生产以达到经济平衡的目的，做了一个极中肯綮的解释：

> 辨其土地川泽丘陵衍沃原隰之宜，教民种树畜养；五谷六畜及至鱼鳖鸟兽雚蒲材干器械之资，所以养生送终之具，靡不皆育。育之以时，而用之有节。草木未落，斧斤不入于山林；豺獭未祭，罝网不布于野泽……所以顺时宣气，蕃阜庶物，稸足功用，如此之备也。然后四民因其土宜，各任智力，夙兴夜寐，以治其业，相与通功易事，交利而俱赡，非有征[79]发期会，而远近咸足。……各安其居而乐其业，甘其食而美其服，虽见奇丽纷华，非其所习……是以欲寡而事节，财足而不争。③

---

① 《孟子·梁惠王上》。
② 《荀子·王制》。
③ 《汉书》卷九十一，《货殖传》。

要使"欲寡而事节"的自然经济生活保持平衡，即所谓"育之以时，而用之有节"，就必须以人为的力量加以适当的管理和控制，一方面使社会的再生产过程能正常进行，另一方面，使消费能限制在生产力所许可的范围之内。总之，只要能确保"育之以时，而用之有节"，则经济的平衡乃至社会的平衡，就可以保持稳定。

道家主张从消灭人的欲望入手，认为只有从根本上消灭了人的欲望，才能真正遏止消费欲的增长，也才能真正收到长治久安之效。因此，道家主张人们特别是统治阶级要能自觉地做到"见素抱朴，少私寡欲"①。要做到这一点，就必须使人们充分了解"祸莫大于不知足，咎莫大于欲得"②，所以必须把刺激欲望的一切渠道堵塞，使"不见可欲，使心不乱"③。要做到这一点，就必须着重告诉人们，过多地追求物质享受是非常有害的，这是由于"五色令人目盲，五音令人耳聋，五味令人口爽，驰骋田猎令人心发狂，难得之货令人行妨（妨，伤也，难得之货，谓金银珠玉，心贪欲得，不知厌足，则行伤身辱也）"④。古人认为节欲并非仅仅是个人的修养问题，而实是一个严肃的政治问题，因为统治阶级的欲望一多，必然要生事扰民，甚至横征暴敛，终会造成社会动乱，引起人民的反抗。所以节欲尚俭，并不是一个无关宏旨的琐事小节，而实与统治阶级的安危存亡有着密切的关系。

本来在自然经济占支配地位的封建社会中，人们的经济生活是完全自给自足的，生产是墨守成规的，一切社会关系都是因袭不变的，因而人们的消费欲也是被僵化或被冻结了的，所以人们都能"安其居而乐其业，甘其食而美其服，虽见奇丽纷华，非其所习"，而不受沾染。但是奢侈品一出现，当"奇丽纷华"不再是少数人的专用品，不再是可望而不可及时，就会成为消费欲不能抗拒的一个强烈刺激，而早期的商业，又恰恰是以贩运奢侈品为主要内容的。

所谓奢侈，是指消费品的质的提高和量的增多，而尤以前者为主。所以奢侈欲望的满足，是指在满足了生活的基本需要之后，又进一步要求满足基本需要以外的高级需要。这就是司马迁所说"耳目欲极声色之好，口欲穷刍

---

① 《老子·还淳》。
② 《老于·俭欲》。
③ 《老子·安民》。
④ 《老子·俭欲》。

豢之味，身安逸乐，而心夸矜埶能之荣使"①。这段话里面，包含有物质生活的享受和精神生活的享受两个方面。这些欲望显然不是普通的生活日用品所能满足的，它所需要的正是古人所要坚决摈弃的"雕文刻镂"和"锦绣纂组"。这一切的变化和发展，都是由商业所一手完成的，它既是奢侈欲望的刺激者和制造者，又是使奢侈欲望获得满足的供应者。

我们知道在自然经济支配之下，人们的生活必需品大都是自己生产的，他们也大都不需要商业来为他们服务，所以一般生活必需品不是商业贩运的对象。此外，在古代交通运输条件的限制下，单位价值低和体积笨重的生活必需品不可能作远程运输，也就是不可能成为商业贩运的对象。在必要条件和可能条件都不具备的前提下，规定了古代商业的性质和经营范围。更具体地说，古代商业所经营的商品，除了少数特殊必需品如盐、铁和类此的土特产外，主要是贩运单位价值高和体积轻便的奢侈品，也正是那些"雕文刻镂"和"锦绣纂组"等奇器文巧，其他如司马迁所列举的全国的土特产，成为"皆中国人民所喜好"，甚至成为"谣俗被服饮食奉生送死之具"，实际上也都是具有奢侈品的性质，由"商而通之"才变成商品的。价值昂贵的奢侈品，只有富有的统治阶级的需要才是有效需要，商贾们也正是为了要从这些富人的荷包中来赚取一本万利，才不辞辛苦、不避艰险地周流天下，跋涉异域，来贩运他们所喜爱的皮革骨象、玳瑁珠玑、楠梓竹箭、丹漆旄羽等新奇珍贵的物品。所以，商业的发展，也就是奢侈欲望的发展，同时也就是奢侈品的泛滥。奢侈品消费的增多，首先就破坏了生产与消费间的平衡，接着便会破坏整个经济结构的平衡。封建制度的最高利益，要求制止这样的发展，即遏止奢侈品的泛滥。所以抑奢实际上就是抑商，而要抑商，就不能不首先抑奢。

抑奢政策是与抑商政策同时开始的，历代的政治家和思想家在论述重农抑商时，大都连带涉及抑奢问题。这一类的言论也非常多，下面仅酌举数例：

菽粟不足，末生不禁（末生，谓以末业为生也），民必有饥饿之色，而工以雕文刻镂相稚也（稚，骄也，谓轻视别人，夸耀自己），谓之逆。布帛不足，衣服无度，民必有冻寒之伤，而女以美衣

①《史记》卷一百二十九，《货殖列传》。

锦绣纂组相稚也，谓之逆。①

明王之务，在于强本事，去无用，然后民可使富。……今工以巧矣，而民不足于备用者，其悦在玩好（君悦玩好，则民务末作，故备用不足）；农以劳矣，而天下饥者，其悦在珍怪，方丈陈于前（方丈陈前，则役用广，故农劳而不免于饥）；女以巧矣，而天下寒者，其悦在文绣。②

工事竞于刻镂，女事繁于文章，国之贫也。……工事无刻镂，女事无文章，国之富也。③

魏文侯问李克曰：刑罚之源安生？李克曰：生于奸邪淫佚之行。凡奸邪之心，饥寒而起；淫佚者，久饥之诡也。雕文刻镂，害农事者也；锦绣纂组，伤女工者也。农事害，则饥之本也；女工伤，则寒之原也。饥寒并至，而能不为奸邪者，未之有也。④

以上所引的几条文献，可代表有关尚俭抑奢的主要论点，这几条文献从不同角度说明了抑奢关系着民之贫富和国之安危，故不可以等闲视之。雕文刻镂之所以必然害农事，锦绣纂组之所以必然害女工，根本原因即上文所指出的，由于经济基础十分薄弱，生产力又极为有限，把有限的一点生产力用于奢侈品生产，则必然要等比例地减少生活必需品的生产。换句话说，多生产一分奢侈品，就不得不少生产一分生活必需品，两者之间的关系是如此直接、如此明显，不容有丝毫怀疑。

在以生产使用价值为主的自然经济结构中，人们所生产的是生活必需品，是用以满足生活的基本需要的，在这里，交换价值不起作用，因而不存在价值的贮藏和积累。所以使用价值的生产和需要的满足，都是有限的，仅仅为获得生活必需品不会形成无限贪欲。奢侈品和由此引起的奢侈欲望则与此不同。因为奢侈品本身就是奢侈欲望的强烈刺激，而奢侈欲望又是永远没有限度的，因而对奢侈的要求就会成为漫无止境。一个奢侈欲望的满足，不但不是奢侈欲望的消灭，正相反，而是奢侈欲的进一步增强、扩大和提高，即对物质的和精神的享受，在质量上必然是愈来愈高，在范围上必然是愈来愈广，

---

① 《管子·重令》。
② 《管子·五辅》。
③ 《管子·立政》。
④ 《说苑·反质》。

在数量上必然是愈来愈多。总之，此端一开，就会一发而不可遏止，所以抑奢必须抑之于未生产以前，即根本不许生产非生活必需的各种奢侈品，使人根本没有消费奢侈品的欲望，如果雕镂已成，文彩已就，并已运销到市场上公之于众，那就不容易防止其扩散了。因此，从制度上要求工师监督，"使雕琢文采，不敢专造于家"①；"命工师令百工：……无或作为淫巧，以荡上心"②。这就是"不见可欲，使心不乱"的意思，根本不生产奢侈品，人自然就不会产生对奢侈品的欲望了。为了正本澄源，以便从根本上堵住这个迟早会引起社会动乱，迟早会造成民生疾苦的总根源，所以封建主义的卫道者又进一步主张应采取更严厉的对策——"作淫声、异服、奇技、奇器以疑众，杀"③。这是从维护统治阶级的最高利益的角度提出来的。既然这个问题关系到封建统治阶级的安危存亡，关系到整个封建制度能否稳定，提出这种极端保守主义的过激主张，是并不奇怪的。

（三）贯彻抑商政策的经济制度

在春秋战国年间，随着社会经济的变化而提出来的重农抑商政策和与之并行的抑奢政策，不管在理论上是怎样符合封建统治阶级的最高利益，并且是保证封建制度和社会关系稳定所必需的，但如果仅仅是靠思想家的议论、说教，靠最高统治者的诏敕、法令等，显然不能收到预期的效果，达不到政策所要求的目的。因为当这些政策提出来的时候，是在商品经济和货币经济已经发展之后，是在社会经济结构已经发生了巨大变革之后或正在变革之中，狂澜既倒，"奇丽纷华"已充斥人间，所有"雕文刻镂""锦绣纂组"，不但发达的商业已在大量贩运，而且是在统治阶级的奢侈欲望大大增长之后，对这些东西正在孜孜以求。在供给和需要完全相适应的情况下，给商业的进一步发展提供了充分条件。这样一来，与封建统治阶级所要贯彻的政策，更是背道而驰了。

但是，中国的封建统治阶级很早就看出了这一点，并找到了解决这个矛盾的办法，从而有效地贯彻了政策的目的。这些办法主要是禁榷制度、土贡制度和官工业制度。禁榷制度是把最重要的几种商业经营，从私人手里夺取

① 《荀子·王制》。
② 《吕氏春秋·三月纪》。
③ 《礼记·王制》。

过来，由政府经营，并由政府垄断。这是将私营的商业和商品生产改为官营，使私营工商业者失去牟利的机会。土贡制度，是统治阶级把他们所需要的各种生活必需品、便利品和奢侈品，不通过市场、不通过买卖程序而直接以贡的形式获得，这样，既满足了各种需要——特别是奢侈品需要，而又不刺激市场，不扩大商业活动的范围。官工业制度，是由政府自设作坊或工场，把不能由贡的方式直接获得的物品——特别是高贵的、精美的奢侈品，以及大量的公用物品和军需品，都自行制造，目的也是为了不通过商业途径，使私人工商业失去最大的顾主和失去最有利的营业。通过这三种经济制度的实施，使抑商政策得以贯彻。

禁榷制度，就是官营工商业。所谓禁榷，就是对某种工商业完全由政府垄断，禁止私人经营。这个制度起源很早，是周初由齐国开始实行的，最先经营的是鱼盐。史称：

> 太公至国，修政，因其俗，简其礼，通商工之业，便鱼盐之利，而人民多归齐，齐为大国。①
>
> 太公望封于营丘，地潟卤，人民寡，于是太公劝其女功，极技巧，通鱼盐，则人物归之，襁至而辐凑。故齐冠带衣履天下，海岱之间敛袂而往朝焉。②

这是由于齐的封地硗确、潟卤（盐碱地），不适于农作物生长，不得不以官家的力量帮助发展纺织业和海滨鱼盐业，这时不但没有抑止的意思，而且是要依靠工商业，即所谓"极技巧，通鱼盐"，来补助农业生产的不足。后来到齐桓公时，管仲又把这种官营工商业制度加以扩充改进，实行了盐铁官营，并且是有目的地把两种最有利的商业经营从私人手里夺取过来，成为他推行"抑末业"政策的一个重要组成部分。所以，禁榷制度是在春秋时由管仲创立的。当西汉桑弘羊系统地推行这个制度时，曾对一些反对派的人们指出这个制度的渊源所自："今大夫各修太公、桓、管之术，总一盐铁，通山川之利，而万物殖，是以县官用饶足，民不困乏，本末并利，上下俱足。"③可知这个制度是创始于春秋时期，到西汉时才臻于完善，以后就成为传统制

---

① 《史记》卷三十二，《齐太公世家》。
② 《史记》卷一百二十九，《货殖列传》。
③ 《盐铁论·轻重》。

度了。

禁榷的范围后世虽不断扩大，但在古代却始终以盐和铁两种商品为主要经营对象。因为在自给自足的自然经济结构中，一般的生活必需品都是由消费者自己生产的，只有食盐和铁器（生产工具和兵器）这两种绝对必需的物品，消费者不能自己生产，而必须通过交换——商业才能获得。欧洲的情况也是如此，在长达一千年的封建制度时期，庄园中的农民都是过着一种孤立的、与外界隔绝的、自给自足的生活，唯一必须从城市或集市获得的必需品，就是这两种商品，与中国的情形完全相同。关于盐、铁的产销情况和经营方式，在本章第二节和第三节中已多所论述，这里从略。盐是生活必需品，"无盐则肿"，固然是一日不可少缺，即所谓"十口之家，十人食盐，百口之家，百人食盐"①。铁则是重要的生产资料，没有铁就没有得力的生产工具，所以同样是不可一日少缺。如果盐和铁听任私营，由于两者的需要量很大，销售量也很大，将是促进商业发展的一个巨大动力。禁榷盐铁，把这两个最有利的商业经营收归官办，就等于扼住了富商大贾的咽喉。

土贡制度，是起源很早的一种剥削方式，是一种含有双重目的的剥削，即除了单纯的剥削以外，还借以达到抑商的目的。

封建统治阶级完全了解他们是最大的消费者，而且是最大的奢侈品消费者，他们表面上虽然是口口声声地要禁文巧，斥奢靡，但真能躬行节俭的实如凤毛麟角；所谓抑奢，只是要别人抑奢，他们自己则是穷奢极欲，居于一切约束之外。如果这些东西都通过买卖程序，而得之于公开市场，将成为促进工商业发展的一个有力因素。但这样做，显然是与统治阶级的根本利益相背谬的。

中国古代的封建统治者，很早就发现了解决这个矛盾的一个巧妙的办法，那就是不通过买卖程序，越过公开市场，而用直接掠夺的办法来获得自己所需要和所喜好的一切东西。这样，既可以满足任何奢侈需要，又不刺激商业，并且还大大缩小了商业经营的范围。这本来是一种不加掩饰的、赤裸裸的掠夺，却美其名曰任土作贡——简称为土贡。

在本章第三节中论述地方工业时，曾根据《禹贡》所载，列举了各州应贡的工业制造品，由贡品的不同，可概见工业生产的地区分工。工业制造品只是应贡物品中的一小部分，所谓任土作贡，是要把各地方所出产的物品，

① 《管子·海王》。

不论是农产品、矿产品、林牧产品、渔产品、猎产品、手工业制造品，凡为统治阶级所需要或所喜好的，都必须择优上贡。这就是《周礼·职方氏》所谓"制其贡，各以其所有"。封建统治者为进行这种掠夺而制造的理论根据是："天子经略，诸侯正封，古之制也。封略之内，何非君土？食土之毛（土地生产物），谁非君臣？"① 这是说既然诸侯的土地人民都是天子给予的，他们把封域内生产物的一部分贡献给天子，便成了天经地义；忽视了这一义务，就是忽视了君臣关系，这是封建礼法所不容许的。例如齐桓公伐楚，就是由于楚没有履行纳贡的义务：

> 齐侯以诸侯之师侵蔡，蔡溃，遂伐楚。楚子使与师言曰：君处北海，寡人处南海，唯是风马牛不相及也，不虞君之涉吾地也，何故？管仲对曰：……尔贡包茅不入，王祭不共（同恭），无以缩酒，寡人是征（包，裹也。茅，菁茅也，束茅而灌之以酒为缩酒）。……对曰：贡之不入，寡君之罪也，敢不共给。②

可见贡和赋税一样，是不能抗拒不纳的，应贡不贡，就被认为是"犯上"行为，而必须受到应有的制裁。

贡的范围非常广泛，实际上是无所不包，凡是统治阶级所需要，从政府各机关的公用物品到宫廷私生活所需要的一切物品，由宗庙祭祀、军旅会同、服饰玩好、菜肴瓜果、珍禽异兽、花鸟虫鱼等，无不在上贡之列。但是这种漫无止境的勒索，必然会成为扰民的苛政，其所造成的危害作用，不在苛捐杂税等横征暴敛以下。所以，中国古代的统治者从维护本阶级的长远利益出发，为了防止过度扰民，以免造成社会动乱，遂具体规定了贡的范围和贡物的种类，力求使土贡制度化：

> 太宰……以九贡致邦国之用：一曰祀贡，二曰嫔（同宾）贡，三曰器贡，四曰币贡，五曰材贡，六曰货贡，七曰服贡，八曰斿贡，九曰物贡（注：郑司农云：祀贡，牺牲苞茅之属；宾贡，皮帛之属；器贡，宗庙之器；币贡，绣帛；材贡，木材也；货贡，珠贝自然之

① 《左传》昭公七年。
② 《左传》僖公四年。

物也；服贡，祭服；斿贡，羽毛；物贡，九州之外，各以其所贵为挚，肃慎氏贡楛矢之属是也。玄谓：嫔贡，丝枲；器贡，银铁石磬丹漆也；币贡，玉马皮帛也；材贡，𦈶干栝柏篠簜也；货贡，金玉龟贝也；服贡，绨纻也；斿贡，燕好，珠玑琅玕也；物贡，杂物，鱼盐橘柚）。[1]

贡的大类有九，实际上则是无所不包。古人把祭祀作为国家的头等大事，即所谓"国之大事，在祀与戎"，故九贡以祀贡居首。所有祭祀用的物品，均由贡得来，如《月令》云："季冬……乃命太史次诸侯之列，赋之牺牲，以共皇天上帝社稷之飨，乃命同姓之邦，共（同供）寝庙之刍豢。"[2] 上引齐桓公责楚贡苞茅，即为祀贡物品。宾贡，丝枲皮帛之属，指宾客聘问赠遗所用的皮帛文彩之类。器贡，宗庙之器，如分封诸侯时所赐予的法物、宗彝、宗庙祭器等。币贡，即各地方特产的丝织品和麻织品等，例如冀州的贡品是"厥贡漆丝，厥篚织文（织文，锦绮之属，盛之篚而贡焉）"；扬州的贡品是"厥贡惟金三品，瑶琨篠簜，齿革羽毛惟木，岛夷卉服，厥篚织贝（纻也），厥包橘柚"[3]。材贡，即各地方的特产木材。货贡，"珠贝自然之物"，指当作货币用的珠玉龟贝等自然之物。服贡，指可作衣服材料的绢帛绨纻等。斿（同游）贡，燕好，即玩好品、妆饰品的总称，所有犀、象、玳瑁、珠玑、琅玕等均属之。物贡，杂物，此类范围广泛，无所不包，只要统治者兴之所至，便可任意需索。

凡是列入贡品的，都是各地方的特殊物产和著名物产，其中不但包括各种重要的生产品，而且包括各种自然产物，这些东西只要有一点可取，有一分可用，即使仅供观赏玩弄，亦都网罗无遗。赋税有制度限制，不能任意增加，而贡无一定范围，可以予取予求，故贡的范围是愈来愈扩大，贡物的种类是愈来愈繁多，封建统治者就利用这种土贡制度，完全不通过商业程序，直接向民间索取他们所需要的任何物品。并且贡的范围和种类既漫无限制，统治者就可以随心所欲，想到什么就向民间要什么，喜欢什么就责令民间贡什么。春秋战国是这个制度的初建时期，礼法的约束力量还未尽丧失，统治者不愿冒非礼之讥，还有所收敛，后世则愈来愈严重，贡成为对人民的一种

---

① 《周礼·太宰》。
② 《礼记·月令》。
③ 《尚书·夏书·禹贡》。

残酷掠夺，各地常常为了上贡，被骚扰得闾阎不安，民不堪命。结果，抑商政策虽由此得到了贯彻，但人民付出的代价却太大了。

封建统治阶级穷奢极欲的生活，其所需要的各种消费品，虽然可以用任土作贡的方式，直接从民间勒索其中的一部分或大部分，但是仍然不能完全由这个途径得到充分的满足。然而，他们的奢侈又是没有限制的，是不断地发展和提高的，而土贡范围虽已十分广泛，贡物的种类也十分繁多，但仍然是有限的，其中大部分又都是各地方的天然物产和一些早已存在的、世代相传的手工业制造品。天然物产不是为适应统治者的需要而存在的，手工业制造品也不是为适应统治者的需要而生产的，年年照例进贡，年年做简单的重复。这种情况显然不能适应统治阶级不断变化、不断增长和不断提高的奢侈需要。

当这些不断扩大范围、不断增多数量和不断提高质量的奢侈品需要，既不能由土贡获得，统治者[80]又不愿从市场购买，便只有自行设场制造一途了。官工业制度就是为解决这个矛盾而出现的。官工业制度虽然不是从东周时期开始的，但却是在这个时期确立的。有关官工业的具体经营情况，本章第三节已详为阐述，这里只补充说明它的抑商作用。

抑商政策从春秋时期产生，到战国时期确立以后，就成为后世历代王朝奉行不替的一个传统政策。尽管在具体的执行过程中，由于历代统治者的态度不同，对问题的理解程度不同和采取的措施不同，这个政策也就时而是雷厉风行，时而是虚应故事，但是推行这个政策的意图，则是始终一贯的。这个传统的经济政策之所以能延续两千多年之久而始终不变，是因为以地主制经济为基础的封建制度，从战国以后直到近代始终没有变。

抑商政策的根本目的，是为了防止由商品经济的发展而不断引起的变革，以及由这种变革而造成的社会动乱。封建统治阶级总认为要保持社会关系的稳定，使"上下序而民志定"，就必须尽可能使社会处于静止状态，把一切都僵化为习惯和传统而一成不变。但是商业出现了，商业在哪里出现，变化就从哪里开始。为了从根本上把变化遏止，把可以引起变化的一切因素，在它们刚刚萌芽的时候就连根拔掉，这就是抑商政策的根本意图。战国以后，又为这个意图增加了新的力量，因为战国以后，不但商业时时有所发展，而且商业资本也时时有大量积累。当这些以货币形态存在的大量商业资本不能转化为产业资本，以发挥机能资本的作用时，便只有转向农村，去兼并土地和经营高利贷，两者又都具有对社会经济的强烈破坏作用，并成为历次社会动乱的直接因素，当然同时也是对封建统治阶级的直接威胁。因此，遂越发增强了历代王朝严厉推行抑商政策的决心。可见这个政策的长期存在，是有其很深的阶级根源和思想根源的。

从古代到近代，有关抑商政策和抑奢政策的言论、说教、条陈、奏疏、诏敕、法令等，真可以说是汗牛充栋，但是所有这一切，都没有收到任何效果，完全是言之谆谆，听之藐藐，愈到后来愈成为千篇一律的官样文章。真正使抑商政策收到了效果，并且收到了超过预期的效果的，并不是这些空洞的言论，而是具有抑商作用的三项经济制度，即禁榷制度、土贡制度、官工业制度。这三种制度都肇始在东周以前，到东周时都得到了改进和发展，并发挥了重大作用。

这三种制度之所以都是成功的，是因为三者都是从根本上而不是从表面上抑制了商品经济的发展。禁榷制度剥夺了工商业的最有利的营业部门，把有大量发展可能的工商业从私人手里夺取过来，改为官营，于是商品经济自由发展的道路便被堵塞了。土贡制度是一种赤裸裸的掠夺，本来可以当作商品来生产和当作商品来贩运的许多物品，现在都越过商业程序，不从公开市场上购买，而以贡的方式直接向民间索取，这是把商品经济的一个很大部分，从根本上取消了。官工业制度是与土贡制度相辅而行的，由于政府机关的公用和宫廷贵族私生活所用的各种必需品、便利品、奢侈品，数量都是极为庞大，种类也是极为繁多的，这些东西既不能由贡的途径来得到满足，又不愿通过商业途径从市场上公开购买，于是便建立起规模宏大、种类繁多的官工业，来自行制造。并且原料主要是来自征调，系取之于民；工匠都是在官之工，系强制服役。总之，所有生产资料和劳动力，都是无偿的。这样一来，本来可以自由经营的极大一部分工商业，不但被阻塞了发展道路，而且从根本上被取消了[81]。

通过这三种经济制度，抑商政策的目的基本上是达到了，所以，就封建统治阶级的利害关系而言，这个政策是成功的。它抑制了商品经济的发展，并且有力地打击了商人；但是就整个社会经济的发展而言，这个政策是有害的，它妨害了社会经济的正常发展，使新的生产方式始终不能具备形成的条件。

上文已一再指出，在自然经济占支配地位的封建社会中，商品经济——特别是商业的发展，是整个社会经济发展变化的起点，壅塞了商品经济发展的道路，窒息了它的生机，同时就把整个社会经济发展变化的动力扼杀了，结果便造成漫长的以地主经济为基础的封建制度时期，社会经济长期处在一种发展迟滞的状态中。尽管这不是造成社会经济长期停滞的唯一原因，但却是一个重要原因。正由于整个国民经济特别是其中的商品经济是处在一种窒息的状态中，所以尽管中国很早即已有了商品经济，并且还有了一定程度的发展，能在远比欧洲为早的时期，即已有了资本主义因素的萌芽，但是却发展得非常缓慢，始终没有越出初期即萌芽阶段，始终没有具备向资本主义生产方式转化的必要条件。在这里，抑商政策所起的消极阻碍作用，是不能低估的。

校勘记

校勘说明

1. 本书以傅筑夫著《中国封建社会经济史（第一卷）》（人民出版社1981年12月第一版）（以下称"原书"）为底本，重新加以编校整理。对原书开本、版式进行了调整，并按照现今标点符号使用规则和习惯，对原书的标点符号做了修改。

2. 对于原书中一些具有当时时代特点的用词、数字用法和表述方式，不属错误且不影响文义理解的（比如，原书公元纪年的书写采取汉字而非阿拉伯数字方式；页下注中所引用图书页码的标注采用汉字而非阿拉伯数字方式；等等），均不做修改，以尽最大可能保留原书风貌。

3. 对于原书中个别用字按照今天的使用习惯进行了修改，如将"象""那"等改为"像""哪"，"做""作"的用法按照今习惯用法做了调整等。因上述修改不影响原文意思，凡属此情况均直接加以修改，不再特别说明。

4. 对于原书中将"它"或"它们"误用为"他"或"他们"等不规范之处，直接做了修改，不再加以标注说明。

5. 对于原书中的少数表述，如加上"了""的""是"等字，或是简单调整词语在句子中的位置，或是做一些简单修改即可使表述更为顺畅且不影响文义时，直接做了修改，不再特别加以说明。对于较多改动或改动处需要加以说明的，则在全书最后的校勘记中加以说明。

6. 原书中所引大量古代文献，大多数未注明具体版本，编校中以保留原书引文文字原貌为主，对于未标注引书版本的页下注，保留原貌；少数引文存疑处，依照所引文献的现今通行版本进行核对和修改，并以校勘记的形式加以说明。

7. 对于原书中的古今地名对照，未按照今行政区划和名称做修改，均保留原书文字。

8. 上述情况之外对原书文字所做的修改需要说明的，以校勘记的形式加以说明。

校勘记

绪论

［1］原书作"纷歧"，依今用法改为"分歧"。本章下文此种情况均如此修改，不再——说明。

［2］原书作"关于这两方面的条件，怎样在一系列的发展变化和一些来源不同的因素相互影响和互相促进下逐步形成的过程"，表达不够通顺，改为："关于这两方面的条件，是怎样在一系列的发展变化和一些来源不同的因素相互影响和互相促进下而逐步形成的"。

［3］原书作"氾"，为"泛"的异体字，今改为"泛"。

第一章

［1］原书作"纷歧"，依今用法改为"分歧"。

［2］原书如此。依文义，今习惯用词为"承担"。

［3］原书如此。依文义，当指"镇压威慑"之意。

［4］原书作"以临东诸侯"，疑误，依文义改为"以东临诸侯"。

［5］原书作"絺"，为"缔"的繁体字，今改为"缔"。

［6］原书无"周王朝"三字，据文义加。

第二章

［1］原书作"銍"，为"铚"的繁体字，今改为"铚"。本章下文此种情况均如此修改，不再——说明。

［2］原书作"鉏"，为"锄"的异体字。此处保留原字，以便保留原文语义。

［3］原书作"鎰"，为"镒"的繁体字，今改为"镒"。本章下文此种情况均如此修改，不再——说明。

［4］原句为："农奴除了服各种劳役外，还要将自己从各种经济活动中所获得的成果，都必须拿出其中的一部分……"句子不通顺。依据文义做了修改。

［5］原书作"麕"，为"麇"的异体字，今改为"麇"。

［6］原书作"……实际上是一个东西的两个侧面……"，依文义改为："……实际上是一个事物的两个侧面……"

［7］原书作"……以便能生生不息地保证他们本身的再生产"，依文义改为："……以便能保证他们本身起码的再生产"。

［8］原句为："从这些具体而生动的叙述中，可以看到农奴们是怎样地'出入相友、守望相助、疾病相扶持'的情形。"表达不够通顺，依据文义删掉"情形"二字。

［9］原书作"landifundia"，误，改为"latifundia"。

［10］原书作"瓯"，疑误，据《汉书·食货志》改为"蔗"。

［11］原书作"使之成为神圣不可侵犯"，表达不够通顺，依文义改为"使之神圣不可侵犯"。

［12］原书作"鳛"，为"鳅"的异体字，今改为"鳅"。

第三章

［1］原书作"鮌"，为"鲧"的异体字，今改为"鲧"。

［2］原书作"赋法"，疑为"礼法"之误，今改为"礼法"。

［3］原书作"幹"，为"干"的繁体字，今改为"干"。

［4］原书作"餱"，为"糇"的异体字，今改为"糇"。本章下文此种情况均如此修改，不再一一说明。

［5］原书作"渊远流长"，依今用法改为"源远流长"。

［6］原书作"適"，通"嫡"。

［7］原书作"会萃"，依今用法改为"荟萃"。

［8］原书作"……这给很早即种植水稻提供了条件"，从句少主语，依文义改为："……这给古人很早即能种植水稻提供了条件"。

［9］原书如此。依文义，当指"镇压威慑"之意。

［10］原句作："经过这样向四面八方大规模扩展的结果，造成：……"不够通顺。改为："经过这样向四面八方大规模扩展，结果造成：……"

［11］原书作"碭"，为"砀"的繁体字，今该改为"砀"。

［12］原书作"緜"，为"绵"的异体字，今改为"绵"。

［13］原书作"器物的年代约八千年左右"，按照今语法习惯，去掉"约"字。

［14］原书作"殷虚"，依今用法改为"殷墟"。

［15］原书作："近年来殷虚（殷墟）的多次发掘和甲骨的大量发现及考

释，对于殷代的农业发展又有了进一步了解。"句子不够通顺。依今语法习惯，加"使人们"三字，改为："近年来殷墟的多次发掘和甲骨的大量发现及考释，使人们对于殷代的农业发展又有了进一步了解。"

［16］原书如此。今不再使用此名词称呼中国。

［17］原书作"艺"，今依程俊英撰《诗经译注》（上海古籍出版社 2004 年 7 月第一版）《大雅·生民》篇改为"蓻"。本章下文中此种情况直接加以修改，不再标注说明。

［18］原书作"襃"，疑误。今依程俊英撰《诗经译注》（上海古籍出版社 2004 年 7 月第一版）《大雅·生民》篇改为"褒"。

［19］原引文用字如此。本章下文同此情况保留原文用法，不再一一标注说明。

［20］原书作"庇"，疑误。依文义改为"庇"。

［21］原引文用字如此。

［22］原书作"鉏"，为"锄"的异体字，今改为"锄"。本章下文此种情况均如此修改，不再一一说明。

［23］原书作"劚"，为"劂"的异体字，今改为"劂"。本章下文此种情况均如此修改，不再一一说明。

［24］原书作"檅"，为"枳"的繁体字，今改为"枳"。

［25］原书作"坺"，疑误。今据文义改为"坺"。

［26］原书作"叶"。"叶"，旧同"页"。

［27］原书作"銍"，为"铚"的繁体字，今改为"铚"。本章下文此种情况均如此修改，不再一一说明。

［28］原书作"盪"，为"荡"的异体字。因涉及古代农具名称，为便于更准确地表达原书意思，此处保留原文，未做修改。

［29］原书作"鉏"，为"锄"的异体字。此处保留原字，以便保留原文语义。

［30］原书作"鰪"，为"馅"的繁体字，今改为"馅"。

［31］原书作"稉"，为"粳"的异体字。为更方便地理解原文意思，此处保留原文，不做修改。

［32］原书作"稬"，为"糯"的异体字。为更方便地理解原文意思，此处保留原文，不做修改。

［33］原书作"捯"，为"擣"的不规范简化字。"擣"为"捣"的异体

字，今改为"捣"。

[34]原书作"纾"，为"絎"的不规范简化字，"絎"为"纼"的繁体字，今改为"纼"。

[35]原书作"裏"，为"里"的繁体字，今改为简体字"里"。

[36]原文作"綈"，为"绨"的繁体字，今改为"绨"。本章下文此种情况均如此修改，不再一一说明。

[37]原书作"嗣"，为不规范简化字，今改为"嗣"。

[38]原书中"工业"指手工业。为保留原书风貌，本章及此后各章中此种用法均不再改动。

[39]原书作"搏"，疑为"搏"（抟的繁体字）之误，今改为"抟"。

[40]原书作"鞯"，为"鞲"的不规范简化字，今改为"鞲"。

[41]原书作"鍾"，为"钟"的繁体字，今改为简化字"钟"。

[42]原书用法。按照今习惯，一般表述为"新中国成立前"，或"中华人民共和国成立前"。

[43]原书作"鐸"，为"铎"的繁体字，今改为"铎"。本章下文此种情况均如此修改，不再一一说明。

第四章

[1]原书作"皿方"，误，依文义改为"四方"。

[2]原书作"枏"，为"楠"的异体字，今改为"楠"。本章下文此种情况均如此修改，不再一一说明。

[3]原书作"綈"，为"绨"的繁体字，今改为"绨"。本章下文此种情况均如此修改，不再一一说明。

[4]原书作"纾"，为"絎"的不规范简化字，"絎"为"纼"的繁体字，今改为"纼"。

[5]原书作"绞尽"，依文义及今词语用法改为"用尽"。

[6]原书作"欑"，为"攒"的不规范简化字，今改为"攒"。

[7]原书作"齝"，为"齝"的繁体字，今改为"齝"。

[8]原书作"鉏"，为"锄"的异体字，"鉏任"在文中为地名，为准确表达文义，此处保留原文，不做修改。

[9]原书作"慇"，为"殷"的异体字，今改为"殷"。

[10]原书作"他们之所以出此"，疑误，依文义改为"他们之所以如此"。

［11］原书作"在'初税亩'的五年之后"，据文义改为"在'初税亩'施行的五年之后"。

［12］原书作"通货粥财"，疑误，据文义及通行本改为"通财鬻货"。

［13］原书作"徵"，为"征"的繁体字，今据文义改为简化字"征"。

［14］原书作"当具有者半贾而卖，亡者取倍称之息"，漏字，今据中华书局1962年版《汉书·食货志》改为："朝令而暮当具。有者半贾（价）而卖，亡者取倍称之息。"

［15］原书作"渊远流长"，依今用法改为"源远流长"。

［16］原书作"錚"，为"铮"的繁体字，今改为"铮"。本章下文此种情况均如此修改，不再一一说明。

［17］原书作"質"，为"质"的繁体字，今改为"质"。

［18］原书作"随着商品经济和货币经济的大量发展"，据今习惯表达改为"随着商品经济和货币经济的长足发展"。

［19］原书作"尽管早在西周中叶即已孕育着私有土地的萌芽"，据文义改为"尽管早在西周中叶即已出现私有土地的萌芽"。

［20］原书作"饦"，为"飥"的不规范简化字，今改为"飥"。

［21］原书作"要要"，依文义改为"重要"。

［22］原书作"由于变化开展得十分迅猛，在当时实是一个天翻地覆的大变化"，据文义改为"由于变化开展得十分迅猛，在当时实称得上是天翻地覆的"。

［23］原书作"鉅"，为"巨"的异体字，今改为"巨"。

［24］原书作"十四、五世纪"，依今习惯用法改为"十四、十五世纪"。

［25］原书作"无人种耕"，当误，依文义改为"无人耕种"。

［26］原书作"十五、六世纪"，依今习惯用法改为"十五、十六世纪"。

第五章

［1］原书作"斫"，为"斫"的异体字，今改为"斫"。本章下文此种情况均如此修改，不再一一说明。

［2］原书作"鉏"，为"锄"的异体字，今改为"锄"。本章下文此种情况均如此修改，不再一一说明。

［3］原书作"劚"，为"劂"的异体字，今改为"劂"。本章下文此种情况均如此修改，不再一一说明。

［4］原书作"鐯"，为"鐯"的不规范简化字。"鐯"为"耪"的异体

字。为更准确表达原文意思，此处用“鎒”字。

[5] 原书作“銍”，为“铚”的繁体字，今改为“铚”。本章下文此种情况均如此修改，不再一一说明。

[6] 原书作“釭”，为“钌”的繁体字，今改为“钌”。本章下文此种情况均如此修改，不再一一说明。

[7] 原书作“銾”，为“铩”的繁体字，今改为“铩”。本章下文此种情况均如此修改，不再一一说明。

[8] 原书作“到春秋时仍在初期阶段”，据文义改为“到春秋时仍在使用铁的初期阶段”。

[9] 原书作“糟塌”，误，今改为“糟蹋”。

[10] 原书作“……也是不符合社会经济发展的自然程序的”，此处“自然程序”与“规律”意思相近，今保留原书用法。

[11] 原书作“齣”，为“齣”的不规范简化字，今改为“齣”。

[12] 原书作“龄”，为“齡”的不规范简化字，今改为“齡”。

[13] 原句为：“这种悠然自得的样子，显然不是整天在田里劳动的耕牛，而是无所事事的。”疑句末漏字，依文义改为：“这种悠然自得的样子，显然不是整天在田里劳动的耕牛，而是无所事事的服乘之牛。”

[14] 原书作“于是一方面，激烈地争夺土地”，少主语，加“列国”二字。

[15] “《说文》”以下至“与掩相似而误”，原书文字如此，其中文字疑有排印错误。

[16] 原书少“公元前”三字，据文义加。

[17] 原书作“渊远流长”，依今用法改为“源远流长”。

[18] 原书作“骥”，为“驥”的不规范简化字，今改为“驥”。

[19] 原书少“公元前”三字，据文义加。

[20] 原书作“钝”，为“鈍”的不规范简化字，今改为“鈍”。

[21] 原书作“榦”，为“干”的繁体字，今改为“干”。本章下文此种情况均如此修改，不再一一说明。

[22] 原书作“丌”，误，依据中华书局“新编诸子集成”《墨子·备穴》改为“亓”。

[23] 原书作“铊”，为“鉈”的不规范简化字，今改为“鉈”。

[24] 原书作“……宛是当时全国最大的一个钢铁业中心”，据文义改为

"……宛是当时楚国最大的一个钢铁业中心"。

［25］原书作《墨子·备城门》，误，改为《墨子·备穴》。

［26］原书作"決"，为"决"的异体字，今改为"决"。

［27］原书无"品"字，依文义加。

［28］原书作"鞾"，为"鞞"的不规范简化字，今改为"鞞"。本章下文此情况直接加以修改，不再一一标注说明。

［29］原书作"錞"，为"錞"的繁体字，今改为"錞"。

［30］原书作"返光镜"，依今用法改为"反光镜"。

［31］原书作"澘"，为"瀾"的不规范简化字，今改为"瀾"。

［32］原书作"人榔"，当误，依文义改为"榔人"。

［33］原书作"纴"，为"纴"的不规范繁体字，今改为"纴"。本章下文此种情况均如此修改，不再一一说明。

［34］原书作"缪"，为"繆"的不规范简化字，今改为"繆"。

［35］原书作"赣"，为"韝"的不规范简化字，今改为"韝"。本章下文此种情况均如此修改，不再一一说明。

［36］原书作"范睢"，误，改为"范雎"。本章下文此种情况均如此修改，不再一一标注说明。

［37］原书作"纑"，为"纑"的不规范简化字，今改为"纑"。本章下文此情况直接加以修改，不再一一标注说明。

［38］原书作"欑"，为"欑"的不规范简化字，今改为"欑"。

［39］原书作"綈"，为"绨"的繁体字，今改为"绨"。本章下文此种情况均如此修改，不再一一说明。

［40］原书作"綵"，为"彩"的异体字，今改为"彩"。本章下文此情况直接加以修改，不再一一标注说明。

［41］原书作"纾"，为"紓"的不规范简化字，"紓"为"纻"的繁体字，今改为"纻"。

［42］原书作"劉"，为"刘"的繁体字，今改为"刘"。本章下文此情况直接加以修改，不再一一标注说明。

［43］原书作"驾"，误，今改为"架"。

［44］原书作"復"，为"复"的繁体字，今改为"复"。

［45］原句为："盐是金属采掘冶炼工业和铸造工业以外的另一种产销两旺的大型企业。"语法上有问题。今改为："制盐业是金属采掘冶炼工业和铸

造工业以外的另一种产销两旺的大型工业。"

[46] 原书如此。意在强调盐对于促进战国年间的商品生产和商业发展发挥了强有力的作用。

[47] 原句为："正相反，是因为先有了商业，才把原来不是商品的生产物使之成为商品。"不够通顺。今改为："正相反，是因为先有了商业，才使原来不是商品的生产物成为商品。"

[48] 原书作"饍"，为"膳"的异体字，今改为"膳"。

[49] 原书作"勃海"，依今用法改为"渤海"。

[50] 原书作"郤"，疑误。中华书局 1959 年版《史记》卷一百二十九《货殖列传》作"卻"。"卻"为"却"的异体字，今改为"却"。

[51] 原书作"罃"，为"罂"的繁体字，今改为"罂"。

[52] 原书作"樵"，当误，据中华书局 1959 年版《史记》卷一百二十九《货殖列传》改为"椎"。

[53] 原书作"刀间"，误，据中华书局 1959 年版《史记》卷一百二十九《货殖列传》改为"刀闲"。

[54] 原书作"刁"，误，据中华书局 1959 年版《史记》卷一百二十九《货殖列传》改为"刀"。

[55] 原书作"繦"，为"襁"的异体字，今改为"襁"。本章下文此情况直接加以修改，不再一一标注说明。

[56] 原书作"旃裘"，今据文义及《史记·货殖列传》改为"旃裘"。

[57] 原书作"旃裘"，今据文义及《盐铁论·本义》改为"旃裘"。

[58] 原文作"辅导作用"，此处不做修改。

[59] 原书作"鲐"，为"鲐"的繁体字，今改为"鲐"。

[60] 原书作"駽"，为"驲"的繁体字，今改为"驲"。

[61] 原书作"齮"，为"齮"的繁体字，今改为"齮"。本章下文此情况直接加以修改，不再一一标注说明。

[62] 原书作"别处虽缺乏记载"，意思不易理解，依文义改为"虽缺乏记载"。

[63] 原书作"唐睢"，误，改为"唐雎"。本章下文此种情况均如此修改，不再一一标注说明。

[64] 原书作"惊惶失措"，依今习惯用法改为"惊慌失措"。

[65] 原书少主语，依文义加"权势之家和富商大贾"。

［66］原书作"縱"，为"纵"的繁体字，今改为"纵"。

［67］原书作"恥"，为"耻"的异体字，今改为"耻"。本章下文此种情况均如此修改，不再一一标注说明。

［68］原书作"天下壤壤"，与今用法及通行版《史记·货殖列传》所用"攘攘"不同，或作者另有所据。此处保留原书用法，不做修改。

［69］原书作"趤"，为"躅"的不规范简化字，今改为"躅"。

［70］原书作"冯骤"。作为人名，保留原用法，以避免引起歧义。

［71］原书少"公元前"三字，据文义加。

［72］原书少主语，据文义加"雇佣劳动"四字。

［73］原书少"公元前"三字，据文义加。

［74］原书为："并且对奴隶的待遇，也比西周残酷多了。"不太通顺。改为："并且对待奴隶也比西周时期残酷多了。"

［75］原书作"行赂"，误，依文义改为"行贿"。

［76］原书为："不但奴隶的数量增多了，而且对奴隶的待遇更加残酷了。"不太通顺。改为："不但奴隶的数量增多了，而且对奴隶也更加残酷了。"

［77］原句为"他们面对当时正在进行中的剧烈变化，企图把已被破坏殆尽的封建经济稳住残局"，删掉"残局"二字，以使表达更为通顺。

［78］原书作"鰌"，为"鳅"的异体字，今改为"鳅"。

［79］原书作"徵"，为"征"的繁体字，今据文义改为简化字"征"。

［80］原书无"统治者"三字，少主语，依文义加。

［81］原句为："这样一来，把本来可以自由经营的极大一部分工商业，不但阻塞了发展道路，而且从根本上取消了。"不够通顺。改为："这样一来，本来可以自由经营的极大一部分工商业，不但被阻塞了发展道路，而且从根本上被取消了。"